U0115874

福建師範大學文學院百年學術論叢　第八輯

道家思想與存有三態論

林安梧　著

第八輯
總序

　　甲辰春和，歲律肇新。纘述古今之論，弘通文史之思。

　　《福建師範大學文學院百年學術論叢》第八輯，以嶄新的面貌，在臺北萬卷樓圖書公司出版發行，甚可喜也。此輯所涉作者及專著，凡十有五，略列其目如次：

　　　蔡英杰《說文解字的闡釋體系及其說解得失研究》。
　　　陳　瑤《徽州方言音韻研究》。
　　　　　　　　以上文字音韻學二種。
　　　林安梧《道家思想與存有三態論》。
　　　賴貴三《韓國朝鮮王朝《易》學研究》。
　　　　　　　　以上哲學二種。
　　　劉紅娟《西秦戲研究》。
　　　李連生《戲曲藝術形態與理論研究》。
　　　陳益源《元明中篇傳奇小說與中越漢文小說之研究》。
　　　傅修海《中國左翼文學現場研究》。
　　　雷文學《老莊與中國現代文學》。
　　　徐秀慧《光復初期臺灣的文化場域與文學思潮》。
　　　王炳中《現代散文理論的個性說研究》。
　　　顏桂堤《文化研究的變奏：理論旅行與本土化實踐》。
　　　許俊雅《鯤洋探驪──臺灣詩詞賦文全編述論》。
　　　　　　　　以上文學九種。
　　　林清華《水袖光影集》。
　　　　　　　　以上影視學一種。

林文寶《歷代啟蒙教材初探與朗誦研究》。

以上蒙學一種。

知者覽觀此目，倘將本輯與前七輯相為比較，不難發見：本輯的規模，頗呈新貌。約而言之，此輯面貌之「新」處，略可見諸兩端：

一曰，內容豐富而廣篇幅。

如上所列，本輯所收論著十五種，較先前諸輯各收十種者，已增多百分之五十的分量，內容篇幅之豐廣不言而喻。復就諸論之類別觀之，各作品大致包括文字音韻學、哲學、文學、影視學、蒙學等五方面的研究，而文學之中，又含有戲曲、小說、詩詞賦文、現代散文、左翼文學各節目的探討，以及較廣義之文化場域、文藝理論、文學思潮諸領域的闡述，可謂春華競放，異彩紛呈！是為本輯「新貌」之一。

二曰，作者增益而兼兩岸。

倘從作者情況分析，前七輯各論著的作者，均為服務於福建師範大學的大陸學者。本輯作者十五位乃頗不同：其中十位屬福建師範大學文學院，另五位則為臺灣各高校教授，分別服務於成功大學中國文學系、臺灣師範大學國文系、臺東大學兒童文學研究所、東華大學哲學系等高教部門。增益五位臺灣學者，不僅是作者群體的更新，更是學術融合的拓展，可謂文壇春暖，鴻論爭鳴！是為本輯「新貌」之二。

惟本輯較之前七輯，雖別呈新氣象，然於弘揚優秀中華文化，促進兩岸學者交流的本恉，與夫注重學術品質，考據細密嚴謹之特色，卻毫無二致。縱觀第八輯中的十五書，無論是研究古典文史的著述，還是探索現當代文學的論說，其縱筆抒墨，平章群言，或尋文心內涵，或覓哲理規律，有宏觀鋪敘，有微觀研求，有跨域比較，有本土衍索，均充分體現了厚實純真的學術根底，創新卓異的學術追求。

「苟非其人，道不虛行」，高雅的著作，基於優秀學人的「任道」情懷。這是純正學者的學術本能，也是兩岸學界俊英值得珍惜的專業初心。唯其貞循本能，不忘初心，遂足以全面發揮學術研究的創造性，足以不斷增強研究成果的生命力。於是乎本輯十五種專著，與前七輯的七十種作品，同樣具備了堪經歷史檢驗而宜當傳世的學術質量，而本校文學院「百年學術論叢」的十載經營，十載傳播，亦將因之彰顯出重大的學術意義！每思及此，我深感欣慰，以諸位作者對叢書作出的種種貢獻引為自豪。至若臺北萬卷樓圖書公司各同道多年竭力協謀，辛勤工作，確保了叢書順利而高品格地出版發行，我始終懷抱兄弟般的感荷之情！

　　中華文化，源遠流長。歷代學人對中國悠久傳統文化的研討，代代相承，綿綿不絕，形成了千百年來象徵華夏民族國魂的文化「道統」。《易》曰：「觀乎人文，以化成天下。」即言聖人深切注重中華文明的雄厚積澱，期盼以此垂教天下後世，以使全社會呈現「崇經嚮道」的美善教化。嘗讀《晦庵集》，朱子〈春日〉詩云：「勝日尋芳泗水濱，無邊光景一時新。等閒識得東風面，萬紫千紅總是春。」又有〈春日偶作〉云：「聞道西園春色深，急穿芒屨去登臨。千葩萬蕊爭紅紫，誰識乾坤造化心？」此二詩暢詠春日勝景。我想，只要兩岸學者心存華夏優秀道統，持續合力協作，密切溝通交流，我們共同丕揚五千年中華文化的「春天」必然永在，朱子所謂「萬紫千紅」、「千葩萬蕊」的春芳必然永在。願《福建師範大學文學院百年學術論叢》的學術光華，永遠沁溢於兩岸文化學術交融互通的春日文苑！

　　　　　　　　　　　　　　　　　　　　汪文頂

　　　　　　　　　　　　　　　　謹撰於閩都福州

　　　　　　　　　　　　　　　二〇二三年十二月一日

傾聽存有：雲行雨施、品物流形
——《道家思想與存有三態論》代序

　　講習「儒、道、佛」三教經典，接近四十年。思之、思之，鬼神通之。宣之、宣之，天地如之。寂然、默然，吾自聽之。我真不敢說是我去「講經說法」，而是我也在「聽經聞法」。不是我在「說」，而是我在「聽」；很明白的，不是我說給您聽，而是您以及同道師友的「聽」，開啟了我的的「說」。

　　一般人會誤認為「說」是主動的，而「聽」是被動的，其實不然。剛好相反，因為沒人「聽」，就不可能開啟「說」。講習活動，「聽」的主動性往往超過了「說」。「聽」從何處來，從「經典」來。經典者，歸本於道理智慧之本體也。本體之存在，無聲而有聲，不可說而可說，因其可說而說之也。「說」這活動是重要的，但不可說者，歸顯於密，則是更為根源的。眾竅怒號，萬籟交錯，然而「厲風濟，還歸於虛」，虛極而神，神也者，妙萬物而為言者也。

　　「神」是妙運為神，神不是一尊神像，神也不是一神論（monotheism）信者所強調的那超越的、唯一的、神聖的、至上的人格神。妙運而生，生生不息，有往復、有循環，有終始，始以成終，終而起始，剎那生、剎那滅，有生有滅，卻又賡續不已。妙之為妙，以其運之無已也；神之為神，以其生之無窮無盡也。正爾如此，所以妙運如神也。

　　就其總體根源說之為「道」，就其妙運無方說之為「神」。在華夏文明，「神」不是一個定體，不做位格之定位。「道」不是一個超絕的靜態之體。「一陰一陽之謂道」，「道」終極說之，並不是客觀規律，

而是存在的律動。「神」不是唯一的、至上的位格之神,「神」說的是妙運造化的動能。

「一陰一陽之謂道,繼之者善,成之者性」,這三句的第一句「一陰一陽之謂道」,這說的是「存在的律動」,第二句「繼之者善」說的是「實踐的參贊」,第三句「成之者性」說的是「教養的習成」。存在論、實踐論、教養論,三者是通而為一的。這是中國哲學的本源處、真實處。華夏文明的本源,很清楚的了解到,這世界並不是人們去發現客觀的規律,再依照這客觀的規律去啟動生命的實踐,再因此做成人間的文化教養。這世界之為世界,是人參贊於天地之間,在人與天地的相與過程裡,人體會了存在的律動,存在因之而啟發了人的實踐動能;進一步,人因此而範圍天地,開物成務,曲成萬物,人文化成了這天人合德的世界。

東土三教,極為重視「聽」,它往往遠大過於「說」。「說」是有定向性的,是指向對象而確定於對象物的,「聽」則是有契入性的,是跨過話語,契入存在,由存在之生生而相與,對比翕闢,開闔迭宕,因之以成。儒道佛三教,雖有異同,但卻有其通同處;他們與其說是「信靠的宗教」,毋寧說是「覺性的宗教」。他們都強調「覺性的喚醒」,而不是投向唯一的人格神的信靠。

基督教《聖經》的《舊約全書》〈創世紀〉一開篇說上帝如何造這世界,「上帝說有光,就有了光,於是把它分成白晝與黑夜」,這是第一天。儒家的《論語》,卻不這麼說,他說「天何言哉,四時行焉,百物生焉,天何言哉!」這對比有趣得很,前者重在「說」與「分」,後者是天本無言。「說」是指向對象化的論定,「分」是對偶性的兩橛分立。明顯的,前者是「默運造化」,後者是「分說萬有」。前者是以「存在」為本位,後者是以「話語」為中心。前者是「道本無言」,後者是「太初有言」,兩者差異,分別不可謂不大。

當然,基督教經典所強調的「我就是真理、道路、生命」,換到

華夏文明來說，如《易經》所說「大人者，與天地合其德，與日月合其明，與四時合其序，與鬼神合其吉凶」。前者強調的是「人對上帝徹底的臣服」，後者則強調的是「天人合德」，共生、共長、共存、共榮。道家老子所強調的「致虛極，守靜篤，萬物並作，吾以觀復，夫物芸芸，各復歸其根，歸根曰靜，是謂復命」，這裡說的「萬物並作」、「觀根復命」，都顯示著「天人相與，和合互協」的道理。

東西方哲學的對比，文化視域的融通，宗教的異同與對話，這些細緻而深入的分別，以及彼此相互滲入的合匯交融，都是我在講習儒道佛三教經典的過程裡，逐漸形成的。與其說是「講而習之」，毋寧說是「聽而驗之」，一再的講習，一再的聽驗，就這樣逐漸契入，而義理思想也就這樣生長著。經典、生活、理解、詮釋、世界，道理、智慧、存在、本源、心性、自覺、實踐、修為，這些話語很親切的在我的生命中起了作用。我逐漸體會了原先漢字語文學的要義，慢慢體會到了這些語詞，構成了網絡地圖，每個語詞都有其圖址的；就好像在一個社區裡，有著它們的門牌號碼，有著他們存在的居宅處所。

幸運的是，我原先的母語：閩南話，是古漢語，它原本通行於閩南及臺灣地區，我在臺灣師範大學國文學系就讀時，有了文字、聲韻、訓詁等的漢語語文學之訓練；經由三十餘年的講習經典歷程，每一次用閩南河洛古漢語誦讀《老子道德經》、《論語》《金剛經》等經典時，讓我愈發覺察到古典漢語所煥發出來的深層奧蘊。我也因之常與同道講友，提及研習華夏古代典籍，須得「感其意味、體其意韻」，才能「明其意義」。從古典漢語，進到漢字，我更而體認到漢字之為圖像性的文字，更是有其了不得的神聖特性。方塊圖像的漢字是獨立於漢語語言，又與漢語語言密切結合在一起的。漢字與漢語的關係，是一統而多元的，而這「一統而多元」正是我們華夏民族的基本構成方式。《易經》所說「同歸而殊塗，一致而百慮」，正爾如此。我們是以存在為本位的道論傳統，不同於西方之以話語為中心的邏各斯

（Logos）傳統，兩者有著重大的差異。

　　這差異是不離日常生活的，比如：飲食吃飯，就其形象的比喻來說，我們是用筷子的傳統，這不同於用西洋人用刀叉的傳統。用筷子是主體通過中介者，連結了客體，兩者達到均衡和諧才能舉起客體。用叉子則是主體通過中介者，強力侵入了客體，控制了客體，如此而能舉起客體。前者是主客合一、主客不二的，可以歸到如馬丁·布柏（Martin Buber）「我與你」（I-Thou relation）的範式。後者是主客分立，以主攝客的，可以歸到「我與它」（I-it relation）的範式。甚至，我更而衍申地說，前者是「存有的連續觀」的脈絡，後者則是「存有的斷裂觀」的脈絡；前者是王道脈絡，後者是霸權思維。每說即此，一眾悅然，額首贊成。這是講學的趣事，卻煥發著生命的動能。

　　回首來時路，赫然發現這些思想與我在上個世紀末九十年代所提出的「存有三態論」有著深沉而密切的關聯。「存有三態論」原是我在寫作博士論文《存有、意識與實踐：熊十力體用哲學之詮釋與重建》，無意中的一個嶄新發展。我發現熊十力的《新唯識論》所開啟的「體用哲學」，和其牟宗三的《現象與物自身》所開啟的「兩層存有論」，有著很大的不同。熊十力的體用哲學強調：即用顯體，承體啟用，體用一如，最後透入的是「乾元性海」；牟宗三的「兩層存有論」，一方面融攝了儒道佛三教，並經由康德哲學「現象」與「物自身」的超越區分，展開了嶄新的建構。牟先生經由《大乘起信論》的方式，「一心開二門」的建構了宏偉的哲學體系。在熊十力體用哲學的重建中，我開啟了「存有三態論」，它確實是與「一心開二門」的兩層存有論是不同的。

　　牟先生「一心開二門」所開啟的「兩層存有論」，可以說是繼承陸象山、王陽明以來的「心本論」傳統而開啟的。「存有三態論」則是從熊十力，上溯到王船山的「道本論」傳統而開啟的。「道」是總體的、根源的、普遍的、理想的，它強調「體用一源，顯微無間」。

這樣說的「形而上者謂之道」，這說的是「形著而上溯其源」，那存在之本源叫作「道」；相對來說，「形而下者謂之器」，這說的是「形著而下委其形」，這具體落實的叫作「器」。「形著」是生生不息的、是妙運造化的，這顯然的是《中庸》、《易傳》、《老子》、《莊子》的儒道主流傳統。

華夏文明，論其哲學系統大體有三大脈絡：道本論、心本論、理本論。「道本論」強調「道」的超越義、根源義；「心本論」強調「心」的內在義、自覺義；「理本論」強調「理」的客觀義、法則義。顯然地，不論「心本論」、「理本論」，最後都歸到「道本論」，這從日常用語，我們說「道理、道心」，而不說「理道、心道」，便可以做為最直接的證據。

「道」說的是「存在的根源」，這存在的根源本為不可說，由此不可說而可說，這便是存在的開顯，由此「存在的開顯」，進而經由主體的參贊所成的對象化活動，而為「存在的執定」。從「存有的根源」、「存有的開顯」，進而到「存有的執定」，這便是我所說的「存有三態論」。存有的根源者，寂然不動也。存有的開顯者，感而遂通也，範圍天地之化也。存有的執定者，曲成萬物也。業師牟宗三先生，在國族文化危亡之際，面對民族精神之花果飄零，為求得華夏民族之靈根自植；在西方近現代哲學的挑戰之下，高揚了道德主體意識，重塑了心本論，並由此心本論而建立了道德的形而上學（Moral metaphysics）。

顯然地，他以人類的道德本心為核心，確立了他的哲學體系，對中國哲學作了創造性的詮釋與建構。有人說這是一套康德式的儒家哲學系統，其實毋寧說這是一套儒家式的新康德學的哲學系統。我認為這是中國哲學在汲取西方哲學智慧，極為可貴的發展。這可以說是努力想掙脫出以西方哲學為主導的「逆向格義」的可貴創構，也預示著中國哲學克服「逆向格義」的先機。

　　讓漢語哲學說漢語，回到漢語本身，契入存在之本源，感其意味、體其意韻、明其意義，就在講學的過程裡，在用閩南古漢語去朗誦吟哦的當下，我有種被打通的體會。我回到了「存在」的古漢語脈絡，去對比西方所說的「Being」。我發現前者是動態的生生脈絡，後者是靜態的話語定位。「在」就漢語語文學來說，是「从土才聲」，這說的是：生物活生生的生長著，有著天地生物氣象草木蕃的意味。「存」字，就漢語語文學來說，是「从在从子，土省」，這說的是：人參贊天地化育，在生活世界的參贊中，而生生不息的實踐著。「在」有著「一陰一陽之謂道」，訴說著存在的律動，「存」有著「繼之者善」，訴說著人作為活生生的實存而有的實踐的參贊。西文所說的「being」，這「存有」一詞，說的是經由「to be」，而去說「being」，，這是經由人的話語去論定的對象性存在。前者是回歸真實生命的存在，後者是經由話語準確確立的對象物存在。

　　經由話語準確建立的對象物存在，若依「存有三態論」來說，是「存有的執定」意義下的存有，這是經由「道可道」，可道、可言，「言以定形」而確立的。在「存有的執定」之前則有「存有的開顯」，以及「存有的根源」。「存有的根源」是第一態，是根源態。「存有的開顯」是第二態，是開顯態。「存有的執定」是第三態，是執定態。這三態是迴環相生，生生不息的。當然，這裡所說的「存有的根源」即是存在之自身，而這存在之自身，不是西方意義下的 Being，而是華夏文明意義下的「道生之、德蓄之」的「道德」傳統，是「形而上者謂之道，形而下者謂之器」的「道器」傳統。在這樣的道德傳統、道器傳統下，我們所說的道論傳統。這樣的道論傳統，是「從不可說，到可說，由可說而說之，說之成物」的哲學脈絡。這與道家老子《道德經》所說的「道生一，一生二，二生三，三生萬物」，若合符節，與我所締構的中國人文詮釋學之五階：道、意、象、構、言，在理論的構成上，也是連貫而一致的。

　　一九九六年，南華大學哲學研究所成立的啟教儀式，我揭櫫了《道言論》，論曰：「道顯為象，象以為形，言以定形，言業相隨；言本無言，業乃非業，同歸於道，一本空明」。後來這篇文章成了南華哲學研究所的所刊《揭諦》的發刊詞，更而衍伸為一九九七年國際中國哲學會的參會稿子，後來收在《道的錯置：中國政治思想的根本困結》一書，作為〈導論〉，更完整的更動名稱為〈道的彰顯、遮蔽、錯置與治療之可能：後新儒家哲學擬構——從「兩層存有論」到「存有三態論」〉。無疑地，這篇文章大體完整的表達了我「存有三態論」的基本梗概。很顯然地，這樣的思考路數，是由「心本論」返回到「道本論」，而這樣的「道本論」也可以說是「氣本論」。只不過這「氣」是貫通形而上、形而下的生命的真實。他與只是形而下的物質性是有所不同的。

　　「道顯為象，象以為形，言以定形」這說的正是存有三態：存有的根源、存有的開顯、存有的執定。這便隱含著「道、意、象、構、言」的五階結構，我由此而論略中國的經典人文詮釋學，「言」說的是「句子」，「構」說的是「結構」，「象」說的是「圖像」，「意」說的是「意向」，而「道」則說的是「存在」，這最後的存在，是存在的根源，它是與價值、智慧、實踐等和合為一的，這是不可說的存在之源。這樣的理解與詮釋正好與老子《道德經》所說「道生一、一生二、二生三，三生萬物」的存在次序的展開，可以相與比擬。「道」是「隱而未顯」，「一」是「顯而未分」，「二」是「分而未定」，「三」是「定而未執」，「物」是「執之已矣」。這也可以看到「道」之為「根源性」，「一」之為「整體性」，「二」之為「對偶性」，「三」之為「對象性」，「物」之為「對象物」。這是從「不可說而密藏未顯」的存有的根源，進而為逐漸「揭露而顯現但仍為不可說」，進一步由此「不可說之顯而為可說」，又一步由此「可說而說」，進到「說而說出了對象」。

　　如果借用佛教唯識學的句子來說，這是從「境識俱泯」，進之為「境識俱顯而未分」，又一步為「境識俱起而兩分」，進一步為「以識執境」。這也可以用心物兩端來說，最先是「心物不二且未啟現的渾淪總體」，繼而「啟現了但是心物仍然未分」，進到「心物啟現而兩分」，最後「以心執物而使物之為對象物」。道家在論述由道之顯現而落實的過程，由一、二、三，而成了對象物，這是人的主體對象活動，是人經由話語的論定而成的對象物。這是由整體之根源之不可說而說之，由不可名，而可名，可名而名之，名之而成為定名的過程。一旦成了「定名」，這樣的定名之言，是「言以定形」的言，這樣的「言」(話語、語言)便無可避免地要伴隨著自無始以以來的「業力」與之同生共長，此所以「言業相隨」也。

　　「言業相隨」的語句有取於佛教的義理，這若放置在道家的義理來說，則是「道生之，德蓄之，物形之，勢成之」的脈絡，「道」為根源，「德」為本性，道之生也，自生而生也，由一而二，由二而三，三生萬物，在這「生」的過程，就是「德之蓄」，也就是「德」（本性）育成的過程。然而一旦「物形之」，一落到「物」，「三生萬物」的「物」，這是主體的對象化活動所論定的「物」，是經由人們用話語所論定的對象物，這話語便離不開人的生活世界所牽帶而來的業力習氣。這業力習氣的相互牽引，所謂「物交物引之而已矣」，這樣一來「物勢」就形成了，由「物形之」而「勢成之」。人生命也就在這歷程中，主體的對象化活動，因之而外化，而他化，而疏離其自己，成了「異化」的狀態。這異化狀態由語言所造成，這樣的語言的異化，如何救治，唯有回到存有之道本身，「尊道而貴德」才有可能真正療癒。

　　「異化」（alienation），最簡單的解釋可以說是「not at home」，我將之翻譯為「亡其宅」，人們失去了自己的安宅，人們不在家，無家可在，人們無家可歸，成為如卡繆（Albert Camus）所謂的「異鄉

人」（The Stranger）。用孟子的話來說，「仁者，人之安宅」，人沒安宅，就無法體現人之所以為仁的真實感通，真實的、實存的生命之愛，就無法啟動。這就是現代人的困境。這困境，西方哲學家多數理解成「存有的異化」，這是因為他們是在巴曼尼德（Parmanides）、柏拉圖（Plato）以來的主流傳統，在「思維與存在的一致性」的主導下而造成的理解，這是「存有的遺忘」之後的理解。在存有的遺忘下，誤將一個為話語所論定的對象物之存在，當成存在。原本是這對象物所造成的異化，結果他們誤診為「存在的異化」。殊不知，這並不是存在本身所造成的，而是人們離去了存在，而以話語所論定，經由主體的對象化活動所成的對象物，這樣所造成的。我將之定位為「語言的異化」，後來我也常將此說為「話語的異化」，正因如此，我們可以發現哲學不只是到了「語言學轉向」的年代，而是要回到真正的存有學的年代，找尋真正新的存有的年代。其實，所謂新的存有，是原本的存有，是真正的存有之自身。

　　果爾如此，我們自能理解「言本無言，業乃非業」。名言概念是必要的，但它是後起的，而論其本源，名言概念俱歸於無名。「無名天地之始」，回到真實的天地場域。天地不言，默運造化。四時行焉，百物生焉。生生不息，永不停歇。「道」隱於無名，但並不永遠停留在「隱」的狀態，它必得彰顯其自己，這是不可自已的。無名而有名，有名而名之，名之而成為定名。正因如此，「有名萬物之母」。話語能歸回到存在本身，業力也就自爾解消了，「業乃非業」，業力原是虛空的，感之而生，熄之而滅。跨過了生滅流轉，回到了無生之空寂，就此空寂又含藏了生生之可能。這裡我們發現到「生滅法」之上有「無生法」，而此「無生法」又可以與「生生法」相互包容而為一體。

　　人間世俗的世間法，是生滅法、流轉法，總要被超越克服的。佛教的超越克服，是「苦業之解脫」，它面對著人的生老病死之苦，祈求從中解脫，它經由緣起法見得萬法一切，都是剎那生、剎那滅，而

見得「存在的空無」、「意識的透明」，因之而有「信仰的確定」，「實踐的如是」。六祖慧能聽聞到誦讀《金剛經》「應無所住而生其心」，言下大悟，便專志前往黃梅求法，得了衣缽，禪宗因此開了新的法脈。這時的佛法就不只是苦業的解脫，而是強調明心見性，強調佛格的圓現與完成。佛法不指認為「一切有為法，如夢幻泡影，如露亦如電，應作如是觀」，佛法更進一步認為「溪聲盡是廣長舌，山色豈非清淨身」。當人們把話語的纏執解開了，業力也熄了，這一切「同歸於道」，「道」者存在之自身也，如此而「一本空明」，道者，一也，本也，空也，明也。

　　人間世俗本不離「生滅法」，佛說的出世間那是「無生法」。世俗之佛教者，誤認為儒道兩家仍不免世俗，未能出離生死，仍屬世間法、生滅法。這樣的說法，道理並不通透，其實，儒、道兩家是「生生法」，這「生生法」是從「生滅法」透入，但不離於生滅，卻契於存在的本源。正因為如此，它能夠入於造化之源，體認到「天地之大德曰生」，「生生之德」；此即是我所說的「生生法」。這「生生法」後來與佛教的「無生法」融通和合，使得大乘佛教不限於「苦業之解脫」，而成為明心見性的「佛格之完成」。中國的大乘佛教之所以如此盛大，便是因為佛教來了東土，遇見了儒道的生生法，在這樣的水米之下，才育成了這麼盛大的「佛法不離世間」的大乘佛教。原來的彼岸淨土，後來就發展為此岸淨土，台灣現在最為盛行的「人間佛教」，便是這脈絡長育而成的。

　　摩娑著《道家思想與存有三態論》這本書的稿本，想為它寫個導言，一時起意，當下動筆，從「聽」與「說」起論，不意間掀動了許多過去的記憶與思考。重新喚醒，傾聽存有，任化自然，卻也有著雲行雨施、品物流形的歡喜。這本書雖非專著，卻有不同於專著，而越過於專著者；因為它是跨了上個世紀九十年代，到這個世紀，三十年左右的思想集結。本書收的文章，主要以道家思想為主，而這些道家

思想的研究其實都不離「存有三態論」這理論框架的。值得注意的是，並不是我拿著存有三態論的框架去框道家思想，而是在道家經典的講習，當然不只道家，儒家、佛家也包括在內，在這過程裡而融鑄成了「存有三態論」。

這些文章，許多在會議上宣讀過，在講堂上講習過，在與同道師友論辯過，有些師友看了，問我是否受到海德格爾（Martin Heidegger）的影響，有人也問我是否受到德希達（Jacques Derrida）的影響，還有人問我是否受到梅露‧彭迪（Merleau-Ponty）的影響，有人問我是否受到馬賽爾（Gabriel Marcel）影響，還有更多人問了許多對現代性有反思的思想家的名字，我都應承說受了他們的影響，但並不全然。因為我比較有興趣的，而且我的作法是想避免經由西方哲學而來的「逆向格義」做法。我更為重視的是回到漢語文化的氛圍，並在文明的互鑒下，以更為多元交融的視域，來思考問題。

當然，須得一提的是，我的思想發展是置放在當代新儒學的思想視域，承繼著先師牟宗三先生，以及先師爺熊十力先生而來的思考。在一九九四年春，我在哈佛大學杜維明先生所主持的儒學研討會上，發表了《後新儒學論綱》，正式地啟動了一個嶄新理論方向，這方向相對於當代新儒學，有著批判的繼承，也有著創造的發展。《道家思想與存有三態論》就是這發展的軌跡之一。

文集編成，能得出版，多方因緣，和合而成。感懷萬卷樓總經理梁錦興兄及總編輯張晏瑞博士的邀稿，呂玉姍小姐的編輯校對，讓這本書能裝幀精美，呈現於天地之間，令人歡喜。再者，這本專著能收入「福建師範大學文學院百年學術論叢第八輯」，更是榮幸。想起先祖一七五〇年代從福建漳州渡海來台，到我已經是第八代，同族發展得快的，已經十餘代，閩臺同源、兩岸一家，不管它政治更迭如何，這是事實，不必懷疑，不能忘記。須知：政治是一時的，文化是長遠的，人性是真實的，天理是永恆的。天變、地變，道不變。人生活在

天地之間，能仰天之高明，俯地之博厚，人才能真正的悠久無疆。經典講習，所做的，雖仍只是涓涓細流，但我還是要這麼說，正因為如此涓涓細流，聚集為川，匯流成河，江河入海，才能進到太平之洋。講習經典，只是小事，卻也是大事，我們就在這過程中，承天命、繼道統、立人倫、傳斯文，期待的是天下永久和平。癸未之暮，甲辰將來，玉兔返宮，龍興雨潤，聯曰：「玉兔返宮搗靈藥，天龍興雨潤蒼生。」期之盼之，虔誠祝禱，是為序。

　　　　　　　　　　　　　　　　　　　　林安梧

　　　　——孔子紀元二五七五年（耶穌紀元二〇二四年）

　　　　　　　　陽曆一月九日於臺北象山元亨居

目次

第一章
如何讀老子《道德經》
──經典、生活、實踐與詮釋的交融

一　人與經典的互動：感其意味，體其意韻，明其意義

　　這一章，我們要談談如何讀老子《道德經》。其實在我的讀書經驗裡面，我不是依從注解或者前人之說，而是主要看老子怎麼說。老子已經歸天了，他在天上，你不可能去問他。即使真的找到了老子，他大概也忘記當時所說的意思了。詮釋學上有一個比較極端的說法，就是文本一旦完成之後，作者就已經「死亡」了。我覺得作者還是存在的，作者又是參與到文本中的一個讀者，也是一個新的創作者。很難說文本的原意是什麼，但它並不是沒有原意，只是這個原意應該作為你去接近的一個可能。

　　我常說，經典的詮釋叫作「有範圍，無定點」。而那個範圍怎麼去理解？其實它在不同的理解視域之下，會湧現出來一些差異。「六經注我，我注六經」並不是說有六經在那裡，我去注解六經，也不是說我在這裡，六經來注我。這其實是一個相互詮釋的互動過程。「學苟知本，六經皆我注腳。」[1]當學問上透到道體的時候，六經都是用來詮釋「道」的。道之所以為道，其實是不可能說清楚的，但卻可以使得一切說成為可能，作為一切說的根據。也就是說，道並不是一個被理解的物件，它是使得一切理解成為可能的根據。

　　這一點在《老子》書裡面其實講得很清楚。它是不可說，不可

---

[1]　參見《陸九淵集》，卷34〈語錄上〉。

名，但你「強字之曰道」[2]，勉強用一個共同約定的名稱說，叫作「道」。你很難從文字學上去考察「道」到底是怎麼一回事，但是這並不意味著，你不能通過文字學字源的考據去說「道」。

其實「道」這個字是一個首領走在前頭，是「首」行之於前，眾隨之於後，而走出的一條路嘛。「道」很早以前的解釋是「道者，路也」，後來又有言說、話語之意。到了春秋戰國時期，人們講「志於道，據於德，依於仁，游於藝」[3]，講「道生之，德畜之，物形之，勢成之」[4]。顯然這裡的「道」不再只是一條路，也不再只是言說，而是講一個宇宙造化整體之源。它具有普遍義、理想義、總體義、根源義。因為你很難去思考什麼是總體，所以我們說「至大無外」、「至小無內」[5]。天地人我萬物通通包含於其內，但是它也是很細微的，存在於任何一個地方，這時候我們說它是「道」。

在中國哲學裡，當「道」這個字成為一個很重要的哲學範疇時，也代表我們的哲學其實已經達到了相當的高度。往前追溯我們可以發現到，從商朝的「帝」和「令」，到了殷周之際的「天」和「命」，到春秋時期的「道」和「德」。「帝」其實是某一個部族的至上神，而這個至上神上升成為民族所共同祭祀的一個至高無上的對象。「天」的概念比起「帝」這個概念，就不再只是某一個部族造化之源的至上神了，而轉換成一個帶普遍義、理想義的概念。所以「天」這個概念其實也代表整個人文精神升揚到相當高的程度。從「帝之令」，到「天之命」，「天」顯示它的普遍義、理想義、超越義。但是到了春秋的時候，強調「道之德」，「道」更重視總體義和根源義，也帶有普遍義、理想義、神聖義，但更落實的講，是在總體義和根源義上。

2　參見老子《道德經》第二十五章。

3　參見《論語》〈述而〉。

4　參見老子《道德經》第五十一章。

5　參見《莊子》〈天下〉。

　　我認為第一次人文精神的突顯是在周朝初年，以文王作代表的「文王之德之純」[6]。而到了春秋時代就到了人文精神高漲的第二階段，它所代表的是天地人我萬物通而為一的人文精神。天地人三才通而為一的人文精神並不是以人為中心，而是以人作為參贊的起點。道表徵了整個中國民族思想發展中很重要的階段性。我們常說，道是根源，德是本性。我們講「天命之謂性」[7]的「天」，其實是一個幾乎無所不包的源頭，它的重點在普遍義和理想義，而「帝」所包含的至上神的意味比較重。很難確切說「天」是什麼，但是我們可以覺知到其整個意味的變化。

　　《道德經》第一章很難懂，關於其句讀有很多爭辯。在我看來這些爭辯並不是沒意義，但是多讀幾回大概就清楚了。一切通過話語之所論定才成其為「物」。經由話語、語言、文字、符號所論定，主體的物件化活動所構成的一個被決定的定向物，這才為「物」。古書並不是那麼難解，其實你多讀幾回，前後看看也就懂了，所以讀古書讀熟很重要。

　　其實我今天是要把經典、生活、實踐和詮釋交融在一塊來理解。我認為，經典是一個生活世界。經典像一口鐘，讀《老子》的時候，你敲一下，無論敲哪個點，這個鐘發出的聲音都是差不多的。當你敲熟了就慢慢可以分別出來，敲 A 點、B 點、C 點的時候，聲音各是什麼樣的，慢慢的你就掌握了這個脈絡。現在有一個你從來沒敲過的 α 點，但是你根據其他的脈絡去思考，你可以知道這 α 點大概是什麼聲音，結果你一敲，果真是這個聲音。這表示你對這口鐘真的瞭解了，也就是你懂得這口鐘的性質了。

　　「性」這個字是什麼意思？它代表著一種生長的力量。我們中文

6　參見《詩經》《周頌》〈維天之命〉。

7　參見《禮記》〈中庸〉。

裡「生」這個字其實就是由隱而彰顯出來。原先的文字學說法是，一根小草從泥土裡頭生出來叫「生」，就是從隱到顯。你讀古典的時候一定要感其意味、體其意韻，再明其意義。

　　中國的文字是圖象形文字。你讀的時候就像喝茶、喝咖啡一樣，起先你不必太拘泥。武夷山的大紅袍和普洱茶顯然不一樣，剛開始喝的人不一定分得清楚，但喝多了以後可能就知道了，就像品酒一樣。沒喝過酒的人一喝白酒感覺都一樣，但喝多了以後，就可以用不同的形容詞去形容不同的白酒，就是他感其意味、體其意韻、明其意義。最好的方式就是回到經典本身。

二　經典開啟一個生活世界，人的參與使得經典自如其如的開顯

　　經典就是生活，生活就是實踐，實踐中有詮釋，詮釋也需要實踐，而實踐是不離生活的。你瞭解了這個過程就知道，生活和經典是連在一塊兒的。我們讀經典的時候要把它放到整個歷史文化總體裡，放到場景和情境中去讀。我以前講讀《論語》是如此，讀《老子》也是如此。

　　《老子》裡面有一些理論提得很高，不好講也不好讀，那沒關係，你就略過嘛。我常說《老子》第一章不好讀，但你要大概知道它在講什麼。原來它講的是總體的源頭和話語的關聯，而這個總體的源頭是不好說的。「無名，天地之始」[8]，講宇宙生發的起點，然後講「有名，萬物之母」[9]，講名言概念的活動，話語概念的活動和存在

8　參見老子《道德經》第一章。

9　老子《道德經》第一章：「道可道，非常道；名可名，非常名。無名天地之始，有名萬物之母。故常無，欲以觀其妙；常有，欲以觀其徼。此兩者同出而異名，同謂之玄，玄之又玄，眾妙之門。」

事物的關聯。用話語去論定的事物不是存在事物本身了。退返於命謂之「無」,「有」就因此而得以彰顯。「常無」是要回歸到形而上的本源,「常有」是從形而上的本源進到人間事來。「常無,欲以觀其妙;常有,欲以觀其徼。此兩者同出而異名。」原先在其源頭處是通而為一,因為都是不可說的。而從「不可說」到「可說」到「說」,說出了天下萬物,這萬物當然就不同了。「此兩者同出而異名,同謂之玄」,「玄」是玄遠玄妙幽深之意。

　　從開始往下走,發現慢慢讀就可以讀通。我常跟很多朋友說讀不懂就把它抄下來,抄下來的目的是你為什麼讓我讀不懂,我要把它記下來。讀得很有意思的,有體會的我也要把它抄下來。

　　我自己讀古典其實多半得力於講習,我自己也會抄,但最主要是跟大家講《老子》。在講的過程裡面越講越精熟,也不敢說我完全懂了,但至少會覺得像老朋友見面,就好像白酒喝多了你一定可以分得出來,這是茅台,這是五糧液,這是瀘州老窖,你分不出來那就是還沒進去。

　　我自己講儒道佛三教經典已經超過三十年,最深的體會在於,更多時候不是我去講,而是隨順著聽者的「聽」,使得經典的「講」因此而開啟。我常常說「聽」其實比「講」還主動,我也因此體會到經典之為經典其實是一個生活世界,是一個漸動不息、「原泉混混,不舍晝夜」[10],「若決江河,沛然莫之能禦也」[11]的世界。經典之為經典是經由我們作為讀者進到這個生活世界裡面,它才能自如其如地開顯,無所罣礙,無所修飾,跟你融合,就這樣跟你一體流行。我寫過一篇文章《經典就是一個生活世界》,後來收錄在我《佛心流泉》的那本散文集裡[12]。我們自然而然有一種存在的真實感去親近經典,和

10 參見《孟子》〈離婁章句下〉。

11 參見《孟子》〈盡心章句上〉。

12 林安梧:《佛心流泉》,北京市:當代中國出版社,2011年。

它相處成為知心朋友，讓我們的生命能得到永恆的支柱。所以不要只是把經典當成一個對象，你要把它當成一個親人、朋友、老師，可以交心、傾聽、對談的一個對象。

經典作為文化教養是不離自然的。我們經由儒道佛經典的講習，效法地的實在、學習天的真誠，歸返於常理常道，是生命回到自己。物各付物，返璞歸真，是自然也。經典是不能離開人的，人更且是不能離開經典的。沒有了經典，人的精神資源就此枯竭了；沒有了人，經典也可能因此而掛空。所以中國經典到現在還活著，是因為我們幾千年來講習它。經典，沒有說教、沒有訓告，只有講習。講習是活潑潑地進入，進入到經典的生活世界裡頭，讓它如其自如地開顯自己，成為我們思維一切問題的思想憑依。它有一個理解的視域，成為我們面對自我存在的一個憑依。我們深知有了文化憑依之後，才能創造新的文化思考。有了存在的憑依之後，我們才是一個踏實的、頂天立地的文化存在。

經典和民族的文化是密切關聯的。所以我常說，如果中國人都不讀《老子》了，也不讀《論語》了，儒道兩家都不讀了，那你很難說你是中國人。但是現在中國人差不多也不讀了。所以我要呼籲大家去讀經典。

三　經典詮釋學的五個層次：言、構、象、意、道

我自己做經典的詮釋，其實是在二十多歲做有關王夫之研究的時候。我認為，王夫之是中國古代哲學家裡面最具有經典詮釋學方法論意識的一位偉大的思想家。他有關經典的詮釋命名都不太一樣，譬如《讀四書大全說》、《四書訓義》、《周易外傳》、《周易內傳》、《周易略例》、《周易稗疏》、《周易大象解》、《春秋家說》、《詩廣傳》、《讀通鑒論》、《宋論》、《尚書引義》、《老子衍》、《莊子通》、《莊子解》，多大

不同。你要瞭解到《四書訓義》和《讀四書大全說》的不同，《讀四書大全說》主要是他自己的觀點，《四書訓義》是用來講習朱熹的學問的，以朱熹的《四書章句集注》為主，所以你就不能用《四書訓義》作為王夫之思想的核心。你如果拿它作為王夫之思想的核心，那是你對王夫之不夠內行。譬如說《周易外傳》和《周易內傳》，《周易內傳》基本是順著《周易》一個卦一個卦地講，但《周易外傳》中他的發揮更多。船山學和易學是密切相關的，你讀多了就知道怎麼去掌握它。王夫之非常強調「因而通之」的創造詮釋學，他在《莊子通》裡面說「因而通之，皆可以造乎君子之道」[13]。後來我對王夫之的經典詮釋學下過一點工夫，我一直認為他對人、經典和道這三者的詮釋構成了一種循環，也就是詮釋學意義上所說的 hermeneutical circle。在歷史的詮釋上也是，他穿透表層歷史事件，洞察深層歷史意義，並且上通到道，迴返到歷史事件做一個批判，落實在當下歷史展開實踐。人、歷史和道三者就構成一個詮釋的循環，而且這個詮釋的循環隱含了一個創造的循環，這三者所構成的循環又是以人作為核心的。我當時在做王夫之研究的時候，發覺他把理解、詮釋、批判、創造綰合到了一塊，而背後隱含著一個思維模式，這個思維模式是兩端一致的對比辯證思維模式，兩端是對比的兩端，一致是辯證的一致。

　　你讀經典的時候是去理解詮釋經典，而經典經由你的詮釋，意義得以釋放出來，然後上通到道，道因此彰顯出來，啟發了人。人因道的彰顯而得到啟發，這又使得人有更強的詮釋能力來理解經典，所以這也有一個詮釋循環的關係。

　　我後來在有關於中國經典的詮釋學方面慢慢地形成了自己的思考，這個思考比較複雜，就是道、意、象、構、言五層的思考。這五

---

13 王夫之《莊子通》有言：「因而通之，可以與心理不背」，「凡莊生之說，皆可因以通君子之道」。

層的思考大概是：談到中國的人文詮釋學，話語是一個層次；你讀書的時候把經典背下來、記下來，這是記憶；再上一層是結構，要掌握它的結構；再上一層，經典有可以想像的圖像；再上一層，它有個指向（intention），你去體會玩味它；再上一層是道，你去體證它。這就是我在做有關詮釋的時候體會玩味到的，但是你不能拿這些東西去硬套。

這種有關於經典詮釋的思維方式，是我在《王船山人性史哲學》第四章用到的方法論。後來有一個朋友研究伽達默爾（Hans-Georg Gadamer, 1900-2002），他跟我說，你這個思考很像伽達默爾。我回想了一下，我在年輕的時候有讀過一點他的 *Truth and Method*，那時候現行的翻譯還沒出來，讀的是英文本的一些片段，沒有很多，但是我的習慣是讀了就消化它。我讀懂了什麼我不知道，但是當我在做中國哲學詮釋的時候，說不定這就起了作用。如果以後有機會，我可能會做王夫之的經典詮釋學和伽達默爾的詮釋學類似性的研究。當然，王夫之沒有讀過伽達默爾，王夫之是十七世紀的，伽達默爾是當代的。但其實你可以發現，人類的思想本來就是共通的，哲學是不分地域的，哲學家有地域的差異，但是道理是相通的。

四　老子其人和《老子》其書

老一輩人告訴我們「頌其詩，讀其書，不知其人，可乎？」[14]你讀《老子》一定要找老子的傳記來讀，最古老的傳記當然是《史記》。你讀的時候可以去想一想，譬如我讀「老子者，楚苦縣厲鄉曲仁里人也」[15]，我就很懷疑。楚國大概是真的，「苦縣」我就很懷疑是

---

14 參見《孟子》〈萬章章句下〉。

15 《史記》〈老子韓非列傳〉：老子者，楚苦縣厲鄉曲仁里人也，姓李氏，名耳，字聃，周守藏室之史也。孔子適周，將問禮於老子。老子曰：「子所言者，其人與骨

不是一個意象，你看，又是「苦縣」、又是「厲鄉」、又是「曲仁里」，這不是一個壞透的地方嗎？又苦又厲，那個地方仁都曲折了。這應該去問問司馬遷。你不知道哪一年，你就會說吉年吉月吉時。你不知道他生長在什麼地方，就給他安一個「苦縣厲鄉曲仁里」，這也是可能的。率皆寓言，也不只有莊子才會寓言，可能《史記》裡頭也有很多寓言。譬如說鴻門宴的故事寫得好像真的一樣，我懷疑那是文學還是歷史，我看像是小說。如果果真有鴻門宴這件事，鴻門宴的座次怎麼安排恐怕不清楚。是不是有項莊舞劍，意在沛公呢？那更難說。但是劉邦的確參加了鴻門宴，最後還脫逃了，這是真實的。所以有些歷史你要以存疑的態度去讀。

　　老子「姓李氏，名耳，字聃，周守藏室之史也」，這個一般被認定是真的。當然他還講到太史儋和老萊子，根據其它史料，這很有可能是另外兩個人。「孔子適周，將問禮於老子。」老子把孔子教訓了一頓，說：「子所言者，其人與骨皆已朽矣，獨其言在耳。且君子得其時則駕，不得其時則蓬累而行。吾聞之，良賈深藏若虛，君子盛德，容貌若愚。去子之驕氣與多欲，態色與淫志，是皆無益於子之身。吾所以告子，若是而已。」就是說我看你煥發出一種傲慢之氣，而且理想太多了，「多欲」解釋為「理想太多」比較適合，志向太多了。顯然老子是不主張人有什麼大志的，老子主張人好好地過生活，不要談那麼多偉大的理想，好像神聖得不得了，恐怕最後都惹了禍。

　　孔子離開以後對弟子說「鳥，吾知其能飛；魚，吾知其能游；

皆已朽矣，獨其言在耳。且君子得其時則駕，不得其時則蓬累而行。吾聞之，良賈深藏若虛，君子盛德，容貌若愚。去子之驕氣與多欲，態色與淫志，是皆無益於子之身。吾所以告子，若是而已。」孔子去，謂弟子曰：「鳥，吾知其能飛；魚，吾知其能游；獸，吾知其能走。走者可以為罔，游者可以為綸，飛者可以為矰。至於龍吾不能知，其乘風雲而上天。吾今日見老子，其猶龍邪！」老子修道德，其學以自隱無名為務。居周久之，見周之衰，乃遂去。至關，關令尹喜曰：「子將隱矣，強為我著書。」於是老子乃著書上下篇，言道德之意五千餘言而去，莫知其所終。

獸，吾知其能走。走者可以為罔，游者可以為綸，飛者可以為矰。至於龍吾不能知，其乘風雲而上天。吾今日見老子，其猶龍邪！」司馬遷家族對道家其實是很推崇的，司馬遷的父親司馬談在《論六家要旨》中就很推崇道家。

「老子修道德，其學以自隱無名為務。居周久之，見周之衰，乃遂去。至關，關令尹喜曰：『子將隱矣，強為我著書。』於是老子乃著書上下篇，言道德之意五千餘言而去，莫知其所終。」[16]請回到古典去理解「道德」這兩個字。「道生之，德畜之」，道為根源，德為本性，就是溯其根源，如其本性。上篇為《道經》，下篇為《德經》。從這裡你可以判斷出今本世傳的《老子》和司馬遷那時候所說的《老子》應該有所不同。現在帛書《老子》只有三千多字，恐怕是斷簡殘編，抄寫不全。竹簡《老子》有的增加了，有的減少了，所以不要忽略世傳本。《老子》世傳本就是我們現在看到的王弼注本，河上公注本的。大家都很重視新出土的帛書《老子》，結果你一看，這根本是比較後期的。你為什麼知道啊？因為有很多經驗。有人認為竹簡的《老子》一定比現世傳本早。顯然不是嘛，譬如說，竹簡本是「絕偽棄詐」，而世傳本是「絕聖棄智」。《老子》書很明確的告訴你「正言若反」，它是用負面的表述方式來表達。「絕偽棄詐」不是一個負面的表述方式，「絕偽棄詐」的表述方法和儒家很接近。「絕聖棄智」是道家的，而「絕偽棄詐」很可能是稷下道家的。「絕偽棄詐」顯然是儒家或者法家之言摻進去的，這個很容易分辨出來。我覺得思想就是要用的，你體會玩味就不會迷信盲從。

《史記》又講到老萊子和另外一位太史儋，我這裡把他們跳過去了。「世之學老子者則絀儒學，儒學亦絀老子。『道不同不相為謀』，豈謂是邪？李耳無為自化，清靜自正。」[17]這是道家和儒家的不同。

---

16 以上相關所引，具見《史記》卷六十三〈老子韓非列傳第三〉。

17 參見《史記》〈老子韓非列傳〉。

儒家講要大有為，道家講無為；道家回到自然，儒家講人倫孝悌。但是儒道果真是完全相互對反的嗎？不。我認為儒道是同源而互補的。

五　道家回歸天地場域，對主體自覺的消解與療癒

上次我們也提到「志於道，據於德，依於仁，游於藝」，和《老子》講的「道生之，德畜之，物形之，勢成之」，二者形成對比。儒家從人的參贊處說，重視主體的自覺。道家從天地的總體根源說，強調天地場域的自在。道家講「道生之，德畜之」，落實在人講「尊道而貴德」[18]。「尊道而貴德」和「志於道，據於德」不太一樣，「尊道而貴德」要聯繫「道生之，德畜之」說。「志於道，據於德」，人的主體參贊之意比較強，「尊道而貴德」還是以「道德」為主，所以不同。儒家強調自覺，道家強調自然，兩者各有不同。

道德為主就是重視根源和本性。我們這個民族強調生生，我們的哲學是生生之學，「存在」講的是生生之存在。「存」和「在」這兩個字都是講「生」。「在」從土才聲，植物從泥土裡面冒出來叫「在」，人參與到「在」裡面叫「存」。我們的哲學強調的是人本來就在世間中，人能參贊天地之化育。

人不是端起主體來看這個世界，不是把這個世界當物件看。人是在這個世界之中，和這個世界互成一個不可分的整體，在世界之中展開他的理解和詮釋。這是我常提的「存在的連續觀」和「存在的斷裂觀」的差異，是主客交融成不可分的整體和主客分而為二的不同。我作過比喻，我們是筷子的傳統，不同於西方叉子的傳統。筷子傳統代表主體和物件是融合一體的，筷子是主體通過中介者連接客體，構成整體，達到均衡和諧，才能舉起客體。而叉子是主體通過中介者強力

---

18 參見老子《道德經》第五十一章。

侵入客體控制客體。我在很多場合講過這個比喻，這個比喻其實蠻傳神的，一個是以主攝客的傳統，一個是主客交融成一個不可分的整體的傳統。回到「道德」這兩個字，你一定要記住，不要用現代語彙去理解，而是要回到古典中去理解。

《老子》所強調的「無為自化，清靜自正」就是我們所講的重視自然生態鏈和自然共同體。儒家重視的是人倫共同體，當然，人倫共同體也不違背自然共同體，人倫裡面也有自然生態鏈。整個中華民族思考的問題是，你要怎麼樣實現可持續發展。

我們不是一種理性的邏輯構造，而是回到事物本身，在一個總體場域裡面，使其如其生命地生長，這是我們思考問題的習慣。我們的醫療方式和西方人的醫療方式也不同，他們把人當成機械論理解上的一組機器，我們把身體理解為一個有機的整體。心肝脾肺腎和金木水火土是什麼樣的對應關係，如何處理相生相剋的關係，這是我們的傳統。這樣想問題是一種生態式的思考，而非理性的邏輯構造，它更重視生命情志的感通。所以你讀古典一定要留意，這個過程是一種生命情志的感通，你不要一直拿理性構造的邏輯去框它。現代學術習慣用一種理性的邏輯方式去表達，因為你必須合乎現代的學術規矩，這沒關係，你讀熟了，再把它表述出來。

讀《老子》我主張一章一章地讀，讀了以後慢慢地消化。譬如說我今天抓幾個要點和大家說一說，但不一定能盡其全。上次我們提過道家是「付能於所」，注重場域、天地，儒家，「攝所歸能」注重主體，這是個對比。儒家強調人的自覺，道家就覺得你人要那麼多自覺幹嘛，人好好過日子就好了。「可欲之謂善，有諸己之謂信。充實之謂美，充實而有光輝之謂大，大而化之之謂聖，聖而不可知之之謂神。」[19]老子的想法裡面沒這個事，你無諸己不行嗎？「縱浪大化

---

19 參見《孟子》〈盡心下〉。

中，不喜亦不懼」行不行？可以吧。你每天浪生浪死地在這世間活著，難道就沒意義嗎？依照老子說，這就叫意義嘛。你以為有多偉大的自覺，有多偉大的意義，我告訴你活著就是意義。你會發覺道家這樣思考問題，未免太不著邊際，未免太放下了。道家說人生本來就放下好一點嘛，你每天要記那麼多東西還得了。你說，老師，如果依照你這個想法的話，我們尼山學堂也不用念了，大學不用念了。其實道家告訴你，如果你覺得念得有滋味那就念嘛。

道家不是告訴你要怎麼樣才有滋味，它其實是強調要承認多樣性。「魚相忘乎江湖，人相忘乎道術。」[20]有的人就要像孔老夫子一樣要席不暇暖，周遊列國。到戰國的時候，有的人就要像孟子一樣，帶著一群學生去宣講，到一個地方，把人家罵一頓，罵完了還享受最高的禮遇，因為他行啊。你現在行嗎？你有辦法帶著你的徒眾，到哪到哪，下了飛機舉行記者招待會，然後梁惠王來問「叟不遠千里而來，亦將有以利吾國乎？」[21]先生啊，你飛那麼遠到美國來，現在美國經濟很需要競爭，你是帶著什麼偉大的項目來幫我嗎？孟子就跟他說「王何必曰利？亦有仁義而已矣。」他罵得梁惠王連喘息的機會都沒有。梁惠王馬上說我們記者招待會到此結束。最後車隊去往最好的飯店吃飯了，梁惠王還給他最高的禮遇。那個年代是一個知識分子可以大顯身手的年代。為什麼？因為春秋到戰國每個國家要強盛，於是知識的力量就很重要。孟子的道德理想也是一種力量。

我記得十多年前我在臺灣師範大學教書時，教過一年《孟子》。有一個學生批評孟子說，老師，這個道德理想主義者都是空言嘛，他們有什麼作用？都沒有現實能力。我說你想想他有沒有現實能力，他帶著一群學生今天到這，明天到那，這群學生要吃要住啊。他把人家

20 參見《莊子》〈大宗師〉。
21 《孟子》〈梁惠王章句上〉：孟子見梁惠王。王曰：「叟不遠千里而來，亦將有以利吾國乎？」孟子對曰：「王何必曰利？亦有仁義而已矣。」

罵了一頓，講了一番大道理之後，還帶著這群學生到各處去，你能嗎？你有這個能力嗎？這不叫作能力嗎？所以讀書要讀進去。孔夫子周遊列國你以為那麼簡單，我們都做不到，我們周遊列國，光機票就出問題，孔老夫子還帶著一群學生，所以要佩服他們。老子和他們不一樣，老子認為你們這些偉大的理想家太多事了，世間可能會被你們越攪越亂。老子還想清靜點。

六　正言若反的表達，往復循環的思考

《老子》中其實有很多帶有警示的語句，它們在表達方式上是正言若反。「天下莫柔弱于水，而攻堅強者莫之能勝，其無以易之。弱之勝強，柔之勝剛，天下莫不知，莫能行。是以聖人云：受國之垢，是謂社稷主；受國不祥，是為天下王。正言若反。」[22]這個很有意思，它點化出人類文明在發展過程中一直和權力有麻煩的關係，而你怎麼樣能夠把問題消解掉，這裡其實隱含著一種療癒的作用。這是道家。道家喜歡點化出事情真正的核心所在。

我以前在做《老子》翻譯的時候，往往在後面加上一些「心靈藥方」，也就是我所體會到的。話怎麼說不重要，事怎麼開展才是重點。請注重「坤原則」，「坤原則」就是具體性原則，道家是最注重具體性原則的。怎麼樣說是一回事，但是好好過日子是真的。偉大理想怎麼樣說都可以，但是老百姓的現實生活要過好。語言的最大限制和弔詭就在於它有兩面性，解開兩面性，直入本源，你才能真明白實理，柔性的顛覆與瓦解勢將帶來真正的生長，不必太強調剛性的建構。正言若反，但不一定反言若正，正正反反，要息心止慮，想一想。

道家思考問題常為一種負面的思考，「反者道之動，弱者道之

---

22 參見老子《道德經》第七十八章。

用。天下萬物生於有，有生於無。」[23]其實我做白話翻譯的時候下了很多功夫，因為我覺得古典必需要有好的白話翻譯，為什麼呢？因為有太多太爛的白話翻譯，我一直以為必需要有好的白話翻譯。翻譯和詮釋不同，要在語法語式上盡量接近，語意當然更是要接近。譬如「反者道之動，弱者道之用。天下萬物生於有，有生於無。」正反往復，自然大道，行動不息；柔弱溫順，自然大道，運用無窮。天下有千萬個有形有象的事物，它生起於人們有形有象的執著分別，這有形有象的執著分別則又生起於無形無象的混淪為一。這個「反」其實是往復循環的思考。道家想這個問題的時候，看似負面，但其實是周環成一個整體。將一條線圈成一個圓，原先的兩端就成同一個點。管人家說你、笑你脆弱，你明白自己是在生長就好了，須知：此時生長最安全。所以道家是「夫唯不爭，故天下莫能與之爭」[24]，道家很聰明的地方是不必以競爭刺激生長，而是以生長取代競爭。

　　現代性社會要求以競爭來刺激生長，這是會有傷害的，而生長取代了競爭，就不會有傷害。你有經驗更充滿的可能性，誰說一定要經驗老到的好。以前我學生說，老師我們去求職的時候對方都說要有三年經驗。我說，從來沒有人說徵婚一定要有經驗吧，你給那個老闆寫封信，說我其實蠻喜歡那個工作，但是應徵要求要有三年經驗，這是什麼意思呢？「未有學養子而後嫁者也！」[25]有沒有聽說要有經驗才能結婚？你能夠突破這一點，原來的限制條件就等於是幫助了你，因為它限制了別人。

　　跟大家分享一下我去拜訪徐復觀先生的故事。徐復觀先生和我的老師牟宗三先生同輩，大約比牟先生大了十歲。我們年輕的時候都喜歡讀他的書，他的書非常有力量。用現代的話來講，那時候我們都把

23　參見老子《道德經》第四十章。

24　參見老子《道德經》第二十二章。

25　參見《禮記》〈大學〉。

徐復觀先生當成男神，我是他的粉絲。某日我在報紙上看到他癌症末期的消息，覺得很難過，我想一定要想辦法去見他。我只有一個線索，他和蔡仁厚先生熟悉，蔡先生可以算是我的老師。我就跟蔡先生問清楚了徐先生的病房號，我都還記得是在臺灣大學附屬醫院901病房。在一九八二年的三月我去了那裡，看到901病房貼了兩行字：遵醫所囑，謝絕訪客。我在長廊繞了兩圈，覺得不行，如果今天不敲門進去，這輩子恐怕就再也看不到他了。於是我鼓起勇氣敲了門，門一打開，老夫人徐師母微笑著問，年輕人什麼事。我說，我是蔡仁厚老師的學生，想拜訪老先生。她二話沒說就請我進去了，你很難想像。結果一談就談了一個多鐘頭。徐老先生問明我的名字，他聽不清，叫徐師母拿紙筆讓我寫給他看，很鄭重其事地。老先生談得蠻歡喜。「遵醫所囑，謝絕訪客」，果真就謝絕了很多的訪客，這就使得我去看他成為意外的收穫。如果每天都有人去看他的話，那可能太累了。大家記住寫的是什麼，事實可能是另外一回事。

臺海兩岸的關係是怎麼一回事，實際上是怎麼一回事，你也要知道。以前李登輝時代，要臺商少來大陸，要戒急用忍，但是臺商還是都到大陸來了。臺商都很聰明，因為他們把「戒急用忍」變成了「借急用人」，中國人的話語很有趣。「下雨天留客，天留我不留」變成了「下雨天，留客天，留我不？留」。讀古典的時候也可以玩一玩。像道家，讀一讀可以讀出很多味道，但不是亂讀，它有它的意思在。讀古典你就想成和孔老夫子見面、和老子見面的樣子，思之思之，鬼神通之，讀之讀之，日以繼夜。《老子》非常注重天地處所場域，上次我們提過，付能於所。一個點你容易忘記，一個大的面你就不會忘記。思考問題的時候，你要能夠恰當地放到整個場域處所去想。

七　回歸天地場域，效法自然之道

　　「知人者智，自知者明。勝人者有力，自勝者強。知足者富，強行者有志，不失其所者久，死而不亡者壽。」[26]老子很清楚地點化出要回到源頭看事物。你能識別清楚他人，算是聰智，能回到自身好好瞭解，算是明白。「智」是指向外的，「明」是回到自己的，「明」講的是智慧，「智」講的是聰智，所以我特別用聰智、明白把它們區別開來。勝過別人叫有力，勝過自己才是真正的強者。知足的人算是富有，而奮力實踐的人已經確立了志向。不離大道之所才能長久，身雖死精神長存才叫長壽。「魚不可脫於淵」[27]，魚不能夠離開湖泊池塘，而需要一個大的處所讓它生長，不然「龍游淺水遭蝦戲，虎落平陽被犬欺」。中國哲學非常注重處所場域、情境時宜，你讀《易經》就更清楚了，事物處在不同的位、不同的時，所顯現出來的完全不同。

　　韓信在項羽那無用武之地，在他的家鄉更慘，一個小流氓就可以讓他從胯下鑽過去。韓信什麼時候開始覺醒？就是受胯下之辱的那一刻。每個人生命中的轉捩點不一樣，韓信生命中最關鍵的時刻就是受胯下之辱的時刻。而項羽生命的關鍵時刻是什麼時候？就是他提著宋義的頭出來號令天下的時候。傳記的精彩之處在於點出一些關鍵點。書也有一些精彩的地方，譬如說《老子》、《莊子》最精彩句子的就是「上善若水」、「至人之用心若鏡」[28]。「用心若鏡」、「上善若水」、「道法自然」、「致虛」、「守靜」，這就是一些關鍵字眼。你讀古典讀熟了，最精彩的關鍵處就跑出來了。

　　裡面講「天長地久」，這是中國民族最強調的。我們強調生生不息，永續經營。生態之為生態就是有存有亡，魚長大了要被吃掉，還

---

26 參見老子《道德經》第三十三章。

27 參見老子《道德經》第三十六章。

28 參見《莊子》〈應帝王〉。

沒長大當然要繼續活著。「數罟不入洿池，魚鱉不可勝食也；斧斤以時
入山林，材木不可勝用也」[29]，就是如此。自然生態自有其倫理，這是
華人世界普遍的智慧。以前我們鄉下就是如此，養雞養鴨，過年過節
就要殺雞殺鴨，但一定要稱稱看有多重，超過某個重量才殺。這就是
倫理，這就是生態，生命有一個適度的準則，這是一種生生的哲學。

　　我們這個民族非常注重生，視死猶生。「生，事之以禮；死，葬之
以禮，祭之以禮。」[30]「天長地久。天地所以能長且久者，以其不自
生，故能長生。是以聖人後其身而身先，外其身而身存。非以其無私
邪？故能成其私。」[31]天地是長久的，天地何以能既長且久呢？只因
為它不偏私地生長著，所以能長久地生長。聖人了然於心，因此把自
己放到後面去，這樣好讓人民到前面來，把自己放在外頭，好讓人民
能在裡頭生存。正因為他沒有私心，所以能夠讓每一個人都成就他自
己。道家很有趣的，道家對大公無私這些話語是有所警惕的。大公無
私怎麼活啊？大公無私到最後都變成大私無公。道家很清楚以其無私，
故能成其私，是因為它沒有私心，所以它能讓每一個人成就它自己。

　　人應該學習的對象不是某個人，而是天地，要有天地般的心量，
不用忍耐也能長久。道家強調讓開，讓開是最重要的藥方。你要對自
己讓開，對別人也要讓開。記住，別人生長你也就生長了，成就別人
就是成就你自己。事情不一定那麼不好，但你要放得下。你沒讀懂道
家的時候沒關係，放開你就懂了。讀文言的辦法就是沒懂的地方繼續
往下讀，讀多了就懂了。「父為子隱，子為父隱，直在其中矣。」[32]想
了半天這句話什麼意思。這個「隱」是什麼？就是不說出去嘛。你只
要在鄉下生長過你就知道，民間社會裡面，在長幼尊卑父子的關係裡

---

29 參見《孟子》〈梁惠王上〉。

30 參見《論語》〈為政〉。

31 參見老子《道德經》第七章。

32 參見《論語》〈子路〉。

面，父親的權威要被尊重，這就是人倫的確立。父親偷了羊，孩子怎麼可能去告發呢？父親殺了人，他可能連天子之位都不要了也要背著父親逃走。這是強調人倫的重要性。

　　道家想問題是圓環式的思考。「有物混成，先天地生，寂兮寥兮，獨立不改，周行而不殆，可以為天下母。吾不知其名，字之曰道，強為之名曰大。」[33]有個東西渾然而成，在天地之前即已存在，無聲無息的、無邊無際的、夐然獨立，永不遷動，周而復始，運行不已，它可以作一切天地萬物的母親。我們不知何以名狀它，於是約定叫它作「道」，勉強形容它，說它是廣大無邊。道家講萬物生成之源頭是混淪不分。

　　「道大，天大，地大，王亦大。域中有四大，而王居其一焉。人法地，地法天，天法道，道法自然。」廣大無邊而運行不盡，運行不盡而玄遠無際，玄遠無際而又返回本源。這麼說來道大、天大、地大、人亦大，這麼說來總體的本源之道是創生不已的，普遍而高明的天是寬廣無涯的，具體而厚實的地是含藏無盡的，虛靈明覺的人也一樣具有自強不息創生的可能。因為「道大，天大，地大，人亦大」很難翻譯，我做了一個詮釋，整個大宇長宙中有這四大而人居其中之一，人學習地的含藏厚實，進而學習天的高明寬廣，進而學習道的本源創生，最後只是學習自然、效法生成。這個翻譯裡頭我盡量讓它和原來的語法語意配稱、調和。留意發展的向度，用圓環式思考替代單線式的思考，想想恆久的可能。人之為人，是因為天地萬有一切都可以在一剎那間被納到心中，除非你自己看小了自己。具體的生長，普遍的發展，脈絡的安排，自自然然地，如如無礙。人要能放下，就輕

---

33 老子《道德經》第二十五章：「有物混成，先天地生，寂兮寥兮，獨立不改，周行而不殆，可以為天下母。吾不知其名，字之曰道，強為之名曰大。大曰逝，逝曰遠，遠曰反。故道大，天大，地大，王亦大。域中有四大，而王居其一焉。人法地，地法天，天法道，道法自然。」

鬆了；人要能放空了，就明朗了。以上就是把我所體會玩味的用自己的話說出來，你們可以用自己的方式去理解。

　　道家想問題是具體而實存的。「上善若水。水善利萬物而不爭，處眾人之所惡，故幾於道。居善地，心善淵，與善仁，言善信，正善治，事善能，動善時。夫唯不爭，故無尤。」[34]怎麼理解呢？「上善若水」，最上等的善像水一樣，是柔弱的卻是包容。同樣是水在道家做的比喻和儒家不同，儒家講到水是「原泉混混，不舍晝夜。水盈科而後進，放乎四海」[35]，「若決江河，沛然莫之能禦也」，水有一個定向，往下走。儒家講的水顯示出剛健，道家講的水是柔弱和包容。水的善，利益了萬物但是不與他們爭鬥，處在眾人所不喜歡的地方，卻因為這樣而接近於道。處事要好好學習大地的渾厚，用心好好學習深水潭子般的包容，與善人交往要好好學習人際的真實感通，說話要好好學習信用的確定，為政要好好學習治事的穩健，行事要好好學習才能的運用，變動要好好學習實際的抉擇。正因為不去爭鬥，因此而不會招來怨尤。

　　翻譯當然很難盡其全，但是一定要想辦法讓它能夠達意，這是我的原則。在這個過程裡面，你自己再去體會玩味。道家講柔弱勝剛強。別人以為是柔弱，其實是包容。包容沒什麼不好，包容可以免除鬥爭。在春秋戰國時代，道家就是一個反戰爭的哲學。就整個中國來講，和平思想是很盛的。戰爭沒什麼好，戰爭是不得已的。老子也談到戰爭，要「果而勿強」[36]，要趕快結束，而且戰勝的時候要奏哀樂，代表對生命的悲憫與同情。事情總有個定準，你要抓準它，不要放過，但是也不需要擔心，治事穩健，注意時機的抉擇，當斷則斷，不要猶豫。該做的好好做，做你喜歡的，喜歡你所做的，無怨無悔。

---

34 參見老子《道德經》第八章。

35 參見《孟子》〈離婁章句下〉。

36 參見老子《道德經》第三十章。

道家不會對事情後悔，為什麼呢？因為事都會過去。道家想問題不是回到自己，而是回到天地。這個世間本來就有遺憾，有遺憾沒關係，缺憾還諸天地可以是創合完人。你缺憾不還諸天地，將永遠是遺憾。

八　古代文學中透出的道家風骨

　　道家是從「我的」回到「我」，從「我」回到天地。從「我的」回到「我」，「我」才會輕鬆，你執著於「我的」，你就不輕鬆了。我範圍天地，才會逍遙。「逍遙遊」這三個字講得很清楚，「逍」就是把主體消解了，「遙」就是天地寬闊了，「遊」就是悠游無待了。主體消解了，天地寬闊了，你就悠游無待了，就「逍遙遊」了。你瞭解到世間的事物其實都是不齊的，「夫物之不齊，物之情也」[37]。你懂得了這個道理，就不會那麼難過了，你就會像蘇東坡那樣半開玩笑，有點悲憤，但是寫的也是很真實的，「惟願孩兒愚且魯，無災無難到公卿」。這不把朝廷那群大官罵了一頓嗎？因為蘇東坡既不愚也不魯，所以一直被流放，不過流放到哪個地方他都留下了痕跡。流放多遠啊，到瓊州。「九死南荒吾不恨，茲游奇絕冠平生。」

　　從道家角度講的話，不是忠臣對這世間才有貢獻，奸臣的貢獻也不小。因為奸臣把這些最優秀的人貶到最遠的地方去，讓那裡的文化生態平衡不少。你看，如果沒有遇到劉瑾，王陽明會到貴州去嗎？不可能。貴州出了一個王陽明那不得了啊。海南出了一個蘇東坡那了不得啊。想來這些事情沒那麼嚴重。什麼「舉杯銷愁愁更愁」，這話是騙你的，借酒澆愁多半愁不愁了，要不然怎麼那麼多人要喝酒呢？為什麼「愁更愁」？就是因為喝的不夠多。

　　「我醉欲眠，卿可去」[38]，何等逍遙！陶淵明是儒家多還是道家

37　參見《孟子》〈滕文公章句上〉。

38　參見《宋書》〈陶潛傳〉。

多？當然是道家多嘛。「誤入塵網中，一去三十年。羈鳥念舊林，池魚思故淵。開荒南野際，守拙歸園田。」「采菊東籬下，悠然見南山。」你看〈桃花源記〉，那也是道家。「晉太元中，武陵人捕魚為業，緣溪行，忘路之遠近，忽逢桃花林，夾岸數百步，中無雜樹，落英繽紛。漁人甚異之，復前行。林盡水源，便得一山，山有小口，彷彿若有光。便舍船，從口入。」這是悟道之言，前面是一個修道的過程。每個字都很有趣，你只有從意象上去體會，才能體會出它的味道來。漁人從桃花源出來之前，人家告訴他「不足為外人道也」，他就放不下，出來以後「處處志之」，做記號，之後就照原來的出處往前看，然後「遂迷，不復得路」。你通過話語是入不了道的。你們要回去把〈桃花源記〉找出來好好咀嚼玩味一番，那是悟道之言。

我認為，文學家裡面對道體會最深的當然是陶淵明。若是「渺滄海之一粟，哀吾生之須臾」，這就不是道家了。「渺滄海之一粟」不該「哀吾生之須臾」，「渺滄海之一粟」應該「縱浪大化中，不喜亦不懼」。你怎麼會因此而有悲傷呢？悲傷就是因為太想有所作為。我以為蘇東坡其實骨子裡頭是儒家。

道家很強調回到生命的源頭。道是就總體根源說，根源有一個生命的律動。我一直認為把「道」解釋成客觀規律是不準確的，「道」講的是存在的律動，這個「律動」是「一陰一陽之謂道」[39]。華人世界最注重這種律動，形不似但是神似。什麼叫「形不似而神似」？漫畫就是形不似而神似，把「神」畫出來很重要。形似而神不似沒用，那是死的，所以寫書法的時候你要先摹帖得其形構，再臨帖得其神氣，臨之既久要忘帖，先要背帖，背帖以後忘帖，忘帖以後就自成一家了。你把握到了書法之道，讀書也是一樣。比如《老子》怎麼讀，你回去讀讀看，讀熟了慢慢契入，沒讀熟你就寫《老子》的哲學，這

---

39 參見《易》〈繫辭上〉。

是要傷身害性的，莫茲為甚。

　　現在中國哲學界專門戕害年輕學子，大家都是聽誰怎麼說，需要那麼多「誰怎麼說」嗎？沒道理嘛。茅台酒好喝，你喝了體會一下嘛。沒喝過，你就告訴我這個茅台酒是哪一個廠的，出產以後哪一個領導說好喝，他們的評語是什麼，最後這酒太貴了，要喝買不起。這不對嘛。你體會玩味一下，《老子》五千個字而已，一天讀一章，八十一天就讀完了，五千個字，兩個小時就讀完了，讀完了不懂沒關係，你每天願意花兩個小時讀它，沒多久就讀懂了，讀懂了一輩子受用。

九　道為根源，德為本性，萬物莫不「尊道而貴德」

　　道家強調回到生命的源頭，尊道貴德，道為根源，德為本性。任何一個存在的事物都有其性質，性質是從根源而來。像這個麥克風有「麥克風之道」，根據「麥克風之道」所做成的麥克風就有「麥克風之德」，就是它的性能。我現在使用麥克風當然要「尊道而貴德」，這樣你才能把麥克風使用得最好。有的人使用麥克風就像麥克風跟他有仇一樣，要把它吃掉。其實我現在使用這個麥克風是適當的，如果我一直貼近著它這樣說，說兩個小時，你的耳朵受得了嗎？真的有人就是這樣使用麥克風的，結果他那天講的還是《老子》，他講的還是「清靜為天下正」，我真的不知道該怎麼說。人的覺知能力都已經毀掉了，你還能做中國哲學嗎？中國哲學最重要的就是你對存在的事物要有一種覺知，你沒覺知的話，怎麼讀懂它？這很重要嘛。

　　「道生之，德畜之，物形之，勢成之。是以萬物莫不尊道而貴德。道之尊，德之貴，夫莫之命而常自然。故道生之，德畜之：長之、育之、亭之、毒之、養之、覆之。生而不有，為而不恃，長而不宰，是謂玄德。」[40]自然大道，創生天地，內具本性，蓄涵其中，存

---

40 參見老子《道德經》第五十一章。

在事物，形著其體，事物相接，造成時勢。如此說來，存在萬物沒有
不遵從自然大道，而是以內具德性為貴的。自然大道的創生，內具德
性的蓄涵，不經賦予與命令，就只是自然無為而已。正因自然大道，
創生天地，內具本性，蓄涵其中，就如此生長，如此發育，如此結
籽，如此成熟，就如此養育萬物，懷養萬物。自然大道生育萬物，而
不據為己有；自然大道助成萬物，而不矜恃其功；自然大道成長萬
物，而不主宰控制；這就是玄遠幽妙之德啊！讀起來還蠻通暢的，但
是有沒有讀進去？沒有。讀完了要怎麼辦，回過頭去抄一遍，這就是
中文古典的麻煩，白話翻譯不能取代原文。我的翻譯已經花了很多功
夫去揣摩，但是它不能取代原文。我常說那白話翻譯就像勾兌的酒，
而勾兌的酒永遠取代不了釀造的酒。

　　存在事物必有其根源，必有其本性。根源叫「道」，本性叫
「德」，如其根源本性就叫「道德」。不要在末端的事勢用工夫，而要
在根源的本性上好好生長。道家一直是這樣，所以道家一直告訴你，
生長是最重要的，競爭是不得已的，你生長到一定程度，不用競爭你
就贏了。這就叫「夫唯不爭，故天下莫能與之爭」。道理、道理，因
道成理，事勢、事勢，因事成勢，道理優先，事勢在後。用認知去定
住，用智慧去觀照，用德性去成全，用大道去消融。這個是我仔細考
量的結果，像認知、德性、大道這些古典的語彙是借用現代的語彙重
新去說。道為總體、為根源，所以可以講消融，德性是具體的存在事
物的性質，所以講成全、講生長。

　　我為什麼花很多功夫一直在講漢語的語感如何如何重要？因為我
們現在對古典文言的語感是很匱乏的，叫「讀而不知其味」，所以要
多思多揣摩，慢慢才能夠掌握道。「道常無為而無不為。侯王若能守
之，萬物將自化。化而欲作，吾將鎮之以無名之樸。無名之樸，夫亦
將無欲。不欲以靜，天下將自定。」[41]自然大道，原本平常，不為什

---

41 參見老子《道德經》第三十七章。

麼目的，而自如其如地生長著。當政的侯王若能執守這自然大道，天下萬物將回到自身，自然化成。自然化成生出了貪欲渴求，我將憑依不可名狀的本源之道去鎮伏它。如此一來，便可以無貪無求；無貪無求而回到寧靜，天下將因之自然安定。道家有觀照整體的能力，強調回到存在本身，回到存在本身就是跨過話語之總和。

　　一個事事計較的人不適合當領導，他頂多當一個中階管理者，領導者要有渾穆之氣，渾穆之氣就如這裡所說，不要老算計功利，不要老想著目的，無目的當下自然便是灑落，這就成一個自然豪傑，不需去管理，讓他們想出一套自己管理自己的方式。一切計議便會生出貪欲渴求，這時需要的，不是去壓抑它，而是讓大道顯現。這樣的鎮伏是自然鎮伏，這才有效。無貪無求，就是至福；真正的德從此處立起，這是通於自然大道的，這叫「道德」。真正的道德是什麼？是一種生長，一種涵養，道德不是壓迫，不是強制。道家非常強調個別、差異、包容。

　　中國哲學裡面，道家是非常可貴的。其實我很喜歡道家。我在學派上常常被歸屬到儒家或者新儒家，但是我寧可人家說我是新道家。並不是我的性子道家，我的性子缺乏道家，我是讀了很多道家之後，慢慢地受到一些啟發。我年輕的時候對於太多事太在乎，現在發覺到耗損太多心力。你如果不要在乎那麼多，可能會更好。道家最懂得什麼叫「停損點」，什麼叫低耗能而高產值。現代性的體制中有太多東西是高耗能而低產值，特別是現在有關人文學科的學術體制。現在你看一年要填多少表格啊？以前我們老師那一代人哪裡有這麼多事。人文是一種生長，和理工科、社會科學不同。人文是回到人，「君子以文會友，以友輔仁」[42]，回到人真實的感通，才能回到人本身。

　　我常主張什麼叫人文呢？人文就是一群莫名其妙的人，在一個莫

---

42 參見《論語》〈顏淵〉。

名其妙的地方，教了一群莫名其妙的人，結果就成了莫名其妙的人才了。民國初年那種條件下，沒有那麼多項目，也沒有那麼多考核，卻大師輩出。現在很多項目很多考核，反而弄得一塌糊塗。大家太辛苦了，辛苦了半天，連酒怎麼喝都忘了，結果到最後還是什麼都沒產出。「魚相忘乎江湖，人相忘乎道術。」「以道蒞天下，其鬼不神。非其鬼不神，其神不傷人。」[43]一定是如此的，道家強調事物有其本性，要有歸復的過程使得本性好好生長。你讀道家的時候不必太在乎，你聽課也別太在乎。別人問你今天學了什麼東西，林老師今天有沒有一個概念清楚的架構？沒有。本來就沒有，道家就不應該有啊。道家像水一樣，不同的容器盛出不同，用這個盛了就是這樣，用那個盛了就是那樣。你體會生命的流動就好了。

十　從生活經驗進入生命體驗，經典閱讀重在自家體會

　　我們用了很多日常的話語去體會哲學的語境。哲學話語和生活話語應該是連在一塊兒的。你怎麼樣把這些日常語彙轉化成現代學術話語？我以前教過一門課程叫「哲學概論」，目的是教學生哲學地思考。怎麼哲學地思考呢？你怎樣將中文的話語轉成哲學的語境去說呢？道怎麼變成根源，德怎麼變成本性，要說出個道理來，要慢慢聯繫。其實我今天講這個課的目的也是希望大家將這些古典的話語轉化為現代學術話語重新去說，和生活話語連接在一塊去說。

　　存在的覺知、概念的反思、理論的建構時時刻刻在生活裡出現，你會發現到這原來是個哲學問題。譬如說中國的成語故事可以通過一個敘事來彰顯很多道理，而其中的道理到底能不能用現代哲學語彙重新去說？大家都知道「刻舟求劍」的故事，刻舟求劍，求之不得，為

---

43 參見老子《道德經》第六十章。

什麼求之不得？這個問題牽涉到記號的有效性，它和時間的流變、記號所確立的確定點相關。這樣一轉，好像變成一個蠻學術性的問題。中文的有趣就是它可以通過一個敘事來描述一個非常深刻的道理。

「今人乍見孺子將入于井，皆有怵惕惻隱之心。非所以內交于孺子之父母也，非所以要譽于鄉黨朋友也，非惡其聲而然也。」[44]「乍見」這兩個字很重要，附帶說明，他去救人，並不是認識這個人的父母親，不是想要鄉黨朋友對他的稱讚，也不是怕人家說他見死不救，而是發自內在本心的行為。而道家在談一個問題的時候是從具體的經驗裡面去說，「天下皆知美之為美，斯惡已；皆知善之為善，斯不善已。」[45]這是總設的說，但卻是從具體的生命經驗裡得到的。話語加諸事物之上，會使得 A 變成非 A。讀古典不能夠只有生活的經驗，也要有生命的體驗，從生活的經驗到生命的體驗是非常重要的。

「致虛極，守靜篤，萬物並作，吾以觀復。夫物芸芸，各復歸其根，歸根曰靜，是謂復命。復命曰常，知常曰明，不知常，妄作，凶。知常容，容乃公，公乃王，王乃天，天乃道，道乃久，沒身不殆。」[46]我就不多說了，直接看翻譯。要極力的回到虛靈的本心，要篤實地守著寧靜的元神。讓萬物如其萬物各自生長，我只靜靜地體會著生命的回歸。一切存在如此錯雜紛紜地生長著，它們總是各自回復到自家的生命本源。能夠回復到自家生命本源，這真叫作生命的回歸啊！回歸生命本身就叫常道，沒體會得常道，胡作非為，那就會產生禍害。體會得常道就會生出包容，體會得包容就會變得廓然大公，廓然大公才得周遍完全，周遍完全才能自然天成。自然天成就能符合於道，符合於道也就能悠久無疆，終其一身也就不會有什麼危險了。道家認為，你要致虛守靜，世俗之習心少一點，你對待自己如此，對待

---

44 參見《孟子》〈公孫丑章句上〉。

45 參見老子《道德經》第二章。

46 參見老子《道德經》第十六章。

家庭如此，對待國家、對待一切都是如此。借用《太上老君說常清靜經》就是「人心本靜，元神本清」。

順著這樣讀，讀了幾回你會發覺到可以慢慢進到語境中去。你體其意味，就這樣慢慢地契入了，契入了你才知道它講的是什麼。生命本身就有一種回歸本位的能力。你每天睡覺的時候就是你的生命回歸本位的時候，所以睡覺很重要啊，睡不好是你的生命沒有辦法歸回原點。晚上最好關掉手機，也讓手機回歸原點，該充電的充電，明天再打開，不要讓手機從買來一直到掛掉全部都活著，你要讓它每天「死」一次，這樣就會活得久一點。這很自然啊。道家告訴你，沒有好好的休息，怎麼能好好的用功呢？所以生命的另外一個部分也很重要啊，不從容何以中道？

吃重不重要？當然很重要啊。中國人最講究吃，這代表一種智慧。不光是中國重視，受漢文化影響的國家都重視。你到美國去，他們是把人餵飽就可以了。但是吃東西是要品嘗嘛。你看真正喝過茶的人一定不會去便利商店隨便買個茶就這樣喝了，喝過咖啡的人一定受不了三合一的即溶咖啡，這叫「觀於海者難為水」[47]。你真正讀過《老子》就不會覺得讀讀翻譯本就可以了。你好好讀過《論語》，當然會覺得于丹講的實在不怎麼樣嘛。好好讀過《老子》，你其實覺得林老師講的也不怎麼樣，本來就是嘛。能取代嗎？不可能嘛。今天我只是做一個沒技術的言說而已，希望引發大家讀《老子》的興味。

十一　物經由話語的論定不再是其存在本身，道家強調要回到未始有言之先

道家不主張必然性，主張可能性；道家不主張競爭，主張生長；

---

[47] 參見《孟子》〈盡心章句上〉。

道家不主張鬥爭，主張共生共長共存共榮；道家不主張大國的控制，主張小國更多的生長；道家不主張偉大人物的崇拜，主張小小人物的尊重，這就是道家。你只崇拜大人物，這是文化不高的表現，你對小人物都能尊重就是文化很高啊。道家講的就是這個道理，這樣去理解道家就很容易啦。

「道生一，一生二，二生三，三生萬物。萬物負陰而抱陽，沖氣以為和。人之所惡，唯孤寡不穀，而王公以為稱。故物或損之而益，或益之而損。人之所教，我亦教之。強梁者不得其死，吾將以為教父。」[48]大道之生，混淪為一，不可言說。不可言說，分裂為二、轉為可說；既為可說，參合天地，成就為說；說必有指，指向物件，構成萬物。「道生一，一生二，二生三，三生萬物」，這是我的翻譯，其實這個翻譯蠻天才的，哈哈。這一段很難翻譯，不信的話你們去查各家的翻譯。萬物存在載負陰柔而環抱陽剛，養其虛靈之氣以為調和。孤、寡、不德這些話頭是人所厭惡的，而王公偏以此自稱，為的是調和其氣。如上所說，存在事物雖或減損，反而增益；雖或增益，反而減損；這道理是前人所留下的教示，我也同樣地教示你。道家所談的其實就是平常，它不認為偉大有多偉大，反而告訴你要正視平常。矜強自恃的人，不得好死，我將以此作為教示世人的綱領。道家一直強調的是一種真正的柔弱勝剛強。人們用語言名號去對既有的存在定下標籤，但不要忘了未貼標籤前，正是存在事物生長的過程，所以你要懂得把標籤去掉。我問過這個問題，是你來說明名片，還是名片來說明你。名片是用來介紹你的，但是名片不足以說明你，是你在說明你自己。

任何存在事物總有陰陽剛柔兩個對立面，用你的謙卑心靈去活轉它吧！「得其環中，以應無窮。」[49]教，是不言之教，是柔弱之教，

48　參見老子《道德經》第四十二章。

49　參見《莊子》〈齊物論〉。

這是生長的關鍵處；即使要說話，還是要歸於不說。損之可益，益之可損，自然有一種持平原則，人間福分亦是如此，且安心吧！這是道家的一種態度。道家一直是這種低調的回到自身的思考，它對於一切話語所構成的系統基本上是有警覺的。對於話語所帶來的人與人之間的疏離和異化，道家深深理解，並提出一套治療之方，就是回到道，回到德，回到本性，回到根源。道家有一個要求就是回溯到源頭，回溯本性，回溯根源，所以它有一個道德系譜的構造。其實《老子》第一章裡面就講出了「有名」「無名」的對比，「道」「可道」的對比，第二章就開始講人們使用話語去說 A，而在這過程裡面，量達到某個程度，它會從 A 變成非 A。

　　「上德不德，是以有德；下德不失德，是以無德。上德無為而無以為，下德為之而有以為。上仁為之而無以為。上義為之而有以為，上禮為之而莫之應，則攘臂而扔之。故失道而後德，失德而後仁，失仁而後義，失義而後禮。夫禮者，忠信之薄而亂之首。前識者，道之華而愚之始。是以大丈夫處其厚，不居其薄；處其實，不居其華。故去彼取此。」[50]大家現在讀我的翻譯還蠻順的，其實我在做這個翻譯的時候，《老子》我已經教了二十幾回了。現在《老子》我已經教了六十幾回了。

　　至上之德，不執著此德，正因如此，擁有這德性。俗下之德，執持不失此德，正因如此，丟失了這德性。至上之德，自然無為而且也不為甚目的而為；俗下之德，勉力有為而且是為了目的而為；至上之仁，純只感通之為，不為什麼目的而為；至上之義，勉力為之，這是為了目的而為。至上之禮，勉力為之，卻沒得恰當回應，就拉著臂膀而勉強將就他。如此看來，失去了大道之源，而後只好強調內在德性；失去了內在德性，而後只好強調感通之仁；失去了感通之仁，而

---

50 參見老子《道德經》第三十八章。

後只好強調正義法則；失去了正義法則，而後只好強調禮儀規範。那強調禮儀規範的，正可見忠誠、信實已然澆薄，禍亂災害，已然開始。預先測度未來，只見得大道的表象，這是人們愚昧之始啊！大丈夫寧可居處忠信之厚，不願居處禮文之薄；寧可居處純樸之實，不願居處浮泛之華，因此寧可去華薄，而取厚實。

這一大段講了一些很重要的概念——道德仁義禮。道為根源，德為本性，仁為感通，義為法則，禮為規範。失了道，強調德，失了德，強調仁，失了仁，強調義，失了義，強調禮，失了禮，強調法，失了法，強調刑。刑法必須回到禮，禮必須回到義，義必須回到仁，仁必須回到德，最後的根源是道。道是整個存在的回歸之所，德就是存在開顯落實生長的地方，而有道有德才有仁，才有義才有禮，而如果沒有道沒有德，只強調仁義禮，而猛強調禮的時候已經是「忠信之薄而亂之首」了。那如果禮也不強調只強調法和刑，那就等而下之。

在華人的文化傳統中非常強調道和德，德就本性說，道就根源說。事物一定回到根源和本性，我們的政治也是如此。「為政以德，譬如北辰，居其所而眾星共之。」[51]政治是讓人的性情能夠生長的，讓人的生命能夠恰當地生之長之育之成之，這是理想。這些你要用意象去體會玩味，不能把它當真的去理解。在這個過程裡面，你會發現什麼叫道德仁義禮，你知道重點在什麼地方，你就可以瞭解到它的意思是什麼。這些慢慢瞭解了你再回過頭來看第一章，可能就清楚多了。道家究竟的問題就是道和言的問題，就是講存在的根源和話語的論定的關聯。道不只說的是一個話語的源頭，道是存在本身。

「道可道，非常道；名可名，非常名。無名天地之始，有名萬物之母。故常無，欲以觀其妙；常有，欲以觀其徼，此兩者同出而異名，同謂之玄，玄之又玄，眾妙之門。」[52]怎麼解呢？道是可以說

---

51 參見《論語》〈為政〉。
52 參見老子《道德經》第一章。

的，但說出來了，就不是那恆常的道。名是可以表白的，但表白出來了，就不是那恆常的名。但是之後，他所論的是從有名和無名對比說，用無名來說道，所以他要說的是存在之源的彰顯的歷程，並且通過話語的論定去說些什麼。在還沒有表白前，那個無分別的狀態是天地的本源；既有了表白，這個分別了的狀態，是萬物生長的母親。回到恆常而無分別的狀態，便可以觀看到道體的奧妙。經由恆常而現出分別的跡向，便可以觀看到道體的表現。無分別的狀態、有分別的跡向，兩者都出於恆常的道體；但在表白上，名稱卻是不同的。就這樣的不同而又同，我們說它叫作「玄同」。「玄同」是說在生命的玄遠之源是相通的，這便是道；道是萬有一切所依歸及開啟的奧秘之門啊！

這一章所說的人參贊天地之起點就是化育，「無名天地之始」，所論天地造化，「有名萬物之母」，所論人間參贊。《老子》所論蓋由人間參贊上溯於天地造化，夫由此天地造化下及於人間參贊。由存在的事物之所構成的，人們話語所論定的一個定向物，你解開了它，回到更原初的狀態。從「名以定形」，萬物回到名之，再回到有名，再回到不可名，這是一個回溯。道家你要講很深很深，很難很難，你要以比較恰當的生活話語先去體會玩味它，然後慢慢的再進到情境中來。

體會玩味後，我比較簡單的理解是，遇到了事情，要有沉默而冷靜的思考，不必急於表白。只要問心無愧也就可以了。人間事物，原只是自自然然的生長，不必在乎，但也不是不在乎，要懂得自在、自然。「道」的門是為沉默而生長的，喧嘩的人們就讓他們喧嘩吧！不是不去管他，而是要沉靜的去管他，管他就要先自在。

十二　結語：以道家的具體化原則對治現代性社會的弊病

「天下皆知美之為美，斯惡已；皆知善之為善，斯不善已。故有無相生，難易相成，長短相較，高下相傾，音聲相和，前後相隨。是

以聖人處無為之事，行不言之教，萬物作焉而不辭，生而不有，為而不恃，功成而弗居。夫唯弗居，是以不去。」[53]天下人都執著什麼是美，那就不美。每個人都到韓國去整形，每個美女都一樣，那還叫美嗎？當然不啊。天下都執著什麼是善那就不善。道家非常強調多元性。參次不齊，燕瘦環肥都是美。

　　有和無兩者相伴而生；難和易兩者相伴構成；長和短兩者相待而現；高和下兩者相待依倚；音和聲兩者互為和合；前和後兩者互為隨從；貫通天、地、人的聖人了然於心，能用無為來處事，用無言來行教，萬物就這樣不離開生命之源的道而生長著。道生育了它，但不占有它；道長養了它，但不依恃它；成了功，卻不居功；就因不居功，所以永遠不離。任何事物通過話語去論斷，而成為一個大眾化流行化的絕對大多數的時候，它就會發生異化。你必須瞭解到它的相對待相，瞭解了它的相對待相，你就不會執著於一端，你會懂得無為處事，無言行教。事是用處的，而不是用為的，所以「處無為之事」，教是用行的，而不是用言的，所以「行不言之教」。道家講得很清楚。

　　道家堅守著一種具體化實存化的原則，生命的一種共生共長的原則，生命的多樣性、多元性、個別性、差異性原則。道家思想和現代性的社會基本上有很多可以相互融通的地方，因為它重視個體性。如果現代性社會果真能夠如道家那樣，這個社會一定是蠻好的。只是現代性社會果真那麼重視多元性、差異性、個別性嗎？假的。現代性社會就是太注重一致性了，並且通過一種大眾流行的方式不斷地製造一致性，叫「天下皆知美之為美」，其實是「斯惡已」。哇，那整形整容的標語很厲害啊，標語寫的是「上帝對不起你的，韓式還給你」。人很厲害啊，上帝對不起你的，現在我可以還給你，人比上帝還厲害啊。現代性的社會變成這樣，你說現代性的社會它有注重差異性、個

─────────────────

53 參見老子《道德經》第二章。

別性、多元性嗎？沒有。

　　道家老子思想用來對治現代性其實是很管用的。你知道道家，你就不會認為你的孩子一定要上清華北大。道家的思想你真瞭解了，你碰到任何一個即使地位再卑微的人，你都會尊重他，因為作為生命本身來講就值得被尊重，這就是道家。每個人都受到尊重，這時候尊重就很平常。大家把尊重當成一件很平常的事，這個世界就會好很多，大家注重共生共長共存共榮，這個世界也會好很多。有一種自然生態的平衡在這裡生長著，「上善若水」就是如此，「至人之用心若鏡」也是如此，「至人無己，神人無功，聖人無名」[54]也是如此，「處無為之事，行不言之教」也是如此。

　　原來消極的思想這麼有意思，原來人生不必這麼積極。原來你在這裡聽課聽到了九點十點也不是積極用功，原來只是有趣而已。其實你可能覺得也沒有多有趣，老師聽了會不會難過？不會啊。因為老師知道聽課的人容易打瞌睡，講課的人不會，這很自然。這是道家的這種心情聽起來有一點可笑，但它就是事實啊。

　　我剛到臺灣的清華大學去教書的時候很不習慣，因為我以前教書的任何一個地方都是有起立敬禮的，清華大學沒有，而且下課沒人擦黑板。清華大學是洋學校，後來想一想我還是要教教他們，清華大學上課有起立敬禮的可能只有我，有人幫忙擦黑板也可能只有我。我問清華大學校訓「自強不息，厚德載物」出自何處，沒有人知道。我那時候三十多歲寫了一篇〈清華校訓出自何處〉。臺灣的清華大學是理工為主，我對清華大學一直有意見，我教了十三年終於離開了，回到我最原初的母校臺灣師範大學去教書了。臺灣師範大學就很尊師重道。

　　我常說自然，什麼叫自然？張三你今天化妝很自然。自然有沒有人為？當然有。人參與進去，在一個自發的調節的和諧的秩序裡面，

54　參見《莊子》〈逍遙遊〉。

生意盎然地繼續生長著，那就叫自然。今天張三很奇怪，一進辦公室就一副很不自然的樣子。我講這個例子的意思是什麼？其實你讀古典有一些話語你讀不懂，請回到現代生活話語去理解，凡是讀到別人怎麼論道家，或是別人論古典是什麼，記得一定要回到古典本身。

　　我們這幾次講座講如何讀《老子》，如何讀《論語》，如何讀佛經，我的目的是把我以前讀書的經驗說一說。涉及到理論層面還有很多東西可以講，因為我自己認為道家是隱含了一套非常深的理論，這個部分，大家回去可以自己學習領會。今天我主要就把自己講道家的一些心得說一說，說到這個地方先告一段落。謝謝大家！

問題和討論

問題一

　　學生：林老師，您好！剛才聽到您提到整形，我是學韓語專業的，我想請問在追求世俗所謂的美，與追求個性之間怎麼區分權衡？

　　林安梧教授：如果依據道家來講，「人之所畏，不可不畏」[55]。大家都覺得這樣做不太好，我就不要這麼做，但道家並沒有說，如果大家都說那是好的，我就跟著做，道家是從消極一面來想這個問題。道家大概不會去追逐世俗之美，但是它也不會說不要追逐，如果大家都競逐的時候，就沒有什麼好追逐的。道家認為任何存在事物都充滿著生長的可能性，如果這個失去了生長的可能性，我寧可不要。「天下皆知美之為美，斯惡已」，這個「斯惡已」基本上還是說得比較輕的。「吾所以有大患者，為吾有身」[56]，重點不在「身」而在「有身」，是你執著著「身」。我們對於自己成見的執著，對自己本身的一

55　參見老子《道德經》第二十章。
56　參見老子《道德經》第十三章。

種在乎，可能會造成嚴重的問題。但是你回到存在本身讓它彰顯，它就可能有一種調節的能力。大概是這個意思。

問題二

學生：林老師，您好！您說中國哲學主要是人的覺知，您能再講講這句話嗎？

林安梧教授：我的意思是說我們閱讀中國哲學古代經典的時候，要重視存在的覺知。你要有存在的覺知，你對於古漢語要有語感，你要因此有所感、有所覺，我的重點在說這些，不是說中國哲學重點在人的覺知。當然人的覺知是很重要的，但是現在覺知這個語彙，常常放在新時代運動裡面講。

新時代運動（New age movement）是一個很獨特的運動，它對於整個現代性有一種很深的批評，但是新時代運動本身充滿著病態。新時代運動的幾位大師本身就有很多的問題，他們都號稱見道，但其實多半都沒見道。譬如說奧修（Osho, 1931-1990）、吉杜‧克里希那穆提（Jiddu Krishnamurti, 1895-1986）這些印度的大師們，還有很多，他們雖然把人在現代性底下的壓力解消了，但這裡面可能有很多麻醉的成分。像「覺知」這個語彙常常被他們拿來用，可能用得是有問題的。他們可能也講《老子》，但是可能不一定那麼到位，這是要留意的。奧修很多東西很迷人的，他也講《老子》，講道之門，但這裡面恐怕有很多問題，我年輕的時候也看過，但是我仔細閱讀以後就覺得是有問題的。

問題三

學生：林老師，您好！我讀的晚清以來的文學，不管是儒家還是道家都是比較正面的東西，但是在魯迅的描寫之下，很多成了一種非常反面的，變成非常腐朽的封建衛道士這樣的一些面目，這是我的一個困惑。

林安梧教授：那個是魯迅的困惑，魯迅的困惑使得你很困惑。而魯迅為什麼困惑呢？那是一個困惑的年代。你想王國維這樣的大師居然還要殉清，這不是兩千年多封建的餘毒嗎？當然是啊，我認為是。但是你從《論語》中看出要這樣死嗎？《論語》裡面孔老夫子的學生怎麼問孔老夫子的，管仲輔佐公子糾，公子糾死了，管仲被關起來了，當時和管仲一起輔佐公子糾的召忽等人都自殺了，管仲沒有啊。管仲是不是不仁不義不忠呢？孔老夫子告訴他當然不是啦。管仲輔佐公子小白齊桓公，九合諸侯不以兵車，能夠一匡天下，這就是大仁大義啊！《論語》有這樣的記載：子路曰：「桓公殺公子糾，召忽死之，管仲不死。曰：未仁乎？」子曰：「桓公九合諸侯，不以兵車，管仲之力也。如其仁！如其仁！」[57]

　　問題出在哪裡？問題在於魯迅那個年代是一個很糟糕的年代，很多東西都看不清楚了，所以他呈現出來的只能是另一面。他愛國心切，希望我們這個民族趕快復興。那是一個人叫作什麼名字，生長在什麼地方，生命何所安住都不知道的年代。《阿Q正傳》不就是這樣的一個意思嗎？阿Q不知道什麼人，不知道姓什麼，不知道是什麼地方的人，他拖著長長的辮子像個Q字所以大家叫他阿Q。阿Q是那個年代國民性的象徵。我們應該悲傷的是整個中華大帝國有幾千年悠久的文化居然經過兩千多年帝王專制、父權高壓、男性中心就搞得那個年代人不像人。

　　魯迅點出我們不能夠再這樣下去，而他誤認為這些東西都是孔老夫子、老子他們造成的。不是，是君主專制、父權高壓、男性中心導致三綱的絕對化造成的。而這三綱的絕對化不是儒家不是道家本身造成的，是誰造成的？皇上造成的，君主專制造成的，絕對的權力，絕對的腐化造成的。原來孝道後來變成「父要子亡，子不得不亡」。原來

---

57 參見《論語》〈憲問〉。

忠不是這樣無理的忠君啦,「君之視臣如土芥,則臣視君如寇讎」[58],「君使臣以禮,臣事君以忠」[59],君臣合則留,不合則去。魯迅都讀不到這些,這就是那個年代的悲哀,魯迅筆下之《阿 Q 正傳》正是他心境的彰顯。

　　我常常拿「阿 Q」和「五柳先生」做一個對比。〈五柳先生傳〉,「先生不知何許人也,亦不詳其姓字」,和《阿 Q 正傳》開頭很像,但是有田園可居,有上古的理想世界可依歸,最後「無懷氏之民歟?葛天氏之民歟?」他生命可得到療癒。而魯迅筆下的阿 Q 是生命已經無可療癒,只能尋求革命一途,而革命的結果是上了斷頭臺。其實魯迅的可貴,是把那個年代,整個民族所面對的最嚴重的悲哀彰顯出來了。他的感受力很強,但是不要錯讀了。

　　學生:補充一個問題,您提到帝王專制導致了這樣一個情況,那麼我想請問一下,咱們中國的哲學有沒有為帝王專制提供一種話語資源呢?

　　林安梧教授:刀,好人可以用,壞人也可以用。壞人拿去用的時候你要罵刀嗎?你應該罵壞人嘛。資源誰都可以用,天主上帝的資源被怎麼使用過你們應該知道,那你就知道了嘛。你不能夠怪孔老夫子,怪老子。知識分子不要專挑軟柿子吃,古代聖哲都在天上了,你在地下猛罵沒用,你該罵的該批評的你去面對。

　　現在人類文明已經到了二十一世紀,應該是人類文明從新展開更多交談的時代,也是中國文明要努力參與人類文明的世紀。中國文明要努力參與人類文明就必須好好生長,而其生長有賴於對古典的深層閱讀與理解。我這一系列演講最主要的目的就是要喚起我們年輕朋友讀古典的興趣。你提這些問題我也很歡喜,因為這些問題很重要。

---

58 參見《孟子》〈離婁章句下〉。

59 參見《論語》〈八佾〉。

問題四

　　學生：林老師，您好！講的過程中，您提到讓生長代替競爭，我們很容易發現在現代性社會中競爭是普遍存在的，而資源是有限的。就好比如果只有一棵樹，它可以自由自在的成長，但是如果它在森林裡，它必然要和其他的樹木來爭奪一些養分和陽光。所以有時候在我們人與人形成的社會中，我們也會產生這種競爭。有的時候這種競爭就會影響生長，這種影響有時候會讓我們的內心產生很多焦慮，這種焦慮又反過來影響我們的生長。就像有時候我們有很多的東西想得到，卻得不到，想得而不得的東西怎樣讓自己慢慢放下呢？

　　林安梧教授：我年輕的時候不是這樣，而是面對很多不合理而憤怒，不是說我想得而得不到，這點不一樣。（學生補充：不合理您想要使之變得合理，這也是一種想得到。）這是兩回事，它是一個公平普遍的問題，而不是一個資源競奪的問題。我的習慣是大家都爭著說，我就退到旁邊去。因為天地很寬闊，為什麼一定要去北上廣深呢？北京霧霾那麼嚴重有什麼好的。你可以到二線三線城市去嘛，這個是一個選擇。如果選擇的不一樣，老子說沒關係啊，你就去呼吸霧霾嘛。道家只是說這個方式可能是這樣。你要積極進取，要成為人中豪傑，道家認為那也很好嘛。道家說，我今天晚上消磨你三個小時的時間，你回去有點累睡得很好，這也不錯啊，這是道家。道家的態度你會覺得有點可笑，但它就是這樣。

　　許由碰到堯，他覺得這沒什麼了不起的。我許由牽著一頭牛在這裡逛來逛去，你堯全世界的人都說你好，現在居然要把天子之位讓給我，你是什麼意思啊？我很清淨，你現在讓我的耳朵不清淨啊，不止我的耳朵不清淨，我牛的耳朵都不清淨，許由就帶他的牛去河邊洗耳朵。你能理解這道理嗎？這就是道家。不過，就是道家詩仙李白，也譏諷這些作為，李白〈笑歌行〉：「巢由洗耳有何益，夷齊餓死終無成。」

　　道家不可能幫你解決現實的偉大宏願，道家只能幫你消解一些小小的煩惱和痛苦，好絕望啊！哈哈！道家就是告訴我們這個世間很多問題沒得解，有很多問題不必解，有很多問題根本不是問題。但是你會覺得哪裡不是問題，這問題大得不得了。那個人怎麼老是和我作對啊，氣得不得了。沒有什麼不得了，誰叫你一去那個地方，舞臺就被你占了，他已經處心積慮想了二十年結果現在舞臺是你的，他沒把你殺掉已經對你夠好了，這就是道家。「觀事變莫若道」，道家是「世事洞明皆學問」。你一去公司三個月就做了公司的經理，他在那裡想了二十年都得不到，不氣人嗎？你說這很公平啊，他能力不足啊。你換換他的角色，公平嗎？不公平嘛。道家就是把人間的事實告訴你。

　　以前教我道家的老師張起鈞先生說，票價是一樣，先坐上公車的都有位置坐，後來就只好站著。再後來趕車的就擠進來了，站著的很生氣，坐著的居然也很生氣，毫無悲憫之心。沒辦法，這就是事實嘛，誰叫你晚上車。對不起，你晚上車，這就是現實。所以資源要夠，人不要那麼多，小國寡民好過日子。資源夠了就不會有這些問題了嘛，人的欲望少了資源夠了，世間有問題嗎？現在就是人的欲望太多了，資源不夠，所以要少私寡欲嘛。

問題五

　　學生：林老師，您好！前幾天我們國家召開了高校政治思想工作會議，有四位中央政治局常委說，一直以來我們高校都比較重視德育工作，我想問德育和人文教育有沒有什麼關聯？還有就是以德化人有沒有什麼更有效的途徑？

　　林安梧教授：德育當然很重要。儒家也認為德育很重要，道家也認為德育很重要，他們強調的是回到自身本性的生長。在一個現代性的社會裡面，在整個中國發展的進程裡面，這麼大的一個國家，這個操作是不容易的。怎麼樣去引導，怎麼樣去生長，這個地方爭議很

多。但是以道家來講的話，就是好好過日子啊。你自己活著本身就是意義，好好過日子是很重要的，聽起來很消極，但這就是很積極的。你吃得飽、睡得好才有精力好好工作，就是如此而已。你做那個事，做了放下了，必須往前走，就是如此而已。至於其他的我瞭解得不夠，不足以回答這個問題。但是顯然，在整個人類文明在發展過程裡面，現在是一個非常重要的年代，中國在改革開放的進程裡面，現在也是一個非常關鍵性的年代。（補充：我問這個問題是因為，相比於德育，人文教育是處於一個比較式微的狀態，而現在所謂的德育都是採用比較生硬的方式，用所謂的主流價值觀去灌輸，比如說用我們所謂的核心價值觀去灌輸，尤其是一些非綜合性院校，高職院校，偏向於職業性實用性教育的學校，通常都比較忽視人文教育。）它是一個發展進程啊。依照《易經》來講，它有時有位，是一個慢慢運化的過程，我對這個問題的理解不夠不足以回答你這個問題。

問題六

學生：林老師，您好！我看你的介紹裡也有關於哲學的治療。您能不能說一下，關於道家這些東西它所蘊含的哲學治療的意義。

林安梧教授：我今天本來有考慮過要不要從那邊切進去談，但是後來想著怕談得太專業了。基本上我認為話語導生了異化，必須回到存在本身，才能獲得一種真正的治療或療癒。所以我寫過一篇道家的文章叫作〈話語的異化與存有的治療——談邁向道家型的存有治療建立的可能〉。道家很清楚這個世界是人們必須通過話語去說的世界，而當人們通過話語去說這個世界的時候，它會導致疏離和異化，乃至價值的反控。那該怎麼辦？回到存在本身。因此必須有歸根復命的活動。

一個最簡單的辦法就是先放開手，因為你抓緊了它，沒有什麼好處的。我們平常有一句話叫「寧為玉碎，不為瓦全」，但不要小看瓦全的能力，瓦全也是必要的。你放鬆一下，天下事其實是在一個更寬

廣的場景之下才能生長的。我以前和一個朋友聊到，天地很寬廣所以你心地要寬廣，外在自然天地沒有那麼寬廣所以往往要養一個心地寬廣。這就是道家的一種智慧。道家的智慧就是放開，天下事沒有那麼嚴重，存在本身就是道理，活著就是希望，活著就是可能。我常舉的一個例子就是張藝謀的一個戲劇叫《活著》，《活著》最後那幾句真的是驚心動魄，「活著，活著，像牲口般地活著！」像牲口般還要活著，這活著本身就是一種生長的可能。

　　參與交談和對話，經典的意義盡量想辦法讓它釋放出來，這是我覺得現在我能做也在做的，而且我覺得慢慢地，經過一代人兩代人三代人會有成績的。魏晉南北朝，五胡十六國這中間經過了幾百年晦暗的日子之後才會有隋唐盛世，何以有隋唐盛世？因為這段晦暗的日子裡面經典照樣在民間傳習生長，中國民族的可貴就是民間的傳統非常豐厚，非常強韌有力。我覺得近現代比較麻煩的就是有的時候這一層東西被刨掉了，但是要相信它的存在而且要更多人去做這個事，這就是「夫唯不爭，故天下莫能與之爭」。

　　最高深的學問不是在最有名的地方做出來的。王夫之是躍身窯洞後來在衡陽隱居起來，在湘西草堂寫了他大量的著作，王陽明是在龍場驛悟道，都不是在翰林院裡面，都不是在國家科學院裡面。最偉大的人文學者不一定要在北大。牟宗三先生出自北大，這一生他就常常批評北大。他的老師熊十力先生居然給他寫推薦信說是北大有哲學系以來，「唯此生可造爾」。這話當時是老師疼惜學生，其實講得也許有一些道理，但是這個話大概當時很多人會認為是狂人之語。那有什麼關係呢？道家認為生命有一個動能，它會一直生長著。知之不知無妨，這是道家的一種心情。如果你有這種心情大概很多事就會坦然一些。

　　我年輕的時候碰到不平的事會憤怒，然後發憤，發憤以後總會奮發。現在再想一想為什麼要憤怒，要發憤，如果直接奮發不就好了嗎？什麼叫奮發呢？譬如說我們這個講座本來講三個鐘頭，現在已經

到三個半鐘頭也還可以，這叫奮發啦。六十歲的心境和三十歲是不會一樣的。我講的不一定好，但經典是好的，所以希望大家回頭好好去讀《論語》，讀《老子》，這兩部書真的很重要。

第二章
道家哲學、身心靈與意義治療
──以老子《道德經》為中心的討論

一　從中國宗教：儒、道、佛可以開發出「意義治療」的理論

　　近二十幾年來，我談「中國宗教與意義治療」，依照「儒、道、佛」區隔成三個不太一樣的治療方式。儒家名之曰「意義治療學」，道家則為「存有治療學」，佛教為「般若治療學」[1]。它們彼此都有自己的特性在。佛教用「般若治療學」特別著重在緣起性空，道家「存有治療學」（或者用另外的詞來講可以叫作「道療」）。道家看這個世界的時候，它很清楚地告訴我們，其實是人參贊於天地之間，儒家其實也是如此，只是儒家著重在於「人──自覺」這一面，道家著重在於「天地－自然」。儒家的重點在於「內在的道德主體性」，而道家注重的是「場域的自發和諧的絪縕（蘊蓄）的調節性力量」。

　　如果我們把儒道做個對比的話，明顯的儒家的重點在「自覺」，道家的重點在「自然」，但這並不意味道家認為人的自覺不重要，而是說，如果人「主體的自覺」與「場域的自發的和諧的次序」比較起來的話，它認為場域的自發的和諧的次序比較重要。[2]道家思考這個問題的時候，到最後會告訴你，「我們應該著重在整個場域自發的和

1　請參見林安梧：《中國宗教與意義治療》，臺北市：明文書局，2001年7月再版。

2　道家的「道法自然」、「道生之、德蓄之」相對於儒家的「踐仁以知天」、「志於道、據於德」是互補而相成的。請參見林安梧：〈「道」「德」釋義：儒道同源互補的義理闡述〉，《鵝湖》第28卷第10期（總號334）（2003年4月），頁23-29。

諧的次序調養上」。這麼問題道家怎麼處理，怎麼介入呢？它就說，當我們人參與到天地以後，因為人參與了天地，所以有萬物。為什麼這麼說呢？其實原先「天地萬物人我通而為一」就是道，由於人的觸動觸發，就使得天地萬物人我原來通而為一的狀態有了很大的轉變，這個轉變就是因為話語的介入。話語的介入使得天地人我萬物這個總體的狀態起了很大的變化，這個變化就使得萬物從總體狀態裡面出來。這在老子《道德經》第一章裡講得很明白。「無名天地之始，有名萬物之母」。[3] 在話語還沒有介入以前，唯一的狀態是整個天地元初的狀態，而經過話語的介入以後，才使得萬物成為萬物，所以話語的介入本身，使得話語變成萬物之母。

二　道家區隔了「道」與「言」，但兩者又是連續的

這裡有一個非常重要的地方需要點出來，就是道家區隔「言」跟「道」，「道」是「不可說」，而話語「可說」，「不可說」就是「無名」，「可說」就是「有名」。「無名」是「有名」更為原本的本原狀態，這樣一個「道」的狀態，必須經過「話語」才能夠將「道」彰顯出來。或者我們用另外的詞來說，「道」的彰顯本身，必須經由話語的介入，才使得彰顯走向「對象化」。這是很複雜的存有學上的問題。我們必須追溯到這裡，追溯到這裡有一個用處就是，道家在談治療的時候，有一個獨特的地方，它認為我們必須清楚話語的介入所造成的問題，所以我們必須能夠擺脫整個話語的介入所造成的麻煩，而回溯到「存有之道」上。就這一部分來講，跟佛教哲學可以有些相關，甚至類似，但總的來講：「佛」與「道」，一重「緣起性空」，一

3　關於這問題，王弼早在二千年前即以「名以定形」來表示，這是極難能的。關於此問題伍至學曾有深入探討，請間見氏著：《老子反名言論》，臺北市：唐山出版社，2002年。

主「無為自然」，它們仍然是不同的。

　　講「無名天地之始」，重點在於原初的場域的空無狀態。其實，場域的空無狀態並不是我們講的「有無」相對下的「空無」，毋寧說是意識還處在一個「無」的狀態，或者說它是「無意識」的狀態。值得注意的是，這裡所說的「無意識」指的是在「意識」之前，那個意識未發之前的狀態。因為在未發之前的狀態就是一個寂靜的狀態，這個寂靜的狀態就是你的心還沒有啟動、還沒有參與的狀態，而一旦你的心啟動了，名言概念就介入了。名言概念介入，萬物因此而生。名言概念介入了以後，就使得原先總體的彰顯，徹底地走向「對象化」的過程。徹底地走向「對象化」的過程以後，「I－it」relation 這樣的 pattern 就出現了。「我與它」這樣的一個 pattern 出現以後，徹底對象化的後果，對象物已經離開存在本身，因為這個對象物已經是話語的介入，而使得它徹底地離開它自己。[4]

三　心靈意識的開顯與執定，伴隨而生的利益、欲求、權力，會使人逐物而不返

　　徹底地離開它自己的意思就是，我們的心「逐物而不返」，心「逐物而不返」就造成所謂的迷惑，造成一切的煩惱，造成種種相關問題。為什麼在認識的過程裡面，由話語的介入，導致徹底的對象化，而徹底的對象化會造成這些後果來？這問題就在於，當人的心靈意識從「無意識的狀態」走向一個「意識所及」的事物的時候，會伴隨而生人們的利益，人們的欲求，人們的其他種種權力，在這個過程裡面，就導致人們「逐物而不返」的狀態。在這「逐物而不返」的狀

4　「我與你」、「我與它」的對比，取自Martin Buber，請參見氏著"I and Thou"，translated by Ronald Gregor Smith, The Scribner, 1957, New York.

態裡面，非常清楚的它會通過話語本身的一種反控性來表現。譬如說原來你要說它是「A」，結果到最後變成「非A」。這時候你怎麼去面對「A」跟「非A」的問題？這是道家哲學非常重要的問題，這就是在老子《道德經》的第二章裡面講「天下皆知美之為美，斯惡已。皆知善之為善，斯不善已」，全天下人都知道那是美，而這時候就變成惡，天下人皆知為善，就變成不善了。怎麼會這個樣子？會！這就是道家所看到的問題，這問題很嚴重。

在這個過程裡面，從名言概念、話語的介入，從「有名」指向一個對象、徹底的對象化以後，使得那個對象成為一個被決定的「定名」，這個定名本身就帶有執著性，這個執著性就帶有染污性，這個說法跟佛教頗為接近。你要對執著性跟染污性有所治療的話，必須通過整個反思，回到本身內在的整體，要做到如此，我們對於整個話語的介入，要有一個非常高度的覺醒能力。所謂高度的覺醒能力就是，其實你應該時時刻刻保持著在人們還沒有介入話語以前的狀態，你要重視那個狀態。還沒有介入話語以前的狀態是一個什麼樣子的狀態？就是「天地萬物人我」通而為一的狀態，也就是一個實存的真實的狀態；而話語介入的那些東西通通可以被解開。

四　介入話語前的真實才是實存的真實，話語介入，問題孳生

道家有一個非常重要的地方，就是它告訴我們，還沒有介入話語以前的真實才是真正的真實。既然如此，人間是不是已經充斥著話語的介入的世界，是！譬如說價值的判定，是非、善惡、對錯、美醜。它認為如果徹底勘破這些東西，這些東西就不可能束縛到你。生命的真實其實所求不多，它一直告訴我們要去除權力的爭奪，告訴我們要「以生長替代競爭」。生長只要有一點點土地就能夠生長，所以重點

在於有沒有土地。土地在哪裡？在心。基本上，只要有心地，就能生長。至於其他的東西，你不墮入那個競爭，天地就非常寬，墮入競爭，就非常麻煩。我們在民間常聽到一句話：「忍一時風平浪靜，退一步海闊天空」[5]，這就是典型的道家思想。

　　道家的意思是說，我不跟你對立，我要避開權力，因為它發覺到，只要是權力所侵入的東西，如果又伴隨著話語，你再怎麼用「理性」抗爭它所得到的東西，這樣的東西基本上它認為都不究竟。人落在這個地方的時候，其實是被隱蔽的。你強調一種客觀的法則性，這客觀的法則性，當然需要有話語的介入，要不然無所謂「客觀法則」，而客觀法則是用來約制權力、約制利益、約制貪取占有。非常麻煩的，這些東西搞進去以後，客觀法則本身就會有顛倒相，一有顛倒相，客觀法則就會毀損掉。而客觀法則毀損掉的時候，你又更強調用一種具體的規範。進一步你會發覺具體的規範也不行，所以這時候你會覺得理性的力量實在太弱，一定要有權力，要有權力的控制。

五　客觀法則若失去了實存的驗證，那麼客觀法則將走向異化，甚至失效

　　道家認為，當人們要用客觀法則的時候，其實就要追問客觀法則從哪裡來？客觀法則從哪裡來？客觀法則如果失去了人跟人之間真實的感通，一種彼此的感通，這客觀法則是無效的，是容易有差錯的。而真實的感通從哪裡來？真實的感通其實來自於我們人內在有一種真實的本心，而這個內在本心從哪兒來？從整個天地人我萬物的總體的本源來。如果追溯到這個總體的本源，只抓住客觀的法則，抓住具體

5　這是華人民間的諺語，代表著道家的民間智慧。這是華人面對權力、利害的自我保存方法。

的規範，或者，你因此相信權力的控制的話，那就完了。

　　客觀法則怎麼來的？客觀法則是因為權力相互抗爭，得到一個均衡。如果依照道家思想來講，這是錯的，是不可以的。因為權力的抗爭所達到的均衡是恐怖的均衡。當客觀法則穩不住具體的規範，到最後整個 disorder 到很嚴重的狀況，你只好訴諸權力的控制。這時候如果有一個人打著神聖的偉大的加上權力的控制，就會造成嚴重的問題。

六　正義要是沒有回到真實的感通就會有問題，而真實的感通則必須上溯至內在本性與總體根源

　　如果依照道家的思想來看美國處理「九一一事件」世貿雙子星大樓的方式，道家不會這樣處理的。因為這個處理沒有道義法則，它處在一個對抗的局面。道家覺得不應該如此，道家覺得不應該驅策著自己的群體，成為某一個意識型態跟另外一個意識型態相互抗爭，而且它認為，正義這個概念，如果沒有回溯到生命真實的互動感通，沒有回到我們每一個人真實的內在本性，沒有回溯到整個宇宙總體的本質，那麼這樣的正義就會有問題。我們現在講的這一串話其實是從《道德經》裡面的一些語詞轉化過來的，在老子《道德經》三十八章裡，講「失道而後德，失德而後仁，失仁而後義，失義而後禮」。「道」失去了就想到「德」，「德」失去了就談到「仁」，「仁」失去了就談到「義」，「義」失去了就想到「禮」，「夫禮者，忠信之薄，而亂之首也。」當人們強調禮的時候，人們內在的忠信已經很薄弱，而一切禍亂就從此而生。我們把這些語詞通過剛剛的理解方式，將它轉譯過來，「道」就是「總體的根源」，「德」就是「內在的本性」，「仁」就是「彼此的感通」，「義」就是「客觀的法則」，「禮」就是「具體的規範」。顯然當我們講權力的控制的時候，就是刑賞二柄的狀態，這不是我們現在公民社會所說的法則。

　　人們假使有「總體的根源」，就會有「內在的本性」；有了「內在的本性」，彼此就有「真誠的感通」；有了「真誠的感通」，「客觀的法則」就保持得住；有「客觀的法則」，「具體的規範」就保得住。現在的狀況是，總體的根源不見了，只好強調內在的本性；內在的本性不見了，只好強調真實的感通；真實的感通不見了，只好強調客觀的法則，到最後，人們內在裡頭的忠跟信，已經薄弱，生命原初的一點點真實的愛跟關懷的能力——彼此作為相互確信的基礎點已經變得非常薄弱，當然天下禍亂就由此而生。

七　要遵從總體的根源所隱含的和諧的自發的力量，要以內在天真本性為貴

　　整個道家在反省這個問題的時候，告訴我們，儒家強調的自覺只到達「彼此的感通」這個層次。儒家強調「仁、義、禮」，荀子強調「禮」，孟子強調「義」，孔老夫子強調「仁」。強調彼此的感通，強調客觀的法則，強調具體的規範，這樣還不夠，還要強調內在的本心，而「內在的本性」與「總體的根源」有密切的關係。所以依照道家來講，它強調「尊道貴德」，要遵從總體的根源所隱含和諧的自發力量，要以內在天真本性為貴，道家認為如果人們不遵循宇宙總體之根源，不以我們內在天真的本性為貴的話，就會往下掉。[6]

　　這是整個道家一直在強調的。所以它告訴我們經濟為什麼要那麼發展？人類一切文明依照它看來，不只是「文明」，也可能是「文蔽」。「人文」不只是「人文化成」，也可能是「人文的異化」，也可能被話語系統遮蔽。所以應該怎麼樣把遮蔽拿掉？而讓「智慧之明」顯露出來？所以道家的整個思想和修養功夫論，乃至於它的社會哲學、

6　老子《道德經》第五十一章：「道之尊，德之貴，夫莫之命而常自然」。

政治哲學，總的來講都告訴我們，回到那總體的根源吧！觸動你那內在的本性吧！至於其他的呢？其他的都應該在這兩個前提之下去思考。

八　「道德」不是壓迫，不是約制，不是規範，不是教條，而是「生長」

　　從這個角度來看道德，「道德」其實就是生長，不是一種壓迫，道德不是一種約制，也不是一種規範。講它是一個強迫、壓制、規範，基本上都不是道德的勝義，不是道德的原初本意。道德的原初本意就是「道生之，德蓄之」。天地萬物人我通而為一的「道」生長其自己，而落實於事事物物之上，它有它的本性，「道」「德」是這樣說的。

　　從這個角度去想，我們現在日常用語用到「道德」兩字，其實離開原初的本意很遠了。甚至我們可以發覺到，當人們拿道德來殺人的時候，跟這裡所說的道德便完全悖反了。凡是帶有強迫性的規範，依照老子《道德經》來講，都已經違反道德了。道德本身不應該是強迫的，道德是一種回到你自己的天真本性，回到自然大道。「道」就是自然大道，「德」就是天真本性。用哲學語詞來講，「道」就是存有之根源，「德」就是普遍的內在之本心。它提這些問題的時候，這樣一步步看下來，顯然它認為人們應該是對於話語介入世界以後的種種問題，我們要有一個批判，要有一個治療。而這個話語介入，為什麼會導致這樣的問題？人活在這個世界上根本不能免於話語的介入。我常講，治療學、批判哲學，廣義的來講，人文學的工作是永遠脫離不了語言的問題。這個部分我們先做這樣總的概括。

九　人雖有限而具有無限的渴求，話語介入後主體的對象化活動將拖帶出嚴重的問題

　　當我們的心一啟動，話語就介入了。話語基本上並不只是我們講的「說話」，廣義的來講，從一個無分別的狀態進到分別的狀態，就是話語的介入。沒有話語的介入是不會從「無分別」進到「分別」，因為說話這個活動是主體的對象化活動，主體的對象化活動才使得你原初從總體的根源裡分化出來。分化出來，話語就介入了，介入之後才使得萬物成為萬物，這個杯子之為杯子，其實是你用一個話語去說它，才使它成為杯子。如果我們還沒有使用一個話語去說它以前，在我們純粹意識的狀態底下，或者無意識的狀態底下，天地人我萬物本來是一個整體的關係，而意識的介入，其實就是話語的介入，是一體的，一體之兩面。主體的對象化活動使得對象能夠成為一個被我們決定的定象。但是它的麻煩就是，我們在這樣的一個操作過程裡面，我們人的很多東西就被帶出來，伴隨而生，伴隨而生以後就產生很多問題。

　　為什麼會伴隨而生？這當然是一個等一下要問的問題？就是你的貪取、占有、慾望為什麼會伴隨這樣的認知活動而出現？能不能減低？如何減低？是否可以不出現？如果依照道家的意見，幾乎不可能。為什麼會出現？這個就牽涉到人本身這樣的個體是很獨特的，人這個個體雖然是有限的，但是他有一種無限的渴求。也因為人有這樣的一個靈性，所以人才能夠操作語言文字符號，操作語言文字符號，就使得這一大套的話語系統介入，一切的萬物因之而存在。而在這個過程裡面，因為人是有限的，但是人卻有無限的渴求，人之為有限而又有無限的渴求，就這個過程裡面，麻煩就出在這裡。於是一個被我們對象化的存在事物，當然就有限了。但是人們的無限的渴求，在這過程裡面會被拖帶出去。拖帶出去的時候就會把這些東西加在事物之

上。貪取占有跟人的願力是一體之兩面。它往上升就是宏偉的願力，落在事物上就是貪取的占有。

十　天地人我通而為一的渾沌，隱含著生長的、關懷的、慈悲的、愛的能量

　　道家很清楚地發現到我們應該怎麼辦。它發覺到，你要仔細地去瞭解，用王弼的話來講就是「名以定形」[7]，也可以說是「文以成物」，也就是話語的介入才使得存在的對象成為定象，所以我們應該很清楚的告知自己，不要以我們後天的話語介入的定象當成存在的真實。這不是存在的真實，真正存在的真實是一個感通的、沒有任何阻隔的、這個對象還不成其為對象的，那個更原初的狀態。而那個狀態其實是一個天地人我通而為一的渾沌而隱含生長的、關懷的、慈悲的、愛的能量。一旦話語介入以後，就從這裡抽出來，人間的利益、利害、喜好、權力、貪取、占有就會一直出現，道家很強烈地發現到這個東西。當我們的心很苦悶的時候，依照道家來講，你須問一問怎麼苦悶？我們可能是被外在的，已經被豎立起來的一大套話語系統，那裡所訂立的價值標準把我們通通捲進去了。使得我們的天真的本性不見了，使得我們去瞭解自己的能力失去了，它就告訴我們應該檢查這個問題。

　　怎麼檢查呢？它說，其實我們應該從日常生活裡面去學習檢查的能力？日常生活怎麼辦呢？它說其實我們應該學習一種最基礎的、最根源性的、最真實的生活，也就是最簡單、最素樸的生活。這是道家所提倡的。所以它告訴我們「見素抱樸」，就是讓你最原初的狀態顯

7　參見王志銘編：《老子微旨例略‧王弼注總集》（東昇書局，1980年），頁65。王弼於《老子》第二十五章「吾不知其名」下，注曰：「名以定形。混成無形。不可得而定。故曰不知其名也。」

現出來，讓你的心去環抱著最根源的狀態[8]。我們應該先學習從日常生活裡面，哪些東西不需要就拿掉。所以它一開始就告訴我們有一種重要的思考，是一種「否定性的思考」（negative thinking）[9]。我們平常想問題都習慣於積極的建構，道家想問題是很消極的，它習於解構性的思考。當大家都在歌頌「一將功成」的時候，道家就看到「萬骨枯」；當大家看到正面的時候，道家往往就看到負面的東西。我們常常被一個人家所給我們的問題把我們困擾住，而道家就能夠跳脫這個問題，去問另外一個不同的問題，而且是更為本源的問題。

十一　道家將單線的思考「對立的兩端」，化解轉成「對比的兩端」，再變成「辯證的和合」

其實小孩子往往有這種能力，因為它有一種很原初的心靈，它不被一個話語系統所限制住。而我們成年人常常被話語系統所限制住。我最喜歡舉的例子就是，我的小孩在很小的時候跟她媽媽到學校去，校長問說「你爸爸比較老還是我比較老？」我那個小孩就跟他說：「我阿公比較老。」這是很典型的「水平式的思考」（horizontal thinking）譬如《莊子》〈養生主〉，其中提到老聃過世了，他的一個朋友叫作秦佚去看他，去的時候，看到他的一群弟子在那裡，哭得死去活來，秦佚乾嚎了三聲，就出來了。老聃的弟子就追過來「姓秦的，你未免太不夠意思了，我們老師跟你是那麼好的朋友，你怎麼連眼淚都沒掉，乾嚎三聲就跑出來了？」秦佚就跟他說了一頓教：「你們老師是一個什麼樣子的人？博大真人，你們老師來世間是乘時而來，夫子之來也時也，去也時也，是「安時而處順」，你們到底索求的是什麼東西呢？

8　老子《道德經》第十九章：「絕聖棄智，民利百倍；絕仁棄義，民復孝慈；絕巧棄利，盜賊無有；此三者，以為文不足。故令有所屬，見素抱樸，少私寡欲」。

9　老子明白的指出「正言若反」，見老子《道德經》第七十八章。

怎麼哭成這個樣子呢？你們現在所學的東西好像跟你們老師所教給你們的完全是兩回事。」也就是他認為生死這件事情是一種來去，是自然的事，人生有生就有死，有什麼嚴重的事呢？怎麼會這樣？[10]

　　道家看一個問題，它會放在一個循環的觀念去看。話語的介入使得原先的「往復來去」變成一種單線性的思考，而道家則不是，它認為人間的話語當 A 跟 -A 這兩端圈起來的時候，原來最遠的兩端其實是最近的，甚至就是同一點。道家將單線的思考裡「對立的兩端」，化解轉成「對比的兩端」，再從對比的兩端變成一個「和合的總體」。它慣用這個方式，所以它擺脫了 linear thinking，一種單線似的思考，而強調一種 circular thinking，環狀的圓環思考。道家是看盡人間所指的價值的相對應，但是它並不認為，人間的話語系統所述出來的價值是相對的。它認為，是因為話語系統去說了一個東西，評價了之後，然後才會導致「A」與「－A」兩極。如果我們能夠正視話語本身的限制，把它消去了以後，我們回到了存在的真實，這兩端原來的對應就被取消掉。而當這兩端的對立性被我們取消掉了之後，我們會進到一個存在的真實裡。存在的真實裡，你有你的體驗，而這個體驗將會使我們獲得好像來自於一個更為根源的道的治療效果。這時候再也不會被 A 跟 -A 這兩端撕裂而感到痛苦，無所謂了，沒那麼嚴重。

十二　正視殘缺的能力使得殘缺不再殘缺，使得我能夠真正正視到天真的本性

　　一般世俗社會喜歌頌偉大人物，在道家的書裡，則一直在歌頌小人物，因為它一直告訴我們，小人物的生命都是很真實的，大人物的生命反而不真實。它要我們去正視自己生命的真實，然後它告訴我

---

10 這一段取自《莊子》的〈養生主〉一篇。

們，小人物只要生命是真實的，它就是最為重大的。也就是你正視你
存在的限制，而以你存在的限制本身，去瞭解限制的背後有一個真實
的本性，而這個真實的本性就可以通到宇宙造化的根源。所以它認為
殘缺沒有什麼關係，當我正視殘缺的時候，正視殘缺的能力就使得殘
缺不再殘缺，使得我能夠真正正視到天真的本性。這時候我就不再被
世俗所認定的殘缺而限制苦惱，這時，我們就體會到天真本性的可
貴。這天真本性的可貴就符合於大道理，符合於總體之根源的生長的
力量。

　　在《莊子》裡寫到一個兀者（瘸子），缺了一條腿的人，世俗人覺
得這個人能夠鍛鍊到這種地步，走路自自然然的，非常好，悲憫的對
他說：「你什麼都很好，就是太可惜了，少了一條腿」，這個缺了一條
腿的人就說：「說也奇怪，一條腿就夠了，你們怎麼都多了一條腿？」
他有那樣的一個反諷的能力，生命的莊嚴就在這個地方展現了。世俗
的榮辱沒有辦法傷他。譬如說在社會現實上有人比較他的薪水多少，
其實薪水多並不代表富有，地位高並不代表尊貴，這點是道家很厲害
的地方。我常說「知足者富，自尊者貴」，如此之富貴，沒有人能夠
剝奪，而社會上所認定的富貴，世俗很容易就會剝奪掉。它去正視人
的天真本性，有人會說「這樣會不會有阿Q精神？」其實不會，因為
阿Q精神是用另外一套話語的方式去談，道家不是。道家是世俗的東
西不會干擾到它，不干擾到它並不意味著說它安於一種故意的不去生
長，它會告訴你，這樣生長很好，生長跟競爭是兩回事，以生長替代
競爭，那當然要生長而不要鬥爭。[11]

---

11 阿Q是魯迅筆下的人物，見氏著《阿Q正傳》，我們可以說阿Q是某種道家的變型，但
　　不能說它就是道家。我曾經寫過一篇〈孔子與阿Q：一個精神病理學式的探討〉，收
　　入《台灣文化治療》一書。《台灣文化治療》，臺北市：黎明文化事業公司，1999年。

十三　道家非常注重存在的個體性，但它又非常注重集體的融通；它強調讓萬物回歸本原狀態，尊重各套話語系統的存在

　　權力在那裡鬥爭的時候，它認為不要去碰，因為一旦碰了權力就傷害了你自己原先的天真本性。心性怎麼養呢？只要有一點點餘地就能養，有一點點餘地是，我只要能生長就可以了。而只要能生長，我能夠養自己內在一點慈悲，自然的一種恩慈的能力就在那裡生長了。世俗上的種種，那些麻煩的東西，我盡量減少，減少到幾乎不必受干擾，就是「儉」。老子說「一曰慈，二曰儉，三曰不為天下先。」[12]不去爭鬥，就是回到自身。這樣看下來道家其實有一個能力，這能力就是人間再怎麼壞，我總要能夠護持住自己天真的本性，我總要由這天真的本性上溯到總體的根源之「道」，而在那裡養我自己內在所謂的道德。就是從某個角度來講，它一直強調這一點。但是這並不意味著它就忽視了整個社會的總體，它不是忽視社會總體，它告訴我們，當你要去參與社會總體的時候，必須心理有些準備。自己內在先要有這樣的認取，認取到你怎麼樣長養內在的「德」，內在天真的本性，讓它好好地參與到宇宙造化之根源──「道」。之後你再去面對任何一個存在的事物，這個存在的事物一旦成為存在事物的時候，它就有一個不可自己的力量在那邊動，有「物」就有「勢」。對「物」所產生的「勢」，這時候才有一種解開「勢」治療它的能耐，不然的話，你一點辦法都沒有。

　　道家說它並不是用干預的方式去治療，而是你幫忙它將束縛在上頭的「物」解開，而還其本真。就是讓任何存在的事物回到事物本身。而最先就要從你自己做起，你不要把你的願望、欲求、貪取，通

---

12 語見老子《道德經》第六十七章。

過一個美妙的名稱，把它加在事物之上。你以為最偉大的理想其實是一個最重大的私心。道家在這個地方是非常注重任何一個存在的個體性，但是它又非常注重集體的融通。這裡有一個非常重要的概念出現了，就是道家的「我」這個概念，ego 也就是自我這個概念，它其實是認為必須能夠回到天地的常道常態裡面，而能夠安頓自己。並不是以你自己做中心，然後通過認知的能力，去找尋法則，通過控制，取得更大的生存的資源，以滿足你自己的欲求，締造偉大的文明、經濟的奇蹟。它不是，它認為如果人們忘記了事物的本性，其實是忘記了自己的本性，你如果記起你自己的天真本心的時候，就不會想對事物用強迫跟壓抑，就不會通過話語系統，就不會認定你所把握的這一套話語系統是唯一的，是正確的。你就會尊重可能不同的話語系統，也是對的，它有它存在的道理，即使它非常非理性，但是它也是可理解的，而我願意去理解。從一個可理解的角度去理解，而不應該把可理解通通拿掉，然後斥責它非理性。

十四　心靈的「執」只要能夠被純淨化，這個「執」本身仍然有它存在的意義

溯及本源的時候，當通過話語去表述一個東西的時候，在這過程中，你的權力、欲望、利害可能都會掛勾在上面，你必須瞭解話語跟存在的真實有一種張力，但是這並不意味著你就不要話語的介入，因為作為一個人在這世間裡面，不可能話語不介入，不可能不思考，不可能說你沒有執著性，而是不要讓你的執著本身染污，所以去染不去執。心靈的「執」只要能夠被純淨化，這個「執」本身仍然有它存在的意義。[13]文明本身有它的意義，但是文明如果沒有經過反思追溯的

---

13 關於從「無執」之轉而為「執」，去正視「知識的客觀性」，這是當代新儒學熊、唐、牟以來的新傳統，這從熊十力的《新唯識論》、牟宗三《現象與物自身》都可

過程，它就會造成很嚴重的遮蔽。道家就會留意到這樣的一個問題。
當我們要去面對這個世界的時候，它最強調的一個辦法是「觀」，「以
身觀身，以家觀家，以鄉觀鄉，以國觀國，以天下觀天下」。[14]什麼叫
作「觀」呢？「觀」就是「對比而視，如其所如，物各付物」。一個
存在的事物如其為存在的事物，這是道家非常強調的。

　　老子《道德經》講「萬物並作，吾以觀復。」萬物並作，吾以觀
復，要怎麼做呢？它說最先你要「致虛極，守靜篤。萬物並作，吾以
觀復。夫物芸芸，各復歸其根，歸根曰靜，是謂復命，復命曰常，不
知常，妄作凶。」[15]你要把不要的東西拿掉，真正達到一個虛而靈的
狀態，而這功夫要做到，要做得徹底。不必要的執著妄動要取消掉，
能夠守著寧靜的狀態，這功夫要做得篤實。你整個心要放鬆，你的意
識的活動要回溯到自身，其實回溯到自身是無意識的狀態，一個把意
識取消掉的狀態。這時候萬物並作，萬物一起生長。我就在這過程
裡，對比而觀，如其所如，任其自然。「觀復」要怎麼觀？「夫物芸
芸，各復歸其根」，讓眾多芸芸生長的萬物，各自恢復到自己的根
源，這時候你會體會到回溯到自己的根源，才是一種真實寧靜，而這
真實寧靜整個來講就是我們所說的「復命」。能夠觀得事物，回到本
身，是整個天地之間的常態常道，你能夠體會到這樣的常道就是有智
慧，你如果沒有體會到這個常道，而胡作非為，就是妄作。底下講
「知常容，容乃公，公乃全，全乃天，天乃道，道乃久，沒身不
殆」，你體會到天地之常，於是你整個就包容了；真正能夠包容，於
是你就會公心，你能夠注重道普遍的公，就會照顧到整體，能夠貫通
天地，就能夠成為一個王者，這時候真正瞭解到宇宙像天一樣，沒有

　　以看得很清楚，請參見林安梧：《存有、意識與實踐：熊十力體用哲學之詮釋與重
　　建》，臺北市：東大圖書公司，1993年。

14 語見老子《道德經》第五十四章。

15 語見老子《道德經》第十六章。

什麼私心，而如此便能悠久無疆，能夠如此終其一生，不會有任何危殆。它告訴我們生命本身如何的避開不必要的爭擾，如何讓事物如其事物本身。這是很切實的修養功夫過程。

十五　「意」落成「念」，變成執著、貪取、占有、迷惑；但是「意」如果如其自如，它有來有去，有往有復，它會歸返到總體的根源

　　如上所述，可知道家思想並不是「主觀的修養」，也不是一種「境界的追求」，也不是消極遁世，都不是。它告訴我們怎麼樣「尊道貴德」，告訴我們怎麼樣護住內在的本性，告訴我們怎麼樣參與到宇宙造化的源頭，它給出我們一套這樣的東西。它認為我們能夠如此的話，生命本身就好像時時刻刻，好像渴飲著大地母土所給出的泉水一樣，一種愛的泉源，你取之不盡，用之不竭。[16]這時候很多東西就不會陷入鬥爭的漩渦裡面。即使人間裡頭有所謂的不如意，就不要過意不去，你要過意得去，因為你執著了就過意不去了。因為「意」落成「念」，「念」變成一種執著、貪取、占有、迷惑。但是「意」如果如其自如，它有來有去，有往有復，它會歸返到總體的根源。這個部分我們先說到這兒，待會兒我們在說道家如果落實在社會總體裡面，具體的作用在哪裡。

　　儒家很強調主體怎麼自覺，道家不是，道家強調你到總體裡面，恰當的因順著總體，總體有一個自發的次序，你在那裡取得自己的分位。所以道家告訴你要行「不言之教」，要處「無為之事」[17]。儒家強

---

16 老子強調「食母」即使此義，見老子《道德經》第二十章：「澹兮其若海，飂兮若無止，眾人皆有以，而我獨頑似鄙。我獨異於人，而貴食母」。

17 見老子《道德經》第二章：「是以聖人處無為之事，行不言之教。萬物作焉而不辭。生而不有，為而不恃，功成而弗居。夫唯弗居，是以不去」。

調要「大有為」，志於學要有為，道家認為你要「無為」。儒家是要通過一個正確的話語系統去要求一種人倫的實現，道家認為你如果要有人倫的實現，最好是保住你天真的本性。你要保住天真的本性，拜託請你不要執著那些你認為正確的價值標準一意孤行。因為當你用那強的價值標準去要求的時候，你所期待的人的自覺很可能被你戕傷了。這是道家對儒家的批評。儒家回應說，其實不會，因為我們也非常注重內在的本心，但是現實上儒家往往就是這樣，所以它批評的不一定是孔子孟子，它批評的可能是孔孟之徒，或者現實上拉著孔孟的名義而說的儒家。

十六　道家認為任何建構，都得通過話語系統來表述，而通過話語系統，它在歷史的發展過程裡面，必然會腐化

　　道家對於話語的介入所造成的種種煩惱執著痛苦，它很清楚，所以它告訴我們，對話語與存在真實之間的張力，我們至少要有一種覺知，然後我們要恰當的去處置。它提出一個恰當的處置方式，就是通過「觀」法而讓它回到事物本身。儒家對於話語所造成的遮蔽是不是無所知覺？其實有。它強調就是要回到一個人倫的建構來解開世俗的遮蔽，所謂人倫的建構不會是一種世俗的遮蔽，它基本上認為你只要通過一個自我反省的活動，去讓你真誠的心顯露出來。落在人倫教化裡面，孝悌仁義，就會有能力去清晰地把握到人倫的建構是什麼。通過人倫的建構來對比世俗的遮蔽，就能夠去除世俗的遮蔽。這就是儒家之所以強調的「正名」的思想。就是用一個人倫的建構作為一個正確的指標，來端正整個世俗的遮蔽，來去除世俗的遮蔽。儒家這裡的覺察程度，我認為沒有道家來得深刻，它是非常相信原來我們的血緣親情人倫教化孝悌，跟忠信是連在一塊兒的，跟仁義是連在一塊兒說

的。[18]只要把這個地方穩住了，其他就沒有問題了。

　　道家則強調你不要誤認為這樣的方式一穩定起來就沒有問題了。因為很可能這個地方也是問題之所在，而問題之所在就是，任何一個結構、任何一個建置，都是通過一套話語系統來表述，而通過話語系統，它在歷史的發展過程裡面，就會腐化。這一點是我認為道家比儒家厲害的地方，所以道家對儒家有時候往往會有一種冷嘲熱諷。道家會說「你們這麼熱心，熱心個什麼呢？你們對問題真的有瞭解嗎？」儒家認為說「我們當然熱心啊，因為我們是人啊，我們再不熱心的話，天地就完了」，道家認為「是啊，你們講的好像很有道理，天下本來不亂的，被你們窮熱心搞亂了」它們常常有這個對話，這個對話滿有意思的[19]。但是這個對話如果進一步看的話，就是說，其實在華人的歷史文化發展裡面，在佛教還沒進來以前，其實是這兩面都有的。這個對話本身有另外一種交融跟治療的過程。就是道家對儒家有一種提醒跟治療，但是儒家對道家本身是否能落實在人間自然，它也有另外一種提醒。

十七　宋明儒強調的「闢佛老」方向搞錯了，它不應該闢佛老，應該闢人倫建構背後權力的專制

　　佛教進來以後，它又是另外一個作用。佛教進來的時候，它是深刻的發現到人內在的病痛，有一種無法抹去的歷史的業力，在一個時間的流衍的過程裡面，幾乎無能為力的。這時候怎麼辦？對於整個話

---

18 孔老夫子盛發忠信孝悌之義，如《論語》〈衛靈公〉子曰：「言忠信，行篤敬，雖蠻貊之邦行矣；言不忠信，行不篤敬，雖州里行乎哉？立，則見其參於前也；在輿，則見其倚於衡也。夫然後行！」

19 《莊子》〈人間世〉裡有一段紀載可以參考，「是以火救火，以水救水，名之曰益多。順始無窮，若殆以不信厚言，必死於暴人之前矣！」

語系統，你必須有一種更徹底的解開，而更徹底的解開是正視整個生命的空無，整個意識存在的空無狀態，這是緣起性空的真諦。[20]這個部分跟道家有點互通融通。但是儒家因為一直強調人倫的建置，所以當整個世間碰到什麼問題的時候，它一想就想到這是因為佛教跟道家一直強調人倫建置不重要，所以才造成這麼大的嚴重問題，我以為宋明儒強調的闢佛老，方向搞錯了。它不應該闢佛老，應該闢人倫建置背後權力的專制。

如果我們回到儒家所說的人倫的建構，其背後的根源的時候，人的最真實的愛跟同情，這一點是「人而不仁，如禮何？人而不仁，如樂何？」[21]所以「一日克己復禮，天下歸仁焉」[22]，人們能夠自我克制，回到一個規範，而去實現我們源初的根源性的道德的真實，那個道德真實就是一種同情關懷和愛。這個從哪裡作呢？「為仁由己」[23]。《論語》、《孟子》裡都強調這個。只是後來在帝王專制化的政治社會總體裡面，這個部分常常在統治者的高壓底下，使得人們處理這些問題的時候，是在一個受壓抑的狀態底下而來處理，這是很麻煩的問題。

十八　道家強調「無名以就實」，「名」要去掉，讓「道」自身的亮光照亮其自己

話說回來，儒家的「自覺」是要覺什麼？它背後靠的是什麼？其實跟道家的資源當然是相關的。因為它同樣是華人共同的精神之源。儒家之所覺，一樣的「一念警惻」，「便覺與天地相似」[24]，整個天地

---

20 關於佛教的意義治療，請參見林安梧：《中國宗教與意義治療》第七章〈邁向佛家型般若治療學之建立〉，頁177-210。

21 語見《論語》〈八佾篇〉。

22 語見《論語》〈顏淵篇〉。

23 語見《論語》〈顏淵篇〉。

24 《明儒學案》〈江右學案〉第四有謂「良知精察，無有私意，便覺與天地相似矣」。

造化的根源本身，是一個善的動力。只是儒家認為你必需要立定一個志向去開啟它，「志於道」。道家是認為，你可也要提醒自己「志於道」是不是有一種很強大的驅迫力，而把你的一個什麼東西加在上頭，那反而會滋生麻煩，它告訴你要放開，讓你好好活在天地之間，它會自然生長的。而你不要認為你那樣的一種心靈的印象本身有什麼偉大，因為它很可能是另外一個麻煩。所以它要你「虛其心，實其腹，弱其志，強其骨」[25]，就是你的心不要想那麼多，肚子吃飽了沒？你不要有那麼高而偉大的志向，你應該照顧到你的身體。道家有一種很獨特的想法，它重視具體與存在，至於普遍的偉大的理想，它認為應該撤掉。人間就是被這些偉大的普遍的理想所構成的龐大話語系統所構成的意識型態所毒害，道家厲害的地方就在這裡。

　　儒家認為是人的私欲把這個人給遮蔽了，私欲到底有什麼特質？這個部分我想儒家沒有花那麼大的功夫去瞭解。就是它認為人欲怎麼去除呢？你只要把人倫建構最根本的東西做好，就可以去除掉了。孝悌、仁義，從這裡做，私欲就去掉了。所以它是「正名以求實」，你正名以求實，其他的虛假的詭詐的那些名就會被拿掉了。道家是告訴我們，你不要認為人倫教化之名本身就不會有問題，所以它認為「名」也要去掉，讓「道」自身的亮光照亮，所以它要「滌除玄覽」，剔除一切心知的執著、欲念、貪取、占有的可能，而讓「道」本身的奧秘之體，像鏡子一樣，因之而照見自己[26]。

　　道家跟儒家最大的不同是它更注重場域，它認為場域對任何存在的事物都有非常大的影響，「道」就在存在的場域裡面。譬如說我們今天這樣的一個場域，就是一個「道」，道就在這裡面流行。場域有

---

25 語見老子《道德經》第十六章。

26 語見老子《道德經》第十章：「載營魄抱一，能無離乎？專氣致柔，能嬰兒乎？滌除玄覽，能無疵乎？愛民治國，能無知乎？天門開闔，能無雌乎？明白四達，能無為乎？生之、畜之，生而不有，為而不恃，長而不宰，是謂玄德」。

道，天地有道，人間就有德了。天地有道，總體根源的生發力量出來，落實下去，任何一個存在的事物本性就會生長。「道生之，德蓄之」，天地有道，人間就有德了。所以它更注重天地的道，所以修道是修如何參與天地，使得天地有道，修德是修道，使得任何一個存在的事物因之如其本性好好生長。好好含蓄天地所給予的生長力量。道家的著重點在這裡。

十九　道家以為「我」必須經由一個「無名」的過程，回到自然天地之間

儒家認為，重點在於主體的參與力量，如果沒有「志於道」，那可能不是這樣喔！所以它的重點不同，儒家如果落實在意義治療的時候，儒家是一種非常積極進取的認為，我要找尋我生存的意義，找尋我生命的意義，我要通過我生命意義的認取回過頭來對於這些無意義的東西，以及世俗的干擾通通排解掉。道家認為你把它解開吧！因為你認為你抓一個更偉大的意義，那個更偉大的意義可能有更嚴重的束縛，你把它解開吧。你心煩意亂，其實沒那麼嚴重，很可能只是因為你運動太少。道家的處理方式就是這樣。所以道家不喜歡把一個東西高調化，它喜歡把一個東西低調。偉大的理想在它看起來，可能跟人家去泡一杯咖啡是一樣的事，最重要的不是理想偉大不偉大，而是你做的時候有沒有滿懷愛心和真實去做，有沒有把天真的本性，一樣溶在那裡。你們沒有把你的天真本性失去了，它認為那就是有價值的。

道家的價值是完全不假外求的，這點比儒家還徹底。儒家講的道德完善，還是放在人倫建置裡，它非常相信人倫建置本身的正面性，道家就講說「也不錯啦，但人倫建置本身也有負面的東西」，這一點是儒跟道很大不同的地方。所以道家不從「我，就在這裡」的「我」

開始，而說「我，回到整個天地」。從天地間回過頭來認取我。[27]所以「我」依照它來講，跟眾多其他各個「我」是一樣的，平等的，彼此交融構成整體，所以它的「我」是強調「無我」，不是執著在你本身的「我」作為一個單元來思考，不是從這個單元的自覺性而說的「我」，它認為「我」應該把它化到整個天地，通過「無名」的過程，通過一個把話語取消的過程，通過「致虛守靜」的過程，讓你把自己化解掉，回到那個場域，回到天地的場域。人間所賦予你的尊貴與否，通通拿到，到最後你的生命是否尊貴，生命是否富有，在你自己。所以道家在某一個意義底下可以「見侮不辱」[28]，你被人家欺負一頓，不會覺得受辱。它告訴你說一切都是由認知所造成的。

二十　去除心知的執著與「意識型態」之解構

　　道家的人生觀很平易，平易中自有莊嚴。記得《莊子》裡面就安排了一個很有趣的寓言故事，堯跟許由說：「許先生，當天子好辛苦，我看你能力比較好，你來做好了」，許由說：「我早知道，早就告訴你會很辛苦啊，不過人家都稱讚你做得很好，你是碰到什麼困難了？我早就不做了，你現在要我做，我才不做呢！你少在這兒跟我說，這是你家的事。」然後他就牽著牛，跑到上游去洗耳朵，不要讓這些世俗的東西污染了。[29]道家的心不外求，因為它很清楚的區別了

---

27 「我，就在這裡」，這是從唐君毅先生《人生之體驗續篇》借來的說法，也因此我以為道家是「我，就在天地間」，而佛家是「我，當下空無」，請參見《中國宗教與意義治療》前揭書，頁209-210。

28 《荀子》〈正論篇〉提及「子宋子（宋牼）見侮不辱」，宋牼是道家之徒。

29 這個故事在《莊子》〈逍遙遊〉裡：「堯讓天下於許由，曰：『日月出矣而爝火不息，其於光也，不亦難乎！時雨降矣而猶浸灌，其於澤也，不亦勞乎！夫子立而天下治，而我猶尸之，吾自視缺然。請致天下。』許由曰：『子治天下，天下既已治也。而我猶代子，吾將為名乎？名者，實之賓也。吾將為賓乎？鷦鷯巢於深林，不

什麼是 need，什麼是 desire，人的需求其實是很有限的，人如果只要
讓你的需求滿足，那是很容易的。但是如果要讓你的欲求滿足，那是
永遠不可能的。需求是自然的，而欲求不自然。欲求基本上是人為
的，人文的建置使得欲求越拉越遠。道家一直強調要像嬰兒一樣，回
溯到嬰兒，無知無識。[30]你的心靈一定要有一種自然純樸的像嬰兒一
樣的，嬰兒就是不被世俗所干擾的，想哭就哭，想笑就笑，世間只有
嬰兒才可能說在前幾秒中是哭的，後幾秒就笑了。整個道家就注意這
個，然後它一步步發現到，原來人間的各種話語系統所形成的建置，
權力一涉進去以後，就足以使我們的心靈變得僵硬，而心靈一旦僵硬
起來的時候，其實就是我們開始失去了本性，它認為你失去了本性，
換得再大的世俗的人間的美名，通通是虛假的。

　　仔細想一想，人間有幾個知己，有幾個方外之交，就覺得很有意
思，這就是道家人物的可愛。儒家人物是可敬，但不一定可愛。道家
是可愛，因為其可愛，而為可敬。儒家顯道德的莊嚴相，「知其不可
而為之」[31]，把自己的生命朝向一個理想，接通了神聖的信息，通過
神聖的信息對比世俗，要改善世俗。道家也能欣賞儒家的這一點，但
是它就是要警告你，這世間可能原來不錯，說不定以前就是有一批人
像你們這麼憂國憂民，所以才搞成這個樣子。你們現在這麼搞法，很
可能是用另外一套意識型態取代以前的意識型態，道家就是提醒你要
留意這一點。它思考問題的時候喜歡負面思考，你說你家太窄了，道
家說，不是，因為你捨不得丟掉你家裡的東西，所以你家變窄了。

　　過一枝；偃鼠飲河，不過滿腹。歸休乎君，予無所用天下為！庖人雖不治庖，尸祝
　　不越樽俎而代之矣。』」
30 老子《道德經》第十章：「載營魄抱一，能無離乎？專氣致柔，能嬰兒乎！」
31 語見《論語》〈憲問篇〉：「子路宿於石門。晨門曰：『奚自？』子路曰：『自孔氏。』
　　曰：『是知其不可而為之者與？』」

廿一　語言的通貨膨脹使得真理的幣值貶低

　　道家強調「為學日益，為道日損」[32]，你為學日益沒有用，人文的建構越來越多，其實你的心越來越被這些東西遮蔽，存在的真摯是最重要的。剛開始讀書的時候很認真讀，讀得很好，一日不讀書，便覺面目可憎，這是好事。但是如果讀書讀了二三十年，仍然是一日不讀書，便覺面目可憎，那可見讀書全無受用也。從道家的觀點來講就是這個意思了。道家會說，「對，讀書固然是一件很美好的事情，但不讀書也是另外一種美好，不是你懶得讀書，而是不讀書，好好回到自身去體會，人的體會是很重要的」。即使儒家的人物對讀書本身，到了清朝初年的時候也很有反省，因為帝王專制，科舉考試的結果就是讀書為了取功名，你讀一堆仁義道德，讀一堆仁政王道，到最後就是為了取功名，這不是非常荒謬嗎？到最後就是把那些東西都背進去，八股取士，其實不是戕害自己嗎？清朝就出現了一個非常有趣的人叫作顏習齋，他每一次聽到人家在讀書的時候，就會說：「哀，怎麼又是一群人在吃砒霜了？」[33]他發覺這些東西有毒害。清朝初年有很多儒者對於一兩千年帝皇專制加上科舉考試所造成的嚴重的弊害有所反省，進而採取各種治療方式。譬如說顧炎武，他認為「著書不如抄書」，你們一天到晚在那邊寫書，亂七八糟的兜在一塊兒，那有什麼好呢？倒不如追本溯源地去把最重要的語句摘錄出來，讓大家好好的能夠瞭解它，顧炎武的《日知錄》就是這樣做的。《日知錄》就是他想到什麼問題的時候，他追本溯源地去把源頭找出來，所以他有一個說法「我們寫作就好像我們在鑄造錢，以前的錢怎麼鑄呢？採銅於山，在深山裡面採金礦、銀礦、銅礦，然後鑄造成錢，現在不是，收

---

32 語見老子《道德經》第四十八章：「為學日益，為道日損。損之又損，以至於無為。無為而無不為。取天下常以無事，及其有事，不足以取天下」。

33 顏習齋於《朱子語類評》，痛切的說：「某亦吞砒之人，耗盡心思氣力，深受其害。」

一堆破銅爛鐵跟舊錢，然後就重新鑄造，鑄造的錢就很粗糙，幣值就比較低」，這是在講那個年代讀書人的作品不好[34]。

　　其實你現在可以想一想，話語其實如同貨幣一樣，話語一直增加的時候，就整個通貨膨脹，通貨膨脹的幣值當然就貶低了，一樣的，現在是什麼？資訊的發達其實只得我們的話語能夠乘載的真理值越來越低了，更何況偽鈔充斥的後果，真假莫辨。一樣的，話語如同這些鈔票偽鈔充斥的時候，真理就混淆了[35]。真理混淆的時候怎麼辦？依照道家來講，這時候更應該好好去省察，如何讓人們直接去正視存在的真實，而不要老兜在這一套話語系統裡面。譬如說我們學人文的，我就常常發現到譬如很多做哲學的、中國思想研究的，它面對文本的能力很弱，就是猛引別人怎麼說怎麼說，就沒有回到存在的真實。其實應該回到經典存在的真實，進一步回到生命存在的真實。道家會告訴你要回到這兩層來，但是我們常常都忽略了。幾乎你讀任何道家的書，都會告訴你要這樣「見素抱樸，少私寡欲」[36]，讓你生命的源初顯現吧！環抱著根源吧！你的偏私要盡量減少，你的貪求、你的慾望要盡量的減低。讓你的生命如其本真的生長，生命要處在自然的狀態，不要處在一個它然的狀態。我們常常是處在它然的狀態，心念一起，馬上想到別人怎麼想。依照道家來講，這樣實在太莫名其妙了。人是社會的產物，常常人會顧慮到他人，顧慮到他人未必不好啊，哪些人才是應該顧慮的？怎麼樣的他人不需要顧慮？都已經牽涉到這個他人跟你之間是不是形成一個總體的關聯而構成一個恰當的自然的場

---

34 顧炎武是這麼說的「今人纂輯之書正如今人之鑄錢，古人採銅於山，今人則買舊錢，名之曰廢銅，以充鑄之而已。所鑄之乾既已麤惡，而又將古人傳世之寶，舂挫碎散不存於後，豈不兩失之乎？」語見《亭林文集》卷4〈與人書〉。

35 十年前左右，我曾寫了篇〈語言的通貨膨脹與治療〉，收入《台灣文化治療》（臺北市：黎明文化事業公司，1999年）一書，頁5-7。

36 語見老子《道德經》第十九章：「絕聖棄智，民利百倍；絕仁棄義，民復孝慈；絕巧棄利，盜賊無有；此三者，以為文不足。故令有所屬，見素抱樸，少私寡欲。」

域，如果構成了恰當的自然場域，這個他人是應該要顧慮的。所以道家並不是說，我把自己圈起來不顧他人的，它要照顧整個場域。而那個場域跟它是連在一塊兒的，場域是個總體，所以場域是個天地，場域是個道，場域黏著它對它來講是自然的。道家並不適合說是「主觀境界型態的形而上學」。

廿二　結語：回溯本源──「我，就在天地之間」

如上所述，我們可以發現就道家來說，它會去想一個問題：「我怎麼樣去參與到整個場域裡，讓任何一個存在的事物在這裡能得恰當完整？而不必時時刻刻都衝擊到每一個人內在的真實本心？」假使內在真實的本性背後沒有一個總體的根源來滋潤它，內在的本性很容易就枯竭了。天地有道，人間才有德；天地如果無道，人間的德就很難存在。更何況你就把它放到一個所謂彼此的感通，客觀的法則上去要求，或者從彼此的感通客觀的原則，往上追溯而去說天理，對比天理而講人欲，然後多去省察什麼是天理，什麼是人欲？依道家來講的話，太危險了。道家認為處理問題的方式，最好是自自然然在那兒就能夠安頓好，而不是時時刻刻要去挑戰自己怎麼樣合乎天理，怎麼樣去除人欲。它認為任何一個人，如果去面對天理跟人欲的問題，在天理跟人欲的張力底下，多半很難克服人的貪取占有。因此，它告訴你，不應該把自己陷溺到「天理／人欲」的張力對決裡，因為它根本不認為天理跟人欲截然兩端。它認為你應該正視人欲是怎麼樣導生出來的？你應該去解開那使得你的貪取占有會越來越嚴重的那個東西。你要是沒有辦法恰當區隔什麼是貪取占有，什麼是基本需求，你混淆了就很嚴重了。這時候「道德」就不是一種生長，道德變成嚴厲的迫害、虐待、專制。你如果汲取這樣的道德，可能會有一種道德的自虐，這是很有意思的，依照道家的思考往前走的時候，可以思考到一

些問題。道家面對這些問題的時候，要你平坦視之，平坦視之以後，要尊重生命的本真。它是如此，願意如此，你不要認為你要來解救它，它可能就是會這樣慢慢變化，你也不必急，這是道家的態度。道家的態度就是，把人為的可能放到最低，因為它認為人一旦有為了，就麻煩了。所謂有為就是你有一個強大的意願，非得如何不可，那就大麻煩了。道家認為不要老是去挑動你是否有自覺與否，寧可讓你無知無識，在沒有什麼認知沒有什麼分別的狀態底下，自然而然就那麼做，所謂「渾其心」[37]，就是這個道理。道家認為要安排一個恰當的理緒，而這個恰當的理緒跟自然是合一的，這一點很有意思。

　　回溯到原先所說的，道家對於話語的介入所導致的麻煩，有一種強烈而深刻的洞察力。凡話語系統介入，做成一套線性思考，必從原來的「融通和合」變成「對比的兩端」，甚至變成「對立矛盾」的兩端。所以必須通過一個「迴返」的活動，從那個對立而「矛盾的」兩端，轉成「對比的」兩端，在轉成「辯證和合」的總體。這時候當你回過頭去，回溯到辯證和合的總體，再下來才有能力釐清其他的東西。對於一個存在的對象物，要有一個掌管的能力，而所謂掌管的能力，你必須能夠回溯到那個本源，那個母親的懷抱裡，讓存有如其根源的彰顯出來，你才能夠對一個執著論定的事物，能夠給予理清。這是道家所強調的。之所以能如此，是因為你正視到人是活在天地人我萬物之間，這整個構成總體的道，它有一個自發和諧的秩序。你每天都參與道自發和諧的秩序的一種生養活動，作為一個參與者而言，你也是多元的、差異的、一維的。你應該尊重更多的多元跟差異，而融通照顧到總體，所以這時候就不要以你的理想去概括別人的，不要拿那個標準去斥責別人。這時候寧可好好的就在你的具體可耕耘的土地

---

37 語見老子《道德經》第四十九章：「聖人無常心，以百姓心為心。善者吾善之，不善者吾亦善之，德善。信者吾信之，不信者吾亦信之，德信。聖人在天下，歙歙為天下渾其心。百姓皆注其耳目，聖人皆孩之」。

上好好的耕耘。至於其他可以避開。最後，我們仍要說「我，就在天地之間」。

　　　　　　　　——發表於二〇一五年第六屆華夏母親瑤池金母

　　　　　　　　　（西王母）信仰民俗文化國際論壇

　　　　　　　　——乙未初冬，丙申初起，二〇一六年

　　　　　　一月二十七日修訂於臺灣臺中之元亨書院

第三章
關於「新道家」與「治療學」
──老子的智慧

一　緣起：講學因緣與詮釋轉化

　　從事於道家哲學的講學活動已超過了二十年，我要說，這些年來，道家哲學在我的哲學構成中起了相當大的作用。起先我接受牟宗三先生的「儒家是主流，……道家是由這本根的骨幹而引發出的旁枝」，現在我則主張「儒道同源而互補」。一方面，就中國哲學史的理解上與牟先生不同，在理論的系統建構上也與之不同。另方面，涉及到道家的哲學運用與牟先生亦有了不同。這些不同已不只是枝節上的不同，而是有著根本上的差異。但我還是要說，正因為牟先生所給的哲學資糧，才讓我有著這樣一層的發展。

　　在儒道佛的融通裡，牟先生通過了康德學的深切反省，進一步開創了以「一心開二門」的方式，建構了「現象與物自身」的「兩層存有論」。近二十多年來的從師問學，力思苦索，我則倡言當代新儒學須有一嶄新之開展，此須得由「牟宗三」回溯「熊十力」，並進一步回溯到「王船山」，即此回溯而有一嶄新的開展。我因之而倡言「存有三態論」。相對於牟先生的「本心論」傳統，而我則強調「氣」概念的核心性，而主張一「道論」的傳統。

　　我並不同意將道家理解成「主觀境界型態的形而上學」，相對於道家，而說儒家是「道德創生的實有型態之形而上學」；我認為就中國哲學的根本義來說，並沒有西方哲學主流下的實有型態的形而上學。究極而論，我們所論「實有」與「境界」本是交融成一不可分的

整體，拿「實有」與「境界」做對比，並不很適當。中國哲學，如
《易傳》所說「形而上者謂之道，形而下者謂之器」，這樣的「形而
上學」本來又與亞里斯多德義下的 Metaphysics 有別。《易傳》這樣的
「形而上學」是以「道論」為核心而開啟的。在《易傳》裡所說的
「一陰一陽之謂道，繼之者善，成之者性」、「大哉乾元，萬物之始，
乃統天」、「至哉坤元，萬物資生，乃順承於天」，這不只儒家會同
意，道家一樣會同意。人生於天地之間，「三才者，天地人」，儒道所
共許，由此「天地人我萬物通而為一的總體根源」開顯為世界萬有，
這亦是儒道所同意揭示的道理。當然，儒道自有分別，儒家著重在
「自覺」，而道家則重在「自然」，一重「主體的覺醒與參贊」，另一
重「場域的調節與生發」。以「三才者，天地人」來說，道家重在
「天地」，儒家則重在「人」。

　　牟先生對儒道佛三教的研究有著一般學術難以到達的高度，而他
之所以會做出儒家是「道德創生的實有型態之形而上學」與道家是
「主觀境界型態的形而上學」的分判，乃因為他是從儒道兩家的主體
實踐義的不同，作為立論的基礎，而以為就此實踐的工夫論而開啟其
形而上學，因之就有著不同的形而上學。由於從「主體」說上去，工
夫既有所異，因而其形而上學之為「實有」與「境界」也就判然而有
別了。但我們若從「道體」說下來，則我們可以說實踐工夫雖有異，
但「道通為一」。牟先生的重點在「判別三教」，我的重點則在「融通
統貫」，牟先生重在繫屬「一心」，我則重在「通極於道」。牟先生重
在將天地人我萬物通通銷歸於「主體」，而我則重在天地人我萬物通
極於「道」，「人」則是一「活生生的實存而有」，是一「參贊者」，但
不是創造者。「道體」是道體，心體是心體，道體不能等同於心體，
即如儒家心學一派亦當如此，若直將道體等同於心體，便有跨越出了
人的有限性的弊病。陽明學的末流被批評為情識而肆、虛玄而蕩，不
是沒有道理的。

　　我們雖可以肯定人不只是一個有限的存在，人亦可以具有「自由無限心」，但這並不意味要將人無限上綱到「自由無限心」才能把人安立起來，並且通過這方式來安立天地萬物。儒家的孟子之學強調「盡其心者，知其性；知其性，則知天矣！」這頂多能說「心、性、天」通而為一，而不能說「心」即是「性」即是「天」，把「心、性、天」等同起來，已跨出了孟子學的思路了！跨出了儒學思路了！我想理學家硬是要對心學家安個「禪」字在上面，並不是完全沒道理。當然，這「禪」不是真禪，而是宋明心學末流的「狂禪」。船山力斥王學狂禪之流，而極力強調「道大而善小，善大而性小」並不是沒有理由的。

　　儒家重在主體的自覺與喚醒，而道家則重在場域的生發與調節，我們不能太過高揚儒家主體性的動能，無限上綱到究竟了義；我們當然也不能夠將道家的主體修養能力，無限上綱到究竟了義，因為道家的重點不在主體的修證，而是在於場域的生發與調節。道家強調主體的退開、讓開，而讓物各付物，各可其可，各然其然；但這並不意味說經由主體的體證，就能讓物各付物，各可其可，各然其然。這是說：我們的主體修證頂多是一「消極義」的讓開，而道家強調的並不是這消極義的讓開而已，他更著重的是人的主體讓開了以後，由那總體的根源、根源的總體之「道」，能在「天地」「場域」間有一生發與調節的功用，進而由此而導生──「治療」、歸復及生長。

二　「新道家」思想的可能構造與意義治療學的開啟

　　換言之，如老子《道德經》第十六章所說「致虛極，守靜篤。萬物並作，吾以觀復。夫物芸芸，各復歸其根。歸根曰靜，是謂復命；復命曰常，知常曰明。不知常，妄作凶。知常容，容乃公，公乃全，全乃天，天乃道，道乃久，沒身不殆」。「致虛極、守靜篤」當然重

要，但這並不是說果真你「致虛極、守靜篤」了，就能「萬物並作」。「萬物並作」之所以可能，是因為有個「道」在，有「天地之常」的常道在，這樣才能歸根復命，才能在體會這常道下，讓生命智慧好自生長。若天地之常已然毀損，天地之道已然滅絕，如何致虛、守靜，致虛、守靜又何用？顯然地，道家的重點不在於主體如何修證而已，更重要的是總體的根源、根源的總體之道，如何能在天地場域中起著生發調節的作用。正因為這根源的總體、總體的根源之道所起的生發與調節的作用，因而有著一「道療」，或者說是「存有的治療」的功能。有著這存有治療的功能，道家之於萬物才能說是「歸根復命」，才能說是「道法自然」。當然，這「自然」不會是洪荒般的自然，也不是自然世界的自然，而是天地人我萬物通而為一，如其總體的根源、根源的總體所生發調節義下的自然，這或者可以說是一「自發的和諧次序」下的自然。大體說來，這些年來，我從事的「新道家」哲學之建構與「當代治療學」的向度是息息相關的。

茲以二○○六年所出版之《新道家與治療學：老子的智慧》為例，簡要敘述自己對這方面的一些理解、詮釋、轉化與創造，以就教於海內外有道之士及諸專家學者。

〈第一章、新道家哲學：「場域處所」與「話語介入」〉，本文原係臺灣師大國文系所二○○一年十二月間「經典會講」講習老子《道德經》第一章的現場講詞。首先從「具體」和「抽象」是不可割裂的起興而切入，進而論「話語之源」是一個「不可說」，進而論「有」「無」兩者同出而異名。並說宇宙造化之微，與人的心念之幾有著符應的和合關係，並隨之檢討了「現代話語」世界與「古典話語」世界的問題。「道」之隱含「可言說性」和「不可言說性」，而「名可名，非常名」這正闡明了：只要是人間所給出的話語系統通通是可拆解的。道家哲學強調的正是一個徹底拆解名言概念而成就的一場域的、處所的哲學。蓋「無名天地之始，有名萬物之母」，「天地」是場域，

而「萬物」是話語的介入而成的。再者,「常無欲以觀其妙,常有欲以觀其徼」,經由恆常而有分別的開啟,則可以見到萬物的軌跡,經由恆常而無分別的歸返途徑才能見到道體之奧妙。這樣的有無玄同,恢詭憰怪,道通為一,那真是「玄之又玄,眾妙之門」。

〈第二章、新道家哲學:「根源的回歸」與「存有的照亮」〉,本文原在二○○三年九月間「華山書院」「《道德經》的現代詮釋」課上作為概論的即席講述,主要的思路是順著一九九一年寫的〈「語言的異化」與「存有的治療」:邁向道家型的存有治療學之建立〉進一步的開展。首先,回顧了心理學的第三勢力——意義治療學,並隨之談了傅偉勳先生與意義治療學的淵源,從而指出從中國文化傳統衍生出來「意義治療學」的幾個向度,(一)「儒家型的意義治療學:以唐君毅為例」,而(二)「道家型的存有治療學:以《老子》為例」,(三)「佛家型的般若治療學:以《金剛經》為例」,進而又論及(四)「民間陰陽五行下的意義治療:以王鳳儀為例」。以道家來說,它重在「主體的參與」及「場域的銷融」,從而闡述了「上善若水」、「至人用心若鏡」之道理。當然,這便含著「根源的回歸」因之而有的「存有的照亮」,老子《道德經》所說「復命曰常」、「知常曰明」,即為如此。

如此說來,我們可說道家哲學強調「辯證的和合」與「如實的安頓」,「恢詭憰怪,道通為一」,因之能夠退居存有之宅,而有一包容之善的開啟,既是「報怨以德」,又能「不為天下先」。它去除了意識型態的糾葛,正視人間世的真實,天地如其為天地的生長,這裡揭示著「多元而一統」與「世界大同」、「天下為公」的思想。老子所說,「天地不仁,以萬物為芻狗」,這物各付物,各然其然,各可其可的思想,正可與《易傳》「乾元用九,群龍無首,吉」的思想相輝映。從而我們略論了宗教類型的異別與會通交談之可能。總的來說,道家強調的是「場域的和諧」與「存有的律動」,正因如此,一方面說是「動而愈出」,而另方面則說是「不如守中」,正因如此,主體的反身

自克，將缺憾放下解開，所謂「自勝者強」、「大成若缺」、「及吾無身，吾又何患」，讓存有如實的開展，自然天成。

〈第三章、新道家哲學：「無名以就實」與「尊道而貴德」〉，原是應慈濟大學宗教學研究所於二○○一年十一月間所做之講演，後來迭經刪修訂正。在二○○四年十月間應韓國大邱啟明大學之邀，於「第一屆道家哲學國際學術會議」上，以「道家哲學與身心治療——以老子《道德經》為中心的討論」為題發表。承前面所說，首先指出：從中國宗教：儒、道、佛可以開發出「意義治療」的理論。道家一方面區隔了「道」與「言」，但又強調這兩者是連續為一體的。道家深入地體認到經由心靈意識的開顯與執定，伴隨而生的利益、欲求、權力，會使人逐物而不返。介入話語前才是真存實感的真實，一旦話語介入，問題孳生而難理。當然，客觀法則若失去了真存實感的驗證，那客觀法則將走向異化，甚至對反，這樣的客觀法則也就失效了。同樣的，正義要是沒有回到真實的感通就會有問題，而真實的感通則必須上溯至內在本性與總體根源。要遵從總體的根源所隱含的和諧的自發的力量，要以內在天真本性為貴。「道德」不是壓迫，不是約制，不是規範，不是教條，而是「生長」。道家對於「道」、「德」、「仁」、「義」、「禮」的闡述極為深刻。

顯然地，人雖有限而具有無限的渴求，話語介入後主體的對象化活動將拖帶出嚴重的問題。相對來說，回到「天地人我通而為一」的渾沌，便隱含著生長的、關懷的、慈悲的、愛的能量。道家將單線的思考「對立的兩端」，化解轉成「對比的兩端」，再變成「辯證的和合」。道家教我們正視殘缺的能力使得殘缺不再殘缺，使得我能夠真正正視到天真的本性。再者，道家非常注重存在的個體性，但它又非常注重彼此的融通；它強調讓萬物回歸本原狀態，尊重各套話語系統的存在。道家對於執著強調須得化解，但它認為心靈的「執」只要能夠被純淨化，這個「執」本身仍然有它存在的意義。「意」落成

「念」，變成執著、貪取、占有、迷惑；但是「意」如果如其自如，它有來有去，有往有復，它會歸返到總體的根源。道家認為任何結構、建置，都得通過話語系統來表述，而通過話語系統，它在歷史的發展過程裡面，必然會腐化。就思想史上的宋明儒來說，他們強調的「闢佛老」方向搞錯了，它不應該闢佛老，應該闢人倫建構背後權力的專制。其實，道家對於專制是很有解構作用的。道家強調「無名以就實」，「名」要去掉，讓「道」自身的亮光照亮其自己。道家強調「我」必須經由一個「無名」的過程，正視語言的通貨膨脹使得真理的幣值貶低，我們要去除心知的執著與「意識型態」之解構，回到天地之間，溯其本源，歸返自然。

三　「新道家」與「現代性」及其相關之批判──涉及於「公民社會」、「女性主義」及「現代管理」的可能交涉

〈第四章、「新道家」時代的來臨：「公民社會」與「自然無為」〉，本為一九九六年間應三清書院所開講座首講講辭，後迭經增刪修訂，後應中國文化大學暨三清書院，於「二○○六道文化學術研討會」會議上再申此旨。本文首先，指出道家哲學著重的是「身心一體」，它不是一個「以心控身」的系統，以為全篇主軸。再者，提出「舊道家」與「新道家」的重要界線是「公民社會」。「舊道家」與巫祝信仰的文化傳統密切關聯在一起，中國語言、文化、宗教、思想的表現方式是多元的，「巫祝傳統」是九流十家乃至全中華民族所共同分享的文化源頭。儒道都是以「巫祝傳統」作為底層，再經由理性化而轉出的哲學思考，它們是同源而互補的。大體說來，「春秋大一統」是多元的，而「秦漢大統一」則是單元的。古道教強調「陰陽和合，乾坤合流」，體制化的道教則強調「以陽統陰，以乾統坤」；而當代

新道家須面對整個歷史社會總體、經濟生產、政治社會構造的變化。

　　新道家時代的來臨該面對的是「公民社會」而不只是「傳統社會」。老子書中所說「雞犬之聲相聞」，這是生命真實氣息的相交相感的「天籟」。道家強調回到自然天地之無為的境域，這與西方自由主義有所異同，西方的自由主義更為強調個人的優位性。我們從嚴復的《老子道德經評點》可看出他如何融通道家自然思想與自由主義，這裡有著格義的影子。道家可貴的是否定性、消極性、水平性、平鋪式的思考，它是母性思考，而不是父性思考。新道家思想預取著對於現代性的批判，像反核、環保、反戰都是。道家思想對於人的心念之欲有著深刻的理解與批判，若「見其可欲，並張揚之，故民心大亂」，相對來說，「不見可欲，故民心不亂」。道家強調的是「去他返自、去名就實」：由「我的」回到「我」。的確，在現代化之後，我們可藉由道家的思想資源參與到公民社會的建立。

　　〈第五章、「新時代的道家思想」：「心靈意識」與「存在情境」〉，本為一九九六年間三清書院開講之講詞，迭經修訂，整理而成。本章首先指出「新時代」指的是「文明衝突」與「文明對話」時代的來臨。人類生長在不同的地域環境依據不同的文化傳統，擁有不同的心靈意識狀態，因彼此各執一詞形成衝突，在所難免。這是一個新時代的象徵，此刻臺灣和歐美一樣處於後現代，其特徵是理性化，是一種工具理性極端發展下的理性化。這種理性化使得人的心靈與存在事物之間造成一種疏離與異化。「人能弘道，非道弘人」在我們的文化傳統裡，人與道、自然是密切結合在一起的。人經由經典的閱讀，「道」因而開顯，「道」經由人的體會而落實在經典之間，新時代的道家必須關聯到存在情境，強調存在的呼應。「道」所指的就是一個開展的可能性。「道」是各種條件具足而構成一個場域、一個總體，有一個根源性的力量——「氣」在流動。如此說來，「道德」是「天地有道，人間有德」，若是天地無道，則人間無德。

　　道家的哲學最強調的就是「生長」的概念，它「無而能有，有而能無」，隨時保持著一個道的彰顯的可能性，相對來說，整個西方現代化所引起的全球現代化，它的特質「有而不能無」。我們反省人的存在必須洞察心靈意識本身的空無，這是回到沒有造作的、本然的、沒有執著的充滿生長可能性的狀態，這狀態不同於西方的虛無主義。當然，經由符號言說的系統構造，才能成為一個存在事物。道家以為我們不可落在這個層次，必須返回道的本身；否則會造成存有的遮蔽。道家很重要的一個思想就是「去名就實」，歸還於「無名之樸」，回到那存在的本身，任其自在地彰顯。道家真正反省到人們該如何面對存在的事物，該怎樣面對存在的世界，該用怎樣的方式來面對現代化之後種種紛擾現象，使身心得到安頓。總的來說，道家強調「人法地，地法天，天法道，道法自然」。

　　〈第六章、新道家思想中的「女性主義」〉，起初我曾以此為題一九九六年講於臺北三清講堂，後一九九七年又講於香港道教學院及新竹社教館，一九九八年再應宗教哲學社之邀發表於臺灣埔里。本文首先指出女性主義（feminism）的起源，並揭示她起先對抗男性中心主義的特質，並由此帶來了相關的思考。再者，點出了現代化的思考是男性中心的思考，這樣的思考強調的是一「工具理性」的合理性，它不同於「生命理性」的合理性，前者是一「物化之理」，而後者則重「真情之理」。我們也藉此檢討了現代化下人的疏離與異化的問題，並經由老子《道德經》的對比，特別強調其母性與女性的思考，強調如何歸返天地，歸返自然。再者，我們對比於女性主義的發展，而呼籲應當儘早擺脫前期以爭得與男性權力為目標的「保守性的女性主義」。經由「因別而性」與「因性而別」的對比，而提出具道家思想資源的女性主義，這是一後現代思維下的女性主義，是一歸根復命的女性主義，是一回到大地母土的女性主義，這才是一徹底的女性主義。

　　〈第七章、邁向新道家之「管理哲學」的一個可能：以老子《道

德經》為核心的省察〉。一九九七年春夏之交，我應「臺灣省三餘藝文學會」之邀在南投中興中學做了一次有關道家哲學的講演，後經校訂增補修訂。一九九八年三月，中央大學召開了「第四屆管理與哲學國際學術會議」，趁此之便，有了進一步的闡述。大體說來，本文旨在經由道家老子《道德經》的總體理解，來揭示其管理哲學的向度，意在指向「無計畫的計畫、無組織的組織、無控制的控制、無領導的領導」之可能。首先，經由日常生活語彙的對比，指出儒家是「飯」，道家是「空氣」、「水」，佛家是「藥」，以此概述了儒、道、佛三教在吾人文化傳統中的作用。再者，強調了道家哲學注重場域天地的優先性，從而揭示道家的「背景式思考」、「負面性思考」，道家強調「以生長性替代控制性」、「以可能性替代必然性」。道家強調的是「天長地久」的生長，而不作短線的競爭；它注重的是「心靈的生長」而不作「心靈的消費」。再者，它強調的「小國寡民」思想，其實重在「自然生成」。這在在呈現對「自發的秩序」的重視，而可以「天地有道，人間有德」一語論之。最後，作者以為道家重視的是「天地之常」，「知常曰明」，道家不是逃遁世間的思想，它注重的是與存在境域如何互動、關聯，而讓生命得以休息、安頓、生長。

四　關於「儒、道、佛」的交涉與廿一世紀新道教之可能

〈第八章、儒、道、佛文化在公民社會養成的可能作用與進展〉，二○○一年十一月應邀參加香港中文大學、北京清華大學舉辦之「通識教育與人文素質教育學術研討會」發表了〈「文化教養」與「意義治療」──儒、道、佛文化在公民社會養成的可能作用與進展〉的報告，後來又刪修增訂，以今題發表於二○○六年五月間由中臺科技大學與臺灣哲學會所舉辦的「文本與實踐：解釋學與社會實踐學術研討會」。本文首先指出臺灣地區正由原先的「傳統威權社會」轉型為「現

代公民社會」，此與其文化教養、通識養成密切相關。進一步深入闡釋「傳統威權社會」是由血緣性縱貫軸加上其意識型態以及原先的儒道佛文化傳統而構成的。這不同於「現代公民社會」是由人際性互動軸、社會契約及其普遍意志而構成的。「公民」不同於帝皇專制下的「子民」，也不同於自然狀態下的「天民」；「子民」是在君臣軸為核心之倫常架構而有的思考，而「天民」則可以是回到人倫孝悌，也可以是歸返自然天地這樣的思考；「公民」則不只是落在「天理之公」而說的「公」，而是落在「社會之公」的「公」，是 civil society 義下的「公」。再者，我以為儒道佛文化傳統可以說是臺灣地區最重要的心靈土地，是臺灣地區邁向現代化進程中最重要的調節性機制。臺灣地區的現代化並不是原生的，而是衍生的，是來自於資本主義核心國家帶動下所衍生出來的；相對於原生型的資本主義化的現代化，臺灣是經由「實踐的學習次序」所逐漸生長而成的。儒道佛的文化土壤所形成的調節性機制成為邁向現代化極為重要的精神背景。

　　儒道佛三教傳統心性之學隱含著極為豐富的「意義治療學」思維。儒家之學強調的是「孝悌人倫、仁義為教」，而上溯至宇宙造化之源，而強調「道德創生」。道家之學強調的是「尊道貴德、慈儉虛靜」，認定天地場域有一自發的和諧性調節力量，人應「自然無為」。佛教之學強調的是「緣起性空、悲智雙運」，認為經由緣起的洞察，能見得存在的空無、意識的透明，心無掛礙，而達到「涅槃寂靜」如如境界。如此說來，儒家強調的是「敬而無妄」，重在「主體的自覺」，道家則主張「靜為躁君」，重在「場域的自然生發」，佛家主張則是「淨而無染」，重在「真空妙有的自在」。我以為經由儒道佛三教傳統的治療，可以使得華人的公民社會有一嶄新的風貌，在個體與群體之間取得一平衡點，在嶄新的天地中長養其自己。

　　〈附錄一、廿一世紀新道教芻議論綱〉，寫於一九九八年春，後來應武漢大學宗教學系之邀，將此文刊於《世紀之交的宗教與宗教學

研究》（湖北人民出版社，2000年）。本文旨在針對當前道教現況做一回顧並前瞻其未來，提出芻議，以為討論。首先，筆者經由「天人連續觀」與「天人斷裂觀」的對比，指出華夏宗教的特質，闡明儒之所重在道德創生，道之所重在自然氣化，儒之所重在人文化成，道之所重則在歸返自然。再者，筆者以為華夏文化裡，儒道本不可分，其若分之，乃屬理論之事。接著，筆者闡述「道教」與「道家」的異同，並對臺灣道教界之「有廟無教」的現況提出評論。筆者更而以宗教之構成須有「修行者」、「修學者」、「宣道者」、「運用者」等不同階層與不同階段，並從而提出評論及改革之方向。關於「神聖權力」與「世俗權力」等難題，筆者提出三統：神統、俗統及學統之說，以為釐清及救濟之道。再者，筆者強調廿一世紀之臺灣新道教當有一新丰姿，認為道門之重視由「存有的執定」，歸返「存有的開顯」，回向「存有的根源」之思考，於後現代之思考大有裨益也。如此，道教方可不限於華夏文化圈，進為一普世的宗教。

五　結語

如上所述，儒道佛文化傳統將不只是狹義的心性修養，也不只是往昔一般的調節性作用而已，它的意義治療將是結構性的，深入到社會總體的底蘊，並進一步在公民社會的長成過程中有所調適，進而有嶄新的可能。換言之，並不是由儒道佛所形成的心性論為核心，再去開出所謂的公民社會，不是「如何的由內聖開出新外王」；而是在這公民社會長成的過程中，相與為體、互為其用，而有一嶄新的可能，是「在新外王下而調理出一新內聖」來；如前所說，這不再是本質主義的全體性思考，而是一種約定論式的點滴工程思考。

在寬廣的天地間來思考道家，來理解道家，來詮釋道家，我們發現代社會下，道家有著嶄新的可能。「道家」不只是放浪形骸，不只

是消極避世！「道家」、「道」「家」，「道」是總體的根源，「家」是人於天地間的「居宅」！「新道家」強調的是那總體的根源的「道」如何落實於人間世的居宅，讓那被扭曲異化變形的「物」，能經由「治療」的過程，而「歸根復命」，讓天地如其為天地，讓萬物如其為萬物。在「場域處所」裡，由於「話語介入」，人的貪求、欲望、權力、利害，伴隨而生，遂致異化；因而我們必須經由「存有之道的回歸」，讓「存有之道的亮光」照拂療癒；就這樣「無名以就實」、「尊道而貴德」，我們才能「知常曰明」，體會常道，當下明白。尤其，新道家「自然無為」有助於「公民社會」的建構，特別在「後現代」，重視的是「文明的對話」；新道家對於「心靈意識」與「存在情境」更能起著批判與治療的作用。有別於「工具理性」的高張，這樣子的「生命理性」正顯豁了「道家型的女性主義」思維。

儒家是「飯」，佛家是「藥」，而道家則是「空氣」，是「陽光」，是「水」。儒、道、佛，三教都需要，「道家」更是重要；「飯」、「藥」都需要，「陽光、空氣、水」更需要。有「新儒家」、有「新佛家」，更需要有「新道家」，需要有「新道家的治療學」。

「新道家」不只是境界型態的形而上學，起的不只是「作用的保存」；「新道家」在「存有三態論」的建構下，強調的是「存有之道」的回歸與照亮，並因之而強調「存有的治療學」，並由此而導生社會的批判與文化的治療。

第四章
道家經典智慧與廿一世紀人類文明
──以老子《道德經》為例

　　今天我們要談「道家經典智慧與廿一世紀人類文明」。道家思想是很令人喜歡的思想。雖然我常常在學派上被分派到所謂的「當代新儒家」，其實我還蠻喜歡道家，如果把我理解成所謂「當代新道家」的話，其實我會更喜歡。道家思想讓人覺得輕鬆可愛。

　　道家思想主要的一個觀點是「付能於所」，我記得我們在談儒道佛三教思想的時候都有提到，儒家比較強調的是「攝所歸能」。儒道有這麼一個基本異同。我也常常被問到，道家講的「道」和儒家講的「道」是不是同一個道？我說當然是同一個。也有人比較深入地問我說，牟先生說道家是境界形態的形而上學，而儒家是實有形態的形而上學，二者是不同的。我說雖有差異，但其實是通而為一，因為「道」講的都是「總體的根源」，「儒」和「道」其實是一體之兩面。

　　儒家講生生之德，道家也講生生之德，佛教則是講無生。譬如佛經中有「無生法忍」的說法，佛教的「忍」字用得非常貼切，持久而不失謂之「忍」。「無生法忍」就是你能夠入於佛教的根源「空」，能夠了無罣礙，證得涅槃。無生法就是證得涅槃，涅槃是寂靜之意而且能夠持久不失。

　　儒家是講生生法，道家其實也講生生法。這麼一說，大概你會想到宋明理學家常常闢佛老，顯然應該是儒道同源互補嘛。根本不用闢老啊！再說，佛家雖與儒家道家不同源，但是它已經在地化、本土化，也可以共襄盛舉，完成儒道佛互相融通的大業。儒道佛相互融通

的大業又可以進入到人類文明以展開更多的交談和對話。我的總的論
點大概是這樣的。

一　講習《老子》的因緣

　　今天就談談「道家經典智慧與廿一世紀人類文明」。我大概從一
九八七年開始講習《老子》，我以前讀過很多遍《老子》，也讀很多
《老子》相關的著作，但是沒有講習。什麼是講習呢？「講」是根據
《老子》的文本來講，把它的義理講明瞭。「習」，講而習之，「習」
帶有一種參贊、詮釋的意味，就是在參贊、詮釋的過程裡面，你心領
神會，並且落到你的生活世界裡面展開實踐。

　　講習《老子》從哪裡開始的呢？就是從我家附近的一家廟堂開
始，這家廟堂叫作「慈惠堂」。臺灣講習的傳統，常常是和佛道相
關。講習通常是在佛教的寺院、道教的宮廟。我講習《論語》就是在
這個道教的宮廟。

　　儒道本來就是同源而互補的。你想孔老夫子不是還要「問禮於老
子」嗎？我常和很多朋友說，你要讀《史記》。孔子去見老子，老子
和他說：「去子之驕氣與多欲，態色與淫志，是皆無益於子之身。」[1]
孔子披頭就被老子罵了一頓，說，你要去掉你的驕慢之氣；你多欲，
有太多理想、太多願望，這些願望依我看來很多夾雜著你的欲望；你
所顯示出來的「態色」、「淫志」無益於子。我常覺得這一段應該是很
有意思的。仲尼先生也可能因為「問禮於老子」讓他有比較大的變
化，這是我揣摩的，究竟是不是如此，可以再討論。

1　參見《史記》〈老子韓非列傳〉。

二　道家之本真在輕鬆平常，道家之功用在去遮除蔽

　　道家基本上是很輕鬆的、自然的、平常的。道家看天下人皆平常人也，看天下事皆平常事也。堯舜也是平常人，平常人也可以成堯舜，儒家也認為「人皆可以為堯舜」[2]，「塗之人可以為禹」[3]。儒家講人都是平等可為的，而且都是可以成就的，而這個成就是人格的自我完善。儒家講的是「可欲之謂善，有諸己之謂信。充實之謂美，充實而有光輝之謂大，大而化之之謂聖，聖而不可知之之謂神。」[4]儒家也講生命的成長歷程，「吾十有五而志於學，三十而立，四十而不惑，五十而知天命，六十而耳順，七十而從心所欲，不逾矩。」[5]這裡你可以看到，儒家其實很重視人的生命的成長。

　　道家基本上認為人的原初性和本真性很重要，所以「嬰兒」這個概念在道家一再被提出。「能嬰兒乎」[6]，嬰兒代表著人的原初性和本真性。自然就是最原初的本真狀態。儒家也強調人的原初性和本真性。譬如「今人乍見孺子將入於井，皆有怵惕惻隱之心」[7]，「怵惕惻隱之心」就是赤子之心，而赤子之心就是嬰兒之心嘛。但是「嬰兒」這個概念和儒家「赤子」概念有點不同。「嬰兒」這個概念是回到天地自然，儒家講的「赤子」是作為一個起點，這個起點是純粹之善的意向，這赤子之心是人人有之的。

　　儒家想要去成就這個世界，而道家是告訴你，你不要一天到晚想成就，成就了半天你倒是可能把這個世界毀損了。所以不要那麼重其欲望，你講的可能是偉大的願望，但很可能是你的權力、你的性子、

2　參見《孟子》〈告子章句下〉。
3　參見《荀子》〈性惡篇〉。
4　參見《孟子》〈盡心章句下〉。
5　參見《論語》〈為政〉。
6　參見《老子》第十章。
7　參見《孟子》〈公孫丑章句上〉。

你的喜好什麼的都加在上面了，因此可能造成麻煩。道家不斷地提醒你，請回到自然吧！回到天地吧！回到天地自然的場域！那個地方有一個自發的、調節的、和諧的能量，它能幫你調節好。這是道家。

你學學道家，發現很多東西會變得很輕鬆。今天這個課沒講好，沒講好就沒講好咯，講好和沒講好差不多的。你活到一百歲和活到六十歲其實差不了多少的。王陽明也才活五十多歲呀，梁啟超也五十多歲，王國維也五十多歲。有一次我的老朋友龔鵬程到江西去考察，不小心跌進山溝裡，頭破了一個洞，縫了好多針。我剛好人在北京就去看望他，他和我聊天說道，王陽明、梁啟超、王國維這些人也都五十幾歲就走了。我們的歲數都已經超過了，至於有沒有成就，那老早就被設定了。現在活著都是多活了。他是一個非常達觀的人，非常有趣。

你不要以為，你做了多重要多偉大的事，平平常常而已，這就是道家。其實消極這個詞放在道家某一個意義下也還蠻適當的，因為它真的不積極，因為它的想法就是人生那麼多東西幹嘛那麼積極。積極地現代化的結果是什麼，積極地要填海造地要做什麼，填海造地的結果就是破壞生態。人類的文明發展到某個地步的時候，道家就會反思這些問題。

整個周朝的文明發展到一個地步，周文疲敝，道家得以應運生長。禮壞樂崩，儒家認為你要點化出禮樂背後更根源的東西，而再造一個新的文明。「人而不仁，如禮何？人而不仁，如樂何？」[8]這是儒家的憂心與悲願。

原來周公制禮作樂的傳統，所重視的可能是血緣親情，自然天地以及父母君師。這個傳統可以安頓人倫孝悌、安頓五倫的關係，但是那背後最根源的「仁」沒有被點化出來。孔老夫子點化出了這個「仁」，「仁」的點化可以說是一個新的創造。孔老夫子希望能夠造就

8　參見《論語》〈八佾〉。

一個新的道德理想王國，這是儒家的理想。

　　孔老夫子「刪詩書，訂禮樂，贊周易，修春秋」。「刪詩書」，當然一方面講《詩經》的溫柔敦厚之教，《書經》的疏通致遠，「禮」講與天地同節，「樂」講與天地同和，以點化出背後的仁義之教。「贊周易，修春秋」，參贊宇宙造化之源，點出生生之德，點出「天行健，君子以自強不息」[9]，「地勢坤，君子以厚德載物」[10]，點出「雲雷屯，君子以經綸」[11]，「蒙，山下出泉。君子以果行育德」[12]。「修春秋」，根據公羊家的詮釋，《春秋》隱、桓、莊、閔、僖、文、宣、成、襄、昭、定、哀，有據亂世、升平世、太平世，那麼儒家就朝向一個太平盛世的理想。《論語‧堯曰篇》也代表一個太平盛世的理想。「君子」的概念也變化了。君子不再只是居上位者，更是有德行者，不再只是一個社會的階層概念，更是一個德性的位階概念。君子處於一個人格自我完善的過程之中，而不是社會對你的位置高低的稱謂，這種轉化很了不起。

　　道家要告知的是什麼呢？禮壞樂崩，可見這個文明已經「文蔽」了。你要去蔽除遮，回到生命之本然。人是立在天地之間的嘛，所以人應該學習天地。「人法地，地法天，天法道，道法自然。」[13]地是寬廣渾厚的，天是普遍高明的，而道是總體根源，這裡面隱含了一個自發的調節的和諧的秩序，人應該依順著它。你參贊天地之化育，但最重要的參贊是要順承。儒家說參贊是有自覺的參與，所要成就的是人倫孝悌。道家不反對人倫孝悌，但是道家告訴你，人倫孝悌一旦通過一套話語去建構，從家庭人倫關係變成宗法、變成封建、變成方方

9　參見《易》〈乾卦‧大象傳〉。

10　參見《易》〈坤卦‧大象傳〉。

11　參見《易》〈屯卦‧大象傳〉。

12　參見《易》〈蒙卦‧大象傳〉。

13　參見《老子》第二十五章。

面面的制度結構。這個制度結構建構得很強大的時候，它本身就會出弊病。

對於通過話語所建構的世界，道家有很深層的思考，而且能夠洞察出此間的弊病。它看出任何話語參與以後，權利、欲望、喜好、興趣、利害，你的種種東西通通會掛搭在上面，而掛搭的後果就會使得A變成非A，道家很清楚看出這一點。

「天下皆知美之為美，斯惡已；皆知善之為善，斯不善已」[14]，這是曠古足音。你說我們的儒學多好啊，全世界人都來學儒學。道家大概會告訴你，儒學可能會很糟糕啊。參禪很好，但是所有人都參禪，連影歌星都參禪了，那大概也不會好到哪裡去。這個世界就是經由人的話語去建構的，人對這個世界產生了命名活動，物才成為物。你進學校不是要填很多表格嗎？這表格方方面面也是人們的話語結構所滋生出來的，這是必然要有的，但是當它量大到某個程度，就會產生嚴重的質變，道家非常深刻地點出這個。現代正是一個文明過度的時代，文明過度就會產生嚴重的「文蔽」。我們今天談的問題可以關聯到現代性的社會。現代社會工具合理性的高張，使得人疏離異化，在這種狀況之下，道家可以起到很重要的反思作用。

三　從《老子》文本講歸復本源之道

我講習老子，多半重視文本，強調要出自老子《道德經》，這是哲學地講，順著文意去梳理。第一章我多半是比較粗略地講，因為這一章很難講。凡是很難的，你就把它當作簡單的來講，那就很簡單了。「先其易者，後其節目。」[15]像砍伐樹木一樣，你就其根節砍下去，刀都受不了，你要先就平易的地方進去。

---

14 參見《老子》第二章。

15 參見《禮記》〈學記〉。

> 道可道，非常道；名可名，非常名。無名天地之始，有名萬物
> 之母。故常無，欲以觀其妙；常有，欲以觀其徼。此兩者同出
> 而異名，同謂之玄。玄之又玄，眾妙之門。[16]

「道」，如果是可道之「道」，就不是「常道」了；「名」，如果是可名
之「名」，就不是原先的「常名」了。第一章開宗明義，道家要處理
「道」和「可道」，「名」和「可名」的問題，要處理天地萬物如何安
排的問題。

「無名天地之始」，太初之始也，「有名萬物之母」，「母」和
「始」有什麼不同？「大哉乾元！萬物資始，乃統天」[17]，「始」是就
其原初的創生動源處說。「無名天地之始」講的是場域，「有名萬物之
母」是場域中萬物的生成和人的命名活動的密切關聯。

道家不是研究自然科學、研究天地怎麼生萬物的，它做的不是
科學的研究，而是哲學的詮釋，探討萬物如何在天地中經由命名的
活動而生成。人的獨特性就在於人是會思想的蘆葦，巴斯卡（Blaise
Pascal, 1623-1662）如是說。人是會使用符號的動物，德國哲學家凱
西爾（Ernst Cassirer, 1874-1945）如是說。「有名萬物之母」，其實其
中就隱含了從「無名」而「可名」，「可名」而「名之」，名之而成為
定名的過程。道家很清楚，「成了」的意思就是毀了，「其成也，毀
也」[18]。「故常無，欲以觀其妙；常有，欲以觀其徼。」依其常道之
無，依其常而返其無，「欲以觀其妙」，觀道體之妙。「常有，欲以觀
其徼」，依常道而順其有，以觀其徼。「常無」、「常有」這兩者在原初
道體處是相同的，依其常道來講，有、無在其根源處是相同的。「同
謂之玄，玄之又玄，眾妙之門」，玄遠幽深的最原初的道，是萬物妙

---

16 參見《老子》第一章。
17 參見《易》〈乾卦·象傳〉。
18 參見《莊子》〈齊物論〉。

生之門。這裡的道之本體，是作為一切之根源。從無分別進到分別，這個過程其實就是一個命名活動的延展過程。

　　道家一直有一個歸復之道。回到源頭，聽起來接近於婆羅門講的回到梵天大我（Brahman, Autman），從梵天大我流出世間一切。但是二者不同，不同就在於，中國文化傳統肯定流出的萬有一切是可以成就的，這關鍵點在人的參贊化育。但人不能隨便摻和。對於人的摻和，道家深具戒慎之意，所以道家不斷地告訴你，「天得一以清，地得一以寧，……侯王得一以為天下貞」[19]，「一」講的就是整體。道家告訴你，要不斷地回到整體、回到根源、回到本性。你沒有回到那個整體、沒有回到根源、沒有回到本性，這個世界就會壞，它不斷地提醒你這一點。

四　道家與儒家、佛教、基督神學的差異性和可融通性

　　我常說，道家是整個中國文明最重要的一部分，它具有非常強的批判性和反思作用。你學儒家而不學道家，那肯定不夠。儒家也有回到自身，回到天地，回到場域的思維，因為儒道是同源而互補的。在華人的生命傳統裡面，有儒必有道，有道必有儒。儒多者就是儒家，道多者就是道家。就好像在座諸位，所有的男性中都包含著女性，所有女性中都包含著男性，對我們而言，男人女人都是得天地陰陽之氣而最為靈秀者。

　　就我們原初的文化傳統來講，男人和女人是頗平等的。「大哉乾元，萬物資始，乃統天。」[20]「至哉坤元！萬物資生，乃順承天。」[21]「統天」和「順承於天」是很必要的。乾元者和坤元者是相輔相成的，

19　參見《老子》第三十九章。

20　參見《易》〈乾卦・象傳〉。

21　參見《易》〈坤卦・象傳〉。

儒家重點在乾元，而道家重點在坤元。乾元代表創造，坤元代表生長，乾元是往前的開闢，坤元是守成的翕合。儒道如同乾坤陰陽一樣，人也是個乾坤，也是個陰陽，其陽氣盛者為男，其陰氣盛者為女，就是如此而已。其實這是很自然的。我們的傳統不同於基督教。基督教的神話，上帝造人的時候有點偏心，只造了男人亞當，因為擔心亞當太孤獨，抽了亞當的一根肋骨，造了女人夏娃。顯然在基督教神話傳統中，男女是不平等的。

　　神話本身可以引發很多討論。我們的神話一定是最先講「天地混沌如雞子」，然後如何生發天地萬有一切。我們的神話，包括周邊很多少數民族的，都是一樣的。原初都是天地人我萬物通而為一的混沌不可分的整體。從不可分的整體進而生出天地萬有一切，這是我們神話的原型。我們沒有超越的絕對的唯一的人格神，存在於世界之上、世界之外。基督教神話傳統是通過話語來論定一切，「上帝說『要有光。』就有了光。神看光是好的，就把光暗分開了。」[22]「天何言哉？四時行焉，百物生焉，天何言哉？」[23]這才是我們的傳統。我常說我們是「默運造化」的傳統，西方基督教是「分說萬物」的傳統。有一次，一位同學跟我聊到這裡，他說這個地方可以把儒道和基督教結合在一塊兒呀，把基督教放在分說萬物裡說，把儒道放在默運造化裡說。如果這麼安排的話，中國文化和基督教很早就能融通了。問題是基督教神學不同意啊，這麼說不就變成被儒道包孕的基督宗教了？所以這是神學一個可能的發展方向——中國式神學。

　　當人們用話語去稱說的時候，涉及到價值的論斷，而這個論斷因為人數的眾多，本身就會造成一種很獨特的效應。「天下皆知美之為美，斯惡已。」道家最強調什麼？多元性。最強調什麼？尊重少數。這

---

22 參見《聖經》〈舊約・創世紀〉。

23 參見《論語》〈陽貨〉。

是道家。如果這個世界大家都朝著同一個方向追逐，朝著同一個方向發展，恐怕就會出問題。而這個問題怎麼解決，關鍵是你要看清楚「有無相生，難易相成，長短相形，高下相傾，音聲相和，前後相隨」[24]。凡是老子《道德經》中所說到的真正的聖人，多半也是一個能通天地人、能智慮清明的好領導。聖人要「處無為之事，行不言之教」[25]，處事以無為，行教以不言。道家所重視的不是話語，而是在話語之前的「無言」；所重視的不是「為」，而是在「為」之前的「無為」。

你展開行動以前，譬如說我們今天要講課，講課是「為」，在「為」之前的「無為」是什麼？就是整個場域，是所有的東西通通加在一起這場域，這還沒進入到為的狀態，這就叫「無為」。「無為」並不是說你什麼都不做，而是給出平臺、給出場域、給出天地，為你提供「為」的可能性。

道家是最強調場域和天地的哲學，而儒家強調人要進入場域、天地。儒家認為人的參贊化育很重要，道家就說先別那麼著急，恐怕天地場域很重要啊。當然今天的講座成不成，和我講的內容相關，但更重要的是什麼？是大家給出了天地，成就了場域。這個地方成為一個道場，道才可以在這裡開顯。你在白紙上畫了一個黑圈圈，一般人都只看到黑圈圈。道家告訴你要留意一下，是白紙使得黑圈圈得以呈現。大家都看到一將功成，道家看到「一將功成萬骨枯」，一般人只看到正面的彰顯，道家看到的是背面，是正面彰顯所憑依的基底、場域和天地。

道家最強調因任自然嘛。因者，循順也；任者，依其本性也；自然者，如其本性也。無所罣礙，如如而生，如如而成，聽起來道家的志趣和佛教很接近，但是最大不同在哪裡？道家肯定世界是好的，而

---

24 參見《老子》第二章。

25 同上註。

佛教認為這個世界是不完滿的。但是佛教進入中國以後發生了很大的轉化，它認為凡俗之人覺得世界不好是因為凡心不淨。人心淨，國土就淨了。中國化的佛教，更可能把佛的本懷宣而暢之，暢而達之，達而通之。佛教在印度並不興盛，印度還是原來的婆羅門教的老傳統，現在的印度教是淵源於婆羅門教。佛教雖然出自印度，但卻是反印度傳統主流的。它的主要概念是承襲自印度文化傳統，比如業力、因果，但最重要的眾生平等卻和印度的種姓概念格格不入。我們讀不同家派，要把握不同的分寸節度，慢慢地去理解、掌握，不要馬上作區分，而要先就其可相通處而通之，可相融處而融之。

五　儒道無所謂主流支流之辯，二者其實同源而互補

就中國文化本源而言，儒道本來是同源互補的。有人主張儒家是主流，道家是支流，這我不贊成，這多半是儒家人物的觀點。有人認為是道家把儒家消解壞亂了，這個說法也不對。我常常說幸虧有道家，所以讓儒家有所歸復。從周代到秦漢大帝國的建立，君主專制、父權高壓、男性中心這三綱傳統的確立，使得儒家出了嚴重的問題。三綱的傳統和五倫的傳統大不相同，五倫的傳統講的是倫理的恰當配稱關係，而三綱的傳統則非常強調君為臣綱、父為子綱、夫為婦綱，非常強調權力的控御，上下的尊卑隸屬關係。這剛好和君主專制的結構是密切結合的。儒道原來是互為表裡的，但這個時候，儒家逐漸變成了主流，道家的作用隱身在後。皇帝特別喜歡道家，而道家的道就轉成術了。道家和法家、和兵家之間，都是一轉而已。法家重勢一派、重術一派、重法一派，都和道家有關，兵家也和道家有關。道家變成一個隱形的結構，但是它對中國文化影響很深。

自秦漢以後，君主專制式的儒學變成了中國儒學的主導。相形之下，儒學的批判性降低了，其人倫性也開始出現問題。道家原先強調

的是「一曰慈，二曰儉，三曰不敢為天下先」[26]，可是一轉之後，「慈」可以是忍，「不敢為天下先」是以退為進，「儉」可以是偽裝的儉嗇之道，道家就變成了權謀之術。中國嚴重的問題就是二千多年的君主專制、父權高壓、男性中心。中國如果要恢復傳統，請回到先秦，請回到原儒、原道，而不是回到君主專制的禮制、回到權謀之術。道家是自然之道，不是權謀之術，權謀之術是人運用才成其為權謀之術。道家強調人要歸返自然，人要回到天地場域，天地場域有自然的恩慈、自然的關懷、自然的愛。

強調儒家是主流，道家是支流，這種主張並不準確，因為二千多年來的儒家是和權力綁定在一塊的。你太強調儒家是主流，道家是支流，當然會引起道家人士的不悅，所以就有人強調與之相對的「道家主幹說」。「道家主幹說」最重要的提倡者是我們臺大的老學長陳鼓應教授。這就像蹺蹺板一樣，一端太強，另一端勢必會被削弱，但其實平心而論，儒道是同源互補的。

「志於道，據於德，依於仁，遊於藝。」[27]這一句是出自儒家經典。「道生之，德畜之，物形之，勢成之。」[28]這一句是出自道家經典。這兩句話分明就是互補的嘛。儒家強調人的參贊化育，人之進到天地場域，以總體根源之普遍理想，作為心意之所之，心意之所存的定向，所以「志於道」。「志於道」而「道生之」，「道生之」而「德畜之」，其德為可據也，所以「據於德」。這是道家從「道生之，德畜之」，然後落實到天下萬物說的，器物世界經由話語的言說，而形成一個龐大的系統。這個系統會形成非常強的勢，而勢一旦落實到物事的時候，就會使得物事失去本性，遠離根源，這時候道德就毀棄了。儒家告訴你，你要時時刻刻「志於道，據於德，依於仁，遊於藝」。

---

26 參見《老子》第六十七章。

27 參見《論語》〈述而〉。

28 參見《老子》第五十一章。

人和人，人和物，人和天地之間的真存實感謂之「仁」，依此真存實感，能夠把本性真正培育起來，又能夠上溯到根源之道。而「仁」該如何做一個起點呢？就是悠游涵泳於整個生活器物世界間，所以「遊於藝」。

道家是從道體根源往下說，落實到本性，講天下萬物。「道生之，德畜之，物形之，勢成之。」它勸你要「尊道而貴德」[29]。道家發覺到，在一個人間話語所構成的禮文器物的世界裡面，會出現一些嚴重的問題。你需要回到自己的本性，回到天地萬物總體的根源。而儒家直接是從志道據德往下說，要依仁遊藝。儒家主張成就人間的禮樂教化、人倫孝悌、仁義之道。道家告訴你，你要成就禮樂教化，人倫孝悌，仁義之道，就必須回到根源，回到本性。

儒道是不是同源而互補的？當然是啦。你把《論語》讀完了，再好好讀老子《道德經》，肯定會覺得很有意思的。昨天一位朋友問我，儒家、道家、佛教的讀書次序應該是怎麼樣的。我說先讀儒家、道家，再讀佛家，先讀儒家的《論語》、道家的《老子》，再讀儒家的《孟子》、道家的《莊子》，然後再讀佛經，佛經不妨就從《六祖壇經》開始。旁邊有人問，為什麼是儒家、道家，再佛家？因為佛教現在在華人世界的力量很大，相較之下，大家對儒家和道家理解還不夠。我這個說法其實和錢賓四先生的說法很接近。錢賓四先生認為中國人至少要讀七本書，才能成其為一個中國人。《論語》、《孟子》、《老子》、《莊子》、《近思錄》、《傳習錄》、《六祖壇經》，這些是必讀書目。他比我還徹底，他是儒儒道道儒儒佛。儒家要成就人倫孝悌、仁義之道、禮樂教化。道家強調要維繫著人的原初性、本真性，要尊道而貴德，要回到根源，要順從本性，要在天地之間，尊重天地自發的調節的和諧的秩序，那叫「道法自然」。

29　參見《老子》第五十一章。

六　道家是「付能於所」，把事情交付給天地場域去處理

　　如果借用佛家「能」、「所」這對概念來說，儒家強調「攝所歸能」，而道家則是「付能於所」。道家非常注重處所場域。道家告訴你，你總是「攝所歸能」，負擔也未免太重了吧，所以你要懂得「付能於所」。什麼叫「付能於所」？我最常舉的例子是，現在我的手機需要放在一邊充電。因為手機體積很小，我恐怕會忘記帶走。怎樣可以不忘？你心裡記得就不會忘了。道家說，因為你可能會忘記，所以你要造就一個不可能忘記的可能，不可能忘記的可能是什麼？就是你一定會記得帶走它。很簡單嘛，就在放手機的地方形成一個所謂的場域，比如把我的包包和手機放在一塊兒，我就一定會記得了，這樣我就不必用心記著要把它帶走，這就是道家的辦法。

　　道家主張什麼？就是不必撕破臉的時候一定不要撕破臉，道家一定是這麼主張的。但是道家的另外一層意思又主張，如果要撕破臉就徹底一點，也不會怎樣嘛。道家主張，你怎麼做可以了無罣礙，你就怎麼做。

　　你會發現道家的因任之術其實是很有頭腦的。以前所有在戰場上當軍師指揮的，都一定讀過《老子》。張良能沒有讀過《老子》嗎？一定讀過的。諸葛亮能沒讀過《老子》嗎？肯定讀過的。兵法裡面就有一大半隱含《老子》的思想。因為宇宙造化之幾微，就隱含在一個可左可右、正反相生的辯證性的結構裡，這是中華民族最有智慧的一點。

　　道家告訴你，你的心靈不要有太大的負擔，心的負擔太大可能是因為身體的負擔不夠。晚上睡不好怎麼辦？睡不好你就起來勞動勞動。當你身體很累了，就能睡著了。當然道家也有另外一個辦法，就是覺得睡不著也沒什麼，睡不著就睡不著咯，我今天偏偏就不想睡著。你努力召喚著我要睡著，我要睡著。天啦！數羊數了一萬隻了還

是睡不著。當你心念一想偏偏就不想睡著的時候，你就能睡著了。道家理解問題的時候，一步再一步往前推進。

「知人者智，自知者明。勝人者有力，自勝者強。知足者富，強行者有志，不失其所者久，死而不亡者壽。」[30]今天聽了林老師的講座以後，你會很有興趣讀《老子》。林老師說一天讀一章，八十一天就讀完了，才五千個字而已。結果經過了兩三個月之後，你還是沒讀完。但是如果你參加一個讀書會，一個禮拜讀一次，一次讀五章，肯定會讀完，這就叫「不失其所者久」。你造就了一個天地場域，這個天地場域就會生發出一種力量來幫你處理。人總會死的，但「死而不亡者壽」。道家的思想後來變成了道教所謂的要長生久視，這些提法都已經不是原先的道家思想了。原先的道家很強調陰柔，強調母性，後來的道教卻強調純陽，這裡隱含著一個思想的異化。這個問題很有趣，大家可以去思考。

道家思考問題的方式一直是，你想到正面的，我就想到負面的，你想到剛強，我就想到柔軟。道家最令人喜歡的一句話叫「上善若水」。關於道家的書，如果讓我題字，我最常題的就是「上善若水」，另外一句是「用心若鏡」，這兩句話你一看就覺得很美。至高的善就像水一樣的溫柔。水很溫柔，但水也很厲害，你把水聚集起來，水也可以變成刀甚至把鐵鋸斷，厲害吧！「上善若水。水善利萬物而不爭。處眾人之所惡，故幾於道。」[31]道家清楚地告訴你，這個世界不是凡是享大名、成大功的人就有成就，這些人只是這個時代的某些表徵而已，真正的成就不一定是屬於他們的。

士兵願意打仗，願意流血犧牲，才成就了將軍。我們應該對這些士兵的死難，懷有一種悲憫的同情和關懷，而不只是歌頌將軍。道家一直是這樣的心情，戰爭是不得已的。戰勝是什麼？戰勝是對方傷亡

30　參見《老子》第三十三章。

31　參見《老子》第八章。

慘重，甚至是全軍覆沒。站在人性的立場，戰勝是一件令人悲傷的事。「戰勝，以喪禮處之」[32]，這是老子《道德經》的思想，這些話很動人。

　　水之善是清洗之後，你變乾淨了而水變污濁了。水變污濁了沒關係，久了就澄清了。如果你有道家的思維，你還會急於澄清別人對你的誤會嗎？不會。誤會就誤會了嘛，久了就會澄清了。道家眼界很寬嘛。你以道家的思想對待失眠就不會緊張了，反正一兩天不睡也沒關係。王陽明的學生王龍溪在軍中有八十三天沒有睡覺的記錄，他還活了八十多歲[33]，所以你不用為此太擔心。道家認為你的生命本身就有調節性的機制，不必擔心，身體自然會調節過來。你每天憂心忡忡，沒病老往醫院跑，最後的結果可能是沒病反而惹出病來。

　　我認識的大陸學者中有一些有趣的人。譬如說北京大學的一位教授，現在年紀很大了，也常出外講學。誒，是誰呀？你們幫我想一下，完蛋了！這名字跑不出來。你們研究佛教的人幫忙想一想，北京大學哲學系研究佛教年紀最大的是誰。（學生：樓宇烈。）對對！樓宇烈樓教授。所以你看想不出來沒關係，想不出來你就承認想不出來，然後放給天地，天地間就會有一個聲音告訴你。這就是道家的方式嘛。樓宇烈樓先生我覺得他其實很有道家的修為，他講東西慢慢講，也不求深度，但是自然有韻味，有深度出來。

七　道家面對實存的智慧：讓事物如其本性地自然生長

　　道家面對具體的問題說：「居善地，心善淵，與善仁，言善信，

---

32 參見《老子》第三十一章。

33 王畿（1498-1583），中國明代思想家。字汝中，號龍溪，學者稱龍溪先生。浙江山陰（今紹興）人。師事王守仁。為王門七派中「浙中派」創始人，著有《龍溪全集》二十卷。

正善治，事善能，動善時。夫唯不爭，故無尤。」[34]道家是要告訴你，面對具體性的問題，面對存在的真實，應該如何去處理。所居要如地之寬厚，心要如淵之包容。和人交往要有真存實感，這種真存實感叫作仁愛。與人交，言要有所信，有所確立。事很重要，你要能夠把它很好地完成。動要依時而動。道家的智慧是非常具體實存的。

　　道家的可貴是什麼？以生長取代競爭，以共生、共長、共存、共榮取代無謂的競爭，你成就別人有什麼不好？你成就別人也同時成就了自己啊。讓他第一名有什麼不好，你可以第二名啊，你第三名也沒關係呀。道家的重點不在出人頭地，而在安身立命。其實儒家也是這樣，只是儒家後來被異化了，變得太過強調出人頭地。道家講安身立命，這就是自然嘛，自然天成。

　　你以為學生是你教出來的？學生是自己讀出來的。學生的論文你需要花太多時間改嗎？不需要。我一向這麼主張，以前當老師就是這樣。我看我的老師牟先生也是這樣，我基本上不怎麼改論文。最重要的是學生要多寫多做啊，老師那麼認真改，學生不認真做有什麼用啊？這很清楚啊。

　　以前的老師怎麼教學生，譬如以前練武的先生，他擺一個站樁的姿勢，幾個大徒弟在前面就這麼跟著做，其他的小師弟也跟著做，然後老師就在樹下乘涼。接下去大徒弟看小徒弟有沒有做好，站樁沒站好的就幫忙糾正一下，該出手時就出手，該出拳時就出拳。現在的教育變了，現在是老師帶著幾個大徒弟在這裡站樁，年輕的徒兒們坐在樹下乘涼，看著老師父和師兄們在站樁，站了一個時辰，結束以後大家鼓掌說太好了。臺灣的教育就有這個傾向。老師的服務太周到了，周到到學生根本不努力。學生要求學啊，求學老師才教你嘛。現在不是，現在是老師努力要教學生，讓學生最不費力地去學，這完全搞錯

---

34 參見《老子》第八章。

了嘛。臺灣有一個教育口號叫「快樂學習」，不要給學生壓力，你說這是道家嗎？不是，這是衰家。道家是什麼？道家是，即使學生覺得很有壓力這也是很自然的事啊。學習就是克服壓力的過程，這是學習的本性嘛。本性的意思不是說不作為，而是尋求最不必費力氣的作為。臺灣還有另外一個幼教口號就是「不要讓你的孩子輸在起跑線上」，這也是違反道家的。道家認為是不是輸在起跑線根本不重要，重要的是不要讓孩子那麼快就進入起跑線，最重要的是不要輸在終點嘛。

　　你要面對一個真實的事。這條魚很會游泳，你就讓它游得快一點，這條魚不太會游，你就讓它慢慢游吧。每條魚都悠游自得，這叫「魚相忘於江湖，人相忘乎道術」[35]。一個有道有術的地方是什麼樣的呢？有能力的人也變悠游自得的，沒有能力的人也變悠游自得的。有能力的人出人頭地，他們就要負擔起更多的責任，本來就會辛苦一點嘛。沒有能力的人悠游一點，好好過日子嘛，這有什麼錯呢？文科本來就更要體現出這種悠游自得嘛。

　　以前我們讀書的那個年代，老一輩的學者多半變合乎「魚相忘於江湖，人相忘乎道術」。我們臺灣師大的老師，有幾個特別努力，也很優秀，焚膏繼晷，每天都很努力讀書做研究。也有一些老師一輩子就當講師，他們就好好過日子，該打球打球，該喝酒喝酒，各安其是，他們也教出很多很好的學生。不太會教的就少教一點，會教的就多教一點嘛，這是很合乎自然的。現在是設定一系列指標，把教育當製造，結果就是教育失去了自然生長的可貴，人文也就很難生長了。我開玩笑說什麼叫人文，人文就是一群莫名其妙的人教著一群莫名其妙的學生，不給他們很多莫名其妙的要求，結果出了很多莫名其妙的人才。

　　道家很注重場域，不同的場域就會產生不同的效果。在鄉下，蘿

---

35 參見《莊子》〈大宗師〉。

蔔乾是很容易吃到的，而且大家都不想吃了。但是在臺北福華飯店，蘿蔔乾弄好裝盤，那就不一樣了，價格可高了。這就是因為場域不同。道家告訴你場域不同，整個情況也就不同，所以你要把場域鋪排好。

「天地所以能長且久者，以其不自生，故能長生。」[36]聖人懂得借助天地生養的力量以成就自己，聖人懂得「後其身而身先，外其身而身存」，你走到幕後去，你的部下才有機會走到前面來，你退到外面去，他們才有機會進到裡面來。這個道理這很簡單，但是我們常常忘記。「非以其無私邪？故能成其私」，你能無私，才能夠成就眾人之私。「私」這個字在道家看來是好的，是多元的個體性。而多元的個體性在自發的調節的和諧的秩序裡面可以從容生長。道家人物做事一定會抓住最重要的東西——場域。場域不是控御。道家會採取最簡單的方式，讓事物如其本性地，可以「雲從龍，風從虎」，萬物相類而聚地在場域中自如生長，這是道家的法。

道家思考問題的時候不會把人放在至高點。你占有了名，占有了利，占有了位，占有了權，依照道家看來，這都是你做了很多應該要去做的事，所以才會有權利名位。你沒有名，沒有利，沒有權，沒有位，相對來講，你就不必有那麼多擔負了。人生如過客一樣，你該做的就在那裡。

八　在圓環式的思考中感受存在的律動，使得生命復歸於一

「人法地，地法天，天法道，道法自然。」世界回到原初狀態是不可分的。「有物混成，先天地生，寂兮寥兮，獨立不改，周行而不

---

36 《老子》第七章：「天長地久。天地所以能長且久者，以其不自生，故能長生。是以聖人後其身而身先，外其身而身存。非以其無私邪？故能成其私。」

殆，可以為天地母。吾不知其名，字之曰道，強為之名曰大。大曰逝，逝曰遠，遠曰反。故道大，天大，地大，王亦大。」[37]不是你可以用一個物件化的指稱去說它是什麼，你只能勉強用一個約定的名稱去說它叫「道」。王弼講得很好，「名以定形，字以稱可」[38]。「字」是一種約定之物，你不能把「字」當真了。道是不斷延伸生長的，「強為之名曰大」，「大」一直延伸生長，「大曰逝」，「逝」是一直往前走的，「逝曰遠」，由逝而遠，但「遠曰反」，又回過頭來。這是告訴你，道家對這個世界的認知，是周遊於太虛的一個循環式思考。道家是一個圓環式的思考（circular thinking），而不是單線式的思考（linear thinking）。

　　圓環式思考是什麼呢？圓環式思考認為世界是一個曲線，一個圓圈。天下之中在哪裡呢？你能點出來嗎？很簡單，在「燕之北，越之南」[39]。「道」你能夠描述嗎？沒有辦法描述，所以「至大無外」、「至小無內」[40]。中國人很聰明，用極限概念來言說「道」。道不是客觀規律，而是通包的意思，通包就是整體嘛，這個整體本身就有生生不息的律動。

　　客觀規律是第二義的，道才是第一義的，道使得客觀規律成為可能。我們的傳統是凡是話語所論定而成的規律，通通是第二義的。在第二義之上一定有一個存在的真實，它是作為總體的根源，那叫道。理是客觀法則，道是總體根源，這叫「道理」。要講「道理」，就是順著總體根源落實而來的客觀規律。你不能夠只講理而不講道理，你更不能只講法而不講道理。在華人世界道理最大，法律呢？法律其次又其次啦。一個不遵守法律卻遵守道理的人常常是被歌頌的，這叫法外施仁。我不是鼓勵你們不遵守交通規則，但是華人世界一定是這樣的。

37　參見《老子》第二十五章。

38　參見《老子》第二十五章，王弼注。

39　參見《莊子》〈天下〉。

40　同上註。

　　三更半夜，你在紅綠燈路口，明知那裡沒攝像頭，你現在正在趕時間，而且過去絕對是安全的，你一定不會呆呆地站在那兒等紅燈變綠燈的，你一定會闖過去的。如果你沒闖過去就表示你受西方現代化的教育很成功，要不然多半不會。但是你也不會說看到綠燈就一直衝過去，因為我們是以存在的真實為主。雖然你會闖闖紅燈，會不太遵守交通規則，但是交通案件不會太多，因為你尊重人，尊重存在。現在中國大陸的問題是，有些人不尊重人，不尊重存在，而非不尊重規律，所以重要的是讓他們尊重規律，更重要的是要讓他們懂道理。

　　「道」的力量在哪裡？就在日常生活世界裡面啊。那些看起來最不起眼的東西，可能是最具有生長力的，所以不要把雜草都除掉，因為雜草是護育土地、保持水土最重要的功臣。什麼是道家？道家就是你的生命偶爾會有一些缺憾，但正是這些缺憾使得你有不斷進步的可能，不斷調節、繼續生長的可能。道家是尋求不準確中的準確，而所有的準確一定要回歸到不準確，因為道家懂得事情沒有真正的準確。如果這樣思想，請問你會覺得人間有那麼嚴重的遺憾嗎？不會。稍微有遺憾原來可以成全更多，這是道家的思想。這個思想我講得很平易，其實也可以講得很高深。什麼叫高深？多用一點抽象性普遍性的語彙就高深了嘛。道家是想平易地表達一些東西，你讀道家的時候不要認為讀不懂，你要先感其意味、再體其意醞，就能慢慢懂，懂了以後再慢慢轉化，以不同的語言形式去說。

　　「人法地」，地是寬廣博厚的，萬物在這裡生長。人學習地的寬廣博厚，具體生長。「地法天」，天在上，天有日月星辰，日月星辰不是照亮了這個世間嗎？它高明而無所不覆，所以說普遍嘛。相對來講，地是具體落實的，天是理想，所以把「天」翻譯成那高明的普遍的理想。我就是這樣轉化這些語彙的。人學習地的寬廣博厚和具體生長，進一步學習天的高明普遍，進一步再學習根源的總體，而根源的總體就隱含著一個自發的調節的和諧的秩序。道家最注重的是回到場

域、回到根源。根源的總體就是場域。那個場域、那個總體根源，就根源講「道」，就總體講「義」，就場域講「天地」，就原初講「無名」。就此來講，道家有一個存有學的回歸，即存在根源的追溯和重新開啟。

道家很強調「一」，「一」就是講整體。生命不一那就很辛苦啊。什麼叫「不一」？就是現在做這個事，心還想著別的事。你爬樓梯就是眼前一步嘛，你想著有一千階的樓梯，一千階的樓梯走起來很辛苦啊。你只想到眼前一步，一千也沒多久就到了。你想到要寫二十萬字的博士論文，天啦！可是唐君毅先生寫《哲學概論》這部書，加起來一千頁，八個月就寫完了。那個年代是手工業年代，不是用電腦打字而是用手寫的。其實依道家來講，化繁為簡、化多為寡，微分以後就不費力氣了。

時間是不斷的綿延，空間是不斷的推擴，你只是其中的一點而已。「渺滄海之一粟」所以任造化之無窮，但是「哀吾生之須臾」，這個就不道家了。蘇東坡還是儒家，所以他覺得世間都沒人瞭解我。「根到九泉無曲處，世間惟有蟄龍知」，這話在清朝是一定要殺頭的。他身在宋朝，宋朝有一個優點是皇上不殺士大夫，士大夫可以盡情說，說得嚴重一點就被貶官，免費被送到遠地去，走覽山川人物，並且讓那個地方的文化興盛起來。你生命有一點道家，就能回到存在本身，就可以度過很多難關。

「昔之得一者，天得一以清，地得一以寧，神得一以靈，谷得一以盈，萬物得一以生，候王得一以為天下貞」[41]，「天清地寧」講總體回歸到源頭，「一」是講總體根源，事無大小，你要能夠正視事物本身。「治大國若烹小鮮」[42]，你以為治大國很難嗎？和烹小魚一樣，這

---

41 參見《老子》第三十九章。

42 《老子》第六十章：「治大國若烹小鮮。以道蒞天下，其鬼不神。非其鬼不神，其神不傷人；非其神不傷人，聖人亦不傷人。夫兩不相傷，故德交歸焉。」

麼小的事原來有那麼大的道理啊。烹小魚要什麼？鍋要夠熱，油也要夠，而且放下去不能那麼快隨便翻攪。你治大國也是如此啊，你要勤耕地，立其理念，造其風氣，天下就成了，這叫「以道蒞天下」。「以道蒞天下，其鬼不神」，就是那些鬼鬼怪怪麻煩的東西都顯不出神威來。「非其鬼不神，其神不傷人」，不是這些鬼鬼怪怪的發不出神威，是它發出的神威也不傷人。所以不是你身體沒有壞的東西，是你身體那些壞的因子它不作用。這個國家不是所有的壞人都能變好人的，而是壞人這時候也壞不到哪裡去。你不必一天到晚拔雜草啊，你好好栽種樹木，樹木長成了，這些雜草就不可能再長高了。「非其神不傷人，聖人亦不傷人。夫兩不相傷，故德交歸焉。」彼此的本性交歸，善人能容得了惡人，惡人也能夠尊敬善人，這是道家厲害的地方。道家就是要讓物各復物，告訴你，我們要有不斷的歸返活動，生生之源才能夠固守好。

　　「致虛極，守靜篤，萬物並作，吾以觀復。夫物芸芸，各復歸其根。歸根曰靜，是謂復命。復命曰常，知常曰明。不知常，妄作，凶。知常容，容乃公，公乃王，王乃天，天乃道，道乃久，歿身不殆。」[43]這是我最常講到的一章。儒家強調生，觀生；道家強調復，觀復，但觀復、觀生都是生生之德。儒家講的「道」和道家講的「道」都是同一個生生之德、生生之道。「天地之大德曰生」[44]，這和佛教所說的「道」不同。佛家之理在「觀空」，道家之理在「觀復」，儒家之理在「觀生」。復是一個迴返的活動，是一個回到原初再造的活動。只是儒家從「復」看到一個起點，道家是要告訴你，回到這個起點，就是真正回到終點。

　　《易經》的復卦是什麼？一陽來復。一陽來復是作為真正的起

---

43 參見《老子》第十六章。

44 參見《易》〈繫辭下〉。

點。復卦之前是剝卦，剝是最後的終點，一轉就是復卦，即真正的起點。如果以一年來講，真正的起點也就是自然運行的終點。復那一天是冬至，冬至就是日照最短的那天，快到了，今天十二月一日，再二十一二天就到了。冬至在臺灣是要吃湯圓的，吃了湯圓就表示你長一歲了。儒家也是按照這個自然的理序，冬至要好好地反躬自省。《易經》講冬至那天，「商旅不行，後不省方」[45]，那一天全國放假，放假幹嘛？代表這一年的結束反思，代表生命的新生起點。就生命的歸返、生命的重新再造活動而言，儒家也是道家。

九　感受生命的實存，悠游涵泳於自然之道

　　「反者，道之動；弱者，道之用。天下萬物生於有，有生於無。」[46]你能瞭解「有生於無」，天下事有什麼困難的。天下有不散之宴席乎？沒有。天下有長生之人乎？沒有。白板上的字要不要擦掉？要啊，白板上的字要是擦不掉就變成廢板了。你聽了這個講座會不會忘記？一定會忘記的。你忘記我會不會難過？不會難過啊，你不忘記我才難過。因為生命有一個週期，這是道家的思考。在華人世界裡面，我們真的覺得有些東西沒什麼，不必太在乎，那些東西屬於天地之間，過去了就過去了。浪花都可以淘盡英雄，很多東西都灰飛煙滅了，但是這並不意味著你的人生過程是無意義的，道家告訴你這就是一個歷程而已。

　　道家和佛教不同，佛教認為生老病死皆苦，道家認為生老病死是很自然的，沒有苦怎麼會有樂，沒有死怎麼會有生，這是相依相待的，如此而已。佛教常常批評道家這裡不究竟。道家說，何必呢，我

---

45 參見《易》〈復卦・大象傳〉。

46 參見《老子》第四十章。

現在就很樂，難道不行嗎？道家注重享受過程，在過程裡面它就覺得有意義。所以道家說，活著就是意義。不是去追求意義才是意義，人活著本身就是意義。人生能放到最低點，才能重新生長，如此人生還能有多大缺憾嗎？沒有了。

人生的麻煩就是，高而不能下，強而不能弱。你曾經有偉大輝煌的記錄，你就沒有辦法降回原先的平民呀。你做過達官貴人，到最後你發覺到自己喪失太多能力了。我有一個朋友，以前初中的時候，文章寫得多好啊，現在是好幾個公司的總裁。有一次聚會，大家聊天，我問他近來寫什麼文章，他說現在最常寫的就是他的名字，簽名呀。他說自己連電話都不會打了，因為所有電話都是秘書接好他才接的。你說他不是被廢了嘛。所以道家不會以任何方式幫你把事情全都安排好，因為它覺得這樣可能會出問題。留意一下你們開車的朋友，現在還會認路嗎？全都交給導航了嘛，它叫你左你就左，叫你右你就右。導航不動的時候你就真的不會走了。文明人登山，只要進入真正的山裡就會迷路，為什麼會迷路？因為他對情境的感受能力、體會能力、認取能力都很低。他只習慣看路標，若止習慣看路標，你就失去了體會存在情境的能力。

習慣看別人怎麼詮釋《老子》，你就不習慣自己去感知《老子》的意義了。別人說的也未必高明，他一定沒有老子高明對不對？那你為什麼不好好讀《老子》？道家告訴你要情符其實，情符其本。「歸根曰靜，是謂復命」，回到原典好好讀熟它，你才能夠去研究它。你越讀越有滋味，越講越有滋味，這就是經典，因為經典最接近道。《老子》是我最熟悉的一部經典，我講習《老子》已經超過六十遍。我每次讀的時候都覺得很好，因為它講的是很平常、很根源性的東西。

請問人文學者要怎樣培育？當然要回到經典，以經典文本為主。你要體會玩味，就好像品酒一樣。譬如說這是茅台，這是五糧液，這是臺灣的金門高粱，它們的好何在，你通通都知道了。但是你從來沒

喝過白酒，現在怎麼去論白酒呢？當然要喝過白酒才能論呀，你要品
嘗。我們講要悠游涵泳，悠游就是你「跳進去」，那涵泳呢？咀嚼玩
味嘛，咀嚼就是把它「吃進來」。中國的讀書方式就是你「跳進去」，
要不然就把它「吃進來」。這些東西讀熟了就自然瞭解了。

　　根源、本性、感通、法則、規範，其中有個道德的系譜。「失道
而後德，失德而後仁，失仁而後義，失義而後禮。夫禮者，忠信之薄
而亂之首。」[47]回溯其源頭，正視其本性，放寬胸懷，從「我的」回
到「我」，不要一直用「我的」去證明「我」，把「的」去掉才能證明
「我」。你認為這個「我」在天地間最重要，老實說，是有一定重
要，但是你不要把它想得太重要。這就是道家，它就是兩個字「平
常」。「平常心是道」，道家在禪宗之前早就講了，只是禪宗的「平常
心是道」和道家講的不一樣。道家講的「平常心是道」，天地間就是
如此嘛，它有一個生生不息的發展。禪宗講的「平常心是道」是要告
訴你，你的心一有執著就會出問題。禪宗所謂「平常心」即是「心如
明鏡」，道家講「至人之用心若鏡」[48]，二者果真很多相像，只是道家
講的是生生，禪宗講的是無生。佛教會說無生高於生生，其實各有所
長，它們有類似但是根本不同。

　　道家講了三寶：慈、儉、不敢為天下先。道家不是龜縮，而是認
為要讓出更多可能性，世界才會更好地生長。「慈，故能勇；儉，故
能廣；不敢為天下先，故能成器長。今舍慈且勇，舍儉且廣，舍後且
先，死矣！」[49]勇而無慈就會變得殘忍，廣而無儉就會變成奢華，先
而無後就會變成鬥爭。

　　現代性社會就是「舍慈且勇；舍儉且廣；舍後且先；死矣」。現
代性嚴重的問題就是往外掠奪，道家認為恰當的處理方式是回到自

47　參見《老子》第三十八章。

48　參見《莊子》〈應帝王〉。

49　參見《老子》第六十七章。

身，追本溯源。道家講「道大，似不肖」[50]，學問也要「道大，似不肖」。學問不要講得如何齊齊整整，沒那麼嚴重，不是通過論文的篇數去看學問程度如何，也不是通過地位去看那個人如何，而是回到人本身。你能不能這樣正視自己？你能夠這樣正視自己，你就能夠以這樣的方式去正視別人。如果不能夠的話，你就看一看天地萬有一切，看一看古往來今，可能你就「得」了。

科舉制度有那麼不好嗎？是有不好，因為讓很多有才華的人考不上。其實科舉制度只是一個制度，這個制度本身一定是有限制的嘛。你考不上明年再考嘛，但聽說有人考一輩子都考不上，可能這個人際遇很不好。際遇很不好那就算了嘛，你可以去寫《聊齋志異》啊，你可以去寫《西遊記》啊，你可以去寫《水滸傳》啊，你可以去寫《儒林外史》啊。到最後大家都記得《儒林外史》的作者是誰，而他那一年同榜的進士三甲，到現在為止，可能很少有人知道。

你懂這個道理以後，大概就覺得不一定要念清華北大了，我看山大就挺好。山大淳樸敦厚，是聖賢之鄉，也是道教的聖地呀！當然霧霾有點嚴重，不過要比北京好一點。所以在道家，胸懷一定要放寬，放寬了並不代表不努力。譬如，並不是說讀了道家，女人就不化妝了。女人妝化得好，就說好自然啊。你看，道家的「自然」都可以用在這裡了。「自然」的意思是，你參與進去，讓本性好好地綻放出來，並且使得那個自發的調節的和諧秩序不被破壞，二者相得益彰。我們今天讀道家的韻律。韻律是不是通過訓練得來的？「李白鬥酒詩百篇」，李白是天才「詩仙」，但他有沒有練習過寫詩？當然有了。他寫詩到最後已經從原先的「技」已經進入「道」了嘛，就像庖丁解牛，庖丁殺牛，有沒有學過殺牛？當然有學過啊。道家告訴你，「自然」就是你順著你的性子，一步一步去做，尋求一個比較合理的方

---

50 同上註。

式，從從容容把它做成，讓事物的本性好好地生長。譬如這個麥克風，要讓麥克風充分發揮它的功能，就要依其道、如其德。恰當的使用，就是有道德地使用。但這個麥克風如果有問題，那就代表我要把它修好嘛，不是讓我來適應它。道家不是要用你的心去忍受，也不是要調節你的心去適應，而是心和境，兩者合二為一。調節好麥克風，我講話可以不必費力嘛。道家是用最不費力、最不損傷的方式去生長。在現代社會裡面，如果大家都能用這個方式去處理的話，情況可能就會好很多。

十　道家在不同時代、不同情境下的關懷與反思

現代化過度強調成長，所謂的成長，其實是一種迷失。依照道家來講，有些東西不必成長，有些東西必須有一個循環（circle）。這可能是一個新的概念，它在廿一世紀中葉以後可能會很重要，因為人類不能再一直浪費資源，人類可能有更好的方式去處理這些問題。其實現在很多類似「生態」的概念都來自道家，譬如「生態倫理」。

天地從甲子乙丑開始數，有六十甲子，這是合理的。天干地支，甲子是循迴的，六十叫「回甲」，這就是天地場域和時空熔鑄在一塊。我們這個民族一直強調，言一定要隱於無言。我們不可能把話語、認知、思考、存在等同起來，我們強調「言外有知，知外有思，思外有在」，生命的直接面對，相互感通，那才是最真實的。

「相視而笑，莫逆於心」「酒逢知己千杯少，話不投機半句多」。知己要能夠知其「機」、投其「機」。「機」者，氣之微也，之所相交謂之「機」也。「氣」者，生命的律動。我們這個民族非常注重生命的律動。你去看中醫，他要望其氣、聽其聲、問其診，最後切其脈。望聞問切，這是一步一步來的。儒家道家很多是相通的，只是儒家注重人參贊化育的主體動能，道家更注重生命整體之調節。道家認為要

用最不費力的方式回到天地。

儒家是要讓「我的」回到「我」才能夠確定那個「我的」，道家是把「我的」這個「的」去掉，回到「我」，再讓「我」回到天地，這樣才能夠「縱浪大化中，不喜亦不懼」。當然陶淵明這句詩講的還是道家，他不會「渺滄海之一粟，哀吾生之須臾」。論境界，陶淵明當然比蘇東坡高啊。我非常喜歡陶淵明，也非常喜歡蘇東坡，李白、杜甫、屈原我都很喜歡。你們一定會很奇怪，老師，這些人都不一樣，你怎麼會都喜歡。把不一樣的放在一塊就是道家啊。以前最喜歡屈原的《離騷》，每年春天挑一天讀《離騷》，讀完了很感動。《離騷》就是貴族精神，你要是貴族你就能體會屈原的使命是什麼。他是楚國的貴族，平民百姓如果那麼思考就很奇怪了。莊子是漆園小吏啊，他思考問題可能是寬廣無礙的。當平民百姓有什麼不好嗎？道家告訴你沒有什麼不好。你果真有才華，世人稱頌不稱頌都無所謂了。讀《莊子》真的可以讓人的生命有最大的安慰。當主體解消了就能夠寬廣無涯了，這叫「逍遙」。能夠悠游無待，這就叫「逍遙遊」。你體會了這些，進一步深層理解就會發覺到，所有的東西，通通是人們話語所論定的，話語論定一定「不齊」。「物之不齊，物之情也」[51]，以其不齊而齊之，這就叫「齊物論」嘛。人就好好過日子啊，過日子就是你知道你的「生生之主」何在啊。要知道「生生之主」何在，你就要懂得「以無厚入有間，恢恢乎其於遊刃必有餘地矣」[52]，這很厲害的。所以你能夠不讀《莊子》嗎？

讀完你會發覺到，原來比起讀《老子》和讀《莊子》，讀《論語》有趣多了。《論語》在人倫孝悌中見人倫之真實真情之可貴。道家是讓你回到自然田野之中，田野有一種任化自然的復育。陶淵明有

---

51 參見《孟子》〈滕文公章句上〉。

52 參見《莊子》〈養生主〉。

一半以上是道家。「縱浪大化中，不喜亦不懼」當然是道家，「誤落塵網中，一去三十年，羈鳥戀舊林。池魚思故淵。開荒南野際，守拙歸園田。」《歸田園居》是道家。道家讓人的生命可以放下，得到最好的療癒。〈五柳先生傳〉就是得到療癒的證明，最後自己好像羲皇上人一般。〈五柳先生傳〉的開頭是什麼？「先生不知何許人也，亦不詳其姓字」，這是生命進入無分別相，還是處於失落之中呢？猶有疑問也。處於心靈意識的危機之中，連自己叫什麼名字，是哪裡人都不知道了。這個人的 identity 已經發生動搖了。這不是和魯迅的《阿Q正傳》一樣嗎？那阿Q不知道自己的姓，也不知自己的名，也不知自己是什麼地方的人，最後也跟著去搞革命，搞革命最後上了斷頭臺。我年輕的時候曾經想寫一篇有趣的文章叫《魯迅的〈阿Q正傳〉與陶淵明的〈五柳先生傳〉》，已經說了四十年，卻遲遲未動筆，一直沒寫。就拿這兩篇做比較，一個是能夠回到自然田園中讓自己生命獲得療癒，一個是整個國民性已經徹底壞掉了，使一個失魂落魄而不知其所之的人被逼得也跟著去幹革命了，結果最後是徹底的毀滅。這裡好像有著寓意一樣，幸虧中華大地的母土很厚，大地母土所蘊含的生命力量使得中國從毀滅的邊緣恢復過來。用唐君毅先生的話說，中國文化那時候是花果飄零了，要尋求靈根自植，而現在真的又重新複育，這不容易啊。現在慢慢變化了，時代的變遷給整個中華民族帶來了深刻的變化。

　　什麼是道家智慧呢？我記得張藝謀導了一齣戲叫《活著》。「活著」這兩個字就是道家啊。「活著，活著，像牲口般地活著！」這是整個生命在不得已、混沌的狀況之下，迸放出來的句子。活著就是希望啊。「像牲口般地活著」，你不要小看牲口，牲口是自然天成的，人才壞，禽獸不壞。人為什麼壞？人會因為有偉大的使命感而被異化、被扭曲，這是道家的一種警惕。但是不得已的時候，人只是像牲口般地活著，那種活著是見侮不辱。見侮不辱、寵辱不驚是我們心靈上最

深層的安慰，也隱含著最深層的痛楚。你讀道家，讀《老子》、《莊子》。《莊子》有悠游從容瀟灑，同時也有血淚，有慈悲，有著深層的關懷。

我的老朋友楊儒賓教授說《莊子》裡面隱含著儒家的思，這是有道理的。這些問題可以和現代性社會關聯起來去思考。現代社會工具合理性太過高張，人追求欲望的滿足而發覺到欲望之永不滿足。人不斷地追索，不斷地奔赴，一往而不復，並認為一往而不復的累積叫作「進步」。你會發覺到很多東西已經慢慢枯竭了，很多東西因為執著而染污了。大自然污染了，人心也污染了。人們所認為的從農業到工業到商業的發展，好像是一個應有定律，這種看法是錯的。這個世界本來就應該是多元的，而不是劃定一個方向，大家都往那裡奔赴。執著於追求 GDP 的增長不一定是對的，因為 GDP 的數值不一定與你的幸福指數成正比，再說幸福也不是幸福指數調查是多少就真是多少，更何況有些數值是假的。道家勘破了這些，但卻不認為它們是虛空的，而應該放到自然的運化中去調節。這些東西放到現代性的社會中去理解，就是放到「存在與價值的和合性」這個原理上去重新審視。理解了西方從巴門尼德（Parmanides）以來的老傳統「思維與存在的一致性」的限制，你就可以跨過！借用馬丁布伯（Martin Buber, 1878-1965）理解這世界的兩個範式的語彙，「我與你」（I and Thou）的範式重新去理解「我與他」（I and it）這個範式高張的後果。這時候你就有辦法真正克服海德格爾（Martin Heidegger, 1889-1976）所說的存在的異化，並回到存在本身。話語所論的存在都不是存在本身。回到存在本身就是真正消解所論的存在。

十一　結語：回歸經典，好好生活

「天下萬物生於有，有生於無」，「無名」才是「天地之始」，道

隱於無名，這裡就隱含著道家隱喻似的呼籲。「小國寡民，使有什伯之器而不用，使民重死而不遠徙。雖有舟輿，無所乘之；雖有甲兵，無所陳之，使民復結繩而用之。甘其食，美其服，安其居，樂其俗。鄰國相望，雞犬之聲相聞，民至老死不相往來。」[53]這是一個隱喻，它所描述的是不可能實現的。而作為隱喻它的意義何在？「不相往來」以往來也，往來太多反而沒往來。現在往來很多，你每天微信多少次，智慧有增加嗎？沒有。資訊是堆積，知識是構造，智慧是消融化解而彰顯。

讀書一定要回到原典，不要讀那麼多二手三手四手的，不要誤信哪一個名教授怎麼說，當然也不要誤信我所說的，我所說的不能作準。你要回到《老子》，《老子》也不能作準，要回到存在本身。言已於無言，話語上面有結構，結構上面有圖像，圖像上面有意向，意向上面有道，一定是如此的。

突然想起全真道的道長馬炳文，現在已經飛升成仙了。這是道家的說法，人過世叫「飛升成仙」。《太上老君說常清靜經》一開頭就是「大道無形」四個字。他說有一次焚香打坐，就看見一物，好像螞蟻一樣，從「大道無形」的「形」底下開始往上走，穿過了「形」，穿過了「無」，然後再到「道」，再到「大」，然後就飛起來不見了。他就此開悟了。這就是要穿破那個「形」，「大道無形」啊，道要大而化之，這個有意思了。

讀《老子》你一定不要僵死地讀啊，你要化解地讀。這一章你要當成一個隱喻來讀，「不相往來」是真往來，因為不是語言的溝通，是氣息之感通，所以不是人籟，而是天籟。好好過日子，不必有太多的文明遮蔽，不必鬥爭，不必急著匆匆往來，人在天地間就生長了。當下每一個生命都受到重視，大國小國都是國，眾民小民都是民。

---

53 參見《老子》第八十章。

「小國寡民」這個隱喻式要把它讀出來。

「信言不美，美言不信。善者不辯，辯者不善。知者不博，博者不知。聖人不積，既以為人，己愈有，既以與人，己愈多。天之道，利而不害。聖人之道，為而不爭。」[54]聖人之為只是不爭，天道是有利的，但是它無害，這就是大道。這麼重要的大道，道家講得這麼平常，所以你不一定要把道家講得那麼哲學化，但是哲學專業可以講得哲學化。哲學專業是不是可以回到你的生命存在、生活世界裡面？可以啊。

我其實今天就是要告訴你，這些東西是和你的生活緊密結合在一塊兒的，但是它同時可以用高度抽象化、普遍性的話語去說。你不能把《老子》錯解成禪宗，你不能把《莊子》錯解成禪宗。道家是生生之德，是歸復之道，禪宗是觀空的，佛教它會講「一切有為法，如夢幻泡影，如露亦如電，應作如是觀」[55]。道家不會這麼講，它會講天下萬物可以鳶飛魚躍，可以春華綠樹，只要你不執著、不越分。有天地之美而不要所有人都認為它是美，因為「天下皆知美之為美，斯惡已」。其實真的道家是蠻合乎「常道」的。

好好過日子，我們今天其實是在強調這個而已，突然發覺到，今天本來就可以不必來聽。因為生命這些東西都有了，只是你忘掉了，所以今天我來重新提醒提醒大家。好，今天的時間我們還是留下來討論一下，先謝謝大家，謝謝。

---

54 參見《老子》第八十一章。

55 參見《金剛經》〈應化非真分第三十二〉。

問題與討論

問題一

學生：林老師，您好！您剛才說到魯迅的《阿 Q 正傳》。我感覺魯迅他是個聰明的人，他不應該猜不到道家的智慧，但是他卻不讓年輕人去讀古書，那麼您怎麼看魯迅對道家的態度？

林安梧教授：我應該承認對於魯迅沒有那麼瞭解，但是依據我推斷，那個年代像魯迅這樣的角色基本上要懂道家也不太容易。但是他是不是完全沒道家？不會，魯迅當然也懂到一定程度。他寫《阿 Q 正傳》並不代表他不懂道家，《阿 Q 正傳》正呈現出那個年代的不得已。魯迅筆下的阿 Q 是那個年代的中國國民性的象徵。像阿 Q 這樣的人，他們的生命得不到復原了。

整個中國民族經過了二千多年帝王專制，幾乎到了無可復原的地步，只能走向革命一途，但好不容易，現在又恢復過來了。這不容易啊！中國這一百多年來居然能走到今天，這是上蒼憐我中華啊！

我們對於前輩，不管是反傳統主義者或者是傳統主義者，都要有一份真正的悲憫關懷、體貼理解。他們是真的愛我們這個民族，愛我們這個國家的人，雖然他們做出的判斷未必對，但是他們都很努力了，我是這樣理解的。我並不是說他沒有道家的修養才會寫《阿 Q 正傳》。那時候能寫出《阿 Q 正傳》是了不起的，我認為《阿 Q 正傳》就是那個時代的一個反應，我的意思是這樣的。

問題二

學生：林老師，您好！我最近在看一段話，林語堂先生曾經說的一段話，古代的中國文人，當他們走入仕途的時候，他們信奉的是儒家，但是當他們失意的時候，他們信奉的是道家。我想知道您是怎麼理解這段話的。

　　林安梧教授：林語堂先生是我的同鄉，漳州龍岩，離我的家鄉漳州平和縣並不遠。林語堂先生和我同樣姓林，我也很喜歡他，但是他有很多不究竟的話。這些話是講給一般人聽的，並不準確，但是聽聽也無妨。林語堂先生的學問就是這樣的。林語堂先生最好的是英文，中文也不錯，對於典籍的理解也到相當程度，但是你論他對儒家的理解，一定不如宋明理學家，你論他對道家的理解，不要說誰，他就不如我啦，這是肯定的。但是林語堂先生是很了不起的，你看他發明中文打字機，他編《漢英大詞典》，這個文人了不起啊！

　　林語堂先生生活上其實還蠻道家的，不過他是基督徒，但是他也不太受這個拘束。我其實蠻喜歡林語堂先生的，不因為他是我同鄉。不過我的老師牟先生不喜歡他，他批評他，但是他批評可能也是魏晉人物似的批評，並沒有真正好好瞭解林語堂。

　　林語堂講的那個話是不準，但那個話也不叫完全錯。就好像現在在民間流行一個話就是，年輕的時候要讀儒家，到了中年的時候要讀道家，晚年要讀佛教。年輕時候要奮鬥嘛，所以儒家；中年的話，歷經天下事事物物，所以胸襟要放寬；到晚年的話，要解決生死問題，要讀佛教。這個話聽起來好像對，其實不對。孔老夫子好像沒有讀佛教吧，孔老夫子就不能處理生死問題嗎？他可以處理的。道家也可以處理啊。其實人的習慣是，有這個東西就一定會用這個東西。你會不用手機嗎？不可能啦。現在誰敢說他不用手機，不用的也間接地使用，因為他在這個脈絡裡面啦。你能夠不用現代科技嗎？除非你是美國的阿米什（Amish）人。美國的阿米什人就是過著歐洲十八世紀的生活，和外面幾乎半隔絕。我的老朋友張祥龍先生正在構化儒家的保護區。他前一陣子，寫了一篇對比阿米什的文章，他的意思是儒家已經快被毀損到幾乎一無所有了，如果沒有一個保護區，以後連標本可能都沒了，這是他的憂心。

　　林語堂這個話不究竟，但是沒關係，為什麼世間每一個人的話都

要那麼究竟。林語堂故居在臺北陽明山，他過世之前一直住在那，過世之後葬在那個地方。那個地方現在成為一個文化場域，我很喜歡去。大陸的朋友到臺灣去，我多半先帶他到錢穆故居，然後上山就是林語堂故居。這兩個故居最常去，一個新儒家，一個姑且叫新道家吧。他是有點道家氣味的人。這個話不究竟但也還可以。

問題三

學生：林老師，您好！我有兩個問題，我最近接觸了一些信奉佛教和基督教的人，發現一個問題，他們一旦信奉某教就對它特別執著。我有一個矛盾，我們在學習、研究佛教或者道教的經典時，應該怎麼拿捏？第二個問題是為什麼這些人會那麼執著信奉這些東西，甚至糊弄人去信這個。

林安梧教授：他一定這麼執著，要不然就不信了，信一定執著的，特別一神論，一神論的信仰一定執著的。一神論的信仰是信靠的宗教，咱們儒道佛三教的信仰是覺性的宗教。覺性的宗教重點在於教養和喚醒，信靠宗教是徹底臣服，這是必然之如此的。我一個朋友，也是我們哲學界的，他的夫人是基督教徒，他是儒家信徒。他有一天不小心把眼鏡弄破了，割到眼睛了，就去臺灣大學附屬醫院治療，做了一個手術。隔天我們知道了，去看他。他夫人是香港人，她說，她還有在香港和加拿大的家人在三個地方一起禱告，所以手術非常順利。我覺得這很好，我也很能夠理解她的信仰。

我想講一點宗教經驗。我的第二個妹妹是佛教徒，她很有才華，但是因為她患了紅斑性狼瘡，生命幾乎已經滅了，但是又被救回來了。她現在五十多歲了，還健在，也很助人為樂。她到處跟人家講要怎麼樣面對病痛，這是信仰的力量。我跟那個朋友的夫人談佛教信仰對我妹妹的病痛如何的助益，又如何從生死邊緣挽救回來。談完，我那朋友的夫人卻冷冷地說，你那個是迷信吧。你問我有沒有生氣？沒

有啊。她會這麼講，就表示她對她的宗教很真誠啊。那你說，林老師，你為什麼不生氣？因為我知道她不是宗教學家，她沒有讀過比較宗教學啊，沒有讀過宗教史啊，她就這麼信著啦，她就這樣安身立命啦，她的全部交給天主啦。你理解就好了，你還生氣嗎？不啊。你一定和我說，老師，你那時候是不是有一些道家修養了？對。如果那時候我很儒家的話，我一定會和她說，你這樣是不對的，因為儒家要論對錯是非。而道家是你不善，我也能夠用善對待你啊，你怨我，我也用德對待你。德是本性，德不是我對你好，我是如其本性而已，就是這樣。

當你的朋友那麼執著的時候，只要他們幹的是好事，你別擔心。他即使容不下你那也無所謂，因為重點不在他容不下你，重點在你容得下他就好了嘛，這就是道家的襟懷。你和他是很好的朋友，因為意見不同而產生矛盾，結果你開會的場合碰到他，你要和他握手，他不和你握手，那你會不會難過？不會啊。有什麼難過，所有的人都看到了，看到了人家會說你還是會說他，當然是說他。如果人家不說他，那會怎麼樣，那上蒼也會說他。如果連上蒼都不說他，那就認了吧。這就是道家。

道家認為這個事本來就不是事，你把這個事當事的話那就太苦了。他今天給你是一個臉色你就難過，那是事嗎？不是事啦。它怎麼會是事呢？「飄風不終朝，驟雨不終日」嘛，刮一點風有什麼事嗎？他發一點脾氣有什麼事嗎？他對你不好有什麼事嗎？瑜亮情結嘛，他原來是哥哥，現在出去發現怎麼是你排在前面，他當然對你有意見，他沒有殺你就不錯了。你就這麼想著，天下就好了嘛。人家在那等了三四年都幹不上經理，你去了三個月就幹了經理，他還做你手下，他說閒言閒語，說了五六句七八句，我告訴你，說五百句六百句都應該！這就是道家，道家就是「世事洞明皆學問」。這個什麼事啊？沒事啊。你把這個事當事那你就痛苦了，就是這個意思。

　　我最小的妹妹到美國去留學，那時候才二十二歲，她很少離開家，很不適應，每天都想回來。我就和她說你堅持一下，我知道過一陣子她就適應了嘛。結果她成基督徒了，我媽媽很擔心。我說不用擔心，過一陣子就恢復了。為什麼？她當基督徒，是因為基督徒對她很熱情，拉著她上教會，她現在很需要伴嘛。先過一陣子，她自然而然就會有一個歸返的路程。即使她成為基督徒有什麼不好嗎？我看很多基督徒也很好啊。因為我本來就不覺得基督徒不好。她自己會走到哪裡，她有她的命在嘛，她有她的意願。我媽媽擔心是因為她腦袋裡面想的是儒道佛三教而已嘛，很難接受基督徒，最主要是因為基督徒不拜祖先嘛。就是這樣。

問題四

　　學生：林老師，您好！您講課的時候也提到，原初的儒家文化發展到漢朝大帝國的時代，就和原儒發生了背離。原儒肯定不是為了這種封建專制制度服務的，那它有沒有一種民主的思想在裡面，如果有的話，我該如何瞭解這些思想？

　　林安梧教授：原儒應該沒有現代的民主思想，不過有民本思想。今天我還和朋友聊到這個問題，原來我提倡公民儒學，強調君子和公民的差別，最近發覺到，君子儒對於公民儒應該有更好的作用。這種提法就是有人倫下的人權應該會更好，有民本下的民主應該會更好，有自覺下的自由應該會更好。原儒強調的是人倫，強調的是民本，強調的是自覺，不是自由，不是民主，不是人權，但是無所謂。他們應該是可以通而為一的。

　　至於原儒之原，是不是熊十力所寫的原儒的原呢？我認為那不是歷史意義的「原」，那是他理想意義的原，熊十力理想意義的原。原本來就是各原其原，它不可能是歷史的原原本本，也不可能是唯一的原。只要能溯其源，能夠融通就行了。秦漢以來，以帝王專制為核心

的儒家不是原儒，連小康之儒都不是，這是君主霸術制度。這是中國民族歷史的頓挫，那是儒學的異化。我名之曰「帝制式的儒學」。除此之外，儒學還有生活化的儒學、批判性的儒學等不同向度。

　　為什麼會有魯迅的《阿Q正傳》？魯迅的《阿Q正傳》就呈現著這兩千多年的嚴重的陷溺，歷史的業力幾乎到了無以復加的地步。我覺得魯迅作為一個文學家，在這一點所表現出的敏銳度很了不起。文學家就是生存在情境裡面，能夠覺知、能夠感悟到整個生活世界，民族裡頭最深最大的苦痛，而發為文字寫出來。最偉大的文學家所寫出來的東西，你要去研究它、體會它。那不是調查報告，是他的體會。魯迅所處的年代是一個很不好的年代。我們的民族還能夠恢復到今天，就很不錯了，所以我們是真的要為我們的民族慶幸而繼續努力啊。

問題五

　　學生：因為我最近在讀徐復觀先生的《中國藝術精神》，我在閱讀中產生了疑問，他有一些論證是值得商榷的，我想問您對中國藝術是怎麼看的？

　　林安梧教授：徐復觀先生這本書是才氣之作，也對道家的藝術精神真正有所發覺。但儒家有沒有藝術精神？當然有啊。比如《孟子》講「充實之謂美，充實而有光輝之謂大」[56]，這也可以論述，還有很多其他值得論述的。徐復觀先生主要發揮他之所長，而把一個虛靈的境界彰顯出來，至於其他，我在這方面對他的理解沒有很多，我不足以發表言論，這就是我的理解。

56　參見《孟子》〈盡心章句下〉。

第五章
道家哲學中意義治療的幾個可能向度[*]

一　心理學的第三勢力──意義治療學

「意義治療」此詞，中文最早出現在項退結先生援引弗蘭克（V. Frankl）《活出意義來──從集中營到存在主義》一書，而且早在一九六九年二月間，弗蘭克即受項教授邀請來臺講演，後來他的大著在光啟出版社出版了[1]。弗蘭克為猶太人，在二次大戰期間被關在集中營，在集中營裡看到很多人，因生命沒希望，而一天天死去，於是弗蘭克就在這樣生死交關中體會出生命的意義，因之而開啟了治療學，叫作「意義治療學」（logo-therapy），這是有別於佛洛伊德（E. Freud）及阿德勒（A. Adler），一般被視為心理學的第三個勢力，而這第三個勢力所尋求的是生命的意義。弗蘭克活了九十多歲，最近有弗蘭克的傳記在臺灣翻譯完成，是由心靈工坊出版社出版了，我應邀寫了一篇推薦序文，此書譯得不錯，傳記中很能夠表現弗蘭克的一生，及其意義治療學是如何誕生呈現出來[2]。

---

[*] 本文原在二〇〇三年「華山書院」「《道德經》的現代詮釋」課上即席講述，後經師大國文所學生、中興大學中文所學生依錄音整理，再經由筆者增刪修訂而成。甲申二〇〇四年十月七日，臺北之元亨居。

[1] 其詳細情形，請參見項退結〈傳氏來臺之鱗爪及其他〉，原刊於《中國時報》一九八三年八月十日副刊，後收入傅偉勳：《批判的繼承與創造的發展》（臺北市：東大圖書公司，1986年）附文中，頁181-184。

[2] 維克多・弗蘭克（Viktor E. Frankl）著，鄭納無譯：《意義的呼喚》（意義治療大師弗蘭克自傳），臺北市：心靈工坊出版，2001年。

二　傅偉勳與意義治療學的淵源

雖然弗蘭克曾於一九六九年來臺講演，但他的意義治療學真切地被留意，應該是到了八○年代初，經由項退結、傅偉勳兩位先生的引介，特別是傅偉勳先生的發揚，記得傅先生在中國時報以及其他雜誌上，介紹弗蘭克的意義治療學，他又提到意義治療學與宋明理學以及其他學問的關聯[3]。傅先生注意到了宗教上的生死慧，而特別舉出王陽明被貶，居夷處困，在龍場驛生死交關時的悟道。他認為王陽明的儒學，在整個儒學的發展上有其獨特之處，為真正面臨生死的問題，從生死交關最後所開悟的嶄新的儒學，有別於朱熹的理學，亦有別於先秦的孔孟儒學[4]。傅先生後來繼續開發他的生死學，自己也做了一個生死學的見證者，因為他罹患了癌症，之後寫了一本書談生死學，也談他自己學問的生命歷程[5]。

我之接觸生死學、意義治療學，可以說是受到傅偉勳先生的啟發最多。在一九九六年，佛光山開辦了「南華管理學院」（現在的南華大學），南華管理學院的第一個研究所是哲學研究所，傅偉勳先生受聘為哲學研究所的終身教授，一時學界傳為盛事。星雲大師把十年的薪水一次付清，我記得大約是一千五百萬臺幣，連稅金一千八百萬臺幣，這真是大手筆。可惜傅先生福薄，那年年初還未正式開學前，他接受了聘約，約定那年八月一日開始接受這個職務，到哲學研究所來當講座教授。受聘不久他癌症復發，九月底，十月初我們正式開學了，他老人家卻過世了。課表都排了，他雖然沒有在南華哲學所正式

3　傅偉勳先生曾在一九八三年間連續寫了〈弗蘭克與意義治療法：兼談健全的生死觀〉、〈生死智慧與宗教解脫〉，收入氏著：《批判的繼承與創造的發展》，頁171-196。

4　請參見傅偉勳：〈儒家心性論的現代化課題〉上、下，原刊於《鵝湖月刊》第10卷第7、8期，後收入氏著：《從西方哲學到禪佛教》（臺北市：東大圖書公司，1986年），頁225-277。

5　此即傅氏所著：《學問的生命與生命的學問》（臺北市：正中書局，1997年）一書。

對學生授過課，但是他對佛光山、對南華的貢獻是很大的，繼哲學研究所之後。我們又開辦了宗教研究所，生死學研究所，這也是國內第一個生死學研究所，「生死學」在美國叫「死亡學」，傅偉勳把它轉稱「生死學」，目前國內有好幾個學校都有生死學研究所，它也包括安寧醫護以及死亡以後殯葬的種種問題，現在是非常盛的一個學門。這些基本上都是傅偉勳先生帶出來的，生死學研究所每年都要開一個學術會議，這是傅先生的弟子慧開法師所開啟的，追本溯源，也可以說是傅先生帶出來的。

　　傅偉勳先生是一位有遠見、有理想、有深度的哲學家，也是一個非常有豪情的人，與他同輩的人只要跟他相處過，都覺得他非常的平易近人，他是一個極具有傳播力的學者，不管是吃飯、喝茶、喝酒、寫文章，他都帶有很強的生命力，散播出他的思想及熱情，包括在患癌症期間，仍可以跟年輕人喝酒，可以把所有的年輕人灌醉，大家都覺得很奇怪，他不知道用什麼法力，會讓全世界的華人學者都知道哪些人被他灌醉了，當然我們當時也知道他的生命在耗損，他自己也知道所剩生命有限。傅先生過世之後我們在臺北的佛光道場辦了一個獨特而有意義，充滿著祝福氣質的紀念會，來的不是他的學生，就是他的朋友。每個人都知道傅先生對「生死」這件事是真的看透，讓我們想起《莊子》的「鼓盆而歌」，還有「秦佚弔老聃」的故事。

　　傅先生有關意義治療學、死亡學、生死學的傳述或者是開發，影響了整個的華人世界，不只臺灣、香港、新加坡，包括中國大陸，研究死亡學、生死學正方興未艾，武漢大學的段德智教授，江西南昌大學的陳曉江教授都受過傅偉勳先生的影響。[6]

6　段德智有《死亡哲學》（臺北市：洪葉文化，1994年）。陳曉江亦有專著出版。

三　中國文化傳統衍生出來「意義治療學」的三個向度

　　弗蘭克的「意義治療」，最早把它援用到東方的哲學上，並做了創造性的轉化，寫成文章發表的是傅偉勳先生。我深深受了傅先生影響，在一九八八年第一次開始從事中國哲學與意義治療學的接軌與融通的活動，從一九八八、一九九一，到一九九四年，剛好每隔三年，我分別寫了有關「儒家型的意義治療學」、「道家的存有治療學」、「佛教型的般若治療學」，後來這些篇章收集在《中國宗教與意義治療》這本書中。這幾篇文章剛好都在香港發表，第一篇是一九八八年在香港中文大學及法住文化書院所召開的「唐君毅先生逝世十週年的國際會議」上發表的，我以唐君毅先生的《人生之體驗續篇》作為研究對象，後來就寫成了〈邁向儒家型的意義治療學〉這篇文章，在寫這篇章時，其實就已經區別幾個不同的意義治療學的向度，包括儒家、道家、佛教治療學的異同[7]。

四　儒家型的意義治療學：以唐君毅為例

　　唐君毅先生在《人生之體驗續篇》這本書中，深入的闡述生命所面臨的問題，所面臨的意義的危機，而又如何去克服，他在這方面的貢獻非常大。他談到他探索儒學的方式，他強調儒學的當下的一個論式──「我，就在這裡」，這當下的承擔其實就是孔老夫子說的「當仁不讓於師」。「我，就在這裡」就表示一個具有主體能動性的自覺的我，進到這個世界之中而去理解這個世界，詮釋這個世界，並且參贊參與助成這個世界這樣的人文教養、人文化成。經由唐君毅先生的《人生之體驗續篇》，藉著唐先生論述的筆調，並將其轉化而做了概

7　請參見林安梧：《中國宗教與意義治療》，臺北市：明文書局，1996年。

括，提出這裡所隱含的儒家型意義治療學的可能，並且跟弗蘭克的意義治療學做了一個對比。

　　弗蘭克的意義治療學後面的宗教背景是一神論的猶太教，是從「人」和「上帝」之間的關係，來談生命所追求的意義。儒家與此有所異同，儒家是來自於生命最底層的憂患和關懷，而這憂患和關懷是上透到「天道性命相貫通」這個傳統，上通到宇宙造化的根源。依儒家義理，認為這宇宙造化的根源和我們生命內在的根源是通而為一的，儒家強調道德的創生，而這道德的創生落實於心性論上則是一不容自已的怵惕惻隱之感。我們由這個角度去說儒家的意義治療學，其實是一個道德的覺醒。把任何的悲苦、任何的不順，通過這樣一個自覺的過程，往上提升而上遂於道，由這個道體再開啟一個生命的動力。這樣的方式我名之為「儒家型的意義治療學」，這是以「我，就在這裡」的論式而展開的。

五　道家型的存有治療學：以《老子》為例

　　道家的論式是以「我，歸返天地」而展開的（佛教是「我，當下空無」），「我，歸返天地」，也可以說就是「我，歸返自然」，天地自然就是常道。如果我們說儒家是接近弗蘭克的意義治療學，它是道德創生義下的意義治療學；而道家如果也叫作意義治療學，其實未必非常恰當，我當時就造了另外一個詞，就是把原來道家所強調的存有之道的「道」（Tao），藉著現在哲學語詞的「存有」（Being）去取代它，把它叫作「存有的治療學」，更簡單的說就是「道療」[8]。通過道

8　傅偉勳教授曾建議我以道療稱之。一九九三年秋暮，我到美國伊俐略湖畔的愛丁保大學（Edinboro University）心理學系訪問，李紹崑教授、張寶蕊教授亦問我這「存有治療學」是否即用「道療」稱之，我們討論了很久，最後，我還是選擇用「存有治療學」這個詞。

的光照，而讓我們的生命有智慧之明，這智慧之明能讓「物各付物，各然其然」[9]，可以因之而「滌除玄覽，能無疵乎？」可以「致虛守靜」，所謂「致虛極，守靜篤，萬物並作，吾以觀復」、「為學日益，為道日損」[10]也是表達這個意思，還有許多篇章與此是相通的，我把這就叫作「存有的治療學」。

其實談治療學，過去除了傅偉勳先生之外，還有袁保新教授也提到，後來鄭志明、高柏園教授他們也講。袁保新在當時即寫一篇與道家相關的文章，他把它稱作「文化治療」，也就是說道家的這樣一套論述，隱含了對於文化現象的深入的理解和批判，隱含了一種治療的作用[11]。我們說道家的「存有的治療學」，這「存有」就是「道」，就是存有之道，重點是在整個存在的場域，用以前老話來講就是自然天地，道家把人放回自然天地，用這自然天地的和諧性，調節的力量，讓個人生命因此如同安臥在母親的懷抱，因此而獲得照顧，使人與萬有一切的糾葛能全然放下而得到成全。

六　佛家型的般若治療學：以《金剛經》為例

於一九九四年的時候，撰寫佛教的〈邁向佛家型的般若治療學〉，是以《金剛般若波羅密經》為核心的展開，當然佛教不只是般若治療，也可以是別的治療，譬如禪宗，可以有別於般若，但也深受般若之學的影響，它也可能開啟一個新的治療學，又如六祖壇經所隱含的見性的方式，當然跟般若學有密切的關係，而是否可開啟一個新的治療學的向度，或者豐富了原先的般若治療學，這其實是還可思索和開拓。

9　牟先生於此常有所論，請參見牟宗三先生《才性與玄理》、《中國哲學十九講》等書。

10　以上老子引文，依序為第十章、第十六章、第四十八章。

11　袁保新：〈老子思想在現代文化中的意義〉，唐君毅思想國際會議，《鵝湖月刊》第164期（1989年），頁21-28。

　　這裡用「意義治療」這個詞，是廣的來談，不管是道家的「存有治療學」，或是儒家的「意義治療學」，或是我開發的佛教的「般若治療學」，都是對個人生命意義的深度的理解及建構，而引發的一個治療，所以籠統而言，都可以把它放在「意義治療」來論述。

七　民間文化陰陽五行下的意義治療：以王鳳儀為例

　　此外，我曾做過王鳳儀老先生的研究，王老先生很獨特，他是在民國十幾、二十年時的大人物，其並不識字而是悟道的。他開啟了一個影響力非常大的「萬國道德會」，目前在臺灣仍然有。他談的一套陰陽五行，可以自成一套完整的治療學的理論，我當時即寫了一篇相關文章，此篇文章後經萬國道德會的一位長輩徐懷亮先生拿去後，而印成一本書，叫作《王鳳儀的五行觀》，到處分送。[12]這位老先生非常了不起，經營若水善書處，印了非常多善書到處分送，而豐富了臺灣整個的文化土壤，以及社會的生命力。整個國內於此方面做的努力，其實民間一直在從事，而此民間的文化生命力，是華人社會最重要的文化生命力，這並非臺灣才有，而是只要有華人存在的地方即有，這很獨特，原因何在於華人的文化是在人倫教化中生長的，人倫就是在家庭、家族、宗族、宗法這種血緣性的縱貫軸所開發出去的華人社會，這樣的社會非常重視教育，而它的教育就是「人人親其親，長其長，而天下平」，就是這麼簡單的一個信念，這信念使得華人經過幾千年能歷劫不衰，因而這份華人社會固有特質相當重要。

---

12 該文原發表於淡江大學中文研究所於一九八九年九月所舉辦之「中華民族宗教學國際研討會」，後經修訂刊於臺北出版的《東方宗教研究》新1期（1990年10月），再經修訂增刪，作為《中國宗教與意義治療》一書的第八章，以〈「陰陽五行」與「身心治療」——以王鳳儀《十二字薪傳》為核心的展開〉。

八　主體的參與及場域的銷融：「上善若水」、「至人用心若鏡」

　　道家不強調主體進到這個場域中去承擔什麼，而強調作為主體的「我」應進到這個場域中把自己放掉，但把自己放掉並非「無我」，而是我與自然天地渾然一體，去體貼、去領會大自然和諧的調節及生生不息的動力。這生生不息的動力是源泉滾滾的，人的生命必須與它和諧，甚至合為一體。當生命與它合為一體，回過頭來，即可以檢視生命哪些是與它扞格不入，哪些地方是離其自己的，哪些地方是遠離了安宅，遠離家，遠離個人生命的居所，使得個人因此而忽略生命本身。道家的重點不在主體能動性的承擔，而在經由一個反思的活動，回溯生命自身，讓自己照亮自己，當能照亮自己時，即同樣可照亮了世界的人、事、物，在此過程中，即能體會，世間最好的善並不是以善去對峙惡，而是以善化解惡，讓善與惡能恰當、和諧的相處，道家用一種柔弱勝剛強的方式，去「和而同之」，在此和而同之的過程中，讓自己和對方的生命因而相遇，在相遇的過程中，化掉了原來的對抗，使由原來的善惡對立，而慢慢學到了一種和諧、一種常道、一種善。

　　道家在這裡非常可貴，這道理有二句話可印證，一句是「上善若水」[13]，最好的善就好像水一樣，水浸潤你，溫潤你，提供你生存下去的可能性，潤澤你，包容你，洗滌你，而水就在這過程裡，讓你的生命因此得以生長。另一句是「至人用心若鏡」[14]，至人用心好像明

13　「上善若水」在老子《道德經》第八章，原文為「上善若水。水善利萬物而不爭，處眾人之所惡，故幾於道。居善地，心善淵，與善仁，言善信，正善治，事善能，動善時。夫唯不爭，故無尤」。

14　「至人之用心若鏡」語出《莊子》〈應帝王〉：「至人之用心若鏡，不將不迎，應而不藏，故能勝物而不傷」。

鏡，明鏡是照而見之，過而化之，不留痕跡的，生命就在這個過程裡面瀟瀟灑灑的走了一回，而且清楚、明白的讓任何存在的生物都回到它本身，這是整個道家非常重要的智慧。

九　根源的回歸與存有的照亮：「復命曰常」、「知常曰明」

再者，我們可以進一步對道家的「存有治療學」展開詮釋，一是「復命曰常」，一是「知常曰明」[15]。「復命曰常」可以連著「上善若水」來理解，「知常曰明」可以連著「至人用心若鏡」來理解。歸返到生命根源叫「常」，歸根曰「靜」，是謂「復命」，能夠回溯到存在事物的根源，那才是真正的寧靜。這樣的寧靜，就是回復生命本身，回復生命就叫作常態，就叫常道，能夠體會常態、常道，就是真正的智慧。道家強調生命的歸復，強調生命自身的照亮，歸復到常道，常道就是「有無相生，難易相成，長短相形，高下相傾，音聲相和，前後相隨。」常道就是「道曰大，大曰逝，逝曰遠，遠曰反。」常道就是有往有復，常道就是往復循環，常道就是「飄風不終朝，驟雨不終日。」[16]常道就是生命往復循環，如此周環不已的過程裡，讓任何存在的事物如期待著任何存在的事物。

道家在這地方心情很放鬆，因為它把自己拉到一個最寬廣存在的場域中去安身立命，它的安身立命是可以把自己擺在一個「無何有之鄉」[17]，跟人間世俗的人文建構無關。因為要讓生命真正的回溯到自

15　「知常曰明」、「復命曰常」語出老子《道德經》第十六章。

16　語見老子《道德經》第二十三章。原文「希言自然。故飄風不終朝，驟雨不終日。孰為此者？天地。天地尚不能久，而況於人乎？故從事於道者：道者同於道，德者同於德，失者同於失。同於道者，道亦樂得之；同於德者，德亦樂得之；同於失者，失亦樂得之。信不足焉，有不信焉」。

17　《莊子》書中一再提出「無何有之鄉」的引喻，在《莊子》〈逍遙遊〉、〈應帝王〉、〈列禦寇〉諸篇中都提到了。

身，一方面可以與人文建構無關，但是回過頭來也告訴你也可以有
關，只是這樣的人文建構，必須經由一個歸返到自然天地以後重新照
亮，這樣的重新照亮才會使得人文不會出了毛病，這是道家非常善巧
的地方。道家留意到整個人文世界人文化成可能導致的人文異化，人
因為使用話語，使用符號，使用一套象徵結構制度，因此所形成的人
的理解、詮釋、建構，這麼一套話語的建構，必然把人們可能帶有的
意念、欲求、貪婪、慾望、權力通通帶進去了，這樣的過程會導致原
先的人文建構，變成人文疏離，人文異化，而讓人離開生命本身。

　　道家在這強烈呼籲，很清楚明白的洞察告知我們，一定要知「為
學日益，為道日損」，必須「損之又損，以至於無為，無為而無不
為」[18]。道家在意義治療方面是非常有智慧的，而最重要的智慧是，
人不是靠著主體承擔而活，人不是靠著很多話語建構成的意義而活；
人是靠著原原本本的人，作為一個自然與其他萬物一起和諧生長的
人，用這個方式，沒有任何蹊蹺，沒有任何麻煩，沒有任何欲求，在
這個過程中，人簡簡單單就可活的很好，這就是自然。道家把人退到
最根本的地方來看，這時候道家講「小國寡民」、「雞犬之聲相聞，使
有什伯之器而不用，使人復結繩而用之，民至老死不相往來」[19]，即
讓生命從語言的建構裡撤退，讓生命回到生命本身，生命本身就是正
視命的限制，正視命的限制而體會生的喜悅，進一步正視死的安詳，
正視命的限制，也正視天地之常的無限，或天命之無限，對比而言，
即是人命之有限。道家認為在人間世中任何時空，日日是好日，時時
是好時。

---

18 語見老子《道德經》第四十八章，原文「為學日益，為道日損。損之又損，以至於
　　無為。無為而無不為。取天下常以無事，及其有事，不足以取天下」。

19 語見老子《道德經》第八十章，原文為「小國寡民，使有什伯之器而不用，使民重
　　死而不遠徙，雖有舟輿，無所乘之；雖有甲兵，無所陳之。使民復結繩而用之，甘
　　其食，美其服，安其居，樂其俗，鄰國相望，雞犬之聲相聞，民至老死，不相往來。

十　辯證的和合與如實的安頓：「恢詭憰怪，道通為一」

　　道家後頭還有一套自然哲學，往復循環的「氣」的一套理論，通過方法（術）、次序（數）去理解這個氣有「陰陽」，這叫作「陰陽術數」，道家與這些論述密切相關。我們前面說「日日是好日，時時是好時」，任何地方都是好地，這是徹底放下，徹底致虛守靜，才能達到的。一般則不能達到這境地，一般總在氣的氤氳變化之中，這後頭還有一套自然哲學，這便可以經由一個陰陽術數的理論來理解。他們認為人可以通過陰陽術數的理解，去理解人放到宇宙的場域中的位置是如何，而採取最好的位置，最恰當的地方，去「安時而處順」，當能安時而處順，所以「哀樂不能入」[20]，能夠把整個話語系統所隱含的相對性、矛盾性，徹底的解開，也就如〈齊物論〉所說的「恢詭憰怪，道通為一」。當上溯於道時，一切都是同的，而落實到人間來談，其實是不同的，所以物雖各有所異，然就極而論則齊一。因此而說「齊物」，因為能齊物，回溯到主體，而這主體已經完全放開了，得到「逍遙」，主體放開而讓主體能適應整個存在的場域，讓生命能夠因此獲得涵養，這是「養生」。整個《莊子》書中，他對此一步步展開，談得很深刻。

　　就道家來言，整個思考是一面回溯道於形而上，一方落實道於形而下，物的分別，了了清楚，而道朗朗明白，上溯於道，朗朗明白，下及於物，了了清楚，就在這過程裡，生命因此而得擺定。道家的意義治療告訴我們，該分辨清楚的就分辨清楚，不要放在心上。當你展開分別的活動，一旦分別結束了，就要讓你的生命回溯到道的本體中，讓它朗朗明白，不要再執著於分別相的地方，因為一旦執著，就會產生了嚴重的痛苦。道家有些的道理，在實際的語言操作過程與佛

---

20 語見《莊子》〈養生主〉。

教非常接近，但是後頭的理論原理是不一樣的。一個是無為自然，道通為一；一個是緣起性空，證得涅槃。

十一　退居存有之宅與包容之善的開啟：「報怨以德」、「不為天下先」

　　老子是否具有權謀思想很難說，因為他講「慈」，講「儉」，講「不敢為天下先」[21]，都是讓存在的人事物要好好的生長「不善者吾亦善之，德善」[22]。面對那不善之事，我以善對待之，這樣的善就是我生命真正本性的善，他是不會起對抗相的，所以他自然而然有一種包容，這就是道家所說的「報怨以德」[23]，「報怨以德」的意思，即是我讓生命回到天生的本性，用天生的本性所流露的善意來對待怨，因此這個怨也就能化解掉。並非故意拿德來抱此怨，儒家說「以德報怨，何以報德？以直報怨。」這是儒家站在社會正義，人倫正義的立場，道家則不是，他是站在自然恩慈的立場，認為像慈母般的去包容、去化解，這人間世會更好。所以我們可以發現到任何一套思想，構成一個系統，它有它的立場的。它是以它的系統來論述，「不善者吾亦善之，德善」，你對他好，這是德善，回復天真本性（德），生命不起對峙相，那種放下的輕鬆感是美好而無與倫比。

　　但是道家亦警告你，人生一旦結怨，就很難，所以無論如何，寧可維繫住表面上的關係，因為它就有一份可能，如果那個怨徹底顯露

---

21 請參見老子《道德經》第六十七章：「天下皆謂我道大，似不肖。夫唯大，故似不肖；若肖，久矣！其細也夫。我有三寶，持而保之：一曰慈，二曰儉，三曰不敢為天下先。慈，故能勇；儉，故能廣；不敢為天下先，故能成器長」。

22 請參見老子《道德經》第四十九章：「聖人無常心，以百姓心為心。善者吾善之，不善者吾亦善之，德善。信者吾信之，不信者吾亦信之，德信。聖人在天下，歙歙為天下渾其心。百姓皆注其耳目，聖人皆孩之」。

23 請參見老子《道德經》第六十三章。

出來，通過話語的，甚至意義結構穩立起來相衝突，即便往後和解了，還是沒辦法，這就是「和大怨，必有餘怨」[24]。道家主張盡量不起衝突，因為對此理解很深，能看到這個事有些什麼可能，有些什麼限制。

相傳道家的始祖老子為柱下史，是於廊柱底下做記錄史實的工作，他每天看朝廷來來往往的人與事，人間世事很多都看穿了，所以「史識」很重要，「史識」就是對歷史縱深度的理解，歷史縱深度的理解就是對生命深層的理解，用司馬遷的話來講就是「通古今之變」；再者，生命縱深度的理解，這是高度的理解，這是「究天人之際」，必須經由「究天人之際」，才能「通古今之變」。而歷史只能預期，期待，不能預測，期待是來自於我們內心的意願、志向，人間是有窮有盡的，而願力是無窮無盡的，將願力的無窮無盡放到歷史的長流中會起作用的。作用為何？是不能通過理性的分別計較去衡量，但生命卻可以通過一種信仰，無分別的，以一種誠敬的方式，去接臨契接生命之源，這是很獨特的，這是為何宗教到目前為止，仍然那麼迷人。宗教永遠需要，信仰宗教讓人由分別回到無分別的狀態，教我們以誠敬的方式去契接生命之源，而起得一個力量，超越到歷史中而起一個非常大的作用，就如同以前我們讀孫中山講「吾心信其可行，雖移山填海之難，亦可行也，吾心如信其不可行，如折枝亦不可行。」這是孫中山引孟子的話，再改造出的[25]。這就是信仰所生出的力量，這個力量很大，但這個是沒辦法通過理性去分別、去計較、去量計。

---

24 請參見老子《道德經》第七十九章。

25 原來見於《孟子》〈梁惠王〉：「挾太山以超北海，語人曰：『我不能』，是誠不能也。為長者折枝，語人曰：『我不能』，是不為也，非不能也。故王之不王，非挾太山以超北海之類也；王之不王，是折枝之類也。老吾老以及人之老，幼吾幼以及人之幼，天下可運於掌」。

十二　去除意識型態的糾葛，正視人間世的真實

歷來談歷史發展的歷史哲學，多半跟宗教密切結合在一塊，聖奧古斯丁有《上帝之城》這部書（或翻成《天主之城》），多半談歷史哲學都會談到這部書，即使包括黑格爾的《歷史哲學講演錄》裡，談到歷史的辯證發展，後頭仍然還是有一個基督宗教的色彩，來談人類的精神文明如何發展。這裡都隱含著西方人作為上帝的選民這樣的一種擔負、承擔感與信仰，當然我們如果去思考未來的歷史怎麼發展的時候，譬如我們放到整個中國歷史上去看道統是什麼，其實隱含著宗教式的、信仰的、無分別的那樣的一種虔敬之誠、誠敬之情，而放到整個歷史中起它的作用，所以歷史不能預料，但歷史卻可以期待，歷史的期待最後來自於每一個人參與到歷史中的參贊化育天地的願力，這一族群的願力很大的，很難想像的。

日本展開侵略行動時，還說個「大東亞共榮圈」的圖景，它後頭的願力是要整個亞洲興起與西方對抗，而不要成為西方所奴役的地方，而亞洲的興起以日本做核心，以中國做腹地，用這樣的教養方式，讓日本的年輕小孩認為侵略中國是合法是正當的。所以最神聖的東西也可能是最魔鬼的東西，實很可怕。宗教信仰的神聖性與意識形態的洗腦和神魔是夾雜的，只有一線之隔，是一體的兩面，這是可公開對質，公開討論的，而且是很重要的。研究皇民文學時，要深到這個地步，你才能夠瞭解那些寫皇民文學的人到底怎麼一回事，他描述他成為皇民的那一刻，和日本的神風特攻隊的精神狀態是一樣的，其實和同盟會的暗殺團也是一樣的，和賓拉登所培養的恐怖分子其內在精神狀態是一樣的，他認為他在執行一個這世界上最神聖的任務，他當然視死如歸，他不是求生，他根本是求死，死就是進入永恆，多可怕，這是很值得分析其原因。

種族的仇殺，文化傳統的不同，宗教的不同，語言不同，意義建

構的不同，後來就是意識形態的鬥爭，道家在幾千年前其實已把問題看清，只要有人即有這些問題，那該如何對應？就用消去法，這個世界必須回溯到根源，去正視人的生命，生命的需求很簡單，人不需要那麼複雜的、宏偉的意義建構，人需要的是吃飽穿暖與人之間的真實關懷，當下的點滴真實是最具體、最真實的，道家的反省很深，因為它看到許多整個春秋戰國的爭鬥，人與人之間的殘殺，整個意識形態的鬥爭，所以它理解很深。

　　道家並不強調要去成就一套宗教，但是到了漢代，就被強化成一個宗教，這就是張道陵的道教，它拿著老子《道德經》、莊子的《南華真經》以及其他的道家經典，繼續擴而大之，形成一個龐大的系統，這個體制化的道教是很獨特的，基本上是對抗朝廷的，但是它骨子裡的意識形態與朝廷的意識形態是同一個對立面的兩端，它一樣是父權的、男性中心的、君主專制的，只是把它由人間提升到理想化的天上而已，這與原來的道家思想已經悖反，但骨子裡卻又拿著道家經典來維護他，來說明它的正當性。它為何存在呢？很重要的，它是作為一個對抗腐敗專制的非常強大的力量，但是一旦政治穩定之後，它就被吸納進去成為專制的附屬，不過在廣大的民間所傳布的，既是那套道家的東西，根深柢固的是原來那套自然無為養生的思想，如何與大自然調節和諧的思想，非常豐富，因而不能只就某一個向度而去範圍它。

十三　多元一統的確立與世界大同的開啟：「天地不仁，以萬物為芻狗」與「乾元用九，群龍無首，吉」

　　老子在《道德經》第五章裡說「天地不仁，以萬物為芻狗」[26]。這是說天地不偏私其仁心，並不是天地沒有仁心，他把萬物視作用草

---

26 老子《道德經》第五章：「天地不仁，以萬物為芻狗；聖人不仁，以百姓為芻狗。天地之間，其猶橐籥乎！虛而不屈、動而愈出，多言數窮，不如守中。」

編織的狗，任其自然。這和以前的祭祀之禮有密切的關係，以前祭天地鬼神有很多祭品，他用草編織的狗看著祭品，祭祀完後，祭品帶回，狗就丟在那兒任其自然。現在我們常把它解釋為天地沒有仁愛之心，把萬物當成草和狗一樣荼毒，這都誤解了。古代很多話語、經典都被誤用了，譬如「群龍無首」，我們說「自從你退休後，這地方就被弄得烏煙瘴氣，真是『群龍無首』。」這用錯了，這哪裡是「群龍無首」，根本就是「群蛇亂舞」，「群龍無首」是好的，《易經》「乾元用九，見群龍無首，吉」[27]，《易經》〈乾卦〉以「乾」回到自身這真實的動力而言，是剛健不息的動力，每一個人，每一個存在的事物，都能得此剛健不息的動力，那就「群龍無首」了。九是陽數之極，代表陽剛之德，以此乾元用其陽剛之德，如此群龍不必有一個首腦在那個地方做主宰，每一個人的生命都受到非常好的教養，人人皆有士君子之行的大同盛世，那當然不必特別擁護一個頭，所以就「群龍無首」，眾生平等而天下太平。「群龍無首」比「首出庶物，萬國咸寧」[28]還要強一點，「萬國咸寧」指諸侯之國都得太平，如此再進到人人皆有士君子之行，進到「乾元用九，群龍無首」。

　　華人很早以前就想到這世界如何多元的共存共榮、如何多元的一統，二十一世紀講到文化多元的共存共榮，講到宗教的匯通，講到文化的再融合，華人所能提供的智慧非常多。華人真正在體現的是這「一統而多元」的格局，即使和少數民族相處也很和諧。這種和諧相處不是假的，但當帝國主義者伸進去時就就開始分化，就麻煩了，西藏、新疆、雲貴地區，其實都是因為這樣而造成了麻煩，現在大體這些問題慢慢沒有了。回溯源頭去想，為何能夠和諧相處？是因為它們整個生命態度是非常接近的，如果生命態度不接近是沒有辦法的。所

27　見《易經》〈乾卦〉用九爻詞。

28　見《易經》〈乾卦〉象傳。

謂生命態度是它用什麼方式在天地間活著，在大自然中活著，那個活著的態度是接近的，也就是人跟自然天地萬物應該要和諧共處，讓自己的生命生息與大自然的生命生息要有一個感通關聯。這個智慧表現在少數民族及漢族的創世史詩，創世史詩最能表現這個族群最深層的人生智慧、最深層的世界觀，我們會發現，原來源頭在這，並不是漢人特別寬大為懷，而是本來就可能在一起。

　　基督宗教的傳統要和華人放在一起就很辛苦，它必需要柔化，必需要變，華人可以容得了它，它卻容不了華人。華人容得了它，它可以自成一個小小的領域，開封地區有一個猶太村，猶太人是一神論的，伊斯蘭教也是一神論，中國伊斯蘭教的回民不少，它就和儒家宋明理學的思想結合在一塊兒，產生回儒的思想，成為伊斯蘭教的儒教化，而走出自己的路。其他的少數民族，我們一看其創世史詩，基本上與華人都是非常接近，都是強調天、地、人、我、萬物通而為一的，這就是所謂「存有的連續觀」，都很接近天地渾沌如箕子，這是本體的生起論系統，道德發生論的系統[29]。

　　由此可以看到，這塊土地之所以能夠成為人間文明傳承了幾千年歷劫而不衰，異族衝進來了，到最後它成為這個族群的文化道統的最重要的擔負者、守護者，一個個異族進來，過沒多久就成為漢人，或者華人。漢人的意義就是進入中原之地當家做主的人，漢人根本不是血緣種族的漢人，根本是一個文化傳統的概念，這是很值得反省的，什麼叫華夏？「夷狄華夏則華夏之」；什麼叫夷狄？「華夏夷狄則夷狄之」[30]。一旦進到中原，參與到整個中原的文化大鎔爐，成為中原的一份子，就是中國了。

---

29 關於「存有的連續觀」與「存有的斷裂觀」的對比，請參見林安梧：《儒學與中國傳統社會之哲學省察》（上海市：學林出版社，1998年），第六章，第十一節，頁91-92。

30 《春秋公羊傳》載有「《春秋》內其國而外諸夏，內諸夏而外夷狄。王者欲一乎天下，曷為以外內之辭言之？言自近者始也」。

十四　宗教類型的異別與會通交談之可能

　　遊牧民族的宗教與農業民族的宗教有很大的不同。我們是以農業民族的宗教為主，遊牧民族的宗教後來為商業族群所吸收，因為它們都必須靠一個強而有力的、絕對的威權來控制，或者把那強而有力的東西，把它規則化、客觀化，形成大家所信守的，商業文明與遊牧文明在這裡有一個連接的地方，在西方，把希伯來文明跟西方商業文明連接在一塊，構成它們很重要的宗教思想。

　　農業文明的宗教是跟天地特別親近，所以它的宗教是放在天地間的常理、常道而說的，往上提，說天，往下說，說地，中間人所居，天地人的貫通叫「王」，能夠把天界的訊息傳達到人間來，而聽之於天，口宣之於人，就叫「聖」，所以我們的宗教與西方的宗教有很大的不同。我們的宗教包容性非常廣，它是以包容為特質的宗教，一神論的宗教是排他的，一直到現在比較宗教學、宗教史已經非常發達後，才慢慢鬆一點，但是排他性還是很強。[31]

　　一神論的宗教，一旦成為虔誠的信仰者，除非他有受過非常好的比較宗教學、宗教學導論、宗教史的訓練，要不然就是他曾經上過相關的課程，有這樣的心理背景，才可能去接納別人的宗教，要不然沒辦法。你如果跟他說你的才是假的，那完了，這輩子都不要見面了，不同就在這裡，我們被人家說是假的，好像無所謂，我們知道那是人之所說，是分別說，凡分別說都有執有染，有執著有染污，所以通通可以放下，道家、佛教都是這樣的心情，凡是執著就有染污，所以要「滌除玄覽」，滌除一切心智的執著，能夠回到道本身深遠的、最根源的照鑑，由那道體本身所發出的根源性的照亮。話是風，莊子裡頭也這麼說，話像吹氣一樣就過去了，你不要在意就過去了，所以要把

---

31 關於此，請參看拙著《中國宗教與意義治療》第一、第二兩章。

那有意義的話，還原到沒有意義的聲音，這是道家的辦法[32]。

十五　場域的和諧與存有的律動：「不如守中」與「動而愈出」

老子《道德經》第五章又說「天地之間，其猶橐籥乎！虛而不屈、動而愈出，多言數窮，不如守中。」天地之間，就像個大風箱一樣，虛空而沒有盡頭，你鼓動它就愈來愈有勁，因為它是自然而然一起生長的，話多了反而會招來困窘，話語的建構會使得人心變得紛亂了，倒不如默默守著中道而行。這「中」字在華文、在古漢語裡，不管是儒家道家都有「內」的意思，中者，無分別最為根源的謂之「中」，環繞起來沒有分別的，最為中間的，回到最內在的，最根源的叫作「中」，「喜怒哀樂之未發謂之中」，不如回到一個無分別的總體的根源，在那裡讓你的生命獲得歇息。「中」這個字眼，在我們的漢文系統裡要恰當一點，中國者，能入於宇宙造化之源，能入於一無分別相宇宙造化之源，能以「至於道，據於德」，如此之道德理想國度也，叫「中國」。從這裡就把「中國」從思想上重新定位，這族群能如此者是謂「中國」，這中國是王道的中國，貫通天、地、人的中國，不是霸道的中國。[33]

在老子《道德經》第廿章[34]提到「絕學無憂」，是指棄絕了後天的

32　《莊子》〈齊物論〉曰：「夫言非吹也，言者有言，其所言者特未定也。果有言邪？其未嘗有言邪？」

33　一般說來，「中國」一詞，原等同於國內之謂也。蓋「中」本義為「內」，而「中國」實即「國內」之謂也。再者，因我國自昔以來建都黃河南北，別於四方之蠻夷戎狄，而自稱為「中國」。「中國」一詞，自古以來，與其說為一個國度的名稱，毋寧是一個文化區域的名稱，或者是一個文化所及於人的稱呼，也因此我們仍然稱呼許多華裔的外國人為中國人，此習慣即使到二十世紀末葉仍然。

34　老子《道德經》第廿章原文為「絕學無憂，唯之與阿，相去幾何？善之與惡，相去若何？人之所畏，不可不畏。荒兮其未央哉！眾人熙熙，如享太牢，如登春臺。我

學習，就可以免除憂愁跟煩惱，道家很清楚知道人類的語言結構，一旦展開的時候，就會有太多不相干的東西夾雜伴隨而生。「為學日益」，但是「為道日損」。「學」有時候要通過個「絕」的功夫，「絕」就是「放掉」、「放下」。「絕學」就是「斷」，「絕學」是把我們一般很擾攘的學習，暫時絕棄，棄絕了。這個絕棄、棄絕的意思就是把它擺一邊，不要讓它進來干擾你。

「唯之與阿，相去幾何？」「阿」是喝斥，「唯」表示贊成，「阿」表示駁斥反對，人家唯唯諾諾的說你好！或者人家拿話來喝斥你！相去有多遠呢？就好像說「善」或者說「惡」，人家評價是善？是惡？這相去到底有多遠呢？其實沒多遠呢！因為其實都只是話而已！所以「唯之與阿，相去幾何？善之與惡，相去若何？人之所畏，不可不畏。」道家的態度，人家所畏懼的，我們也不可以不畏懼，因為這是世事之然！世間其實有一個簡單的常態，這個常態如果維持著，不必思考太多，叫「尊常而處」，尊常這個常態而處即可。

「荒兮其未央哉！眾人熙熙，如享太牢，如春登臺。我獨泊兮其未兆，如嬰兒之未孩。」「荒兮」，荒者廣也、遠也，大道是如此廣闊、沒有邊際，它一直發展，永不停歇。「眾人熙熙」，世俗大眾，熙熙攘攘啊！好像享用非常豐富的筵席一樣，如享太牢，「太牢」是一個非常豐富的筵席。「如春登臺」，春天登臺遠眺湊熱鬧，而「我獨泊兮其未兆」，唯獨我澹泊寧靜的，興起不了什麼兆頭，我就像那嬰兒，還沒長大的嬰兒一樣。說世俗如何，我心如何，這是一種寧靜的智慧，世俗是如此，流行讓它流行吧！不必跟著流行，這叫流行，所以說「眾人熙熙，如享太牢，如春登臺」，而我「獨泊兮其未兆，如嬰兒之未孩。」

獨泊兮其未兆，如嬰兒之未孩。儡儡兮若無所歸！眾人皆有餘，而我獨若遺。我愚人之心也哉，沌沌兮！俗人昭昭，我獨昏昏。俗人察察，我獨悶悶。澹兮其若海，飂兮若無止。眾人皆有以，而我獨頑且鄙。我獨異於人，而貴食母。」

「儽儽兮若無所歸！」閒散悠游，沒有什麼特定的目的，好像無家可歸一樣。「眾人皆有餘，而我獨若遺」。世俗大眾總要為自己爭取更多，留個有餘，而我就好像有所缺憾一樣，這是一種道家缺憾的哲學，道家就是不求圓滿，真正有一點缺憾之圓滿，所以，不求「留有餘」，而是「獨若遺」。我好像是有所缺一樣，「愚人之心也哉」，我就守著那愚人之心啊！混混沌沌，「沌沌兮」！「俗人昭昭」，世俗的人精明能幹，而我獨昏昏，我卻喜歡昏昏，昏昏者？混混其心也，心啊！無分別的樣子。俗人察察，我獨悶悶。世俗之人，精明能幹啊！察，有所察，其實講「俗人察察」跟前面講「俗人昭昭」很接近，但如果要區別一下，「昭昭」，是追求顯赫榮耀；「察察」，就變成了精明能幹。「我獨悶悶」，心啊！放在門內叫悶，而我呢！這心寧可放回自己的家門裡頭，即是能夠渾其心！「澹兮其若海」，我的心地很恬澹，好像大海一般。「飂兮若無止」，飂闊無涯，「飂」，是風一直吹著，無有邊際的意思。「眾人皆有以」，世俗大眾好像都為了什麼啊！而「我獨頑且鄙」，而我、唯獨我卻是，頑者，固守也，我是固守著，原先最根源的狀態，看起來很鄙陋。「我獨異於人」，我就跟一般世俗大眾不同。

「貴食母」即回到母親的懷抱裡，回到根源。「貴食母」，這道家的一個哲學，像「知其雄、守其雌」，一樣非常相關。「既知其子，復守其母」，知是常理，雄是一個向外發展追逐的力量，你如何去掌理向外發展，追逐力量呢？那就是我要守住那個回到我們自身包容的、根源的母性。這叫「天下有始，以為天下母。既得其母，以知其子，既知其子，復守其母。」[35]知其雄、守其雌，這叫「貴食母」，以食母為貴，我之認為最重要最為尊貴的，回到母親的懷抱，回到母親的根源去，渴飲這個母親所給我的愛的泉源，所以整個道家所強調的就是一種母子般的，真實自然的愛的能力。

35　見老子《道德經》第五十二章。

十六　主體的反身自克與缺憾的放下解開：「自勝者強」、　「大成若缺」

老子《道德經》第三十三章說「知人之智，自知者明；勝人者有力，自勝者強；知足者富，強行者有志；不失其所者久，死而不亡者壽。」道家講「知人者智，自知者明」，就這個「知」的活動來說，「知」這個活動是外向的，也是內反的；外向的確定對象，內反的回溯自身。「知人者智，自知者明」，對於一個外向的，如何確定這個對象，這叫「智」，內反的回溯到自身叫「明」，留意一下，這個內反回溯自身，一方面就是回溯到那宇宙，天地之常，而「知常曰明」，老子《道德經》第十六章講「復命曰常，知常曰明」，「常」是天地場域的那個常態，所以道家講「知」，往外要有一個外向確定的對象，而內反的回溯到自身，外向的確定對象跟內返回溯自身，這是一體之兩面。

「知人者智，自知者明；勝人者有力，自勝者強。」你勝過別人，叫作有力量；你真正能勝過自己，那才是真正的強者。「知足者富，強行者有志」。知足之人，那才算是富有，你能夠奮力去實踐，這樣子必然你已經確定了志向，不然做不到。這說明幾個道理，一個告訴我們不追逐！回歸自然、放下，這就是方式。另外，立志向道，通達本源，開啟動力，就這兩個方式。就整個道家來講的話，以前者為主，不追逐而回歸自然，一切放下。儒家以後者為主，立志向道，通達本源，開啟動力。這你生命怎麼處理？你碰到問題怎麼處理呢？一個是徹底放下，一個是勇敢挑起來，如何徹底放下呢？要瞭解什麼放不下，所以把它解消，回歸自然。另一種方式是立志向道，通達本源就開啟這個動力，這叫「強行者有志」，天行健，君子以自強不息！立志向道，通達本源所開啟的這動力是非常大的，那是源泉滾滾，「沛

然莫之能禦」[36]的。「綿綿若存」[37]，不要銳益求進，所以「知足者富，強行者有志，不失其所者久。」不要離開那個大道之所，如此才能長久，而身雖死精神卻能長存，這個叫長壽啊！

　　小孩子學東西，自自然然的學會的，那可以久；若學得很辛苦才學會，那不可以久。人跟人之間相處很平易，那可以久，若客人每次到你家都提了很貴重的東西，那也有壓力，不收又不是，於是第一回就買等值的東西還送，第二回他來又送禮，那造成很痛苦，因每次都要算算怎樣才等值，只好逆向思考，一切隨意，再觀察如何！若再來，他還是一樣，而你是很隨意，這樣即看能不能久，如果能久那就久；如果不能久那就算了。因為道家講求放下，認為沒那麼嚴重的。它要的是一分瀟灑，因為心很寬，所以通通都能夠容納，這樣就能生長，就能久，道家的思考就這麼簡單，把世俗裡面那個高低的心頭起伏、上下的東西，通通用一個方式把它「絕」掉，就是所講的「絕學無憂」，把它擱置一旁，中斷了，讓生命回到生命！這雖是很簡單的方法，但做起來不太容易，因為我們已經習慣在世俗裡頭過活，這應對方式會把你打亂，所以道家告訴我們「淳樸」生命才有新的可能，因此「見數報福，少知寡欲」，你不純樸那就麻煩即是這個道理。

　　老子《道德經》第四十五章「大成若缺，其用不弊；大盈若沖，其用不窮；大直若屈，大巧若拙，大辯若訥，躁勝寒，靜勝熱，清靜為天下正。」大成若缺啊！大道之成，若有所缺其用不弊，大道之用，永不衰弊，大盈若沖，沖者、中也，虛也，大道滿盈，若有所沖，若有所屈，其用不窮，大道之用，永不窮盡啊！這講大道，大道有個特質，它永遠存著一股力量不窮盡的，力氣不使盡，這個力氣不

---

36 見《孟子》〈盡心〉上：「孟子曰：『舜之居深山之中，與木石居，與鹿豕遊，其所以異於深山之野人者幾希。及其聞一善言，見一善行，若決江河，沛然莫之能禦也。』」

37 見老子《道德經》第六章：「谷神不死，是謂玄牝。玄牝之門，是謂天地根。綿綿若存，用之不勤。」

使盡就沒了，因為道家它認為一個東西它生長的時候，它一定要有個底，才能夠一直生長，「大成若缺，其用不弊；大盈若沖，其用不窮。」缺憾從這個角度去看，這個缺憾就不是缺憾了。「大直若屈」，大道平直，其實所謂的平直，在現實上看起來有點曲折就是平直。「大巧若拙」，大道的巧妙，看起來好像有點愚拙，「大辯若訥」，大道它用語言彰顯出來的時候，雄辯滔滔，它說雄辯滔滔看起來好像有點木訥，說話的時候有點結結巴巴，你不要認為它辯論無效，它辯論可能最有能量。「躁勝寒，靜勝熱」，躁，動也，你行動就可以克服寒冷，靜，就可以克服暑熱。「清靜天下為正」，心神清靜你就能夠君臨天下，這整個都在說，這個大道的狀態就是處在一個不窮盡的可能性的狀態，而這個可能性的狀態如果落在人的心性來說，你這個心性啊！能夠處在一個寧靜淡泊的狀態，諸葛孔明有兩句話非常動人「淡泊以明志，寧靜以致遠」，就從這兩句話就可以看出這個諸葛孔明對道家很瞭解，也因為他對道家很能瞭解，所以他有一個冷靜之智。

十七　結語：讓「存有之道」如實的開展──「及吾無身，吾有何患」

靜觀事變能夠審定真幾，不盲目，而有寧靜的心，表現出來，就是從容、寬鬆。寧靜的心即能夠聽到自己內在的聲音，就能夠「自知者明」；就能夠「致虛守靜」；就能「歸根復命」，就能夠真正的回到自己，就能夠自尊、就能夠自足，這是道家強調的回歸力量。因為能回歸到自身，那麼也就能擺落，人的麻煩就是不能回歸到自身。不能回歸自己乃因執著一個「有」。這個「有」就是禍害，所以道家一定要把這個「有」取消，「吾之大患，為吾有身；及吾無身，吾又何患」，這重要在「有」這個字，而不在「身」這個字，「我」最大的禍患是因為「我」一直執著我這個軀殼，如果我能夠不執著這個軀殼，

不執著這個身家性命，那我又有何患呢？道家的方式，自然就好了，如何養生呢？就是不要傷害它，叫養生。《莊子》〈養生主〉：「以無厚入有閒，恢恢乎，其於遊刃必有餘地矣！」一件事做下來，遊刃有餘，那就沒有問題，你不能游刃有餘，那恐怕就有問題。學習獨處，傾聽自己的聲音，不要讓你的神勞動，寧可讓你的形軀去活動，而不要讓你的心念又繼續紛擾的活動，這叫「勞形則神欽」，「勞形則神欽」是道家工夫。「主敬則身強」是儒家工夫。

　　老子《道德經》第四十八章「為學日益，為道日損，損之又損，以至於無，無為而無不為。取天下常以無事，及其有事，不足以取天下。」為學當然是日益增進、日益生長。而所謂為道日損則為減損我們的執著、減損我們對於整個話語系統依賴。這無所造作、無所執著才能夠「無不為，才能夠無入而不自得」。自在、自得，所依靠的是自己，不依他。順其自然而不因外在他者而讓自己心惶惶然。人能自在，那生命就美。真正成為「人物」一定是從容的，不從容就不能成為「人物」，老一輩的大師，牟先生即是個大師，比唐君毅還要高，牟先生最從容，牟先生講話慢慢講，可以延續三個鐘頭，八十歲仍可以講課連講三個鐘頭，因為他從容地講。學生書局出版的《中國哲學十九講》，即是一個禮拜講一講，一講就是一篇文章，那文章是首尾連貫的。他有一個生命之理在那生長，就這一點來講，其實很道家，他的思考，整個生命的承擔是儒家的，而生命狀態上其實用道家的方式來養生的。

　　「無為無不為，取天下常以無事」，如何「取天下」，順著自然常道，安寧無事，即能取得天下。取天下，以無事取天下，老子也說「以正治國，以奇用兵，以無事取天下」，取天下常以無事，道家之取天下，是不執著的，是瀟灑的，他並不覺得我非去做這件事情不可，他是說這件事情如果要我去擔了，擔了之後，做成了，我能退開，沒事，「為而不有」。這跟孔老夫子不同，孔老夫子是很強烈的使

命感「知其不可而為之」，這兩套不同。道家是「為而不有」，做了，但不居功，做成了，別人都不知道也沒關係。道家認為這些東西放下、沒事，所以取天下常以無事，及其有事，就不足以取天下。如果你生事擾民，你就沒有辦法得到天下。天下者，天下人之天下也，天下者，天下治其天下也，所以他必需要有一個靜觀的智慧，而這靜觀的「靜」字是寧靜。

　　這就是老子所常講的，「以身觀身、以家觀家、以國觀國、以天下觀天下」，身是身、家是家、國是國、天下是天下。面對我的身，就把我的身管好；面對家就把家做好；面對國家就把國家做好，不必急著要去擔，當他來了，就好好去擔，擔過了，就放下，最好有人擔，就能不用擔，你如果覺得非擔不可，就要看有沒有可擔，如果不可擔，其實應覺得幸福，這一點很重要。諸葛孔明即是這樣，他本來不用擔，但是想到最後還是要擔，既然要擔了，那就好好擔，但他本來想擔一擔還要回來，沒想這一擔，一去就不能回來，但是他起先其實是放下了，他是道家的樣子，因而做起事來，很有力量。道家的方式，其實是用來全生保真的，這樣才有辦法讓天下間的事物，能夠好好的全其性命，保其真樸自然，道家的可貴處即是正視個人的有限，正視個人的很渺小，就不會容不下天地、容不下別人，因為你不會用你的方式、話語系統、權利、理想，強壓在別人身上，而認為應該自我撤開，當撤開的時候，反而有無限可能，道家的獨特即在這裡。

　　道家講治療就是給自己和別人空間，給自己空間就不要太在乎別人怎麼看你，太在乎自己要什麼，心靈、腦子都在要求，而忽略了一個很重要的東西，即你只是一個具體的肉身！人為什麼會垮呢？是因你的心靈在要求，頭腦在求索，使得身體負荷不了。應該傾聽身體的聲音，身體的聲音是最真實的。華人從唐末五代以後，都是以心控

身，而出了問題，所以不是「以心控身」，是「身心一如」[38]，而如何身心一如，即是從身做，所以健身，心自然就正了，身體對道家來講，絕對不是佛家所講的臭皮囊，身體是好的、良善的，要好好愛惜它，用最自然、最真樸的方式愛惜，道家認為人的生命有一種很真實的東西，你要去傾聽那最真實生命的聲音，就叫「歸根復命」、「復命曰常」。

---

38 請參見林安梧：〈從「以心控身」到「身心一如」：以王夫之哲學為核心兼及於程朱、陸王的討論〉，臺灣師範大學國文學系《國文學報》第30期（2001年6月），頁77-96。

第六章
語言的異化與存有的治療
──以老子《道德經》為核心的理解與詮釋*

一　問題的提出

　　《老子》一書清楚的點示出的兩個主題，可以說是：語言的異化與存有的治療。這兩個主題，其實是通貫為一的。就其歷史的發生來說，《老子》一書之所以會提出這樣的論點，極可能是面對所謂的「周文疲弊」而起，[1]但這樣的論點之所以會構成，若溯其遠因，則可以回到中國文化的「薩滿教」（Shamanism）的土壤來說。[2]

　　「周文疲弊」是歷史發生的原因，而「薩滿教」則是使得《老子》書能成立的文化土壤。這意思是說，道家的興起，《老子》書的成立，是針對著周文疲弊而提出的治療方針，這樣的一套治療方針，當可以稱之為「文化的治療」，它是對周文疲弊的治療。其實，這裡所謂的「文化治療」並不是說通過一種文化的途境，而去達到治療的效果，而是說《老子》書的用意，在於達到文化治療的效果。[3]至於，

---

*　本文原刊於林安梧：《中國宗教與意義治療》一書第六章（臺北市：明文書局，2001年）。

1　關於此說，請參閱牟先生：《中國哲學十九講》（臺北市：臺灣學生書局，1983年），第五講「道家玄理的性格」，頁87。

2　此請參看張光直：《考古學專題六講》（臺北市：稻鄉出版社，1988年），第一講「中國古代史在世界史上的重要性」，頁4。

3　關於將儒、釋、道三教視為治療學的論點來看，傅偉勳先生首發其端，見氏著：《弗蘭克爾與意義治療法》，收入氏著：《批判的繼承與創造的發展》（臺北市：東大圖書公司，1986年），頁171-179。又筆者亦曾在一九八八年的「唐君毅思想國際

比較內裡的說，這套文化治療是通過如何的途徑，筆者則以為它可以
名之為一種「存有的治療學」。筆者以為這樣的一套治療方式與中國
文化中的薩滿教土壤有密切的關係，它們一樣是建立在天地人我通而
為一的存有的連續觀之上的，或者用張光直先生的說法，是在此「瑪
雅──中國文化連續體」下而成立的。[4]本文並無意於深入處理道家
或者《老子》書與此二者密切的關係，而意在指出關聯著《老子》書
的論述結構，我們將發現他對於語言的異化有著深切的體會，並提出
了存有的治療這樣的方案。

　　相對於「語言的異化與存有的治療」，我們似乎隱約可以對比的
發現在西方當代對於「異化」與「治療」尤其重視；但我們卻可以發
現一更奇詭而有趣的現象，那便是它們談的不是「語言的異化與存有
的治療」，而是「存有的異化與語言的治療」。在「語言的異化與存有
的治療」與「存有的異化與語言的治療」的對比中，雖然它們彼此所
認為的「語言」與「存有」各有異同，其所面對的事實亦有所不同，
但筆者以為從這樣的對比多少看出中西方對於語言與存有的理解是極
為不同的。正因為這樣的不同，所以對於「異化」的理解亦有所不
同，「治療」的方式亦有所不同。[5]

　　雖然《老子》書與今日相去二千餘年，但它所昭示的道理，就今

會議」上，宣讀〈邁向儒家型意義治療學的建立〉一文（該文刊載於新加坡出版的
《亞洲月刊》，1988年8月，及臺北出版的《鵝湖月刊》，1989年10月。），同時袁保
新亦在會中宣讀《老子思想在現代文化中的意義》一文，在註中曾提到老子乃是一
「具存有學理趣的文化治療學」（該文見《鵝湖月刊》第164期，1989年2月）。

4　張光直：《考古學專題六講》，頁21。

5　大體說來，西方文化從古希臘的巴曼尼德（Parmanides）強調「思維與存在的一致
性」以來經由柏拉圖（Plato）的理型論（Idealism）與亞里士多德（Aristotle）的實
在論（Realism）的陶鑄以下，我們可以說它們是「以說代知、以知代思、以思代
在」的傳統，故此所謂的「存有的異化」乃是在此傳統中而造成的，關聯此而有所
謂「語言的治療」。老子道家的傳統則不是如此來看待存有，故深知異化乃是「語言
的異化」，而不是「存有的異化」，相對的，語言的異化，須得經由「存有的治療」。

日言之，仍有其日新又新者。因為《老子》書所言，不只是針對當時而發的具體問題，而更重要的是由此而引發的根源性問題之探討，像「語言的異化與存有的治療」這樣的論題，是任何一個時代都可能面臨到的，都可以其所論為借鏡。本文的目的，即在於環繞老子書的原文，而去闡發其對於「語言的異化與存有的治療」之諸多見解，並意圖從中理出頭緒，而邁向於道家型的存有治療學之建立。

二　異化、語言的異化

「異化」（alienation）一詞，從馬克思的「一八四四年經濟與哲學手稿」（Econmic and Philosophical Manuscripts of 1844）在廿世紀中葉刊行以來，倍受重視，揆其原因，實不外於廿世紀經由二次大戰以後，文化衰頹，人心苦悶所致。異化一詞，隨著時代的差別與各個不同學門的拓深，其義涵亦言人人殊，不過，大體而言，「異化」一辭，可以理解成「亡其宅」（not at home）的意思。[6]如果關聯著孟子所說「仁者，人之安宅也」來說的話，我們說我們都得居住在人性的宅第之中，[7]我們都宜居在人與人的道德真實感所關聯為一體這樣所成的宅第之中（如陽明所謂的「一體之仁」即是[8]），如此說來，所謂的「亡其宅」指的正是人之不能處在由人性之怵惕惻隱之仁所成的宅第，也就是如孔子所說的處在「不仁」的狀態。

6　此處所述有關「異化」（Alienation）一詞，請參看Wilfrid Desan, "Marxist Semantics"一文，收入氏著 The Marxism of Jean-Parul Satre 一書，pp.26-33, Anchor Books, U.S.A，並請參看洪鎌德：《馬克思與社會學》（臺北市：遠景出版社，1983年），第五章、馬克思批判性社會學說——人性論，頁127-131。

7　該引文見《孟子》〈告子篇〉。

8　關於陽明的「一體之仁」，請參閱林安梧：〈王陽明的本體實踐學——以《大學問》為核心的展開〉，收入《陽明學學術討論會論文集》（臺北市：臺灣師範大學人文教育中心，1989年），頁105-124。

　　我們亦可說所謂的「異化」即是處在如老子所說在「無道」的狀態之下。「道」，其實並不是一超絕的形上之體，而指的是一具體而活生生的生活世界，是所謂的「天地」（老子云「天地所以能長且久者，以其不自生，故能長生」（見《道德經》第七章），是所謂的「所」（老子云「不失其所者，可以久」（見《道德經》第三十三章），或者即筆者所常謂的是一自然之總體（natural totality）（是一自如其如的本然之總體）。[9]所謂的「異化」，其實指的是由此道所成之「自然的總體」所分裂開來的狀態。（或可說即是一「道術為天下裂」（《莊子》〈天下〉篇）的狀態）

　　值得注意的是，這裡所說的「分裂」亦可以是一積極性展開意義，指的是由那自然之總體的道而展開，如老子云「樸散則為器」（廿八章），換言之，「異化」若就此而言，是有其必要性的，但我們這裡使用的「異化」一詞，則是消極而負面的意思，它指的是人離了道的總體狀態，人悖離了人性的宅第、亡其宅的狀態。當然，老子是由當時的存在情境省察而得。他說：

　　　　民之饑，以其上食稅之多，是以饑。民之難治，以其上之有
　　　　為，是以難治。民之輕死，以其求生之厚，是以輕死。夫唯無
　　　　以生為者，是賢於貴生。（第七十五章）
　　　　民不畏死，奈何以死懼之？若使民常畏死，而為奇者，吾得執
　　　　而殺之，孰敢？常有司殺者殺，夫代司殺者殺，是謂代大匠
　　　　斲。夫代大匠斲者，希有不傷其手者矣！（第七十四章）

　　如上所引，我們可以清楚的發現當時的整個歷史社會總體是如何

9　關於「自然的總體」之說，請參見林安梧〈道的錯置（一）——先秦儒家政治思想的困結〉，收入東海大學編：《第一屆中國思想史研討會論文集——先秦儒法道思想之交融及其影響》（臺中市：東海大學，1989年），頁102-103。

了。在上者剝削厚斂，民生凋敝，饑饉連年，生民塗炭，難治而輕死。在這種民不畏死的情況下，奈何以死懼之。「民不畏死，奈何以死懼之」，言之何其悽愴，何其悲壯，聞之又何其不忍，顯然的，這已不是單單去喚醒人當如何就可以解決的問題。更嚴重的，這根本就是整個生活世界的問題，如何重建整個生活世界，比起如何去教化百姓來得重要多了。因為，問題的重點根本上就不是百姓的問題，而是整個生活世界毀壞了的問題。顯然的，生活世界之所以毀壞，最為嚴重的是由於「上食稅之多」，是由於「上之有為」，是由於「上求生之厚」而造成的；但如今問題既已形成，就不是怎樣去鏟除這些在上者，就可以了事的。問題的關鍵點在於如何去培養人性的母土，一適合於人性居住的自然母土。

　　這意思也就是說，我們該當區分「發病的起源」與「發了病之病況」及「此病況之為何病況」這三個不同的層次。就好像一個人由於打開了窗戶，著涼了，患了感冒，現在要治好這個人的感冒，並不是將窗戶關上，保暖就可以了事的，而是要去瞭解一下，到底患了哪類型的感冒，感染了什麼樣的病毒，該吃什麼樣的藥，該做怎麼樣的休養，才可能痊癒。依《老子》書說來，其徹底的診斷可以說是「語言的異化」，而提出的藥方則是「存有的治療」。

　　如上所說「病兆」、「病源」、「病因」這三個層次並不相同。病兆者，言其兆也，言其病之癥兆現象也。病源者，言其源也，言其病之發生起源也。病因者，言其因也，言其病之本質之理也。病兆使我們知道病了，病源則是使我們知道如何致病，但若不瞭解所謂的「病因」，便無法治病、療病。病兆是 what 的問題，而病源則是 how 的問題，病因則是 why 的問題。這三個層次的問題，在立論上可以分成三個層次，但在實際上則是關聯成一體的，往往又難以分別。大體說來，經由《老子》書的全面理解，我們可以說他所診治的結果，病因在於「整個生活世界病了」，而又如何進一步去說明此生活世界之為

病的病因。換言之，說整個生活世界病了，這是籠統的就其為一切病
的病因而說，而對於此生活世界的現象理解，則是進一步去闡明一更
為內在的病因所在。老子說：

> 五色令人目盲，五音令人耳聾，五味令人口爽，馳騁畋獵令人
> 心發狂，難得之貨令人行妨。是以聖人為腹不為目，故去彼取
> 此。（第十二章）

　　就上所引來說，目盲、耳聾、口爽、心發狂以及行妨，這是病
兆；而五色、五音、五味、馳騁畋獵及難得之貨，這是病源。值得注
意的是，這是病源，而不是病因，真正的病因在於哪裡？筆者以為其
關鍵點在於「令人」上，到底這些病源如何的讓人致病的呢？王夫之
於此言之甚諦，他說：

> 目以機為機，腹以無機為機，機與機為應，無機者，機之所取
> 容也。處乎目與腹之中者，心也。方且退心而就腹，而後可以
> 觀物，是故濁不使有心，清不可使有跡。不以禮制欲，不以知
> 辨志，待物自敝，而天乃脫然。[10]

　　我們的「目」（眼睛）是一投向外的機竅，這樣的機竅是一趨向
於執著性與對象化的機竅，這與「腹」（肚子）便不相同，它是一迴
向內的機竅，這樣的機竅是無執著性的、非對象化的，它迴返於內，
而只是一自然而無執著的機竅。那種執著性的機竅使得我們所發的機
竅相應而連結在一處，成為一定執了的機竅。須知，只有那無執著性
的機竅才是一切機竅之所可以取得其容身之處，也就是說唯有經由此

10　王夫之：《老子衍》（臺北市：河洛出版社，1975年），頁4。

無執著性的涵納才能使得一切的機竅不會往外奔馳，而成為一定執於對象化的存在物之上的機竅。一切的機竅之為機竅，它可能成為一有執著性的、對象化的、定執的機竅，或者可以是一無執著性的、未對象化的、不成定執的機竅，其關鍵點就在於「心」。要是果真我們能將我們的心退返到那無執著性的、未對象化的狀態中，這樣才可能如其為物之在其自己的觀物。如此說來，我們遇其混濁，最要緊的是不可讓我們的心就往外掛搭在上頭，即使你的心地是清明的，你也不可以守著這種清明的痕跡，心之為心，要迴返到無執著、未對象化的狀態。不要用禮去克制欲望，不要用心知去辨明心的意向，且讓外物之為外物，順其自然的凋敝（因為你不執著住它，它便失去奧援，它便自然凋敝），而整個生活世界才能從這些執著性的、對象化的定執中解放出來，而回復為一生活世界。

　　如上所作的理解與詮釋，我們可說問題的關鍵點在於「心」之投向外而成為一定執的、執著性的、對象化的機竅，使得這樣的機竅與那些天生的機竅（如耳目口鼻等等）成為機竅與機竅相應而成定執於對象物，為此對象物所牽引而離其自身這樣的機竅。換言之，問題點在於「機與機為應」或者是能「無機者，機之所取容也」。「機與機為應」陷入一定執之機、對象化之機中，如此已離其自身之為機，這時的心便處在我所謂的「亡其宅」的狀態，這也就是一「異化」的狀態，是從那自然之總體而分裂脫離開來的狀態。這樣的「異化」狀態，就其表面而言，我們可以說是整個生活世界的異化與毀壞，但就實而言，我們知其為「機與機為應」而定執所成的狀態。這樣的狀態，筆者將名之曰「語言的異化」。

　　須得先提出說明的是，筆者之所以用「語言的異化」一詞，而不用「生活世界的異化」，不用文化的衰頹與異化等，這是因為我們若用「生活世界的異化」或者「文化的衰頹與異化」等，只能說是對於亡其宅的「異化」現象做出了表象的詮釋與描寫而已，並未真正指出

其為異化的起因與理由。用「語言的異化」一詞，則一方面可以作為異化狀況的描述語，一方面則亦可作為異化狀況之起源，更重要的則是它可以作為異化狀況之根本因由的詮釋與說明。換言之，「語言的異化」一詞，不但足以說出其「病兆」，亦可以說出其「病源」，更可以說出其「病因」。再者，須得一提的是，在老子看來「語言」並不是一不必要的東西，語言是必要的，存有之道的展開便是通過語言而展開的。不過，由於不切當的展開而造成了所謂的「異化」狀態，其實，這種不切當的展開情形，即是我所謂的以一種語言的異化的展開方式而造成的異化。

關於此問題，《老子》書的第一章便清楚的點示出這一點，他說：

> 道，可道，非常道；名，可名，非常名。無名，天地之始；有名，萬物之母；故常無，欲以觀其妙；常有，欲以觀其徼。此兩者，同出而異名，同謂之玄，玄之又玄，眾妙之門。（第一章）

上所引這段話，言人人殊，頗難索解，筆者以為此段話正可闡明如上所說之「言說的異化」的狀況。茲進一步分疏如下，就「道，可道，非常道；名，可名，非常名」，這是說：那自然總體的存有之道，可以通過言說而開展的，但這樣子通過言說而開展者，並不是常道，不是那恆常的自然總體的存有之道。（那自然總體的存有之道其實是不外於我們的生活世界的，生活世界是不外於言說所成的世界，因為它就在言說的開展中而成的一個世界，如果把言說取消掉了，那便不成其為生活世界了。）言說如其為言說這樣的言說，它必得經由言說之開啟而展開，但這樣的展開，並不是那如其為言說這樣的言說。這正如王夫之所說：

> 可者不常，常者無可。然若據常則常一可也，是故不廢常，而
> 無所可，不廢常則人機通，無所可，則天和一。[11]

可道不是常道，可名不是常名，「可」指的是言說的展開，而展開若
無所返、無所化便通向於對象化的定執之域，一旦陷入此對象化的定
執之域，則它便不再是「常」。「常」指的是如其本然，不再是「如其
本然」，便是處在所謂的「異化狀態」。須知：如其本然的狀態便不能
是一對象化的展開所成的定執狀況。如果我們果真能以如其本然為據
（其實，此即是以無據為據），那麼我們便能說這樣的如其本然便是
一如其本然而開啟的生活世界。如此說來，我們若能不廢除那個「如
其本然」，那麼我們這樣所成的生活世界便是一非對象化、無所定執
的世界。因為果真我們能不廢此如其本然而開啟的生活世界，那麼人
所具有天生的機竅是無所不通達的，既然是非對象化、無所定執的，
那麼那自然之總體便是和諧，而如其本然的是一個自然整體。

　　就「無名，天地之始；有名，萬物之母；故常無，欲以觀其妙；
常有，欲以觀其徼」而言，這是說，未言說之前的未展開狀態，是一
切展開的可能，或者說成為一切展開的底依，老子這裡便說是「天地
之始」。這是說言說未展開的狀態乃是一切展開的可能，這「可能」
指的是一個「天地」，是一個平平攤開的「場域」。言說的開啟，才是
萬有一切存在的根源。言說未展開只是提供了一平平攤開的場域，這
是如其本然狀態，而言說一旦開啟，就不再如此，而可成為萬有一切
的根源。換言之，言說之展開才使得此平平攤開的場域顯現為一活生
生、萬物自生自長的生活世界，就此而言「萬物之母」。天地之始是
就「無名」而說的，萬物之母則是就「有名」而說的。「天地」與
「萬物」是不同的，天地強調的是一「場」與「生活世界」的概念，

---

11 王夫之：《老子衍》，頁3。

而「萬物」強調的則是一在場中之存有物的概念，當然其存有物之為存有物又是變化遷流、永不止息的。[12]在老子《道德經》中，頗為強調萬物自生自長，各任其可的作用，但此自生自長，各任其可之所以可能，則在於「天地」。

以「天地」而言其「無」，這是就其之為一切開顯的依憑（水平）（Horizon）而說的，因為這裡所謂的「依憑」是要回到一無所定執、無所對象化的原點狀態的。「無」一方面指的是此「依憑」的狀態，而另方面則又是要達到此「依憑」的「工夫」。然而「無」之為無乃是一「損」的工夫，是經由一否定性的思考（Negative thinking）而成的。這種「損」的工夫以及「否定性的思考」之為「損」，之為「否定」必得由一「有」、一「肯定的定執的存在」而損之、而否定之。換言之，要歸返老子所謂的「天地」，必得由「萬物」為思考的起點，才能有所著力。是要由「萬物並作，吾以觀復」（十六章）才為可能，經由這種「觀復」的工夫，才能見到「夫物芸芸，各復歸其根」，而所謂的「歸根」便是「靜」，這就叫作「復命」，復命即是常，而知常曰明，不知常妄作凶。其實，「觀復」是就「萬物」這層次上說，而「歸根」則是就「天地」這層次上說，「觀復」是由萬物之跡而復歸之，而「歸根」則是進而歸返於「天地」這個無所定執，如其為可能的「依憑」。能經由「觀復」的工夫，所以能「常有，欲以觀其徼」，能經由「歸根」的工夫，所以能「常無，欲以觀其徼」。這樣說來，我們可進一步的指出，終極的說，「有」與「無」本是一體的，因此而說「此兩者同出而異名，同謂之玄，玄之又玄，眾妙之門。」也因之我們能

---

12 年先生於此似將「天地」解為萬物之總稱，而以為「萬物」是就天地之散說，並說「天地與萬物，其義一也，只隨文異其辭耳。」（見氏著《才性與玄理》，頁130，臺灣學生書局印行，1975年四版）筆者以為如此，則未能將老子之「天地之場」的概念豁顯出，無法將老子所強調之「生活世界」之概念豁顯出，這可能筆因於年先生仍繫屬於主體來理解道家。筆者於此重在從「生活世界」為進路來理解道家思想。

說「天下萬物生於有，有生於無」（第四十章），這裡所說「天下萬物生於有」一句，即如「有，名萬物之母」，而又說「有生於無」，這是說：那天下萬物是在天地之中開顯的，是回到一無所定執，坦然放開的「依憑」（「天地」）而開顯的。

　　如上所說，我們可以約略的說：老子《道德經》所呈現的是一「否定性的思考」，是一歸返於依憑的天地，這樣所成的「平鋪式的思考」（Horizontal thinking）。否定之所以為否定，為的是化解掉那定執的存有，而平鋪式的思考則為要歸返一個原初的天地。顯然的，這樣的思考是有見及於「語言的異化」，而思有以救濟之所成的一種思考。這種救濟的方式即是「存有的治療」。

　　相對來說，存有的開顯先是——「平鋪的展開」，但經由人心的作用則產生「縱向的開展」，這縱向的開展使得存有以一連續觀的方式而展開，關聯著它，則又擺向一「橫面的執取」這樣所成的定執，這樣的定執便造成了所謂的「異化」。由平鋪的展開進而說縱向的開展，這便將存有進到了時間而開啟了歷史性的問題，然而歷史性之為歷史性還不是這樣的單純之存有之縱向開展的問題而已，值得注意的是此存有之縱向的開展必得落實而為一橫面的執取，這樣才有了限定性之問題，因而「歷史性」才不再只是一掛空的就其為存有之開展來說，而是能就一限定性來說其為歷史性。這種「橫面的執取」造成了我前面所說的「語言的異化」的情形。老子於此「橫面的執取」而造成的「語言之異化」言之甚詳。老子說：

　　　天下皆知美之為美，斯惡已！皆知善之為善，斯不善已！（第二章）

　　美如其美而開顯之，這樣的「美」不與「惡」對舉，既不與「惡」對舉，則這樣的「美」無突兀相，非一定執之美，此之為真

美。善如其善而開顯之，這樣的「善」不與「不善」對舉，既不與「不善」對舉，則這樣的「善」便無突兀相，非一定執之善，此之為真善或亦稱之為「德善」（「不善者，吾亦善之，德善」〔第四十九章〕）。問題在於只是善美如其善美的開顯之，這樣的善美是不能「知之」的，要落於「知之」的層次，必得經由一對象化之活動，此對象化之活動其最為明顯的是「語言之活動」，而一旦落入語言之活動，便會產生所謂的「異化」。如老子之所說「天下皆知美之為美，斯惡已！」問題的關鍵點在於「知」，尤其在於「皆知」上頭。「知」指的是「執取」，而「皆知」則是我這裡所謂的「橫面的定執」，而這樣的「橫面的定執」乃是由於一人數之眾多而產生一人心之橫面的拖曳而成的。這裡我們發現老子不只注意到一般知識論上的問題，更且注意到了知識社會學這樣的向度，值得我們關注。

如前所說，由於人心的橫面之相引拖曳而執成的橫面的定執造成了語言的異化，為了免除此語言的異化，老子呼籲要「處無為之事，行不言之教」（第二章），這樣才能「萬物作焉而不辭」（第二章），才能「生而不有，為而不恃，功成而弗居」（第二章）。再者，若順前所說，存有之開展先由一平鋪的開顯，繼而由一縱向的開展，落而為一橫向的執取，終而使得存有成為一對象化、執著性的存有，而由於此橫向之執取之相引拖曳而造成了語言的異化。

我們既然清楚的理解到「語言的異化」是如何的展開的，那我們便可以發現這種異化乃是在一種對象化、執著性之橫向之執取的相引拖曳而造成了一相互對反的情形。老子說：

> 大道廢，有仁義；智慧出，有大偽；六親不合，有孝慈；國家昏亂，有忠臣。（第十八章）

仁義之名的出現是落在「大道廢」的狀態下而對反出來的，一有

智慧之名，便連帶的有了大偽，在六親不合的情況之下，其所對反的便是「孝慈」的強調，而所謂的「忠臣」便是在國家昏亂的情形之下對反而出的。顯然的，語言的異化與存有的開展有非常密切的關係，我們這裡之所以特別標明其為「語言的異化」，並不是語言本身開顯有此異化的情形，而是關聯著整個存有的開展而論說的，當然存有之開顯是就整個歷史社會總體與廣大的生活世界而展開的，說「語言的異化」自然是落在整個歷史社會總體與廣大的生活世界上立說的。在此歷史社會總體與生活世界的對比下，語言的異化除了是在一對象化、執著性之橫向之執取的相引拖曳而造成了一相互對反的情形，它還會以一種歷史的延續般的方式交相接引而成。這樣的交相接引是在一歷史性的執定之下而展開的，它當然亦在一對象化、執著性之橫向之執取的相引拖曳而成的對反下的衍生，老子說：「失道而後德，失德而後仁，失仁而後義，失義而後禮，禮者，忠信之薄，而亂之首。」（第三十八章）從這裡，我們顯然的可見「道、德、仁、義、禮」諸言說是如何的異化而一步步的向下衍申。

　　綜上所述，我們可說「語言的活動」若就其起源來說，或可說是起於「名」，沒有「名」則不足以說其為一語言的活動。在《老子》書中，「名」至少可以分為「常名」、「可名」與「定名」三種。就一般而言，語言的活動可說是一對象化的活動，而《老子》書中所謂的「常名」則是使得「名」（或者說「可名」）的活動成為可能，換言之，有了「常名」才為「可名」，由其為「可名」再展開為一定執的、對象化的活動，這是經由「主客分立」，再經由主體用一「名」而對象化以指向一對象物的活動，此即「定名」。王弼所謂的「名以定形」即指的是這樣的執取的、對象化的活動。[13]由「常名」而「可名」，再而為「定名」，這是一由道之「平鋪的開顯」而「縱向的開展」，再落實而為一

---

13 見老子《道德經》，第二十五章，王弼注。

「橫向的執取」的過程。所謂的「語言的異化」當然不是就「常名」說，也不是就「可名」說，而是就「定名」說的。

三　治療、存有的治療

　　如前所說，我們可以總括的說：語言之為一種表達，是表達那已彰顯之物。語言本身並不是去彰顯，而是去就其所彰顯的而加以限定之。王弼所謂的「名以定形」即可作如是之理解。再者，我們亦可更進一步說，一切為吾人心知所能理解掌握者都是語言之表達，而這樣之語言的表達乃是由存有之平鋪的開顯轉為縱向的開展，進而為橫向的執取所成的定象性、執著性、對象化的存在，如果因此橫向的執取之相引拖曳則成一異化之對反而定執的存在，這便造成了嚴重的「語言之異化」的情形。對於這種「語言之異化」的情形之克服，即如前面所隨文點示的「存有的治療」。就老子《道德經》其所開啟的治療學，我們可以發現它並不是以主體的自覺為中心的，相反的，它是反主體主義的。它不是縱面的思維方式（Virticalthinking），而是平鋪的思維方式（Horizontalthinking）。它不是肯定性的思維方式（Positive thinking），而是否定性的思維方式（Negative thinking）。它不是單線式的思維方式（Lineal thinking），而是圓環式的思維方式（Circle-thinking）。不是建構性的思維方式（Constructive thinking），而是解構性的思維方式（Deconstructive thinking）。這樣的治療學與儒家的意義治療學形成一強烈的對比，而與心理學為主的治療學亦有頗多的不同，值得我們注意。[14]

---

14 弗蘭克（V. E. Frankl）提倡所謂的「意義治療法」（Logotherapy），他自承此治療法是「第三維也納心理治療學派」，它的焦點放在「人存在的意義」以及「人對此存在意義的追尋」上。依弗蘭克所說此種存在意義的追尋，是一個人最基本的動機。他以為佛洛伊德心理分析學派（Freudian Psycho-analysis）所強調的是享樂意志（Will-

　　老子所展開的「存有的治療」並不同於儒家的「意義的治療」，這可以追根究柢的就彼此對於世界觀與宇宙觀理解與詮釋之不同而見出其分野。儒家的「體驗式的詮釋」是以人的「主體」為核心的，而且又肯定此主體是通極於道體的，所謂的「體驗」乃是透過生活體驗感知所及而迴返於生命之自身」這樣的活動──即「驗之於體」，當其迴返於生命之自身則使得其所涉及之生活感知體驗各有所安，各復其位──即所謂的「以體驗之」。「驗之於體，以體驗之」是一個圓圈的兩個來回，是同時俱現，無分先後的。它一方面去發現其所存在之境域的意義，而另方面則指出這個境域意義發現之過程即是道體朗現的過程，亦即是心靈主體意義之所朗現的過程。儒家這樣的意義治療學是以「是，我在這裡」作為體驗的詮釋起點而展開的，是由那人的主體自覺而進到這個世界之中，以「我與您」（I and Thou）這樣的存在樣式而展開的，這是孟子所謂的怵惕惻隱之仁，是陽明所謂的「一體之仁」而開啟的。[15]儒家重的是「主體的自覺」，而道家所著重的則是「整體自然的顯現」。儒家由主體的自覺，由一體之仁，由致良知，終而進一步談宇宙之創生，談良知是造化的精靈，這是由主體之

to-Pleasure），而阿德勒心理學派（Adlerian Psychology）所強調的則是權力意志（Will-to-Power），他自己所建立的意義治療法強調的則是意義意志（Will-to-Meaning）。如其所說，意義治療法較諸心理分析，它較少回顧（Retrospective）與內省（Intro-spective）的方法，它的焦點放在於將來，放在病人將來所要完成的工作與意義上，這是以心靈層面為核心的心理治療。筆者以為儒家型之意義治療學與弗蘭克式之意義治療學接近，但仍有不同者，因儒家「一體之仁」的世界觀及其所強調的是一體驗的理解與詮釋方法，這與弗蘭克之追求意義的意義之意志仍有不同。以上所論，請參見氏著，趙可式、沈錦惠合譯：*Man`s Search for Meaning*（《活出意義來──從集中營說到存在主義》，臺北市：光啟出版社，1987年四版），第二部「意義治療法的基本概念」。又見游恆山譯：*The Doctor and the Soul*（《生存的理由──與心靈對話的意義治療學》），臺北市：遠流出版公司，1991年。

15 請參看林安梧：〈邁向儒家型意義治療學的建立〉，《鵝湖月刊》第172期（1989年10月），頁19至27。又請參看唐君毅：《人生之體驗續編》（臺北市：臺灣學生書局，1978年），頁58-59。

通極於道體而開顯者，道家則是由整體自然之顯現，順化自然，無為天成，萬物並作，吾以觀復。儒家之所重在於縱面的創生，而道家則重在一平鋪的開顯。儒家重在主體的自覺，道家則是落在如何的去除心知的執著，歸返於存有自身上用工夫。

值得注意的是，這裡所謂的「存有」並不是一「實有的存有」這樣的存有，不是一對象化一般之存有這樣的存有。存有乃是「生命開顯之場」，是一生命之開顯的「依憑」，是老子所說的「有、無玄同」，這樣的有無玄同是同出而異名。「無」指的是「天地之始」，而「有」則是「萬物之母」。存有之為存有，依老子看來，乃是萬物在天地之場中自如其如的開顯其自己，這樣的開顯乃是一平鋪的顯現，這平鋪的顯現隱含著一自發的秩序（Spontaneousorder），這自發的秩序即是老子所謂的「常」。[16]當然這裡所說的「常」並不是一執著性的「定常」，而是一自如其如的、平鋪的開顯這樣所成的生活世界之常，這樣的「常」，乃是一「歸根復命的常」，是一「萬物並作的常」。如此之常即是「常有之常」，是「常無之常」，是「常道之常」，是「常名之常」。

釐清了老子《道德經》中的「存有」之為有無玄同，之為萬物並作於天地之間這樣自如其如的開顯其自己。如此說來，我們可說「存有」之為「存有」，就其自身是一超乎言說或者是未可說的狀態的，然而存有之為超乎言說及未可說，這並不意味著存有即密藏於此，而無所開顯。如其為密藏於此，無所開顯之存有，則吾人亦不必意及此，而此存有亦不成其為存有矣！換言之，存有之為存有，雖有其不可說或超乎言說者，但此必得有其為可說，才得彰顯，此即老子首章之謂「道可道」，「名可名」也。由不可說或超乎言說而開顯為一可

---

16 石元康於〈自發的秩序與無為而治〉一文中對此自發的秩序論之甚詳，見《臺灣大學創校四十周年國際中國哲學研討會論文集》（臺北市：臺灣大學哲學系，1985年），頁449-463。

說，此即所謂的「道生一」是也。再者，存有之開顯既如此所說「道生一」，是由那不可說、超乎言說而開顯為一可說，而此「可說」既為可說，吾人當可以說其可說，這裡所謂的「說其可說」，此即「一生二」是也。由「道生一」、而「一生二」，由「不可說而可說」，進而「說其可說」，這樣的存有的開顯是由那「平鋪的開顯」而轉為「縱面的展開」，再轉向「橫面的執取」。此橫面的執取乃是由此「說其可說」而及於一對象化、執著性的對象物，如此才是「二生三」，至乎此「二生三」，我們才「說出了對象」，而這樣的說出了對象物，是一種定執的說，是一種對象化、執著性的說，這樣的說由於那橫面之執取的相引而拖曳，而造成了所謂的「語言的異化」。[17]

　　關聯著上述所說的語言的異化，我們可以進一步的指出：對於這種語言的異化的克服，老子所採取的是存有的治療，而所謂「存有的治療」著重的是歸返到存有自身，自如其如的開顯其自己，而這樣的開顯是一「平鋪的開顯」，而不同於儒家之為一「縱貫的創生」。在這平鋪的開顯裡，老子之所重的是生命的開顯之場的概念──即是「天地」這個概念。他說：

> 天長地久，天地所以長且久者，以其不自生，故能長生。是以聖人後其身而身先，外其身而身存。非以其無私邪，故能成其私。（第七章）

> 道常無名，樸，雖小，天下莫能臣也。侯王若能守之，萬物將自賓。天地相合以降甘露；民莫之令而自均。（第三十二章）

　　「天地」之所以能長久，是因為它並不作主，它提供了一個生命

---

17 以上所論是關聯著《道德經》第一章、第四十章及四十二章來解說者。

的開顯之場，並且自如其如的開顯其自己。正因為天地是不自生的，所以能長生，如果天地是自生其生的，那就不能長久了，也就不能成其為天地。天地並不是一空間的概念，不是一定執的處所之概念，而是一可能性的概念，這樣的可能性指的是一生命的開顯之場這樣的可能性。若關聯著存有的開顯來說，「道」之為「道」其所指的是一「超乎言說、不可言說」的寂靜虛無狀態，而「天地」則是由此「超乎言說」之「不可說」的寂靜虛無狀態再轉而為一「可說」的狀態，當然「可說」的狀態是以「超乎言說及不可說」作為根源的，老子所謂「無名天地之始」即此之謂也。由「道」之轉而為「天地」，這是由「寂靜虛無的狀態」轉而為一「平鋪的開顯」，而一進到「天地」，便由此「平鋪的開顯」再轉而為一「縱貫的展開」，這便是這裡所謂的「天地相合以降甘露」，順著虛無寂靜的狀態而為平鋪的開顯再轉而為縱貫的展開，這仍只是自如其如的顯現而已，這並未落入人們心知的定執之中，所以是無所異化的。因為它仍只是一可說，而由此「可說」轉為「說其可說」而已，並未落實到「說出來了」，它仍然只是「一生二」，「二生三」，還未進到「三生萬物」的情況，故無所謂的「語言的異化」。蓋語言的異化乃起於「橫面的執取」所拖曳相引而成者。存有的治療之能對於語言的異化產生治療即在於從此「橫面的執取之相引拖曳而成的狀態」解放出來，歸返於存有之在其自己，回復至縱貫的展開，乃至平鋪的開顯。

　　顯然的，老子對於「語言的異化」的治療之道並不在對於語言的重建，而是在於語言的瓦解，值得注意的是這裡所謂的「語言的瓦解」並不是以一定執的方式去瓦解語言的結構，而是回到一切表達的源頭——無名。換言之，就表層看來，老子的否定性思考好像是用來對治語言的異化的，其實，它根本上並不是「對治」，而是「超克」，而其超克乃是一「渾化於一」的超克，是著重於「生命的休憩之所」這樣的超克。因為老子深知「語言」的特性在於「限定」而不在於

「顯現」，語言乃是如其為存有之開顯而進一步以限定者，並不即是存有之開顯，亦不是存有之安宅，相反的，存有才是語言之安宅，值得注意的是「存有之為存有」乃是一非定執的存有，以其為非定執的存有所以為存有也。老子說：

> 知，不知，上；不知，知，病。夫唯病病，是以不病。聖人不病，以其病病，是以不病。（七十一章）

如上所言，所謂「語言的異化」乃是經由心知的橫面執取相引拖曳而成者，其克服超越之道乃在於去瓦解此語言的構造，瓦解此心知之橫面的執取。「知，不知」，其所指的是對於那心知橫面的執取之相引拖曳而成的定執，能通過一種否定的方式瓦解它，如此摧破了此語言的構造，而回到存有之自身，這是極為可貴的。對於一心知橫面的執取不但一無所知，而且以為自己是有所知的，這樣的知乃是一種語言的異化下的產物，這樣的知便處在病態之中。唯有破除了這種語言的異化，對於心知橫面的執取能有一徹底的瓦解，這樣才能免除語言的異化之病。這裡，我們顯然的可以看到《道德經》所強調的是通過一種否定性的思考方式，去瓦解心知的定執、及語言的異化，而回到存有之自身。就實而言，這種否定性的思考方式之所以能瓦解語言的異化與心知的定執，則是因為老子先預取了存有之為存有這個生活世界的概念作為基礎始為可能。這也就是說，否定性的思考之能產生的解構作用，並不是虛無主義的瓦解一個定執之物而已，而是要回到一個生命的開顯之場──「天地」之中，而天地是存有（道）平鋪的開顯。

如上所說，換言之，否定性的思考之所以能回到存有自身，這是因為預取了一個存有開顯的「依憑」，經由否定性的思考而迴返到這個「依憑」，使得存有自如其如的開顯其自己。這也就是說，這裡所

謂的否定性的思考並不是兩橛式的否定，而是一種迴返的否定。老子
所謂：

> 曲則全，枉則直，窪則盈，敝則新，少則得，多則惑。是以聖
> 人抱一為天下式，不自見故明，不自是故彰，不自伐故有功，
> 不自矜故長，夫唯不爭，故天下莫能與之爭。古之所謂曲則全
> 者，豈虛言哉！誠全而歸之。（廿二章）

依王弼看來：

> 不自見，其明則全也。不自是，則其是彰也。不自伐，則其功
> 有也。不自矜，則其德長也。自然之道，亦猶樹也，轉多轉遠
> 其根，轉少轉得其本，多則遠其真，故曰惑也，少則得其本，
> 故曰得也。一，少之極也。式猶則之也。（廿二章《王弼注》）

顯然的，這是將否定性的思考與迴返道之自身做了恰當的結合起
來。這樣的結合是回到一個存有之自如其如的開顯其自己的整體，這
樣的整體乃是一「根源性的整體」，所謂「抱一為天下式」的「一」
便指的是這「根源性的整體」。這樣的根源性整體是一切展開的起
源，它沒有執著性與對象化，而是處在一寂靜虛無的狀態下的，此即
所謂「一，少之極也」。蓋「一，少之極也」，這不是數目之少，而是
言此根源性之整體也。所謂「曲則全者」，這是經由否定性的迴返之
道，而歸復到根源性的整體之中，蓋「誠全而歸之也」。這也就是說
經由對於那橫面的執取所相引拖曳而成的定執之物做一否定，而歸回
到縱面的開展，進而回到平鋪的顯現之所以可能的虛極寧靜狀態。老
子所謂「致虛極，守靜篤，萬物並作，吾以觀復。」（十六章）所指
亦是如此。

存有之道的開顯，或可名之曰：「作用的表象」[18]這作用的表象是經由「平鋪的顯現」，再轉而為縱面的展開，進而有一橫面的執取，再由於此橫面的執取所相引拖曳而成一定執之物，而造成了所謂的異化。老子深知此，故提出了「道生之、德畜之」以克服異化的論點。老子說：

> 道生之，德畜之，物形之，勢成之，是以萬物莫不尊道而貴德。道之尊，德之貴，夫莫之命而常自然。故道生之，德畜之，長之育之，亭之毒之，養之覆之，生而不有，為而不恃，長而不宰，是謂玄德。（五十一章）

此所謂的「道生之，德畜之，物形之，勢成之」可與「道生一，一生二，二生三，三生萬物」合看，「道生之」（或即「道生一」），這是就那根源性的整體之自如其如的顯現而說者，這是道之在其自己平鋪的顯現其自己而說者。「德畜之」（或即「一生二」），這是就其此平鋪的顯現其自己而轉為縱向的開展，而含畜於其中，具有一轉向橫向之執取的可能。「物形之」（或即「二生三」）則是轉向了此「橫向之執取」，然此橫向之執取而成就了一對象化執著性的對象物，如此之對象物不一定是異化之對象物，而只是分別的對象物。然而若此對象物之交相接引而拖曳則轉成了一異化者，其勢為不可挽，則造成了異化。換言之，「物形之」此尚不是異化，而「勢成之」（或即「三生萬物」）若無尊道貴德則造成了所謂的「異化」。

顯然的，所謂的「尊道貴德」是瓦解了那「橫面的執取」所相引而拖曳而成的「定執之對象」，而後歸反到「縱面的開展」，終而回到

---

18 「作用的表象」一詞為牟先生所用，見氏著：《中國哲學十九講》（臺北市：臺灣學生書局，1983年），第七講「道之『作用的表象』」，頁127-156。

存有之「平鋪的顯現」其自己。存有之為存有是以平鋪的顯現其自己，而不是以一對象化的方式去展現其自己，它是「莫之命而常自然」的。「莫之命」者，言其為無所定執，無所對象化之開展也，即此自如其如的開顯即是所謂的「常自然」，「常自然」意味著自發的秩序（Spontaneous order），一回到此自發的秩序所成的自如其如的可能之中，即此生活世界便自如其如的開顯其自己。如此一來，便能長育萬物，亭毒萬物（使萬物安而定之），長養覆育萬物。這種「生而不有，為而不恃，長而不宰」的德性便不是一定執之德，不是一對象化之德，因此名之曰「玄德」。玄德者，玄同之德也。是就那未分別狀態下，超乎言說下而言的整體根源性之德也。顯然的，這是說吾人可以通過「玄德」這樣的「存有的治療」，而去治療那「語言的異化」。

　　老子「存有的治療」並不只是回復到那不可說的「存有之在其自己」而已，更值得注意的是，它更以「母子迴返相為知守」的方式來說明其既為歸復，又是展開，即歸復、即展開，兩者合為一體。老子說：

> 天下有始，以為天下母。既得其母，以知其子，既知其子，復守其母，沒身不殆。（五十二章）

　　「天下有始，以為天下母」，「有始」指的是一個整體的根源性，此根源性若就其不可說或超乎言說者言，當是老子所謂的「無名天地之始」。然此無名天地之始，只是虛說，而不能只停留於此不可言說或超乎言說的狀態，而須得由之而轉為「可說」，既轉為可說便是「有名」或「有」的狀態，此當是老子所謂「有名萬物之母」是也。這裡，我們可說「無」或「無名」這天地之始，這樣的整體之根源性的描繪只是虛說的根源，若落實而說的「根源性」則當是就「有」或「有名」這萬物之母來立說，老子所謂的「始制有名」（三十二章）

亦可合看而知。虛說其根源性與實說其根源性，此還其為根源性也。虛實仍只是就此渾然之整體而不同之說法而已。若合著來看亦可以說是「天下萬物生於有，有生於無」，「萬物生於有」是實說其根源，是就「母」而說；若就「有生於無」而言，則是虛說，此是就「始」來說。既進到那根源性的整體，則由此整體之根源性所作「平鋪的顯現」，當以此為本而指向那「執著性、對象化的存在物」，對之採取一恰當的司理，這便是所謂的「既得其母，以知其子」。這是由那整體之根源性的「平鋪的顯現」來保存那因之而轉為「縱向的開展」再轉為「橫面的執取」的定執之物。值得注意的是，這並不是單面的，而是雙向迴返的。由那「橫面的執取」所展拓的定執之物，當通過迴返之道，回到存有的根源，此所謂「既知其子，復守其母」，這樣「母子迴返相為知守」的歷程，顯然的是一圓環式的思考，而不是單線式的思考。於此，我們可以說老子「存有的治療」並不是單線的回歸或者推擴，而是圓環式的、首尾一貫的相知相守。從此也可以充分的看出老子所謂的「道」（即此所謂的「存有」）並不是一超乎世界之上的夐然絕待之物，而是與整個生活世界合而為一的根源性整體。

四　結論

　　如上所論，我們可以從老子《道德經》中看出它所以為的「語言」乃是一種表達，而其表達是表達那存有之所彰顯的事物，這樣的表達乃是一種限定，這即如王弼所謂的「名以定形」。這樣的表達由於橫面的執取所相引拖曳而成的定執之物，造成了所謂的「語言的異化」。老子以為對於這樣的異化現象應施以「存有的治療」。當然，「存有的治療」，是由平常我們橫面的執取所論定的定執之對象反省起的，它經由一種否定性的思考，瓦解了這個定執的結構性之對象，而回到原先之縱向的開展，再而歸返到那平鋪的顯現之場。這是經由

否定的思考轉而為平鋪的思考。就此來說，顯然的，這樣的存有的治療法是先於意義的，是先於言說的。

顯然的，老子所開啟的「存有的治療」並不同於「意義的治療」。我以為存有的治療是一消極性的治療，而意義的治療則是一積極性的治療。意義的治療強調的是人的主體，而存有的治療則反對這種主體主義的傾向，而傾向於生活世界的豁顯，及存在境域感的顯發。意義的治療大體說來，都建立在「我與您」這樣的存在的模式之上，但其實它卻有著許多不同的型態。在基督宗教或者一神論的文化傳統下，其意義的治療重在由那超絕之體所引發的力量，而如果是在儒家或天人合一的文化傳統下，其意義的治療則重在由那「整體」之根源性所顯發的力量，而重要的是它們以為這種整體根源性的力量是由於人的主體能動性經由──「我與您」的方式而顯發出來的。

再者，老子的「存有的治療法」當然不同於基督宗教或一神論文化的傳統意義下的「治療」，他並不借助於一外在超絕的絕對者所引生的力量。他雖然處在一天人合一的文化傳統下，但卻不是經由人的主體所顯發一整體根源性的力量。他所以為的存有之開展並不是縱貫的創生，而是平鋪的顯現。道家的存有的治療不是經由「意義」而起的治療作用，意義的治療是經由意識的訂立及主體的認取而成的，而「存有的治療」則要我們回到「意識之前的狀態」，那是一種主客交融，無分別相的狀態，它只是一氣之流行而已。這麼說來，我們這裡所謂的「存有的治療」之「存有」一辭並不是指的「執著性、對象化的存有」，而是「無執著性、未對象化前的存有」，不是「對象之一般的存有」，而是「我與您」這樣所成的「生活世界下」，活生生的實存而有。

當然，這並不意味《道德經》所論就只是回到那整體的根源來作存有的治療而已，實則這裡隱含著一個迴返及開展的過程。從超乎言說之「不可說」，展開而為「可說」，而後為「說其可說」，再因之而

「說出了」一對象，這便是我們所謂的由那道體經由一平鋪的顯現而轉為縱面的展開，再而落入一橫面的執取，由此橫面的執取之相引拖曳而成一定執的對象，終而造成了異化的現象。但同時，由此定執之對象的破解，拆除了橫面的執取之弊病，轉為縱向之展開，再歸本於平鋪的顯現，回到一活生生的生命之場。值得注意的是，這種迴返存有的活動並不意味著對於那橫面的執取所成的認識對象亦得化解，而只是要破解此認識之執所成的定執之弊而已，蓋除病不除法之謂也。換言之，老子所欲去的是心知的執著，而不是要去其心知的作用，他要去的是語言的異化，而不是語言本身。

再者，我們一再的提到老子所謂的「存有」並不是一定執的對象之一般的存有，而是一活生生的生活世界，即此活生生的生活世界而為一切開顯的依憑，並即此依憑而自如其如的開顯其自己。又說「存有的治療」只是要去除「語言的異化」，並不是要去除「語言」；只是要去除「心知的執著之病」，而不是要去除「心知」，心知與語言之橫面的執取、論定仍是必要的。換言之，這個生活世界並不是渾淪的洪荒世界，而是圓融周浹的世界，其為圓融周浹是因為它有多面的結構與層次，以自如其如的自發秩序，共融為一個整體。這麼說來，我們可以說「存有的治療」是一統括的稱呼，其實，它針對著不同的定執，而有不同的破解與回復的方式。對於文化而言，它可以是文化的詮釋與治療；對於社會而言，它可以是社會的批判與重建；對於個人的心靈，它可以是個人心靈的治療。

—— 辛未之冬十二月廿二日初稿於臺北象山居

第七章
「存有三態論」與「存有的治療」之構建
——道家思維的一個新向度

一　問題的緣起

　　前些日子披閱舊時手記，發覺在一九八一年對牟宗三先生所作儒、道、佛的分判便有所疑，這「疑」並沒有減少我對牟先生的敬意，甚至該說這「疑」加深了我對他的探討。當然，我一向是環繞著自家生命而展開思考的，一切文獻的涉獵閱讀都是作為助緣，說真的，我不算是一個學究型的人，我只是想解開自家生命所面對的問題而已。[1]

　　在焚膏繼晷的斃力之下，我廣讀中西古今的重要典籍，伴隨著日以繼夜的深沉苦思，我逐漸的走出了牟宗三先生「兩層存有論」的建構，而傾向於熊十力先生的體用哲學，並將此轉化為一「存有的三態論」。[2] 我以為這標識著「後新儒學」的一個向度。當然，我還是要強

1　一九八一年，我正在軍中服預備軍官役，當時讀了許多歷史哲學以及批判理論的典籍，對於中國文化傳統有更深切的反省。若論最早的反省應始自一九七九年寫〈中國政治傳統中主智、超智與反智的糾結〉一文（此文刊於《鵝湖》第51期（1979年10月），後來收於拙著《現代儒學論衡》（臺北市：業強出版社，1978年）一書，這與後來我研究「道的錯置」，研究「良知」與中國帝皇專制等有密切的關係。

2　關於兩層存有論，請參見牟宗三先生於一九七五年刊行的《現象與物自身》一書（臺灣學生書局印行）。又「存有三態論」是我從熊十力先生的《新唯識論》中轉出來的，不意竟與佛道之理可以融通為一。又熊先生與牟先生雖為師生，但兩人學問頗有異同，一般學者省察未及。受業師牟宗三先生指導，我寫作《存有、意識與實踐：熊十力體用哲學之詮釋與重建》博士論文，其中持論多與牟先生有別，牟先生雅量，世所未知者多矣！特誌於此。

調這裡的「後」應屬於「承先啟後」的「後」，它帶有的繼承性、延續性仍然很強，要說它帶有批判性，那當然是要承認的，但我願意說這批判性為的是轉化與重建，這不是一般所以為的「顛覆」。如果，這是一場儒學革命，但我認為這是一種持續性的革命，早在民國初年以來所啟動的新儒學已是第一波，至於我如今所繼續的應是另一波，並不是另起爐灶。[3]值得一提的是，這樣的一波儒學革命，除了受到西方當代思潮，如現象學、解釋學、批判理論、社會契約論、公義論等影響外，它最重要的思想資源之一，則來自於中國本土的「道家思想」。

因緣際會，自一九八七年起，我開始以老子《道德經》為文本講授道家哲學，大體說來，每年至少講一回，有時還講了兩回以上，到目前為止，講授超過十五回以上，至少有兩個學術單位存留了兩套以上的講課錄音及記錄。無疑地，「存有三態論」的思考就在這過程中逐漸陶養成，思想來源雖頗為寬廣，但道家，尤其老子《道德經》確是最為核心者。[4]

二　從「境界型態的形而上學」轉到「存有的治療學」

我一直以為「宋明儒學」闢佛老，這是一個階段，而當代新儒家分判儒、道、佛又是一個階段，之後，應是一嶄新的儒、道、佛融通的新階段，而這樣的儒道佛融通又不同於明代中葉以後的三教統論，

3　請參見林安梧：《儒學革命論：後新儒家哲學的問題向度》（臺北市：臺灣學生書局，1998年），序言，頁I-XIV。

4　我初始受郭葉子女士之約，講於松山慈惠堂，為應當時民眾需要以國語及臺語雙聲講授（1987-1988）；後講於友人賴宗賢、張仁山兄所創辦之尋根文化中心（1989），後講於林琦敏先生所辦之華山講堂（1991-1992），後講於友人馬文瑞君所辦之自然文教基金會（1992），又一九九三至九四年訪美期間講於威斯康新大學（邁迪孫校區），又一九九六至一九九七年間講於友人黃勝得兄所辦之三清書院，自一九八八年任教清華以來幾乎隔一學期即開道家哲學課，老子《道德經》必講。一九九九年又講於中央大學哲學研究所。三清書院、華山講堂都作了全程的錄音、錄影，資料最為完整。

他更有所進於此者。他除了中學的儒道佛外，更當融攝西學，而有所進也。或者，我們說宋明理學家實已不免融合了佛、道，只是對佛、道多所誤解罷了！而當代新儒學對佛、道雖有新的判教，相對來講已有頗為深入的理解，但仍有未安者。像勞思光先生經由「情意我」的進路來闡明道家思想，牟宗三先生將道家判為「境界型態的形而上學」，這多有可議者。[5]不過，牟先生以康德哲學為核心，融攝東西所鑄成的宏偉建構，對於當代中國哲學來說，實是一大資產，漢字文化圈所有的哲學討論決不可能繞過這座巨構。

　　依多年來講學心得，我認為中國傳統文化裡的道家思想並不是偏流，不是「儒主道輔」，但也不是如陳鼓應先生所強調的「道家主幹說」，而是「儒道同源」、並行互補，相須相成。[6]骨子裡，都是同樣的文化土壤，都從早先的巫祝傳統、薩滿式的信仰轉來的，只是道家轉成了一自然氣化論的傳統，儒家轉成了一道德創生論的傳統。這兩個傳統又是一體之兩面，相須而不離。道家強調歸根復命、回歸自然，這隱含了一種解構性的活動，以及由此衍生的存有的治療。儒家則強調人倫孝悌、人文化成，它的重點在於積極性的建構，這強調的是道德的創造性活動。

　　道家的解構性活動是針對著現實存在的異化狀況而發的，而現實存在的異化，追根究柢的是導生於「語言」的執著、命定，以及連帶而來的染污、扭曲，因之而離其自己，造成了「異化」。所謂的解構乃

5　勞先生之主張，請參見勞思光：《中國哲學史》第一冊（臺北市：三民書局），又牟先生主張，請參見牟宗三：《才性與玄理》、《中國哲學十九講》（俱為臺灣學生書局版）等書。又《鵝湖》諸君於道家思想最有發揮及心得者當推王邦雄先生，請參見《老子的哲學》（臺北市：東大圖書公司，1980年）一書，此書又吸收了張起均先生的許多見地，與牟先生境界型態的形而上學亦有所異。又袁保新先生則首先提出文化治療之論點，請參見氏著《老子哲學之詮釋與重建》一書（臺北市：文津出版社），持論亦與牟先生有異。

6　關於「道家主幹說」，請參見陳鼓應：《老莊新論》（臺北市：五南圖書出版公司，1993年），頁349-405。

是對於心知的執著以及連帶而生的貪取占有欲求等等的瓦解。這樣的
解構企求的是回到存有的根源，再如如的開顯其自己，而這樣的過程
便隱含著一治療的可能。如此之治療，傅偉勳先生、李紹崑先生建議
名之為：道療，而我早先即謂之「存有的治療」。這思考，大體寫在
〈語言的異化與存有的治療〉一文之中，這是一九九一年底所完成的
一個階段性嘗試。[7]大致說來，這與我《存有、意識與實踐：熊十力體
用哲學之詮釋與重建》一書所開啟的存有的三態的思考是一致的。[8]

三　「存有三態論」的基本結構脫胎自熊十力的體用哲學

　　我建構「存有三態論」最大的資源當然是來自於熊先生的體用哲
學，有趣的是熊先生對道家採取的是批評的態度，而且是免不了站在
儒家立場而有的批評；我則深覺道家思想頗能合於體用一源、顯微無
間的哲學規模，對於我所建構的存有三態論，那更是可以合匯同參。
或者，可以這麼說，我一方面從熊先生的體用哲學慧識裡，逐漸獲得
一哲學的型模，但道家的思維卻在我講學的過程中，融進來成為其中
重要的構成因素。在寫《存有、意識與實踐》一書時，重點仍然在詮
釋熊先生的論點，但詮釋中已帶有轉化與創造之可能，如果對比此書
與後來在一九九七年的〈「道與言」──《揭諦》發刊詞〉，當可以看
出其中的輕微異同。[9]

　　為討論方便，現且以《存有、意識與實踐》一書所構結的圖，展
開必要的詮釋：[10]

7　請參見林安梧：《中國宗教與意義治療》（臺北市：明文書局，1996年），第六章，頁
　　139-175。

8　請參見林安梧：《存有、意識與實踐》，臺北市：東大圖書公司，1993年。

9　該文刊於《揭諦》學刊，本期主題：「真理之揭露」，嘉義大林：南華管理學院哲學
　　研究所，1997年6月。

10　以下所述，引自《存有、意識與實踐》一書，頁342-344。

意識、存有與實踐

意識的空無性、透明性(存有的根源性——存有之在其自己)：境識具
泯：隱含明覺性、自由性
　　　　　　　(存有的開顯——境識俱起1：主客同起而未分)
　　　　　　　(無執著性、未對象化的存有階層)

意識的染執性、權體性(存有的執定——境識俱起2：主客同起而分
立)：隱含質礙性、障蔽性
　　　　　　　(執著性、對象化的存有階層)

　　一、意識原是空無的、透明的，此是意識的本然狀態，此狀態是
境識俱泯的，境識兩不相涉，各處於在其自己的狀態，由於各處於在
其自己的狀態，是無分別的，是歸本於寂的，此歸本於寂而吾人即說
為存有之根源；但之說為存有之根源實有過於寂者，此是就此寂所隱
含之感來說，而且此感是一主動的明覺性、自由性之感。即於此，我
們說意識的空無性、透明性即隱含明覺性與自由性。我們將此說為
「存有的根源——『X』」。

　　二、意識與存有不能停於在其自己的狀態，而必相涉而俱起。蓋
境識俱起者，存有的根源自如其如的開顯其自己也。就此來說翕闢成
變，彰顯存有開顯的辯證法則。就此彰顯而言，它是主客同起而未分
的，是無執著性、是未對象化的。在存有論的角度說，它是先於那執
著性、對象化的存有，在知識論的角度說，它亦是先於執著性、對象
化認知的。

　　三、由於存有的開顯與轉折加上人根身習氣的乘權作勢，以及概
念機能總體的執取作用，使得存有對象有所執定，而成為一執著性、
對象化的存有。這時已不是主客同起而未分的狀態，雖然，它仍是境
識俱起，但已是主客同起而分立，意識與存有形成兩相對礙的兩端，
各成其為起，而此體乃只是權體，而非常體。此權體是由識知之執而
成的，然此執必帶有染，以其根身習氣乘權故也。以此，我們說其為

意識的染執性、權體性，以別於意識的空無性與透明性。再者，此染執性、權體性必含有質礙性、障蔽性。

四、境識俱泯狀態下的意識之本然的狀態，它具透明性與空無性；在境識俱起而主客同起而分立的狀態下，它具染執性與權體性。此本然的狀態與分立的狀態形成一對比，此對比使得意識的自由性、明覺性與意識的質礙性、障蔽性形成一對比的張力狀態。在此對比的張力狀態下，道德意識最為顯豁，否則只是百姓日用而不知罷了。

五、吾人若以此「道德意識」作為人之特殊的定向，即此特殊的定向而作成其活生生的實存而有的體用哲學。蓋活生生的實存而有即以此「道德意識」作為人之迎向世界、世界向您迎向，這相互迎向過程中的觸動點，就此觸動點來而說其為吾人的心源動力，道德的、實踐的形而上學亦於焉而成。

四　「存有三態論」：存有的根源、存有的彰顯、存有的執定

如上所述，存有的三態論是以「存有的根源」、「存有的彰顯」、「存有的執定」這三階層而立說的，而這樣的立論雖頗有得於熊十力的體用哲學，而最重要則來自於《易經傳》及《老子道德經》的理解與詮釋而成。依吾人之見，《易經傳》所謂「形而上者之謂道，形而下者之謂器」、「見乃謂之象、形乃謂之器」與《老子道德經》所說「道生一、一生二、二生三、三生萬物」（第四十二章）、「天下萬物生於有，有生於無」（第四十章）、「無名天地之始，有名萬物之母」（第一章）等都可以關聯為一個大脈絡來理解。

「道」是不可說的，是超乎一切話語系統之上的，是一切存在的根源，原初是處於「境識俱泯」的狀態下的，這可以說是一空無寂靜的境域，亦即老子所說的「無名天地之始」，也就是存有三態論的第一

層狀態，是意識前的狀態（pre-conscious level），也可以說是「寂然不動」的狀態，是秘藏於形而上之道的狀態。[11]

　　再者，須得一提的是，「道」不能永遠秘藏於不可說的狀態，「道」必經由「可道」而開顯，「道」之一字重在其不可說，由此不可說而可說，此是「道可道」一語的解釋。再者，如此之「道」之必然開顯則可以理解為一「生」，「生」者不生之生也，如其道而顯現也，即如《易經傳》所說「見乃謂之象」也。若總的來說，我們實亦可以說「道顯為象」也，而如此之顯現即為「不生之生」，由此不生之生，必具體實現之、內化之，此即是「德」，「德蓄之」，蓋蓄之而為德也，承於道、著於德也。就此而言，此當屬存有的彰顯，是境識俱起而未有分別的狀態，是即境即識，亦可以理解為純粹意識的狀態（pure conscious level），是道生德蓄的狀態，這是存有三態論的第二層狀態，是「感而遂通」的狀態。

　　老子除說「道可道」外，他又說「名可名」，而其「道德經」則由此「有名」與「無名」而展開，這是說「道」必經由「可道」開啟，而「可道」當落在「名」上說，否則不足以為說。「道」重在說其「不可說」，而「名」則重在說其「一切話語、言說之源」，論其「言說、話語之源」，是一切言說話語之所歸，然非一般言說話語之所能涉，就其隨言說話語之源而說亦是不可說者，此亦當經由一言說話語之命定活動（名以定形）而展開，但此展開已非原先恆常的話語言說之源，也因此說「名可名，非常名」。

　　「名」必經由一「可名」的活動，而走向「名以定形」，但「名」必本於「無名」，這正是「天地之始」。這正闡釋了在一切言說

11　此見解實脫胎於一九九○年關永中先生所授現象學一課，吾於此課中習得M. Merleau-Ponty的覺知現象學（Phenomenology of Perception），有趣的是此書的許多論點，就連書名都似乎與熊先生的《新唯識論》可以連在一起思考，該書為臺北市雙葉書店影印發行，1983年。

話語未展開之前，原是一虛空靈明的場域，我以為從老子《道德經》所開啟的「處所哲學」、「場域哲學」是迥異於以「主體性」為首出概念的哲學思考。[12]因之，所謂「存有的根源」並不是一复然絕待的形而上之體，而是渾淪周浹、恢詭憰怪、通而為一、境識俱泯、心物不二的場域生發可能。

「無名」本「不可名」，此「不可名」又當隱含著一「可名」，由此「可名」之彰顯而為「有名」，有名者，經由命名的活動、主體的對象化活動，使一對象成為一決定了的定象，這亦是老子所說的「始制有名」，這樣的一個活動即是「有名萬物之母」一句的詮解。相對於「形而上者之謂道」，此即是「形而下者之謂器」，經由一形著具體化的活動，經由主體的對象化活動，使得那對象成了決定了的定象。又《易經傳》所說「見乃謂之象，形乃謂之器」，「器」即此之謂也。又老子「物形之」「物」即此之謂也。落在存有的三態論來說，這屬第三層，是「存有的執定」。這是境識俱起而了然分別，以識執境的狀態，是意識之及於物的狀態，是意識所及的階層（conscious level），是念之涉著於物，並即此而起了別的作用。《易經傳》所謂「曲成萬物而不遺」當可以用來闡釋此。若以一九九六年所為之《道言論》來說，這是順著前面所說的「道顯為象，象以為形」，進而「言以定形」的活動。

「名以定形」、「言以成物」，言說話語才使得對象物成為對象物，但一落言說話語的脈絡便會因之形成不可自已的出離活動，這樣的力量之不能自已，可以成為「物勢」，是隨著「物形之」而有的「勢成之」。這樣的「物勢」正標明了「言說話語」所可能帶來的反控與異化，真正的問題並不是「物」，而是「名以定形」的「名」，「言以成

---

12 關於處所、場域、天地等概念多啟發自日本京都學派的見解，特別是西田氏的《善的經驗》一書，關於此，請參見江日新譯：《日本近代哲學思想史》，臺北市：東大圖書公司，1989年。

物」的「言」，這名言（言說話語）所挾帶而來的趨勢，是會導致反控與顛覆的，所謂「天下皆知美之為美，斯惡已！天下皆知善之為善，斯不善已！」正是這寫照。伴隨著言說話語挾帶而生的利益、性好、權力、貪欲、趨勢，將使得我們所展開的認識活動與價值實踐活動因之而扭曲、異化、變形，甚至是倒反。就此來說，即《道言論》所論「言業相隨」也。我也在這點上接受了哈柏瑪斯（J. Habermas）有關「知識」與「趣向」（Knowledge and interest）的論點。[13]

五　「道生一、一生二、二生三、三生萬物」：存有三態論的哲學詮釋

「天下萬物生於有，有生於無」（四十章），落在存有三態論來理解，可以豁然明白。天下間一切對象物之所以為對象物，是經由一「有名」（始制有名（三十二章））這樣的命名活動，這樣的主體對象化活動而構成的。再進一步推溯，這「有名」原生於「無名」，「言」始於「無言」，「言」與「默」是連成一個不可分的整體，「可說」必上溯於「不可說」，這便是「有生於無」。顯然地，「天下萬物生於有，有生於無」，這是從「存有的執定」往上溯而及於「存有的彰顯」，更而往上溯而及於「存有的根源」。

相對來說，「道生一，一生二，二生三，三生萬物」（第四十二章），就存有的三態論來說，這是從「存有的根源」往下說，「道生一」是就「存有的根源」說，而「一生二」是就「存有的開顯」說，「二生三」是就「存有的執定」說，由此存有的執定因之對象物始成為對象物，此之謂「三生萬物」。

---

13 關於此，顯然受到西方知識社會學傳統之影響，如卡爾曼罕（Karl Mannheim）等之影響，又哈柏瑪斯之見地，請參見Jurgen Habermas, "Knowledge and Human Interests," Translated by Jeremy J. Shapiro, Beacon Press, 1971, Boston, USA.

　　若關聯著「默」與「言」，「不可說」與「可說」來論，「道」本為不可說，如此之不可說是渾合為一的，是一不可分的整體，「道」本為空無，而有一不生之生的顯現可能，即此顯現而為一不可分的整體，這即為「道生一」，「道生一」總落在「存有的根源」一層立說。道既顯現為一不可分的整體，如此不可分的整體雖仍為不可說，但這樣的不可說之整體便又隱含著另一對立面的可能，如此之對立面實由此整體所分別而來，既有分別，便由原先之「不可說」轉為「可說」。如此「不可說」而「可說」，此即所謂的「一生二」是也。進到此「一生二」之境域，實即為存有的開顯之境域。

　　如此之「可說」又必然的指向於「說」，「可說而說」，這是主體的對象化活動，如此使得一切存在之對象成為一決定了的定象，這即是「二生三」。「道生一」是由空無性進到總體的根源性，而「一生二」是由此總體的根源性進到兩端的對偶性，而「二生三」則是由此兩端的對偶性進到具體的個別性，由此具體的個別性才能說天地萬物之存在，這即是「三生萬物」。這是由「說」而「說出了對象」，求具體的個別性具體化成為一個別之具體物。

　　若進一步闡述之，我們亦可說此「道生一、一生二、二生三、三生萬物」，「道」是未顯之不可說，而「一」是已顯之不可說，「二」是未執之可說，「三」是未執之說，「萬物」即為已說之執。若關聯到我多年來所闡述的中國解釋學的五個層次：「道」、「意」、「象」、「形」、「言」，「道生一」即為「道顯為意」、「意顯為象」、「象以為構」、「以言為構」。[14]「道」是總體渾淪而未發，「意」是將發未發之幾微，「象」是顯現而無分別，「構」則是顯現而有分別，「言」則是分別而為對象物。

---

14 關於此「道、意、象、形、言」首見於「革命的孔子：熊十力儒學中孔子原型」一文，涉及於「詮釋方法論及其相關問題」處，請參見《儒學革命論：後新儒家哲學的問題向度》，頁169。關於此，進一步的論述，請參見即將出版的《人文學方法論》，臺北市：讀冊文化事業公司，2000年。

六　「存有的治療」：從「致虛守靜」到「復命知常」

由於道家思想的薰陶，讓我深切的體會到我們這個族群有一極為可貴的地方，迥非西方文化主流所能及，這就在於我們在言說話語之上有一超乎言說話語的存在，可說與不可說、言與默，並不是斷裂的，而是連續的。我們早在二千餘年前即清楚的了知「名以定形」、「言以成物」，[15]任何一個客觀的對象物都不是一既予的存在，而是經由言說話語所建構的存在。正因如此，凡所謂的存在的異化都不是來自於存在本身，而是來自於言說話語的建構，這應說是「話語的異化」（此即以前我常用「語言的異化」一詞），而不是存有的異化。

西方文化傳統在這裡來說，我以為工夫倒做了，他們判之為「存有的異化」，再企求──「話語的治療」；實則，應該判之為「話語的異化」，所當求的是「存有的治療」。我認為這在在可以看出西方是以「Logos」為核心的思考，此不同於我們中土是以「道」為核心的思考。正因我們這「道」論的傳統，我們才不拘於「語言是存有的居宅」，我們更而說「存有（道）是語言形而上的居宅」，而「語言則是存有（道）落實於人間世的居宅」。[16]「存有」（道）與「語言」兩者的關係，借用王夫之的哲學用語，應是一「兩端而一致」的關係。[17]所謂「異化」的克服即須在此「兩端而一致」的格局下來思考。

如前所述，在「存有三態論」的格局看來，所謂「存有的治療」便是真切去面對「存有的執定」及其伴隨而生的貪取、利益、權力、

---

15 「名以定形」（頁65）最早由王弼提出，相關者，他亦有「名以定物」（頁6）、「名者，尚乎定真」（頁5），請參見王志銘編：《老子微旨例略、王弼注總輯》，臺北市：東昇出版事業公司，1980年。

16 關於「語言」與「存有」的見地，頗受海德格（Martin Heidegger）啟發，海氏見解，請參見氏著，孫周興譯：《走向語言之途》，臺北市：時報文化事業公司，1993年。

17 關於「兩端而一致」的思考，請參見林安梧：《王船山人性史哲學之研究》（臺北市：東大圖書公司，1987年），第四章「人性史哲學的方法論」，頁71-96。

占有、欲求等等，經由一種「存有的歸返」活動，回到原先存有的開
顯，乃溯及於存有的本源；再如其所如依此存有之本源開顯其自己，
並在此場域中獲得一種甦醒與調劑的可能。換言之，道家義下的存有
的治療，它所重的並不在於存有的執定這層次的對治，而是經由存有
的歸返活動，讓自己能回到境識俱泯的根源性狀態，因之而使生命能
如其自如的生長。

　　現在，我們且以老子《道德經》為例闡述之：

> 致虛極，守靜篤，萬物並作，吾以觀復，夫物芸芸，各復歸其
> 根，歸根曰靜，是謂復命，復命曰常，知常曰明，不知常，妄
> 作凶。知常容，容乃公，公乃王，王乃天，天乃道，道乃久，
> 沒身不殆。（第十六章）

　　這是我講習老子最常引用的經文段落，我亦因之而於存有三態論
所隱含的治療學思維，更無所疑。「致虛」、「守靜」這是對於存有的
執定與伴隨而生的染污的撤除活動，是「滌除」的工夫，由此滌除，
才得玄覽也。[18]由這樣的撤除活動，我們才能「損之又損」，回到「存
有的根源」，才能有「存有的光照」（即所謂「玄覽」，或作玄鑒）。換
言之，致虛守靜看似一消極性的撤離活動，但實為一積極性的光照
也，是來自於存有之在其自己的光照也。經由如此之光照，萬物如其
自如的生長著，這便是所說的「萬物並作」。能致虛、守靜，能得存
有的光照，方得「觀復」。「觀復」是就人往上說，而「玄覽」則就道
往下說，是一體之兩面。觀復是就存在的現實居宅往上說，而玄覽則
是就形而上的居宅往下說。玄覽是一道體的照明，而觀復則是一修養
功夫，這功夫是連著前面所說的「致虛」與「守靜」而開啟的。

18　「玄覽」語出《道德經》第十章，或作「玄鑒」。

「致虛」、「守靜」、「觀復」、「歸根」、「復命」這些字眼或可以做多方的闡釋，但總的來說，他們都指向一存有的回歸，並經由這存有的回歸而獲得存有的治療。「存有的回歸」，無他，只是回復生命之常罷了，能體會得此生命之常，即為智慧通達之人。不能體會生命之常，無知妄作，必然招致凶禍。能體會得此生命之常，便能有所容，能有所容，則無不公矣。當回到生命的存有之源，得此存有之源的浸潤，有了一生命的溫潤之情，自能有一相與融通合匯之可能（常乃容），如此才能凝成一有力量的社會共同體（容乃公），能如此才能通天地人，成為此共同體之領導者（公乃王），這樣的一個現實政治的領導者才能朝向普遍理想（王乃天），如此之普遍理想並不是夐然超於物外，而是通同於一根源性的總體（天乃道），能通於此根源自能長久不息（道乃久），終其身永不停歇（沒身不殆）。顯然地，存有的回歸便隱含著存有的治療，而所謂的治療其實在於存有的照明，總的來說，這是一修道與體道的活動。

七　「齊物論」：從「意識型態的瓦解」到「存有的照明」

如上所述，這樣的修道體道活動，顯然的它強調修身治國、本末內外是通而為一的；而且這不是由修身通向治國，不是由內在的修為通向外在的事業，而是特別注重總體的場域，關聯著如此之總體的場域，而就存有的根源、存有的開顯、存有的執定三層次，論其回歸與開顯，成就其存有的治療。熟悉道家思想的學者或者可以發現這樣的論點是從牟先生的境界型態的形而上學轉出來的，對於牟先生所提「作用的表象」、「作用的保存」有一轉進也。熟悉道教史以及道教內丹學的學者或者會覺得我的一些論點亦可與彼所論相通，所不同的是我汲取了內丹學的結構，只不過將內外打通、本末一致，有著一嶄新

的處理而已。換言之，我注意的不是如何調身理心的問題，我注意的是意識型態批判與瓦解的問題，存有的治療學當以此作為大問題，不可忽略。在諸多莊子學的注疏裡，我發覺王夫之有其獨到的見地，可以與我所提的意識型態批判合觀，現且以一九九六年所寫有關《莊子》〈齊物論〉的片斷，略述於下。

> 王夫之《莊子解》曰：「物論者，形開而接物以相搆者也，弗能齊也。使以道齊之，則又入其中而與相刃。唯任其不齊，而聽其自己。……則無不齊矣！」

◎《齊物論》可以將之理解成「對於意識型態之解構」，而歸返於存在之自身，任其自身之為整體，如其根源而開顯。

◎「物」是存在，「物論」是論之及於物而締構成一封限了的存在。這封限之構成是因人之形骸之散開的作用以臨接於存在，起一執著性，而以一兩橛對立的方式，相與為搆，成為矛盾性的分別。這矛盾性的分別，正因人們經由語言之論述而形成一「意的牢結」（即意識型態），故弗能齊也。

◎意識型態之解構，並不是去追溯意識型態之表象背後的本源──道，再以此（依據此）「道」來破解此意識型態。換言之，對於意識型態之破解並不是去尋一個更為根本之理據來破解。顯然地，這是想免於一種基礎論式的思維方式來破解意識型態；或者，我們可以說基礎論式的思維方式本身就是一至為難解的意識型態。若用這種基礎論式的思維方式去尋得一個本源根據，來破解 Ideology，則會導生一這樣的後果──掉落到物論（意識型態）之中，並起兩橛對立的相斥相刃的情形。這也就是說任何尋求根據，以基礎論的方式去探求本源而起的批判皆非究竟了意，皆是一相刃相斥的，以暴易暴的批判。

◎「齊」之為齊，是經由解構而得以齊；但是若此「解構」是一

基礎論式，或本質論式的，則「齊」（解構）本身就是另一類型的意識型態。莊子之展開齊物論是檢點了自身，免於自身之陷入此意識型態之相刃相斥而為啟始的。

> 王夫之《莊子解》曰：「唯任其不齊，而聽其自己；知其所自興，知其所自息，皆假生人之氣，相吹而巧為變；則見其不足與辨，而包含於未始有之中，以聽化聲之風濟而反於虛，則無不齊矣。」[19]

◎一切存在之為存在，必經由言談之對象化活動而成為一對象化了的定象這樣的存在。這樣的存在是一封限而定向了的存在，或者說此即是一「物論」式的存在，一意識型態所指涉導生之存在。面對這樣的定象式，意型態化之存在，祇由「任其不齊」，正因任其不齊，所以能聽其自己。

◎「任」是因任，但此處是以無因為因，是一非因任的任，這樣的方式，亦可以說是任其自然之意。任其自然，非因自然而任之，乃任即自然也。自然是不齊，此「不齊」是由自然之對比而返照於俗世所以言其不齊，並不是自然即為不齊，乃是人之物論所及之自然乃為不齊也。不齊而齊，此自然之為兩層對比辯證也。

◎這樣的兩層辯證相是在言說下而起的虛幻相，此虛幻之為虛幻，若識得其為言說之限制而越過此限制，則虛幻自變化為空無一物，此即為「虛」，如此之為虛，則無不齊矣！

◎物之自興自息，本為無物也。存在之開顯翕合，來去往復，本為空無，此可以蕩平而坦然的理解之；正因如此，所以自興而自息，但一落「人」則有其「假」借也，「假生人之氣，相吹而巧為變」。

---

19 關於此，請參見王夫之：《船山全書》，第13冊《莊子解》，長沙市：岳麓書社，1990年。

◎一落在人之以其有限之氣性才質相得而為言，物論以是而生也，意識型態就在言說對象化指涉性的封限作用下而形成，如此之相斥相刃，看似巧，實為詐，而如此之變，浮沉昇降其間，心有所難安者矣！

◎意識型態之構成，由物之為論而生；然其為甚也，是論之為論，以論為物，相斥相刃，而各持其論，這是一種往外拖，往下墮，此是生人之氣相待相持而必有之下萎，此是下萎巧變之詐也。

◎知人之及於物而為論之為假，知人之氣以相吹而為論之為假；如此知之，即「見其不足與辨」，而此早含於「未始有之中」。這是說「物論」之解構，若是一徹底而真實之解構乃是歸返到它自身即隱含之解構，如此之解構才不是對立式之相斥相刃，而是徹底之解構，而有徹底之自由。

◎意識型態之解構乃來自於自身即已涵具之解構力；如此之解構可名之曰「自力之解構」，自力之解構才為真解構；若是由外力而來之解構則為假解構，假解構為不徹底之解構，是暫時性之解構。此權假或假借在一定的時間內若未有第二度之自力性之解構，則其權假或假借則以假亂真而生出一種陷落式的力量，造成一新的 Ideology。此新的意識型態看似有一解構之動向，而自身則無批判解構之能力，而形成一更難解開之意識型態。這在中國近代思想史上之徹底的反傳統運動，可以作為一明顯的示例。當然，徹底的反傳統乃是相斥相刃的方式，以此方式而言，彼甚為不徹底也。如何生出一自力性之解構以解開其不徹底，至今仍為當務之急。思之，寧不哀哉？

> 王夫之《莊子解》曰：「以天為照，以懷為藏，以兩行為機，以成純為合，而去彼之所謂明，以用吾真知之明；因之而生者，因之而已，不與之同，不與之異，唯用是適；則無言可也，雖有言以曼衍窮年，無不可也。不立一我之量，以生相對

之耦，而惡有不齊之物論乎？」[20]

◎天是總體義，根源義；懷是涵容義，生長義；兩行是辯證義、相待義；成純是歷程義，純粹義。如其總體而根源之朗照，生長涵容之為寶藏，在相待辯證之機下而開顯，在歷程展開中成就其純綷，以復合於根源。

◎明如其明，此是照之於天的明，此是吾真知之明；此是無掛搭相，無及於物而如其自身的「明」；這樣的「明」不同於「彼之所謂明」。「所謂明」於「明」上，加此「所謂」二字，蓋有所拘限也，此「明」為執著性之明，由此執著性而有所陷落也。此陷落之明之不同於昏暗，而為明，但這樣的明不是真知之明，乃為陷落之明，是一「彼之所謂明」。「彼所謂明」者，彼眾所以咸謂之為明矣，此是物論之明，是為意識型態之明，非真「明」，而為假明也。眾人假之以為真，此假蓋難破解矣！（一九九六年三月二十八日，下午三時半香港過境至上海途中）

◎因之而生，因之而已。此是自然義。是任其自然，無有造作；既無造作，有言無言，成歸於寂，無有差忒。問題的關鍵點在於「不立一我之量，以生相對之耦」，如此則「惡有不齊之物論」。

　　　　　　　　　　　一九九六年三月二十九日於上海途中

　　若關聯著我們前面所提出的「存有的三態論」，我們知道「言業相隨」，「意識型態」之生乃起於「對偶性」，而對偶性則起於「執著性」。「執著性」非空穴而起，乃起於人之使用的語言之指向對象性，由此指向對象性回過頭來而返照出人之執著性，更而有對偶性，更而意識型態因之而滋生矣！

---

20 關於此，請參見王夫之：《船山全書》，第13冊《莊子解》，長沙市：岳麓書社，1990年。

再者,「語言」之誕生乃「存有之對象化」的過程,這「存有的對象化」乃是人之進入到一活生生的生活世界所激起,挑起的;語言之誕生指向分別與執著,如此而導致「異化」,如此「語言之異化」不能由「語言」本身去解開其問題,而當歸返到「存有」自身,方得處理;如此乃為「存有之治療」。

回復言之,「意識型態」乃是一虛構之物,此是因音立字,因字立義,彼此是非而來,此是由語言之異化而來;意識型態之解構當為存有之治療。存有之開顯如「大塊噫氣,其名為風」,原本是「無作」的,因「氣之激而有聲」,因「心使氣」而有異,有別,凝固僵化有所陷溺而成為意識型態也。依莊子之意,「風濟則還為虛」,此所以見語言文字意義之虛構也,能見此「虛」、「構」,則「構可解」,而「虛可實」。構而無一不解之構,任其構而構自解。虛而無一不實之虛,任其虛而虛自實。

順此而論,我們可以說:執著性的知即是建構分別性的言,進而開啟對比性的辨析,這便不得不然地會展開「以心鬥物」的活動,連帶著就「以物鬥心」,這樣子相刃相靡,直到「形化心亡」而後已。因此,撤除執著性的知,瓦解分別性的言是一根源性的解構作用,進而才能渾融一對比性的辨析;析離心物相鬥的結構。這樣才能真正瓦解意識型態,才能回到存有的根源如其所如的開顯其自己。

八　從「一本空明」說「道法自然」——「存有三態論」的極成

在一九九七年的〈道與言——揭諦發刊詞〉裡,我以「一本空明」來闡釋「存有三態論」的極成,而此即含存有的治療學思維,文曰:

　　「一本空明」,「一」是根源義、整體義,蓋論其整體之根源皆

「本」於「空」，而此「空」即為「明」也。「本」之為「本」，以「無住」為本，或即謂以「無本」為本，可也。「空」之為「空」以「色空相即」為義之「空」，此「空」非定指的存有論義下的「空」，而為抒義的說此存有之為存有，實乃空無也。「空無」是消極的說、解構的說，「空無」非與「實有」相對待，此兩者玄同為一。「空」之義可理解為一存有論的回溯與銷毀，蓋銷毀所以成就其回溯也。

相對於「空」之偏就存有學之義上說，「明」則是偏就實踐工夫論之義上說。「空」是就「存有之在其自己」、就「境識俱泯」下「存有的根源性」而說，亦是就意識之空無性、透明性而說。如此之「空」，即隱含一意識的「明覺性」與意識的「自由性」，此即所說之「明」。「明」是當下之照面、明白，如陽明觀花「一時明白起來」，是境識俱起而未分，一體通明之狀態，是由存有的根源而邁向開顯，此開顯仍為無執著性、未對象化前之狀態也。

如前所言，「道顯為象，象以為形，言以定形，言業相隨」，此是由其根源性、整體性、對偶性、定向性而落實為對象性，如此經由一切語言文字符號所構成之系統，即此則有其「業」，此「業」當可連著「染執」、「趨向」、「勢力」、「性好」、「利害」等等而說。如此經由存有之執定，是為境識俱起而兩分，以識執境、以主攝客，而成就其對象義。此自不免意識的染執性、意識的權體性，如此即隱含意識之質礙性、意識之隱蔽性。

「明」之所以為「明」，是存有論的「照明」，即此照明而為「銷毀」，即此銷毀而為「回溯」也。意識之質礙性、隱蔽性、染執性、權體性皆得因之而銷毀、瓦解，而回復意識的明覺性、自由性、空無性與透明性，存有之根源因之得以回歸，

此即「同歸於道」,「一本空明」亦因之而成」。[21]

　　如上所述,我們直可以說這即是存有的回歸與照明,經由這樣的過程即獲得存有的治療。我們這樣所締造的「存有的三態論」顯然地是想用現在的真存實感去重新覺知儒道佛三教的思維,讓它活生生的活出生命來。最後,我們可以明顯的發覺到存有的回歸與照明,用老子《道德經》的話來說正是「人法地、地法天、天法道、道法自然」。

　　　　　　　　　　　　庚辰夏末　　九月二日　　深坑養晦齋

21　〈「道與言」——《揭諦》發刊詞〉,《揭諦》創刊號（1997年6月）,頁12-13。林安梧:〈「存有三態論」與「存有的治療」的構建〉《鵝湖》第26卷第6期（總306期,2000年12月）,頁28-39。

第八章
「解牛」、「養生」與相關的「治療學」問題*

題前之語

　　牛可解乎？可解也！而且以「庖丁解牛」來說，他「以無厚入有閒，恢恢乎其於遊刃必有餘地矣」。

　　生可養乎？可養也！然養生非養形也，離形去知，所以養生也。因此，文惠君聞庖丁解牛大旨，而得養生之道也。

　　道家哲學之為──「存有的治療學」，吾既論之多年矣，今且請以《莊子》〈養生主〉試論其相關之治療學問題。

一　楔子：異時讀莊、各有樣態

　　年青時，喜讀《莊子》，讀的是他的瀟灑，在瀟灑中見到莊嚴。到了中年，再讀《莊子》，讀的卻是他的詼諧，在詼諧中見到血淚。到了壯年，又讀《莊子》，讀的則是他的智慧，在智慧中見到慈悲。

　　《莊子》，金聖歎說它是「天下第一才子書」[1]！我認為莊子是空前的，也難說不是絕後！即不絕後，二千餘年來，它可還是空前的！

---

* 本文原刊於《詩書畫》2014年第2期（北京市）。
1 金聖歎（1608-1661）於《〈三國志演義〉序》云：「余嘗集才子書者六。目曰《莊》也，《騷》也，馬之《史記》也，杜之律詩也，《水滸》也，《西廂》也。謬加評訂，海內君子皆許余，以為知言」。

《莊子》其文如萬斛泉源，洸洋自恣，行於所當行，止於不可不止[2]。或為寓言、或為重言，或為卮言；或做謬悠之說，或為荒唐之言，或成無端崖之辭[3]。是奇亦是正、是諧亦是莊，莊子就是莊子。

即在都市叢林，其猶若烏何有之鄉[4]；即在五濁惡世，其猶若曳尾泥塗[5]。他可超拔於俗塵之上，放乎天壤，像大鵬鳥舉著垂天之翼，乘天地之正，御六氣之辯，由北溟而屣於南溟，搏扶搖而上者數千里也！莊子他可以這樣的做他的逍遙遊，說是由小而大，由大而化；他解消了主體，但卻因而擴大了視野，他悠游於太虛之中，無罣無礙[6]！

年青時，讀《莊子》，雖說讀的是他的瀟灑，但我哪能瞭解什麼是瀟灑；其實，免不了的是少年輕浮之病！當然，看到的莊嚴美好，亦難免浮光掠影，哪能識得個中要妙！到得中年，讀《莊子》，自也識得幾分詼諧，在詼諧中看到了血淚。經幾分歷世，便得幾分智慧；狂氣既斂，身心蕭然！在這蕭穆中，卻不免赧然、慚然，愧然難已！

2　此原是蘇東坡自評其文之語，移置於此，益覺適當。

3　請參見《莊子》〈天下篇〉，有云「莊周聞其風而悅之，以謬悠之說，荒唐之言，無端崖之辭，時恣縱而不儻，不以觭見之也。以天下為沈濁，不可與莊語，以卮言為曼衍，以重言為真，以寓言為廣。獨與天地精神往來而不敖倪於萬物，不譴是非，以與世俗處。其書雖瑰瑋而連犿無傷也。」

4　請參見《莊子》〈逍遙遊〉：「今子有大樹，患其無用，何不樹之於無何有之鄉，廣莫之野？」

5　請參見《莊子》〈秋水篇〉：「莊子釣于濮水。楚王使大夫二人往先焉，曰：『願以境內累矣！』莊子持竿不顧，曰：『吾聞楚有神龜，死已三千歲矣。王巾笥而藏之廟堂之上。此龜者，寧其死為留骨而貴乎？寧其生而曳尾于塗中乎？』二大夫曰：『寧生而曳尾塗中。』莊子曰：『往矣！吾將曳尾于塗中。』」

6　請參見《莊子》〈逍遙遊〉。

二　概括：《莊子》內七篇理序

　　最近這些年來，愈發覺得莊子之能「逍遙遊」，是因為他能「齊物論」；齊得物論，方得「養生主」，生主既養，在「人間世」中，自可「德充符」，如此「大宗師」，當然也就能「應帝王」。從〈逍遙遊〉、〈齊物論〉、〈養生主〉、〈德充符〉、〈人間世〉、〈大宗師〉、〈應帝王〉，這七篇剛好構成了莊子的內七篇[7]。這裡有著生命情境的邏輯，有著「道生之、德蓄之」[8]的呼喚。

　　五十已過，到得壯年，讀《莊子》，讀的則是他的智慧，在智慧中見到慈悲。但我要真切地說，我雖已然頭腦清楚了，但心裡未必明白；即如心裡明白了，但卻未必能身體之、力行之。真的，人世之難，就在「踐形」[9]、就在「任化」；經由身體的體現這樣的「踐形」，回歸自然無為的「任化」。莊子啊！莊子！爾可真任自然之化、踐天地之形了！

　　莊子深知物之不齊，物之性也[10]。但他亦能了知，物者，名以定形、文以成物也[11]。如此之物，是「道生一、一生二、二生三、三生萬物」。[12]如此之物，這是對象物，並不是真如物，不是物之真如，不

7　此段所述脫胎自船山之莊子學，請參見王夫之《莊子解》有云「寓形於兩閒，遊而已矣！無小無大，無不自得，而止其行也。無所圖其反也。無所息，無所待也。無待者，不待物以立己，不待事以立功，不待實以立名。小大一致，休乎天均，則無不逍遙矣。逍者，嚮於消也，過而忘也。遙者，引而遠也，不局於心知之靈也；故物論可齊，生主可養，形可忘而德充，世可入而害遠，帝王可應而天下治，皆胸合於大宗，以忘生死，無不可遊也，無非遊也。」（臺北市：廣文書局，1964年）頁1-2。

8　語出老子《道德經》第五十一章。

9　「踐形」語出孟子，「任化」出自道家，我以為道家亦可說是「踐形」，只是與儒家稍有所異。

10　此取《莊子》〈齊物論〉之意而說之。

11　此取王弼《老子註》之意以言之。

12　語出老子《道德經》第四十二章。

是物之在其自己[13]。話語可解、當解，亦為有解，才能「恢詭憰怪，道通為一」[14]，話語既解，如其自如，物還為物，隨之而化，這物化是化於天壤、化於自然，化於「天地人我通而為一」的「道源」[15]。

何以化，因為有解，是故能化。解而化之，化而養之，此生生之德也。就這樣莊子藉著「庖丁解牛」（廚子阿丁宰殺牛）來闡釋「養生」，而且是養生之主也[16]。

三　詮解：《莊子》〈養生主〉（第一段）

起頭，莊子點出了生命與知識，生命有涯，知識無涯，這對比有張力，卻也有著弔詭性[17]。（「吾生也有涯，而知也無涯」）

其實，生命雖有涯，但卻可以薪盡火傳，由有涯而邁向無涯。知識雖為無涯，但這無涯是在分別相下、是就量下而說的無涯。這無涯其實建立在人們分別認知的延展下，若人們回到了生命本身，不去追索競逐，知識的虛擬性立時破解。生命存在也就恢恢乎，其於遊刃有餘矣！

生命本身者何？生命是一不可究詰而真實的存在，本亦無須發問的；人對生命的發問其實是因為人在人所構成的世界中而起了疑，有

---

13 此「物之在其自己」（thing-in-itself）取義於康德（Immanuel Kant），用的是牟宗三先生的詮釋，請參見氏著《現象與物自身》（臺北市：臺灣學生書局，1976年）一書。

14 請參見《莊子》〈齊物論〉。

15 近廿餘年來，我大體以「天地人我萬物通而為一的總體根源」一語來闡釋「道」，請參見拙著《人文學方法論：詮釋的存有學探源》（臺北市：讀冊文化，2003年）一書。又請參見拙著〈「道」「德」釋義：儒道同源互補的義理闡述〉，臺北《鵝湖》第28卷第10期（總號334，2003年4月），頁23-29。

16 以下所論皆本於《莊子》〈養生主〉，並盡量以貼近之翻譯式的詮釋為之。

17 此段及以下兩段釋「吾生也有涯，而知也無涯。以有涯隨無涯，殆已；已而為知者，殆而已矣。為善無近名，為惡無近刑。緣督以為經，可以保身，可以全生，可以養親，可以盡年。」

了這疑也就不可不問了！人總會在善惡分別相中討生活，而忘了善惡分別常只是名言概念中的事；而且這名言概念端起架子來，和權力、欲望等結合一處，便生出了一強而有力的驅迫性規範來，成了政法刑名，免不了的是他對人們的迫壓。（「為善無近名，為惡無近刑」）

　　善惡跨過分別，還其自身，讓存在回歸到存在本身；順著自然天道，自有罅隙可通，這存在的具體之道，就是個大經大常之道。就這樣，可以保身、可以全生、可以養親、可以盡年。（「緣督以為經」）

　　第一段雖短，但卻將全文點示得一清二楚，「庖丁解牛」為一段，公文軒見右師及澤稚又是一段，秦失弔老聃又是一段，最後言薪盡火傳，生命之無盡，又是一段，此與前面第一段形成一首尾相連通貫的總體。

四　詮解：《莊子》〈養生主〉（第二段）

　　庖丁解牛，真乃神技，「手之所觸、肩之所倚、足之所履、膝之所踦、砉然嚮然、奏刀騞然」，就這樣「莫不中音」，「合於桑林之舞，乃中經首之會」。那廚子阿丁輕拍了一下牛的身子，立時肩膀迎上去，就這一倚，那牛也就倒了；順勢而上，阿丁腳就這樣履了上去，彎著身子，他單膝踦跪了上去。說時遲，那時快，那手足肩膝，就這樣拆裂了牛身，發出砉然嚮然的聲音，那刀就這樣順著進到牛身裡，那骨肉迎刃而解。阿丁這動作、就像音樂的節拍一般，勝似商湯時的桑林之舞、唐堯時的咸池樂章[18]。

　　天地間之韻律便如宙宇之呼吸，生死幽明，看似限隔，實者連續，本為相通[19]。庖丁解牛，是現實之解脫，是生命之歸返；形既

---

18 此段釋「庖丁為文惠君解牛，手之所觸，肩之所倚，足之所履，膝之所踦，砉然嚮然，奏刀騞然，莫不中音。合於桑林之舞，乃中經首之會。」

19 近廿餘年來，我常以「存有的連續觀」與「存有的斷裂觀」為對比，論述中西文明

離，知既去，如此舞樂，自成天和。

　　文惠君（即梁惠王）起先還只稱讚庖丁解牛的技術，未能解箇中奧秘也。庖丁回答他說「臣之所好者道也，進乎技矣。」起初，臣之解牛，所見也是無非全牛。這樣子過了三年之後，定靜專一，也就未嘗見及全牛。而現在呢！臣是以「神遇」而不是以「目視」，耳目感官認知，已然停歇；而只有精神心靈、純意任行。依著自然紋理，批開大隙縫，引通大孔道，因順其固然，枝出的經絡、筋肌的綮結，也就避開了，何況粗幹大骨呢[20]！

　　「目視」是指向對象的認知，是分別相的，是執著性的；一起執著、分別，便有限隔阻滯。「神遇」則耳目感官認知，已然停歇；這是無分別相、無執著性的；只有精神心靈、純意任行[21]。借用馬丁·布伯（Martin Buber）的話來說，「目視」是「我與它」的關係（I-it relation），而「神遇」則是「我與您」的關係（I-Thou relation）。[22]這「神」可上遂於《易傳》所說「神也者，妙萬物而為言者也」來理解。

　　庖丁之能不以目視，而以神遇；自然也就能看到那牛「彼節者有閒，而刀刃者無厚；以無厚入有閒，恢恢乎其於遊刃必有餘地矣」。

之異同，並以「筷子」與「叉子」為喻。請參見拙著：《儒學與中國傳統社會之哲學省察》（臺北市：幼獅文化，1996年），第六章，頁96-99。又請參見林安梧：《儒家倫理與社會正義》（北京市：言實出版社，2005年），第一章。

20　此段所釋為《莊子》〈養生主〉：「文惠君曰：『譆，善哉！技蓋至此乎？』庖丁釋刀對曰：『臣之所好者道也，進乎技矣。始臣之解牛之時，所見無非全牛者。三年之後，未嘗見全牛也。方今之時，臣以神遇而不以目視，官知止而神欲行。依乎天理，批大郤，導大窾，因其固然。技經肯綮之未嘗，而況大軱乎！』」

21　這些年來，我以「存有的根源、存有的彰顯與存有的執定」這「存有三態」來闡釋儒道佛，並圖構作一本體詮釋學及本體實踐學，請參見林安梧：《人文學方法論：詮釋的存有學探源》（臺北市：讀冊文化，2003年），第六章。

22　關於「我與你」、「我與它」的範式之對比，取自於馬丁·布伯（Martin Buber）的《我與你》（I and Thou）一書，又請參見林安梧：《儒學與中國傳統社會之哲學省察》，第九章〈從血緣性的縱貫軸到人際性的互動軸〉，頁155-157。

也就這樣，他十九年來，「刀刃若新發於硎」。話雖如此，每至筋肌骨簇，還是見其難為；庖丁不免怵然心驚，收拾精神，目視凝止，小心翼翼，動刀甚微；就這樣「謋然而解，如土委地」，這牛似就回到了大自然一樣。看！這庖丁是何神情，他「提刀而立，為之四顧，為之躊躇滿志」，拭淨了刀，入了刀鞘，神情何其優雅。文惠君曰：「善哉！吾聞庖丁之言，得養生焉。」[23]

「養生」非養形，「形」是「形軀」，「生」是「生命」。解開了形軀，方見得生命，以是說「解牛」而得養生也[24]。以無厚入於有間，也就遊刃有餘；唯遇難處，更當怵然戒警，虔敬如實，收拾精神，從容而應。

五　詮解：《莊子》〈養生主〉（第三段）

公文軒見右師，兀者缺足，本來可憫；但看那右師從容優雅，獨歸之於天，自然自在，無所疚憾。澤稚十步一啄，百步一飲，而不蘄蓄於樊籬之中，所為者唯自由自在而已；蓄於樊中，其神雖旺，亦不善也[25]。莊子之自然自在，著實令人歡喜。

---

23 此段所釋為《莊子》〈養生主〉：「良庖歲更刀，割也；族庖月更刀，折也。今臣之刀十九年矣，所解數千牛矣，而刀刃若新發於硎。彼節者有閒，而刀刃者無厚；以無厚入有閒，恢恢乎其於遊刃必有餘地矣，是以十九年而刀刃若新發於硎。雖然，每至於族，吾見其難為，怵然為戒，視為止，行為遲。動刀甚微，謋然已解，如土委地。提刀而立，為之四顧，為之躊躇滿志，善刀而藏之。」文惠君曰：「善哉！吾聞庖丁之言，得養生焉。」

24 「養生」是回到「存有的根源」來說，「養形」則落於「存有的執定」說。「養生」是要「尊道而貴德」，而「養形」則常為「物」所役，常落在「物形之，勢成之」上說。

25 以上所釋為《莊子》〈養生主〉：「公文軒見右師而驚曰：『是何人也？惡乎介也？天與，其人與？』曰：『天也，非人也。天之生是使獨也，人之貌有與也。以是知其天也，非人也。』澤雉十步一啄，百步一飲，不蘄畜乎樊中。神雖王，不善也。」

　　老聃死，秦佚往弔，乾號了三聲，就出了來；老聃弟子追出質問，
這算是哪門子的朋友，竟只乾號。秦佚借機會，說他們「遁天倍情，
忘其所受」，指責他們違反自然常理，背棄真實感情。「適來，夫子時
也；適去，夫子順也」，這是何等瀟灑，何等自在。生死幽明，原來
是通達的，「安時而處順，哀樂不能入也」，人生終點是自然之解脫，
此之謂「懸解」，倒懸既解，何等自在，如此才是「順天如情」啊[26]！

　　解開了形軀，見得生命，但生命畢竟像燭薪一樣，薪盡了，火傳
了，不可已也。生主所養，就在於茲！[27]

　　或者有些不捨，但不捨還是捨；或者有些感嘆，但有了感嘆就可
轉為讚嘆。感歎生命的短暫，卻可以謳歌造化之無窮，可以讚歎天長
地久。離形去知，同於大通，庖丁解牛，何等自在；執著解了，天地
自開！縱浪大化，無喜無懼，逍遙無礙，斯為道療。

　　　　　　　　　——戊子之夏六月十二日訂稿於新竹元亨居

26　以上所釋為《莊子》〈養生主〉：「老聃死，秦失弔之，三號而出。弟子曰：「非夫子
　　之友邪？」曰：「然。」「然則弔焉若此，可乎？」曰：「然。始也，吾以為其人也，
　　而今非也。向吾入而弔焉，有老者哭之，如哭其子；少者哭之，如哭其母。彼其所
　　以會之，必有不蘄言而言，不蘄哭而哭者，是（遯）[遁]天倍情，忘其所受，古者
　　謂之遁天之刑。適來，夫子時也；適去，夫子順也。安時而處順，哀樂不能入也，
　　古者謂是帝之縣解。」
27　以上所釋為《莊子》〈養生主〉：「指窮於為薪，火傳也，不知其盡也」。

附論　有關道家哲學講論所涉之「治療學」及其他[28]

　　從事於道家哲學的講學活動已超過了二十年，我要說，這些年來，道家哲學在我的哲學構成中起了相當大的作用。起先我接受牟宗三先生的「儒家是主流，……道家是由這本根的骨幹而引發出的旁枝」[29]，現在我則主張「儒道同源而互補」[30]。一方面，就中國哲學史的理解上與牟先生不同，在理論的系統建構上也與之不同。另方面，涉及到道家的哲學運用與牟先生亦有了不同。這些不同已不只是枝節上的不同，而是有著根本上的差異。但我還是要說，正因為牟先生所給的哲學資糧，才讓我有著這樣一層的發展。

　　在儒道佛的融通裡，牟先生通過了康德學的深切反省，進一步開創了以「一心開二門」的方式，建構了「現象與物自身」的「兩層存有論」。近二十多年來的從師問學，力思苦索，我則倡言當代新儒學須有一嶄新之開展，此須得由「牟宗三」回溯「熊十力」，並進一步回溯到「王船山」，即此回溯而有一嶄新的開展。我因之而倡言「存有三態論」。相對於牟先生的「本心論」傳統，而我則強調「氣」概念的核心性，而主張一「道論」的傳統[31]。

　　我並不同意將道家理解成一「觀境界型態的形而上學」，相對於道家，而說儒家是「道德創生的實有型態之形而上學」；我認為就中

---

28 此附論主要採擷自拙著《新道家與治療學》序言，臺北市：臺灣商務印書館，2006年。註釋為另加者。

29 牟先生於《現象與物自身》一書的序言中說「說到對於中國哲學傳統底瞭解，儒家是主流，一因它是一個土生的骨幹，即從民族底本根而生的智慧方向，二因它自道德意識入，獨為正大故；道家是由這本根的骨幹而引發出的旁枝；佛家是來自印度。」

30 關於此，請參見林安梧前揭文〈「道」「德」釋義：儒道同源互補的義理闡述〉。

31 關於此，請參見林安梧：《儒學轉向：從「新儒學」到「後新儒學」的過渡》（臺北市：臺灣學生書局，2006年），第二章〈後新儒學的思考：對牟宗三「兩層存有論」的批判與「存有三態論」的確立〉。

國哲學的根本義來說，並沒有西方哲學主流下的實有型態的形而上學。究極而論，我們所論「實有」與「境界」本是交融成一不可分的整體，拿「實有」與「境界」做對比，並不很適當[32]。中國哲學，如《易傳》所說「形而上者謂之道，形而下者謂之器」，這樣的「形而上學」本來又與亞里斯多德義下的 Metaphysics 有別。《易傳》這樣的「形而上學」是以「道論」為核心而開啟的。在《易傳》裡所說的「一陰一陽之謂道，繼之者善，成之者性」、「大哉乾元，萬物之始，乃統天」、「至哉坤元，萬物資生，乃順承於天」，這不只儒家會同意，道家一樣會同意。人生於天地之間，「三才者，天地人」，儒道所共許，由此「天地人我萬物通而為一的總體根源」開顯為世界萬有，這亦是儒道所同意揭示的道理。當然，儒道自有分別，儒家著重在「自覺」，而道家則重在「自然」，一重「主體的覺醒與參贊」，另一重「場域的調節與生發」。以「三才者，天地人」來說，道家重在「天地」，儒家則重在「人」。

　　牟先生對儒道佛三教的研究有著一般學術難以到達的高度，而他之所以會做出儒家是「道德創生的實有型態之形而上學」與道家是「主觀境界型態的形而上學」的分判，乃因為他是從儒道兩家的主體實踐義的不同，作為立論的基礎，而以為就此實踐的工夫論而開啟其形而上學，因之就有著不同的形而上學。由於從「主體」說上去，工夫既有所異，因而其形而上學之為「實有」與「境界」也就判然而有別了。但我們若從「道體」說下來，則我們可以說實踐工夫雖有異，但「道通為一」。牟先生的重點在「判別三教」，我的重點則在「融通統貫」，牟先生重在繫屬「一心」，我則重在「通極於道」。牟先生重在將天地我萬物通通銷歸於「主體」，而我則重在天地人我萬物通

---

32 吾於此已有所論，請參見林安梧：〈關於老子哲學詮釋典範的些許省察：以王弼《老子注》暨牟宗三《才性與玄理》為對比暨進一步的展開〉，「第三屆儒道國際學術會議（魏晉南北朝）論文」，臺北市：臺灣師範大學國文學系，2007年。

極於「道」，「人」則是一「活生生的實存而有」[33]，是一「參贊者」，但不是創造者。「道體」是道體，心體是心體，道體不能等同於心體，即如儒家心學一派亦當如此，若直將道體等同於心體，便有跨越出了人的有限性的弊病。陽明學的末流被批評為情識而肆、虛玄而蕩，不是沒有道理的[34]。

　　我們雖可以肯定人不只是一個有限的存在，人亦可以具有「自由無限心」，但這並無意味要將人無限上綱到「自由無限心」才能把人安立起來，並且通過這方式來安立天地萬物。儒家的孟子之學強調「盡其心者，知其性；知其性，則知天矣！」[35]這頂多能說「心、性、天」通而為一，而不能說「心」即是「性」即是「天」，把「心、性、天」等同起來，已跨出了孟子學的思路了！跨出了儒學思路了！我想理學家硬是要對心學家安個「禪」字在上面，並不是完全沒道理。當然，這「禪」不是真禪，而是宋明心學末流的「狂禪」。船山力斥王學狂禪之流，而極力強調「道大而善小，善大而性小」並不是沒有理由的[36]。

　　儒家重在主體的自覺與喚醒，而道家則重在場域的生發與調節，

---

33 「活生生的實存而有」此語是我在詮釋熊十力的體用哲學所造的一個詞，指的是「人」之以其活生生的姿態，以一實存者的方式存在於天地之間，請參見拙著《存有、意識與實踐：熊十力體用哲學之詮釋與重建》（臺北市：東大圖書公司，1993年），第二章第二節〈活生生的實存而有的體用哲學義下的「存有」與「方法」〉，頁41-51。此後，我之所論中國哲學之「人」一概念大體依準於此。

34 關於此，我之論點，請參見拙著〈關於「善之意向性」的問題之釐清與探討：以劉蕺山哲學為核心的展開〉，收入《劉蕺山學思想論集》（臺北市：「中研院」中國文哲研究所籌備處，1998年），頁155-166。

35 關於《孟子》〈盡心篇〉首章之誤解頗多，郭鶴鳴於此有詳細之論述，請參見郭鶴鳴：〈心性與天命──孟子盡心篇首章新詮〉，《國文學報》（臺北市：臺灣師範大學，1995年），頁79-109。

36 關於此，請參見我於廿餘年前寫就的《王船山人性史哲學之研究》一書第五章，頁97-132。另請參見林安梧〈從「以心控身」到「身心一如」──以王夫之哲學為核心兼及於程朱、陸王的討論〉，《國文學報》第30期（2001年6月），頁77-95。

我們不能太過高揚儒家主體性的動能，無限上綱到究竟了義；我們當
然也不能夠將道家的主體修養能力，無限上綱到究竟了義，因為道家
的重點不在主體的修證，而是在於場域的生發與調節。道家強調主體
的退開、讓開，而讓物各付物，各可其可，各然其然；但這並不意味
說經由主體的體證，就能讓物各付物，各可其可，各然其然。這是
說：我們的主體修證頂多是一「消極義」的讓開，而道家強調的並不
是這消極義的讓開而已，它更著重的是人的主體讓開了以後，由那總
體的根源、根源的總體之「道」，能在「天地」「場域」間有一生發與
調節的功用，進而由此而導生一「治療」、歸復及生長。

　　換言之，如老子所說「致虛極，守靜篤。萬物並作，吾以觀復。
夫物芸芸，各復歸其根。歸根曰靜，是謂復命；復命曰常，知常曰明。
不知常，妄作凶。知常容，容乃公，公乃全，全乃天，天乃道，道乃
久，沒身不殆」[37]。「致虛極、守靜篤」當然重要，但這並不是說果真
你「致虛極、守靜篤」了，就能「萬物並作」。「萬物並作」之所以可
能，是因為有個「道」在，有「天地之常」的常道在，這樣才能歸根
復命，才能在體會這常道下，讓生命智慧好自生長。若天地之常已然
毀損，天地之道已然滅絕，如何致虛、守靜，致虛、守靜是又何用？
顯然地，道家的重點不在於主體如何修證而已，更重要的是總體的根
源、根源的總體之道，如何能在天地場域中起著生發調節的作用。正
因為這根源的總體、總體的根源之道所起的生發與調節的作用，因而
有著一「道療」，或者說是「存有的治療」的功能。有著這存有治療的
功能，道家之於萬物才能說是「歸根復命」，才能說是「道法自然」。
當然，這「自然」不會是洪荒般的自然，也不是自然世界的自然，而
是天地人我萬物通而為一，如其總體的根源、根源的總體所生發調節
義下的自然，這或者可以說是一「自發的和諧次序」下的自然。

---

37 語見老子《道德經》第十六章。

　　儒道佛三教傳統心性之學隱含著極為豐富的「意義治療學」思維。儒家之學強調的是「孝悌人倫、仁義為教」，而上溯至宇宙造化之源，而強調「道德創生」。道家之學強調的是「尊道貴德、慈儉虛靜」，認定天地場域有一自發的和諧性調節力量，人應「自然無為」。佛教之學強調的是「緣起性空、悲智雙運」，認為經由緣起的洞察，能見得存在的空無、意識的透明，心無掛礙，而達到「涅槃寂靜」如如境界。如此說來，儒家強調的是「敬而無妄」重在「主體的自覺」，道家則主張「靜為躁君」，重在「場域的自然生發」，佛家主張則是「淨而無染」重在「真空妙有的自在」。我以為經由儒道佛三教傳統的治療可以使得華人的公民社會有一嶄新的風貌，在個體與群體之間取得一平衡點，在嶄新的天地中長養其自己。

　　儒道佛文化傳統將不只是狹義的心性修養，也不只是往昔一般的調節性作用而已，它的意義治療將是結構性的，深入到社會總體的底蘊，並進一步在公民社會的長成過程中有所調適，進而有嶄新的可能。換言之，並不是由儒道佛所形成的心性論為核心，再去開出所謂的公民社會，不是「如何的由內聖開出新外王」；而是在這公民社會長成的過程中，相與為體、互為其用，而有一嶄新的可能，是「在新外王下而調理出一新內聖」來；如前所說，這不再是本質主義的全體性思考，而是一種約定論式的點滴工程思考。

　　在寬廣的天地間來思考道家，來理解道家，來詮釋道家，我們發現代社會下，道家有著嶄新的可能。「道家」不只是放浪形骸，不只是消極避世！「道家」、「道」「家」，「道」是總體的根源，「家」是人於天地間的「居宅」！「新道家」強調的是那總體的根源的「道」如何落實於人間世的居宅，讓那被扭曲異化變形的「物」，能經由一「治療」的過程，而「歸根復命」，讓天地如其為天地，讓萬物如其為萬物。在「場域處所」裡，由於「話語介入」，人的貪求、欲望、權力、利害，伴隨而生，遂致異化；因而我們必須經由「存有之道的

回歸」，讓「存有之道的亮光」照拂療癒；就這樣「無名以就實」、「尊道而貴德」，我們才能「知常曰明」，體會常道，當下明白。尤其，新道家「自然無為」有助於「公民社會」的建構，特別在「後現代」，重視的是「文明的對話」；新道家對於「心靈意識」與「存在情境」更能起著批判與治療的作用。有別於「工具理性」的高張，這樣子的「生命理性」正顯豁了一「道家型的女性主義」思維。

儒家是「飯」，佛家是「藥」，而道家則是「空氣」，是「陽光」，是「水」。儒、道、佛，三教都需要，「道家」更是重要；「飯」、「藥」都需要，「陽光、空氣、水」更需要。有「新儒家」、有「新佛家」，更需要有「新道家」，需要有「新道家的治療學」。

「新道家」不只是境界型態的形而上學，起的不只是「作用的保存」；「新道家」在「存有三態論」的建構下，強調的是「存有之道」的回歸與照亮，並因之而強調「存有的治療學」，並由此而導生社會的批判與文化的治療。

第九章
關於老子《道德經》「道、一、二、三及天地萬物」的幾點討論[*]

一　問題的緣起

　　老子《道德經》第四十二章所言「道生一，一生二，二生三，三生萬物」自古以來註家多矣，爭議頗多。吾講學《老子》、《易經》多年，於此漸有所悟，以為兩者互為表裡，因自取證，認定此《老子》此章與《易經》傳之「太極生兩儀，兩儀生四象，四象生八卦，八卦定吉凶，吉凶生大業」可以合參，而得其義也。

　　二〇〇七年初，余訪學於香港中文大學，承友人劉笑敢教授贈其大著《老子古今》，該書取證校勘，義理揀別，頗為精詳，真乃宏構偉篇也。彼於老子《道德經》第四十二章亦多有所論，遂以對舉，相互比論，以酬其雅意也。

　　吾思此章甚矣其久，方其初，余就學師大，一九七八年秋修讀黃慶萱師所授「易經」一門，又修讀張起鈞師所授「老子」一課，自取相參，漸有所知，爰為筆札。三十年來，反覆思之，發篋檢視，再為參循，作為斯篇，以為暫訂之論也。

二　關於「道」、「一、二、三」與「萬物」

　　「道生一，一生二，二生三，三生萬物」，此所論「道」、「一」、

＊　本文原刊於《東華漢學》第7期（2008年6月），頁1-24。

「二」、「三」、「萬物」，素無善解。

依《淮南子》〈天文〉所說：

> 一而不生，故分而為陰陽，陰陽合而萬物生，故曰：「一生
> 二，二生三，三生萬物」。

此置於自然哲學之向度，因以為解也，然此解釋並未完足，因彼未解
「道生一」一句。又「一生二」之「生」解為「分」，而「三」則是
「所分之陰陽」的和合，並即此「三」而說為「萬物」。

依《老子》〈河上公注〉所說：

> 道始所生者一也，一生陰與陽也。陰陽生和、清、濁三氣，分
> 為天地人也。天地人共生萬物也，天施地化，人長養之。

此亦置於自然哲學之向度，因以為解也。此解勝於《淮南子》，彼於
「道生一」有所解，於「生」亦有較貼近之解釋。此亦只是就生發之
次序，順而言之，至於此次序如何開展，「道」何所指，「一」何所
指，則未明言。「一」生「陰、陽」，而「陰陽」則生「和、清、濁」，
此似以「陰陽」和合而氣分清濁，清屬之於天，濁屬之於地，人則清
濁和合。進一步言之，則天施地化，人長養之，而說天地人之共生萬
物也。此說雖未為盡善，但就自然哲學之詮釋言之，大體不差。

依《老子》〈王弼注〉所說：

> 萬物萬形，其歸一也。何由致一，由於無也。由無乃一，一可
> 謂無，已謂之一豈得無言乎，有言有一，非二如何，有一有
> 二，遂生乎三。從無之有，數盡乎斯，過此以往，非道之流。
> 故萬物之生，吾知其主，雖有萬形，沖氣一焉！

　　王弼此解，較之前二注，明顯異別，其所獨特者，所重在「話語」、「言謂」之介入也。王弼先說「萬物萬形，其歸一也」如何致一，彼言「由於無也」。「一」是「總體」、是「根源」，而此「一」則歸本於「無」也。「無」是「隱」，而「一」則是「顯」，是「有」。話語的介入是由此「一」之有所「謂」也。「已謂之一，豈得無言乎」，既有言為一，則如此數之，則進一步有乎二，「有一有二，遂生乎三」，如此而往，「從無之有，數盡乎斯」矣！

　　王弼此解，雖有其巧，但未達其善也。因其所解，並未解出何以「道生一，一生二，二生三，三生萬物」，而只解了「道生一，一生二」就此可延而展之，便可有二生三，三生四，四生五，……直至於萬。至於何謂「物」，王弼似只從「無」與「有」之為一物之兩面相而說解之，「無」是就「存在」之未分別而說，「有」則就「話語」之介入，分別而說。蓋「道」為「不可說」，而「物」則為「可說」也。「道」之與「物」似只是「不可說」而「可說」也。進一步言之，則王弼未深論也。

　　吾以為「道」與「物」，當可有「道生一，一生二，二生三，三生萬物」之展開過程。此為「隱、顯、分、定、執」的過程，亦為「不可說」、「可說」、「說其可說」、「說」、「說之為物」的歷程。落在吾所締造之「存有三態論」來說，此亦可以是由「存有之根源」而「存有之彰顯」，進而為「存有之執定」也。此是「境識俱泯」而「境識俱起」，終而「以識執境」也。容後論之。

　　高亨論之：

　　　一、二、三者，舉虛數以代實物也。一者天地未分之元素，……二者，天地也。三者，陰氣、陽氣、和氣也。[1]

---

[1] 請參見高亨：《老子正詁》（上海市：開明書店，1976年），頁96。

　　劉笑敢認為此與《淮南子》同，其說是。唯高氏強調「舉虛數以代實物」，這可脫卻自然哲學之氣味，但彼所解仍貧乏，率由《淮南子》所論，而無新見地也。

　　奚侗則以《易》解《老》，說「道」與「易」，異名同體，一即太極，二即兩儀，天地氣合而生和，二生三也。和氣生物，三生萬物也。[2]劉笑敢以為「奚說比較牽強。《周易》系統講太極生兩儀，兩儀生四象，四象生八卦，完全沒三的位置，與老子思想不合。」[3]劉說有見，然奚說自非全然無見。蓋「易」與「老」之互為表裡，本有可解處。以「道生一，一生二，二生三，三生萬物」與「太極生兩儀，兩儀生四象，四象生八卦，八卦定吉凶」。此本一體之兩面，《老子》所論重在「自然存有系列之展開」也，而《易傳》所論則重在「人間價值系列之展開」也。前者重在「生萬物」，而後者重在「定吉凶」也。以「一陰一陽之謂道」為起點說解之，吾曾有如是之論，論曰：

　　　　若以數學式比喻之，此正如「二」之「○」次方，故其為「一」也。以此類推之「二」之「一」次方，則其為「二」也。「二」之「二」次方，則其為「四」也。「二」之「三」次方，則其為「八」也。由「○」而「一」，而「二」，而「三」，此是「道生一」、「一生二」、「二生三」之謂也。由「一」，而「二」，而「四」，而「八」，此是「太極生兩儀」、「兩儀生四象」、「四象生八卦」之謂也。[4]

以是觀之，當可以有所調適而上遂之也，容後論之。

2　奚侗：《老子集解》（嚴氏善書本，1925年），頁5下A。

3　見劉笑敢：《老子古今》，頁439。

4　見林安梧：《道的錯置：中國政治思想的根本困結》（臺北市：臺灣學生書局，2003年），〈第一章、導論：「道」的彰顯、遮蔽、錯置與治療之可能──後新儒家哲學之擬構──從「兩層存有論」到「存有三態論」〉，頁12。

又蔣錫昌論之曰：

> 道始所生者一，一即道也。自其名言之，謂之道，自其數言
> 之，謂之一。[5]

此說似可與王弼之說相參，並無新見，亦無所進也。劉笑敢評之，說
「這裡『道生一，一生二，二生三，三生萬物』的『生』字都是同樣
用法，前者生後者，如果我們不能說『二生三』的『二』就是
『三』，那麼我們也就不能說『道生一』的道就是『一』」。[6]如此說
解，自亦成理，但王夫之曾解此「生」為「同有」之謂「生」，若
此，則「道生一，一生二，二生三，三生萬物」「道」之與「萬物」
本為「同有」，說其為「一、二、三」此是「道」之展開萬物也。此
「生」只有「理論」上說之「前後」，而無「時間」上說之「前後」。
若此論之，亦非不可通也。吾以為當通而解之，解之、調之、上遂
之，使復於道也。[7]

劉笑敢論之曰：

> 儘管上面所介紹諸說有高低、當否之不同，事實上卻都是不必
> 要的。很明顯，「道生一，一生二，二生三」的說法並不是對
> 宇宙萬物產生的實際過程的現象的描述，而是對宇宙生發過程
> 的一個模式化表述。也就是說，這裡的一、二、三都不必有確
> 切的指代對象，一是氣還是道，二是陰陽還是天地，都不影響
> 這一模式所要演示的實質內容。對一、二、三的任何具體的解

---

5 請參見蔣錫昌：《老子校詁》（上海市：上海商務印書館，1937年），頁279。

6 劉笑敢：《老子古今》，頁439。

7 此「調適而上遂之」，此本莊子之言，於此所論則多本王夫之之《莊子通》，亦可參
　林安梧：《王船山人性史哲學之研究》第四章。

釋都可能是畫蛇添足。老子完全不解釋甚麼是一、二、三，這是因為他根本不想解釋，不需要解釋，他所提出的是一個理論化的模式，而不是天體物理學的具體描述。[8]

劉說頗有些道理，老子此處所論自不會是「天體物理學的具體描述」，此可肯定者。「對一、二、三的任何具體的解釋都可能是畫蛇添足。老子完全不解釋甚麼是一、二、三，這是因為他根本不想解釋，不需要解釋。」如此論法，未免太過。蓋「道、一、二、三、物」之論，當頗重要，須得解釋，不可不解釋。唯如何能得其所當，是其所難也。

劉笑感總結論之曰：

> 總之，『道生一，一生二，二生三，三生萬物』就是老子對世界萬物生發演化過程所作的理論假說的抽象化、模式化表述，反映世界有一共同的起始點，即共同的根源，這個共同的起始階段或最初狀態無法描述，也無法命名，只是勉強，姑且稱之為道，從這個道所指代的那個階段或狀態逐步演化出宇宙最簡單的存在形式，以後，從單一到繁多，從簡樸到複雜，從渾淪到具體，逐步出現了我們所能看到的大千世界。[9]

劉氏所論固有所見，然未盡也。蓋「道生一，一生二，二生三，三生萬物」，此說的「萬物生發演化」，此是「理論」先後之次序，而非時間上先後的理解。「道」之作為共同的根源，此非時間溯源之為根源，而是理論上做一存在之溯源而說之根源。換言之，「道」乃無分別、不可說之根源，此根源之為根源，是天地人我萬物通而為一

8　劉笑敢：《老子古今》，頁439。

9　劉笑敢：《老子古今》，頁439。

者，此根源義即涵有總體義。如此論之，「道」可說其為「根源之總體，總體之根源」也。究極論之，「道」當為「根源義」，而「一」則為「總體義」，「二」則為「對偶義」，「三」則為「和合義」，「物」則為「對象義」，「道生一，一生二，二生三，三生萬物」，此是一自然存有系列之展開也。

三 關於「道」生「萬物」的「生」之討論

牟先生於道家之「生」特解為「不生之生」，此廣為學界所知，牟說：

> 「道生之」者，只是開其源，暢其流，讓物自生也。此是消極意義之生，故亦曰「無生之生」也。……總之，它不是一能生能造之實體。它只是不塞不禁，暢開萬物「自生自濟」之源之沖虛玄德。而沖虛玄德只是一種境界。……故表示「道生之」的那些宇宙論的語句，實非積極的宇宙論語句，而乃是消極的，只表示一種靜觀之貌似的宇宙論語句。[10]

劉笑敢論之曰：

> 牟的解釋力圖消解道的客觀生成之義，把生解釋為消極之生，貌似之生，強調道「不是一能生能造之實體」，以便最終把道納入主觀境界之中，構成與儒家學說一橫一縱的關係，從而突出儒家學說在判教中的地位。[11]

---

10 請參見牟宗三：《才性與玄理》（臺北市：臺灣學生書局，1985年），頁162。
11 劉笑敢：《老子古今》，頁440。

　　劉氏此說清楚而明確。依牟先生言，儒家是一道德創生型態的形
而上學，而道家是一主觀境界型態的形而上學。此為「儒家主流」、
「道家旁支」之論，此與陳鼓應教授之主張「道家主幹說」適形成同
一個對立面的兩端，皆有可議，當可調適而上遂之，使之成為「儒道
同源互補」之論。[12]

　　實者，「道生之」的「生」說其為「不生之生」當然可以，唯此
「不生之生」義有紛歧，牟先生之說在道體之具有沖虛玄德，而論其
不生之生，此亦無不可；然此種不生之生，儒道亦可以通而同之。儒
家亦相信天地無心而成化，只是儒家強調在道德實踐論上是一「實有
之創生」，此不同於道家在實踐論上是一「虛靜之順成」；儒家重在
「有為之自覺」，而道家重在「無為之自然」。在天道論上，儒道本為
同源，而在修養工夫、道德實踐上則為互補也。

　　劉氏又對傅偉勳教授所論將此解為「道先於一，一先於二，二先
於三，三先於萬物」[13]，說「道」不是實體，只是形而上學的符號，
是象徵意義下的一切事物的本體論或存有論根據，之後又連著牟先
生，提出評論。

　　他說：

　　　　牟先生和傅先生都強調「道生一，一生二，二生三，三生萬
　　　　物」之「生」不是實質性的生出或產生。二人皆有思考過人之
　　　　處，可以刺激我們進一步探討「道」如何「生」的問題。牟宗
　　　　三將道納入主觀境界，傅偉勳把「道」理解成一個純粹的語言

12　大體說來，當代新儒家及大部分傳統學者多主儒家主流說，進廿年來，陳鼓應教授
　　力主「道家主幹說」，蓋激俗而反之也，余於此有所分析闡述，請參見請參見林安
　　梧：〈「道」「德」釋義：儒道同源互補的義理闡述〉，《鵝湖》第28卷第10期（總334
　　期，2003年4月），頁23-29。又陳先生之說，請參見氏著：《老莊新論》（臺北市：五
　　南圖書公司，1993年），第四部分：道家主幹說，頁349-405。

13　請參見Chales Fu 1973, pp.369、377-78。

符號，二者的共同之處是否認「道」之「生」的客觀的宇宙論意義。但是根據本章（第四十二章）和第二十五章，老子明顯認為在天地之先有一渾淪之物，它獨立於萬有之外，不受任何存在的影響，是天下一切存在的起始，相當於宇宙之母。道只不過是勉強給它一個名號。類似的比喻和說法還可見於第六章「玄牝之門」、「天地之根」，第四章「萬物之宗」，第一章「萬物之母」。這些說法都證明老子確實有一個世界總根源的觀念，我們很難把這些說法完全化作主觀境界或純粹的符號。[14]

劉氏又說：

這不是「雞生蛋」或「蛋生雞」式的個體生命形式的轉化，也不是細胞分裂和種子遍布而生的生長。不過，「道生一」的「生」雖然不是具體的一生多的生殖或分裂過程，但也不是毫無所生。道之生是從原初的模糊不定的狀態氤氳演化式的生，是從無到有，從簡到繁，從少到多，逐步繁衍擴散式的生。總之，一方面我們不必把道生萬物的過程具體化為某種陰陽之氣或天地的產生過程，另方面也不應該把它歸結為牟氏的主觀境界的觀照或傅氏的完全沒有生成關係的抽象在先。[15]

牟氏與傅氏之解消「道」生「萬物」的「生」具有客觀的宇宙論意義，此頗有見，但亦不適合此即化作「主觀境界」或「純粹的符號」來說。劉氏此說，甚有見。然問題關鍵點在如何解釋此「道生一，一生二，二生三，三生萬物」，牟先生無善解，傅先生亦無善解，劉笑

---

14 劉笑敢：《老子古今》，頁440。
15 劉笑敢：《老子古今》，頁441。

敢兄亦無善解。然此章所及「道生一，一生二，二生三，三生萬物」之解，頗為重要，不可不解，故嘗試解之。

四　關於「道」生「萬物」的可能哲學表述

如劉氏所論，我們可以發現牟先生實有承於王弼的老子注，但他因太重視「主體性」，因此，將老子哲學全收到心靈主體所開顯之境界上去說，這是有爭議的。再者，我們可以看出，老子哲學實不宜拘在所謂「主觀境界型態」與「客觀實有型態」兩端之分疏架構下立說，因道家之所重實在「天地性」、「場域性」、「處所性」上。我們回到老子文本，深讀之、細讀之，統體而讀之、貫通而讀之，切其義理，再超拔於其上而讀之；並經由當代的話語，如吾人日常之用語，又調適而上遂於一哲學的學術用語，重新表述之。如此，「道」生「萬物」當可以有善巧之表述也，茲述之如下。

1　「道」具有「總體義」、「根源義」，或可以「總體之根源」及「根源之總體」表述之。

1.1.　將「道」表述之以「總體義、根源義」，此即納「超越義」與「內在義」於其中；之所以不言其為既超越而內在，蓋此「既超越而內在」顯有語病故。[16]

1.2.　「道」之為「道」乃是指「天地人我萬物通而為一」這總體的根源、根源之總體來說的。

---

16 關於「超越」與「內在」兩詞所惹之麻煩安樂哲（Roger Ames）首先提出批評，之後，馮耀明在《當代》第84期（臺北市，1993年4月），發表〈當代新儒家的「超越內在」說〉，接著，劉述先作文回應：〈關於「超越內在」問題的省思〉（《當代》第96期〔臺北市，1994年4月〕）。進一步則可參見李明輝：《儒家與康德》，臺北市：聯經出版事業公司，1990年。

　　1.3.　這是在「存有的連續觀」下所成就的探源之學；此不同於西洋自柏拉圖（Plato）、亞里斯多德（Aristotle）以來追求最高之理念、共相之傳統，因彼乃於「存有的斷裂觀」下所成就的探源之學[17]。

　　1.4.　如是而論，不論道家或儒家，其「道」論皆不離人之參贊天地化育，其有所別並非「道論」，而是「人生論」（或者說是「修養論」、「實踐論」）。

　　1.5.　換言之，如此之「道論」既為「存有論」，亦是「價值論」，亦是「知識論」，亦是「實踐論」，至於其或有宇宙論，亦是以上之前提下所論之宇宙論，而不是一離於人之參贊而說之宇宙論。

　　1.6.　如此之「道論」既為客觀之實有，亦不離主觀之境界，蓋存有、價值、知識、實踐皆不離於宇宙，通而為一也。

　　1.7.　以是之故，實不宜將此客觀之實有與主觀之境界對橛而論也；唐君毅先生與牟宗三先生亦可以不相悖矣！皆可匯通於方東美先生所論之存在與價值合一處也[18]。

　　1.8.　若對橛而論，則生「知識／道德」、「存有／價值」、「實然／應然」割裂之問題，不能理解此於「道論」之通而為一也。如此則生葛藤，而致不必要之問題。

　　1.9.　換言之，「道論」之於「根源」「總體」處，實乃人之參贊於天地萬物人我所成之總體，如此總體溯其根源，「能所不二」、「境識俱泯」，此即一無分別相之總體根源，即所謂「未始無形」、「玄之又玄」也。

---

17 關於「存有的連續觀」與「存有的斷裂觀」，請參見林安梧：《儒學與中國傳統社會之哲學省察》（臺北市：幼獅文化事業公司，1996年），第六章第11節，頁96-97。

18 有關於此，請參見袁保新，前揭書，第三章〈當代老學詮釋系統的分化〉，頁34-60。

2 「道」之為總體之根源，其必由此而彰顯之也。其彰顯之場則
　 為「天地」，此「天地」為老子哲學中極為重要之概念。吾人
　 於此而可見老子為一場域之哲學、處所之哲學。

2.1.　「天地」為「道」開顯之場，此「天地」非外於人之為天地，而是人迎向於天地，天地迎向於人，如此相互迎向所成之天地也。

2.2.　如此之「天地」，「地」象徵博厚、柔順，「天」象徵高明、剛健；引而申之，「地」指的是「具體性、實存性」，「天」則為「普遍性、理想性」。

2.3.　「天」為「乾陽」，「地」為「坤陰」，陰陽和合、乾坤並建，即於此場域中即隱含之創生之動力，此即「一陰一陽之謂道」，此即「負陰而抱陽，沖氣以為和」、「天地相合以降甘露」是也。

2.4.　「人」居於「天地」之間，「人」具主體的能動性，可參贊天地之化育；他頂天立地，因之而效天法地，進而得以通天接地，與天地參矣！

2.5.　「人法地，地法天，天法道，道法自然」，人效法學習地的博厚柔順，具體而實存的生長（「人法地」）；再者，由此地的博厚柔順，具體而實存的生長，效法學習天的高明而剛健，朝向那普遍的理想（「地法天」）；進一步，由此天的高明剛健，那普遍的理想邁向道之為一總體的根源（「天法道」），即此總體的根源所成之根源的總體，效法學習那和諧調節、自發無為（「道法自然」）[19]。

2.6.　「天地」有「場域義」、「創生義」、「生長義」，亦有「辯證義」、「和合義」、「調劑義」，進而轉為德性義之剛健不息與厚德載物。

2.7.　有此「天地」之為「場域」，即此場域又為「兩端」，「兩端

---

19 關於此，賴賢宗於〈王弼「貴無以為用」的體用論之重檢與老子哲學的本體詮釋〉一文中有論及於此，讀者可對比參考，文見於「第三屆儒道國際會議：魏晉南北朝」，臺灣師範大學國文系主辦，2007年4月。

而一致」之和合辯證，萬物生焉；人生於斯，參而贊之，名以定形，論之成物。前者，可成一擬宇宙論，而實為一存有論矣！後者所成則為語言哲學及其相關之實踐論、知識論矣！

2.8.　「道」為「總體義」、「根源義」，「天地」則為「場域義」、「處所義」，「人」則重在「主體義」、「參贊義」，如此所成之哲學為一總體根源之哲學，為一場域處所之哲學，為一主體參贊之哲學。

2.9.　如上所述，可知「道」之不離「天地」，不離「人」，亦不離「萬物」，此亦可說此總體根源之不離場域處所，不離人之主體參贊，亦不離由此而成之萬有一切矣！

3 「道」是就其「根源義」、「總體義」而說，「萬物」則就其「散殊義」、「分別義」而說。「道」於「天地」之場開顯，人於此而參贊之，以曲成萬物也。

3.1.　「反者道之動，弱者道之用；天下萬物生於有，有生於無」，此可與第一章所述「無名天地之始，有名萬物之母」合而論之。萬物乃有名而名之所以成其萬物也。如此之有名之有分別相，實生於無分別、未區分之場域也，上遂之則為總體之根源[20]。

3.2.　「無」之為無分別、不可說，「有」之為有分別、可說，「物」則為此可說而說定之對象。由此而溯其源以論之，此「可說」而「說定」之「對象」的「萬物」，乃為那「有分別」而「可說」之「有」之所生；如此之「有分別」而「可說」之「有」之所生則為那「無分別」而「不可說」之「無」之所生。

3.3.　此「無」、「有」、「物」亦可以「道生一，一生二，二生三，三生萬物」表述之。「道」重在其「根源性」說，「一」則為「總

---

20 此段所述，及以下本節所述，亦請參見林安梧：《人文學方法論：詮釋的存有學探源》（臺北市：讀冊文化事業公司，2003年），第七章〈從「可說」到「不可說」〉，頁183-191。

體性」,「二」為「對偶性」,「三」則為「定向性」,「萬物」則為「對象物」。「生」當為「顯現義」、「彰顯義」,非由「沒有」生出個「有」來之謂也[21]。

3.4. 「生」為開顯義,這是「由隱而顯」的歷程,不是一般的由「無」而「有」;老子所說的「無、有」當從「隱、顯」、「本、末」、「始、終」來理解。如此之「生」實可以王夫之所說的「同有」來理解。

3.5. 「道」本「隱而未顯」,「一」則「顯而未分」;「道生一」者,由此「隱而未顯的根源」,開顯為「顯而未分的總體」。這時的「道」仍處在「無名天地之始」的狀態,是一「不可說」的狀態。

3.6. 「一」為總體、「二」為對偶,「一」為「顯而未分」,「二」為「分而未定」,「一生二」者,由此「顯而未分的總體」開顯為「分而未定的對偶兩端」。此是從「不可說」而「可說」也。

3.7. 「二」為對偶、「三」為對象（化）,「二」為「分而未定」、「三」為「定而未執」,「二生三」者,由此「分而未定的對偶兩端」和合辯證開顯為「定而未執的對象」。此是從「可說」而「說之」也。

3.8. 「三」為對象（化）,「萬物」則為「對象物」,「三」為「定而未執」,「萬物」為「執定」已矣,「三生萬物」者,由此「定而未執的對象」進一步執而成為一「執定已矣的對象物」。此是從「說之」而「說定」了。

3.9. 「道」原乃天地人我萬物通而為一的總體,渾淪不分,此「道生一,一生二,二生三,三生萬物」正是道體之由「隱」、「顯」、「分」、「定」、「執」的歷程。

---

21 請參見林安梧:《道的錯置:中國政治思想的根本困結》（臺北市:臺灣學生書局,2003年）,第一章〈導論:「道」的彰顯、遮蔽、錯置與治療之可能:後新儒家哲學之擬構〉,頁10-14。

五 「道、一、二、三，三生萬物」與「太極、兩儀、四象、八卦，八卦定吉凶」合參

　　如前所論，「道」之為「不可說」，即此「道」即為「一」，「一」是「整全之體」、「根源之體」，此即所謂之「道生一」，「生」者，「同有」之謂也，非有一物生另一物也。此「不可說」不停留於祕藏處，必彰顯之，此彰顯即為「可說」，「不可說」而「可說」，此是「一生二」。前所謂之「一」是就「整全之體」說，後所謂之「二」，則是就「對偶原則」而說。此「可說」必指向於「說」，此是由存有之「可能性」轉而為「必然性」，此是就存有之由「意向性」而為「定向性」，此是「二生三」。「二生三」的「三」，此乃承於「一」之「整體性」、「二」之「對偶性」，轉而為「三」之「定向性」，此定向性必指向存在，而經由一主體的對象化活動，使得存在的事物成為一決定了的「定象」，此即「三生萬物」之謂也。「三生萬物」此是從「定向性」之轉向於「對象性」。「道生一」、「一生二」、「二生三」、「三生萬物」，由「根源性」、「整體性」、「對偶性」、「定向性」、終而成就其為「對象性」也。

　　以上所釋重在解老子《道德經》「道生一、一生二、二生三、三生萬物」，以為此乃由道之「根源性」、「整體性」、「對偶性」、「定向性」、終而成就其為「對象性」也。此「根源性」、「整體性」、「對偶性」、「定向性」、「對象性」是通而為一的，故一切存在之對象皆可以還歸於根源之道，道亦可以下委於存在之對象。如其存有之道而言，以「生發」一語為要；如其存在對象而言，以「迴歸」一語為要。因其生發，走向「執定」，走向「異化」；便須經由一迴歸、還復，達到「治療」。「異化」必與「語言」相關，「治療」必還歸於「存有」，此即所謂「語言的異化」與「存有的治療」也。

　　「道」之為「道」是就其「根源之整體」而說，此「根源之整

體」其開展而有「對偶性」，然若歸返言之，則此「對偶性」乃根源於一「辯證性」、「和合性」。以其如此，故言「一陰一陽之謂道」。辯證之和合而未展開，即此而為空無也，即此而為「境識俱泯」也，若以數學式比喻之，此正如「二」之「○」次方，故其為「一」也。以此類推之「二」之「一」次方，則其為「二」也。「二」之「二」次方，則其為「四」也。「二」之「三」次方，則其為「八」也。由「○」而「一」，而「二」，而「三」，此是「道生一」、「一生二」、「二生三」之謂也。由「一」，而「二」，而「四」，而「八」，此是「太極生兩儀」、「兩儀生四象」、「四象生八卦」之謂也。

此是合老子《道德經》與《易經傳》以為說，闡明根源性、整體性必含一辯證性、和合性，亦為如此，才可能下開對偶性、定向性、對象性也。《易經傳》所說之「陰陽、開闔、翕闢」皆就如此而為說。老子所謂「負陰而抱陽」一語傳神的將此辯證和合之根源總體表述出來。

如上所述，「○」或「空無」並非與實有相對待的沒有，而是一充滿著開展可能性的本源，是「境識俱泯」之未開顯之狀態，即此「境識俱泯」，而「境識俱起」，進而「以識執境」，這是一連續體，而不是斷裂體。

老子《道德經》所言「道生一、一生二、二生三、三生萬物」，此是就存有之開顯，並走向「存有之執定」而說；《易經傳》所言「太極生兩儀、兩儀生四象、四象生八卦、八卦定吉凶」，此是就存有之開顯之結構面說，且此結構面乃走向於「價值之論定」，此不同於前者之為存有之執定而已。或者，吾人可以如是言之，最後之溯源即乃「道」（存有），而其開顯與執定則不離存在面與價值面也。換言之，「言以定形」，其所定雖為存在面，實者此「存在面」即乃「價值面」也，兩者不可分。

此是將「三生萬物」與「八卦定吉凶」對比，指出老子之闡析重

在存有之開顯，因其開顯而指向對象，而《易經傳》則重在存有之結構面說，並即此結構而有一價值之論定。

　　問題的關鍵點在於「言以定形」，即此，其所定既為存在面，即此「存在面」又是「價值面」，兩者不可分。值得我們注意的是「存在面」與「價值面」是合而為一的。進一步說之，「存在」既與「價值」是合一的，就不能嚴分「實然」與「應然」。「實然」與「應然」之嚴格區分，此是就「存在」之定執面而說，是就「存有之執定」下委的說；若溯其源，由分別相回到無分別相，回到「存有之本源」上溯的說，則實然之實，已非定執之實，而為體證之實，即此亦是應然之實。實然應然，於此亦不可勉強分別也。

六　結語：關聯於「存有三態論」之思考

　　如上所論，「道」開顯為天地萬物，這「隱」、「顯」、「分」、「定」、「執」的歷程實乃一「存有三態論」之展開過程。

　　「存有三態論」指的是由「存有的根源」而「存有的開顯」，進而「存有的執定」也。「存有」不只是「存有一般」下的「存有」，而是「天地人我萬物通而為一」的總體根源，這即是中土所說的「道」。「存有三態論」者，「道」開顯之三態，所成之論也。「存有」乃「天地人我萬物通而為一的總體根源」，如此根源本為無分別、不可說，是一隱然未顯的狀態；但它不能停留於此，它必得開顯。因為「存有的根源」有「人」參與於其中，故必得開顯之也。

　　「存有的根源」此是「境識俱泯」處，然此「境識俱泯」終不永遠處在「泯」的狀態，它必得開顯，先是「境識俱起」而未分，此即「存有之開顯」也。繼之而為「境識俱起而兩分」、「以識執境」，轉而為一「存有之執定」也。

　　如此開顯所成之「存有三態論」，它既有存有論的向度，亦帶有

宇宙論的趨向；但值得注意的是，這樣所成的存有論是離不開人的參贊的。一樣的，這樣所成的宇宙論並不是一離了人而去說的宇宙生化歷程。換言之，這樣的存有論與宇宙論是合而為一的，亦是不離人之實踐的；這樣所成的存有論與宇宙論所統稱的形而上學不同於理論觀解型態的形而上學，而是一實踐體驗型態的形而上學。如此說來，既落在「境識不二」、「心物不二」、「能所不二」下論此，則無所謂「主觀境界型態」與「客觀實有型態」的對槊兩分。以是之故，刻意區分兩者之異同，這是落在「格義／逆格義」之困境下而生之糾葛。

就此「存有三態論」，由「道」開顯為天地萬物，經「隱」、「顯」、「分」、「定」、「執」的歷程，以「儒」、「道」兩家而論，並無不同。其不同者，在修養工夫論、在道德實踐論。以儒道兩家修養工夫論、道德實踐論之異同而決定兩家形而上學之異同，這是不當的。而之所以如此者，以其繫屬於主體故也。「道論」不能繫屬於主體，而應開顯為天地場域，關聯於萬有一切，充周於人文世界。儒家重在「以本貫末」，開物成務，志道據德，人文化成；道家重在「崇本息末」，歸本溯源，尊道貴德，自然無為。儒道兩家正形成人與「道」、「天地」、「萬物」之間的兩個迴環的關聯。

　　　　　　　　　　　　——丁亥之夏五月十四日初稿

己丑之夏五月十五日晨訂定於花蓮慈濟大學宗教所

第十章
關於老子哲學詮釋典範的一些省察
——以王弼《老子注》暨牟宗三《才性與玄理》為對比暨進一步的展開[*]

一　問題的緣起

　　講述道家哲學已有多年，因註而疏，因疏而解，解而得之，就在課堂上的一章一句，深入詮釋，契入經典文句，令其自得；我終以為道家與儒家實乃同源而互補也[1]。同源者，調適而上遂於道也。互補者，儒重自覺，重在積極之參與也；道重自然，重在消極之和順也。「自覺」強調的是主體實踐的能動性，「自然」則重在場域的調節因應。以是之故，儒家主流說固有不當，道家主幹說亦是此不當之反彈而已，兩者皆非平情之論[2]。平情者，儒道同源而互補也。

　　儒道之為「同源」，是通同於道，是調適而可上遂於道，就「道」之開顯處、創生處，儒道兩家莫不同然。牟宗三先生區分儒道兩家，一是道德創生實體的形而上學，另一則為主觀境界型態的形而上學[3]。我以為這樣的區分，固有所見，但亦固於所見，而強以繫屬

---

[*] 本文原刊於臺北大學《中文學報》第5期（2008年9月），頁47-70。

[1] 請參見林安梧：〈「道」「德」釋義：儒道同源互補的義理闡述〉，《鵝湖》第28卷第10期（總334期，2003年4月），頁23-29。

[2] 大體說來，當代新儒家及大部分傳統學者多主儒家主流說，近二十年來，陳鼓應教授力主「道家主幹說」，蓋激俗而反之也，余於此有所分析闡述，請參見〈「道」「德」釋義：儒道同源互補的義理闡述〉。又陳先生之說，請參見氏著：《老莊新論》（臺北市：五南圖書公司，1993年）第四部分：道家主幹說，頁349-405。

[3] 牟先生此說散見於他的著作之中，請參見氏著：《才性與玄理》（臺北市：臺灣學生書局，1974年）、《中國哲學十九講》（臺北市：臺灣學生書局，1983年）等書。

實踐工夫的型態來論道體開顯的型態。換言之，牟先生是以實踐工夫
論決定了道體論。揆諸文獻，仔細參詳，如此之論，並非真實。同樣
繫屬當代新儒學的唐君毅先生則不做如此想，此袁保新論之詳矣[4]！
但袁氏之論，仍囿限於「實體型態」、「境界型態」兩橛對分而論，因
而只是做了些許釐清，但並未真切將此問題解決。繼於其後者，亦都
以此為論述的模型，纏結糾繞，似乎以為此問題為一不可不解決者。

　　實則不然，之所以落入此問題之窠臼，實乃接收西洋哲學對比而
生，「逆格義」所成之弊也[5]。此問題實可以不是問題，正如同一美髯
如張大千者，一稚子問之曰「爺爺！爾睡覺時，長鬚美髯，何所置
乎？被上乎！被下乎！」美髯公向來不覺此是問題，也未察覺到底此
長鬚美髯是怎麼放的，當然也就一時語塞；但有趣的是，是日歸寢，
他竟莫知所之起來，這長鬚美髯是放在上面呢？還是放在被裡呢？他
果真不知如何安置，竟夜不寐！如此者再，再而三，苦之不已！

　　我想看倌一定會清楚的告訴我，這不該是問題，但弄成了問題，
如何得了！就像這美髯公終而自悟，吾之長鬚美髯，擺置如何，咸其
自如，無關乎被上被下也。如此一悟，也就如常而寢，自然無礙矣！
不是問題，弄成了問題，最後終於瞭解這不該是個問題。這雖晚了
些，但卻也是一種進步。

　　牟先生於道家哲學之詮解為「境界型態的形而上學」，此亦非全
然不當，但論者若因此而與「實有型態」斤斤計較，則將牟先生之洞
見引入了「洞」，而陷入一不當之境地。其實，牟先生如此說道家是
真有所見，只是囿於時代的限制，難免有些滯詞，其後學者未能就此

4　請參見袁保新：《老子哲學的詮釋與重建》，臺北市：文津出版社印行，1991年。又
　　關於此，劉笑敢亦多有檢討，其最詳者，請參見氏著：《老子古今》，北京市：中華
　　書局，2006年，中華書局印行，中國北京。
5　關於格義與逆格義之問題，此涉及於中國人文學方法論之問題，請參見林安梧：
　　〈中西哲學會通之「格義」與「逆格義」方法論的探討：以牟宗三先生的康德學與
　　中國哲學研究為例〉，《淡江中文學報》第15期（2006年12月），頁95-116。

滯辭詳而解之，反以此滯辭為據，力而辨之，反成是非矣！又在此是非對立的兩橛下，便不得不生出一調停者的角色，結果愈攪愈渾，原旨盡失，良為可嘆也！

　　本文擬以牟先生《才性與玄理》一書有關〈王弼的老學〉一文，將就老子《道德經》第一章以及其他相關思想做一分疏與重建，一方面回歸王弼原注之義，另方面則依牟先生之文本，做深入之審視對比，檢討彼所謂「境界型態之形而上學」之確義，並依此楷定其限制何在。再者，進一步詮釋轉化與創造，意圖以「存有三態論」與「存有的治療學」批判地繼承牟宗三先生的老子學詮釋，並求進一步的創造與發展。

二　關於老子《道德經》首章幾個向度之對比：老子、王弼與牟宗三

　　茲以老子《道德經》第一章為例示，分述如下[6]：

> 道可道非常道，名可名非常名，無名天地之始，有名萬物之母，故常無欲以觀其妙，常有欲以觀其徼，此兩者同出而異名，同謂之玄，玄之又玄，眾妙之門。

道可道非常道，名可名非常名

　　可以簡譯為：

> 「道」是可以說的，但說出來了，就不是那恆常的「道」。

6　以下所據，以王志銘所編《老子微旨例略・王弼注總輯》為依據，凡所引文出於此，不另注出處；又該書收有牟宗三先生所著〈王弼之老學：王弼老子注疏解〉一文，該書由臺北市：東昇出版事業公司出版，1980年。

「名」是可以表白的，但表白出來了，就不是那恆常的「名」。[7]

王弼注曰：「可道之道，可名之名，指事造形，非其常也，故不可道不可名也。」

這是說「可以用言說去說的「道」，可以用話語去命名的「名」，這樣的去說、去命名都指向了一個確定的事，建構了一個對象物，這已不是經常之道了，因而我們說真正的常道不可道、常名是不可名的。」

　　案：牟先生以為「造者，訪也，詢也，問也。引申之，尋也、循也、順也。造形者，即尋形、循形之謂。言可道之道，可名之名皆指乎事，循乎形，故非恆常不變之大道。」牟先生此說亦通，只是這說法迂曲了些。實者，造形者，對象之建構也，文義甚明。此語繫之於《老子》一書最首章，由是可知老子《道德經》涉及於一哲學詮釋學的問題。正因其涉及於哲學詮釋學之問題，因此以往將之視為存有學、宇宙論的一般論法，實有進一步解開之可能。吾以為若能置於哲學詮釋學之角度來審視；經由這樣的審視，許多被擰成的問題當可自然消解。

無名天地之始，有名萬物之母

　　可以簡譯為：

在還沒有表白前，那個無分別的狀態是天地的本源；

7　請參見林安梧：《新譯老子道德經》（宜蘭市：讀冊文化事業公司，2000年），第一章，頁3。

既有了表白，這個分別了的狀態，是萬物生長的母親。[8]

王弼注曰：「凡有皆始於無，故未形無名之時，則為萬物之始。及其有形有名之時，則長之、育之、亭之、毒之為其母也。言道以無名、無形始成萬物，以始以成而不知其所以玄之又玄也。」

這是說「凡是『有』都起始於「無」，因此在還沒有對象化成為一對象，那未有名言概念之論定時，那是萬物成為萬物的起始點。直到它之經由一命名的過程使得它成為一對象化所成的對象，這就是萬物；那萬物也就如其為萬物的生長、育養、長成、成熟，這就是作為一切萬物的有形有名的母親。總的來說，這是說道因為是不可名言的、是在一切話語之先的，正因如此才成就了萬物；有這樣起始點，而育養以成，我們卻不知它何以如此，這可真是玄之又玄的道理啊！」

　　案：牟先生以為：「天地」是萬物之總稱，「萬物」一是天地之散說。天地與萬物，其義一也。只隨文異其辭耳」[9]。我以為此說仍有詮釋的議論空間，因老子所述之「天地」有「場域」之義，而「萬物」則在此「天地」中生發者也。《易經》亦有「範圍天地之化而不過，曲成萬物而不遺」[10]之說，《老子》亦有「人法地，地法天，天法道，道法自然」之說[11]。牟先生曰「『天地』與『萬物』，其義一也。」此確有其可商榷者。彼之做如此說，與其一切還繫於「主體」而論頗有關係。以老子論之，彼之所重實非主體，亦非主體之修證，或有言修證者，皆欲放懷於天地自然之間也。老子所論雖亦強調「能

8　林安梧：《新譯老子道德經》，第一章，頁3。
9　見牟宗三：《才性與玄理》，頁130。
10　語出《易經》〈繫辭上傳〉。
11　語出老子《道德經》第二十五章。

所不二」、「境識不二」，但畢竟偏在「所」，而不在「能」也；多在「境」而不在「識」也。

　　又牟先生謂：無為始，有為母，始與母分屬兩概念。此似與五十二章「天地有始，以為天下母。既為其母，以知其子，既知其子，復守其母。沒身不殆」。顯相衝突[12]。後學以為此不必衝突，「天地有始」者，無名也。無名者，天地之始也。有此「無名天地之始」，故可為依此「天地」而生養「萬物」也。萬物之生養，當經由人文命名暨文化教養之過程而使之「曲成萬物」、「開物成務」也。如此者，「有名萬物之母也」。這樣解來，便不相衝突，牟先生之以為衝突是因為將「有」與「無」執成相對待的「兩個面向」來看。實者，「有」、「無」固可為兩面向，而此兩者通同為一也。既通同為一，則「始」與「母」雖有分屬，但不宜強而分到底也。

　　牟先生以為依王弼注之意，經文似當為「無名時，道為天地之始。有名時，道為萬物之母」。須加「時」字，並須補一「道」字為主詞[13]。此乃牟先生之過份索解所致也。依老子義，「道」乃一「總體之根源、根源之總體」也，它是天地萬物人我通而為一的總體根源。「無名天地之始」即云此「道」之未形無名之時也。有此未形無名之道，顯而為天地之場，此進而含一萬物之始之可能。以此天地之場，方有萬物之生也，此即為萬物始也。「有名萬物之母」即云此「道」之有形有名之時也，此即道之顯而為象，象以為形，名以定形，如其「名」而「名之」，終成其「定名」也。王弼注云「在首謂之始，在終謂之母」，首者，天地之始也。終者，萬物之母也。無名無形者，萬物之始也，有名有形者，萬物之終也」。吾人可說：無名無形是講「道」之「範圍天地之化而不過」，而有名有形則是講「道」之「曲成萬物而不遺」。

12　牟宗三：《才性與玄理》，頁130。
13　牟宗三：《才性與玄理》，頁132。

　　蓋「未形無名，形乃有名，名是和形結合而說的，有了形必然的有了名，天地之始必在無名之始，這從時間的溯源可說，但其更深的意思則不祇於此；因人一般而言習慣於以一追本的方式來思考問題，而且以為所謂的追本，就是直線的往前追溯，實則不然，因為當我們做了直線的往前追溯的時候，我們會清楚的發現，原來那不能視之為一直線的追尋，換言之，這時你將發現祇要你作一根源性的探索時，這種要求將會引導你去發現一嶄新的途徑，而此途徑已不再是一直線式的思考了」[14]。

　　「此處王弼特地標明了道以無名、無形始成萬物。這清楚的指出了無名、無形乃是作為道的方法及工具，而不是作為道的描述的。換言之，所謂的無名及無形乃是作為道之開顯的一個重要的門徑，此亦即後面所謂的眾妙之門。再者，無名、無形所指的是一工夫論的問題」[15]。

故常無欲以觀其妙

　　這可以簡譯為：

　　　　回到恆常而無分別的狀態，便可以觀看到道體的奧妙[16]。

　　　　王弼注曰：「妙者，微之極也，萬物始於微而後成，始於無而後生，故常無欲空虛（其懷），可以觀其始物之妙」。

　　這是說「那總體根源的道之妙運，奧微至極，萬有一切都開始於

14　此段所載為余一九九〇年代所講老子《道德經》之筆記。
15　同上註。此所謂工夫論問題，今則以為此涉及於全面之詮釋問題，應可以哲學詮釋學之角度來重新審視。
16　林安梧：《新譯老子道德經》，頁3。

此奧微而後逐漸育成，開始於此無分別的總體，而後生長出來，因此循順著常道（那恆常的總體根源），無有任何貪取而放懷空虛，這樣一來，也就能觀得萬物初始妙運之幾」。

　　牟先生以為：道即無，妙即「無」之「無限妙用」也。不無，不能妙。故須常無欲以觀之。言自己常在「無欲」之心境中，即可以通道之為無，以及無之為妙也。[17]牟先生之說甚諦，唯「故常無欲以觀其妙」，亦可做「故常無，欲以觀其妙」，此即是說「因此回到常道之無，歸返到那恆常不變的總體的道之根源，那是無分別的總體，我們經由這樣的回歸過程，想要以此來觀得道體運化之妙也。」蓋「道」如其為「常」，如其為恆常不變者，自是無分別的整體，此是根源之總，是一切萬物之所依歸，亦是天地開啟的始點。此亦可以是「故常無欲，以觀其妙」，此是說「因此回到常道，歸返到那恆常不變的總體的道之根源，人們此時是無所意欲貪求的，正因這樣的修養工夫，人可以憑此而觀得道體運化之妙也。」兩斷句不同，一重在如其本體之根源而說，此是承體啟用也；一重在如其心性之修養而說，此是即用顯體也。兩者皆可通。若依前後句勢來看，以「故常無，欲以觀其妙」斷句較佳。

常有欲以觀其徼

　　這可以簡譯為：

　　經由恆常而現出分別的跡向，便可以觀看到道體的表現[18]。

　　王弼注曰：「徼、歸終也，凡有之為利，必以無為用，欲之所本，適道而後濟，故常有欲可以觀其終物之徼也」。

17　見牟宗三：《才性與玄理》，頁133。
18　見林安梧：《新譯老子道德經》，頁3。

這是說「那儆向痕跡，正歸返至最終之道體也。大凡我們說『有』，這是說有分別而落實的利，這樣的『利』，可以說是一種『有限制的定用』。這『有限制之定用』必得以『無』為用，這『用』是無分別而回到根源的『妙用』。人們一切意欲都是本之於此的，適合於那總體根源的『道』，因之而得以成就。因此，依此恆常的總體之根源的道，就著那有分別而顯露的意欲，我們可以觀看到那終成其為對象物的儆向痕跡。」

牟先生以為：然「常有欲」，實即「常有」也。「常無欲」，實即「常無」也。何必著於欲而言之？故不如常無、常有，點句為愈。「常有，欲以觀其儆」，儆性即向性。向性即有也。妙用無方之道即在「向性之有」中，終成特殊之事物。有而不有，則不滯於有，故不失其渾圓之妙。無而不無，則不淪於無，故不失其終物之儆。如是，則在此「向性之有」中，即可解「有為萬物之母」之義[19]。

牟先生此說甚是，唯最後應為「有名萬物之母」，蓋此正與「無名天地之始」為一對句子也。如實而說之，「常有欲以觀其儆」此即是說「如其為恆常不變的總體根源之道，進到有分別之幾，吾人即意欲憑此觀看這開顯的儆向痕跡。」這是以「常有，欲以觀其儆」為斷句，若是以「常有欲，以觀其儆」為斷句，這可以這樣說「如其為恆常不變的總體根源之道，順著有分別的意欲，我們憑此可觀看到這開顯的儆向痕跡」。兩斷句方式皆可通，唯以「常有，欲以觀其儆」為佳。

蓋「萬物始於微而後成，始於無而後生」，這似乎是描述語，但卻隱含了一個規範義在。老子常於描述中而顯價值之規範也，此純是從研幾之學而來。由研幾而歸復也。老子既觀察到所謂的萬物始生之處，便從此進一步而發現「常無欲空虛可以觀其始物之妙」也。任何

---

19 見牟宗三：《才性與玄理》，頁134-135。

一事物的真正的根源便是此任一事物的真正的終極目的，目的與根源
本是同一的，它們是從兩個不同的角度所看到的同一物的兩個面向。
故所謂「常無欲以觀其妙者」，觀其始也，是從起始點而去找尋所謂
的道。這樣的找尋是「歸本於無」的找尋。至於所謂的「常有欲以觀
其徼」，這是窮究一切的可說可見的有形之物，而終其極的尋得所謂
的根本，這樣的根本看似一終極目的的根本，似乎不同於始源的根
本，實則相同。以其為相同也，故謂之「同出而異名」，故謂「玄之
又玄」也[20]。

此兩者同出而異名，同謂之玄，玄之又玄，眾妙之門

這可以簡譯為：

> 無分別的狀態、有分別的跡向，兩者都出於恆常的道體；但在
> 表白上，名稱卻是不同的。就這樣的不同而又同，我們說它叫
> 作「玄同」。「玄同」是說在生命的玄遠之源是相通的，這便是
> 「道」；「道」是萬有一切所依歸及開啟的奧秘之門啊！[21]

> 王弼注曰：「兩者，始與母也。同出者，同出於玄也。異名所
> 施，不可同也，在首，則謂之始。在終，則謂之母。玄者，冥
> 也，默然無有也，始母之所出也。不可得而名，故不可言：
> 同、名曰玄。而言謂之玄者，取於不可得而〔名〕，〔而〕謂之
> 然也。謂之然則不可以定乎一玄而已，則是名則失之遠矣。故
> 曰玄之又玄也。眾妙皆從同而出，故曰眾妙之門也」。

這是說「這兩者」指的就是「無名天地之始」的「始」與「有名

---

20 筆者於一九九○年代所講老子《道德經》之筆記。
21 林安梧：《新譯老子道德經》，頁3。

萬物之母」的「母」，這「始」與「母」都同出於「玄」。不同的名稱，其所施行，就不可能相同。在起始處，則謂之「始」，在終成處，則謂之「母」。「玄」指的是混合為一、無所分別，它是不可說而默然無分別的根源，是「始」、「母」所自出者。因為是不可能去指稱它，因此不能說是：「同」而指稱它是「玄」。而之所以相約叫作「玄」，乃有取於它是不可得而「名」的，因而用「相約叫作」的「謂」。用「相約叫作」的「謂」那就不可以定於一個「玄」字而已，如此落在這一定的「名」上面，那也就失之遠矣！為避免這缺失，因此說是「玄之又玄」。眾物之妙運而生，都是從此最後通同為一的「同」（「玄同」的「同」）來說，因此說是「眾妙之門」。

　　牟先生申論之曰「道有兩相，一曰無，一曰有。無非頑空，故由其妙用而顯向性之有。有非定執，故向而無向，而又不失其體。自其為無言，則謂之始。自其為有言，則謂之母。實則有無渾圓為一。渾圓為一，即謂之玄。有無之異名是由渾圓之一關聯著始物終物而分化出。」[22]我以為這理解深得王弼之意，甚善。不過，接下去，牟先生又說「王注不解『有名萬物之母』句，故不以有無言，而以始母言，則迂曲而歧出矣！」[23]這判斷有些奇特而令人不解。細察之，原來牟先生一直執泥於王弼所注「凡有皆始於無，故未形無名之時，則為萬物之始。及其有形有名之時，則長之、育之、亭之、毒之為其母也」，而就認定「有名是萬物之母」為不可解，而唯有轉成了「有形有名時」方可解。我以為這是牟先生用了現代的邏輯心靈來看這問題才導生出來的。在王弼的理解裡，是將這兩者渾在一起說，因為他之所重只在說追本溯源，崇本息末而已。我的意思是說，牟先生解說闡釋甚好，而此亦是王弼所理解的，並不是王弼就悖離了老子之意。

22　牟宗三：《才性與玄理》，頁136。
23　牟宗三：《才性與玄理》，頁136。

　　如此說來，是否牟先生就與王弼之注一樣，是又不然！蓋牟先生的追本溯源，是要為天地萬物尋找一存有論的理據，他較為忽略「道」開顯的「場域義」，他大體著重的是「道」之作為萬有一切存在的根據。值得注意的是，他這樣的追本溯源並不同於亞里斯多德式的逐層抽象，上遂於最高的共相，他區別這不是一套觀解的形而上學，而是一套實踐的形而上學[24]。換個話來說，這樣的形而上學就不是客觀實有型態的形而上學，而是主觀境界型態的形而上學。我們應說：這是牟先生從老子的理解與詮釋裡，特別有取於王弼的注釋而展開的創造，他與原先老子《道德經》哲理倚輕倚重，各有異同。

　　「當然，人類對於所謂的辯證性的發現基本上是由於彼對於所謂的根源性的追索而來的，根源性的追索會使得我們陷入一種兩難之中，此即康德所謂的二律背反。這樣的二律背反清楚的指出了當人類將自家的思維只限於所謂的純粹的理性之思維時必然會面臨到的，這樣的面臨逼出了人類當以所謂的辯證性作為一個不可避免的思考方式，甚至我們可以說辯證的思維是一更為根本的思維，至於所謂的三段論式的傳統邏輯則代表著人類往純智方面的發展罷了。辯證邏輯之再被重視，這清楚的說出了人類的一個要求，要求走回所謂的生活世界。「根源性」的「無」與「終成性」的「有」，原是合而為一的。這裡所謂的「同出於玄」，指的是一辯證的統合。換言之，所謂的「出」不是時間意義的「出」，而是指的「同時具函」的意思。此正如船山易傳解釋「太極生兩儀」的「生」是所謂的「同有謂之生」，若誤作生出來的生，則便錯了。玄是一狀辭，此狀辭意在解釋它之作為一始母之所從出，是一默然無有的玄冥之地，這樣的解釋最重要的是去說明所謂的根源性是一不可究詰的東西，是一超乎言說的東西。超乎言說者惟有經由言說的窮盡始能有所契及也」[25]。

24　請參見牟宗三：《才性與玄理》，頁162。
25　筆者於一九九○年代所講老子《道德經》之筆記。

三　關於老子《道德經》第一章及其相關思想的可能重寫

　　如上節所闡述，我們可以發現牟先生實有承於王弼的老子注，但他因太重視「主體性」，而忽略了「場域性」、「處所性」，因此，將老子哲學全收到心靈主體所開顯之境界上去說，這是有爭議的。至若對比於當代諸賢所做之老子詮釋，則袁保新論之詳矣！從上節所述，我們實可以看出，老子哲學實不宜拘在所謂「主觀境界型態」與「客觀實有型態」兩端之分疏架構下立說。我們實宜回到老子文本，深讀之、細讀之，統體而讀之、貫通而讀之，切其義理，又超拔於其上而讀之；再經由當代的話語，既是合乎我們日常之用語，又能調適而上遂於一哲學的學術用語，重新表述之。本節即嘗試將老子《道德經》第一章及其相關之論題做一綱領性之表述，這或可視之為一創造性的詮釋，但這亦可以視之為由「道、意、象、構、言」之兩個相迴返下的進一步詮釋也。

1　《老子》[26]一書最關鍵性的問題就在第一章篇首所言「道可道，非常道」、「名可名，非常名」。

　　1.1.　「道」是可言說的，但經由言說彰顯的「道」已非那恆常不變之道。

　　1.2.　「道」本為「不可說」，因為「道」並不是一被指稱的對象，而是作為萬有一切的根源（包括價值、認知）。

　　1.3.　「道」不是被生者，而是造生者，最重要的造生活動是「話語的造生活動」，此即「可道」。因此，我們說「道」雖為「不可說」，但此「不可說」而「可說」。

---

26 即《道德經》，以下直稱老子，人書合說。

　　1.4.　「道」必得經由「可說」而展開，亦必得經由「可說」回溯其源來論此「不可說」之道，這已非前所論之「可說」，而是第二序之「可說」。

　　1.5.　凡此言「道」之「不可說」、「可說」皆乃「人」之所為，人於天地萬有一切最重要之活動應是「理解」之活動，由此而有詮釋、實踐諸活動。

　　1.6.　此即《老子》所論之「名」，「名可名，非常名」，這是說「名」是可以「名之」的，一旦「名之」了，就不是「常名」。

　　1.7.　「名」作為一切「名之」之源，這「名」不是可以通過「名之」去說定它的，它作為「名之」之源，但它本身是「不可名」的；或者，它一旦開始了「名之」的活動，就走向了「定名」，這定名就不是「常名」。

　　1.8.　《老子》首章說了「道」與「名」的問題，而以下所論即從「無名」與「有名」為論，這是將「道」論集中在「不可說」與「可說」的關鍵性問題上來處理。

　　1.9.　蓋「道本無名」、「無名」而「有名」、「有名」而「名之」、「名之」而「定名」。「道」本為「不可說」，「不可說」而「可說」，「可說」而「說之」，「說之」而「說定」。

2　《老子》接續之，以「無名」與「有名」對比連續而論。「無名天地之始，有名萬物之母」，及於「天地」、「萬物」、「始」、「母」等關鍵處。

　　2.1.　「無名天地之始」，語義甚富，此「不可說的道」是天地造化之源，在天地造化之始，原是無分別的，不可說的，是未命名的狀態。

　　2.2.　「有名萬物之母」，語義甚富，此「可說的名」是天地萬物之母，有此「母」才有「子」，「母」為「話語之源」，「子」為「話語所論定」，論定則成萬物。

2.3. 「無名」而天地始生，「有名」而萬物終成。「天地」者，「場域」之義也。「萬物」者，分殊之對象也。此如《易傳》所說「範圍天地之化而不過」、「曲成萬物而不遺」。

2.4. 「範圍天地之化」此乃「道」彰顯之初幾，由此初幾而有「天地」、「陰陽」，以此兩端而可以「天地相合」、「負陰而抱陽」，辯證和合而生育萬物。

2.5. 「曲成萬物而不遺」此乃「名」之論定，由「有名」而「名之」，「名之」而「定名」，「名以定形」、論以成物也。這是說「話語的論定」才使得天地造化所生者，經由人們的參贊與理解、詮釋之活動，而被「論定」了。

2.6. 「天地」場域之義，老子書中所論甚多，因老子哲學乃是一場域的哲學，是一處所的哲學，是一付能歸所，能所俱寂，寂而生生之哲學。或有別出版本以「天地」為「萬物」，義有所缺，於茲不取。

2.7. 「天地」乃萬物所生之場，亦是人參贊實踐之場。萬物為其所生，人則既為天地所生，又參贊於天地，實踐於天地，以是說人是萬物之靈。

2.8. 「人」「參贊」天地之起點厥為「話語」。「無名天地之始」此所論「天地造化」也，「有名萬物之母」此所論「人間參贊」也。

2.9. 《老子》所論蓋由此「人間參贊」而上溯於「天地造化」也；復由此「天地造化」而下及於「人間參贊」也。是由「名以定形」的「萬物」回到「名之」，再溯回「有名」，即此「有名」進而溯其「不可名」（無名），此即「無以名之」之「道」也。

3 如上所述，「道」具有「總體義」、「根源義」，或可以「總體之根源」及「根源之總體」表述之。

3.1. 將「道」表述之以「總體義、根源義」，此即納「超越義」與「內在義」於其中；之所以不言其為既超越而內在，蓋此「既超越

而內在」顯有語病故。[27]

　　3.2.　「道」之為「道」乃是指「天地人我萬物通而為一」這總體的根源、根源之總體來說的。

　　3.3.　這是在「存有的連續觀」下所成就的探源之學；此不同於西洋自柏拉圖（Plato）、亞里斯多德（Aristotle）以來追求最高之理念、共相之傳統，因彼乃於「存有的斷裂觀」下所成就的探源之學[28]。

　　3.4.　如是而論，不論道家或儒家，其「道」論皆不離人之參贊天地化育，其有所別並非「道論」，而是「人生論」（或者說是「修養論」、「實踐論」）。

　　3.5.　換言之，如此之「道論」既為「存有論」，亦是「價值論」，亦是「知識論」，亦是「實踐論」，至於其或有宇宙論，亦是以上之前提下所論之宇宙論，而不是一離於人之參贊而說之宇宙論。

　　3.6.　如此之「道論」既為客觀之實有，亦不離主觀之境界，蓋存有、價值、知識、實踐皆不離於宇宙，通而為一也。

　　3.7.　以是之故，實不宜將此客觀之實有與主觀之境界對檻而論也；唐君毅先生與牟宗三先生亦可以不相悖矣！皆可匯通於方東美先生所論之存在與價值合一處也[29]。

　　3.8.　若對檻而論，則生「知識／道德」、「存有／價值」、「實然／應然」割裂之問題，不能理解此於「道論」之通而為一也。如此則生葛藤，而致不必要之問題。

---

27 關於「超越」與「內在」兩詞所惹之麻煩安樂哲（Roger Ames）首先提出批評，之後，馮耀明在臺北《當代》第84期（1993年4月），發表〈當代新儒家的「超越內在」說〉，接著，劉述先作文回應：〈關於「超越內在」問題的省思〉（臺北《當代》第96期，1994年4月）。進一步則可參見李明輝：《儒家與康德》，臺北市：聯經出版事業公司，1990年。

28 關於「存有的連續觀」與「存有的斷裂觀」，請參見林安梧：《儒學與中國傳統社會之哲學省察》（臺北市：幼獅文化事業公司，1996年），第六章第11節，頁96-97。

29 有關於此，請參見袁保新，前揭書，第三章〈當代老學詮釋系統的分化〉，頁34-60。

　　3.9.　換言之,「道論」之於「根源」「總體」處,實乃人之參贊於天地萬物人我所成之總體,如此總體溯其根源,「能所不二」、「境識俱泯」,此即一無分別相之總體根源,即所謂「未始無形」、「玄之又玄」也。

4 「道」之為總體之根源,其必由此而彰顯之也。其彰顯之場則為「天地」,此「天地」為老子哲學中極為重要之概念。吾人於此而可見老子為一場域之哲學、處所之哲學。

　　4.1.　「天地」為「道」開顯之場,此「天地」非外於人之為天地,而是人迎向於天地,天地迎向於人,如此相互迎向所成之天地也。

　　4.2.　如此之「天地」,「地」象徵博厚、柔順,「天」象徵高明、剛健;引而申之,「地」指的是「具體性、實存性」,「天」則為「普遍性、理想性」。

　　4.3.　「天」為「乾陽」,「地」為「坤陰」,陰陽和合、乾坤並建,即於此場域中即隱含之創生之動力,此即「一陰一陽之謂道」,此即「負陰而抱陽,沖氣以為和」、「天地相合以降甘露」是也。

　　4.4.　「人」居於「天地」之間,「人」具主體的能動性,可參贊大地之化育;他頂天立地,因之而效天法地,進而得以通天接地,與天地參矣!

　　4.5.　「人法地,地法天,天法道,道法自然」,人效法學習地的博厚柔順,具體而實存的生長(「人法地」);再者,由此地的博厚柔順,具體而實存的生長,效法學習天的高明而剛健,朝向那普遍的理想(「地法天」);進一步,由此天的高明剛健,那普遍的理想邁向道之為一總體的根源(「天法道」),即此總體的根源所成之根源的總體,效法學習那和諧調節、自發無為(「道法自然」)[30]。

---

30 關於此,賴賢宗於〈王弼「貴無以為用」的體用論之重檢與老子哲學的本體詮釋〉
　　一文中有論及於此,讀者可對比參考,此文收入氏著《道家詮釋學》(北京市:北京
　　大學出版社,2010年),頁53-79。

4.6.　「天地」有「場域義」、「創生義」、「生長義」，亦有「辯證義」、「和合義」、「調劑義」，進而轉為德性義之剛健不息與厚德載物。

4.7.　有此「天地」之為「場域」，即此場域又為「兩端」，「兩端而一致」之和合辯證，萬物生焉；人生於斯，參而贊之，名以定形，論之成物。前者，可成一擬宇宙論，而實為一存有論矣！後者所成則為語言哲學及其相關之實踐論、知識論姨！

4.8.　「道」為「總體義」、「根源義」，「天地」則為「場域義」、「處所義」，「人」則重在「主體義」、「參贊義」，如此所成之哲學為一總體根源之哲學，為一場域處所之哲學，為一主體參贊之哲學。

4.9.　如上所述，可知「道」之不離「天地」，不離「人」，亦不離「萬物」，此亦可說此總體根源之不離場域處所，不離人之主體參贊，亦不離由此而成之萬有一切矣！

5　「道」是就其「根源義」、「總體義」而說，「萬物」則就其「散殊義」、「分別義」而說。「道」於「天地」之場開顯，人於此而參贊之，以曲成萬物也。

5.1.　「反者道之動，弱者道之用；天下萬物生於有，有生於無」，此可與第一章所述「無名天地之始，有名萬物之母」合而論之。萬物乃有名而名之所以成其萬物也。如此之有名之有分別相，實生於無分別、未區分之場域也，上遂之則為總體之根源[31]。

5.2.　「無」之為無分別、不可說，「有」之為有分別、可說，「物」則為此可說而說定之對象。由此而溯其源以論之，此「可說」而「說定」之「對象」的「萬物」，乃為那「有分別」而「可說」之「有」之所生；如此之「有分別」而「可說」之「有」之所生則為那

31　此段所述，及以下本節所述，亦請參見林安梧：《人文學方法論：詮釋的存有學探源》（臺北市：讀冊文化事業公司，2003年），第七章〈從「可說」到「不可說」〉，頁183-191。

「無分別」而「不可說」之「無」之所生。

5.3.　此「無」、「有」、「物」亦可以「道生一，一生二，二生三，三生萬物」表述之。「道」重在其「根源性」說，「一」則為「總體性」，「二」為「對偶性」，「三」則為「定向性」，「萬物」則為「對象物」。「生」當為「顯現義」、「彰顯義」，非由「沒有」生出個「有」來之謂也[32]。

5.4.　「生」為開顯義，這是「由隱而顯」的歷程，不是一般的由「無」而「有」；老子所說的「無、有」當從「隱、顯」「本、末」「始、終」來理解。如此之「生」實可以王夫之所說的「同有」來理解。

5.5.　「道」本「隱而未顯」，「一」則「顯而未分」；「道生一」者，由此「隱而未顯的根源」，開顯為「顯而未分的總體」。這時的「道」仍處在「無名天地之始」的狀態，是一「不可說」的狀態。

5.6.　「一」為總體、「二」為對偶，「一」為「顯而未分」，「二」為「分而未定」，「一生二」者，由此「顯而未分的總體」開顯為「分而未定的對偶兩端」。此是從「不可說」而「可說」也。

5.7.　「二」為對偶、「三」為對象（化），「一」為「分而未定」、「三」為「定而未執」，「二生三」者，由此「分而未定的對偶兩端」和合辯證開顯為「定而未執的對象」。此是從「可說」而「說之」也。

5.8.　「三」為對象（化），「萬物」則為「對象物」，「三」為「定而未執」，「萬物」為「執定」已矣，「三生萬物」者，由此「定而未執的對象」進一步執而成為一「執定已矣的對象物」。此是從「說之」而「說定」了。

5.9.　「道」原乃天地人我萬物通而為一的總體，渾淪不分，此

---

32 請參見林安梧：《道的錯置：中國政治思想的根本困結》（臺北市：臺灣學生書局，2003年），第一章〈導論：「道」的彰顯、遮蔽、錯置與治療之可能：後新儒家哲學之擬構〉，頁10-14。

「道生一，一生二，二生三，三生萬物」正是道體之由「隱」、「顯」、「分」、「定」、「執」的歷程。

6　如上所論，「道」開顯為天地萬物，這「隱」、「顯」、「分」、「定」、「執」的歷程實乃一「存有三態論」之展開過程。

6.1.　「存有三態論」指的是由「存有的根源」而「存有的開顯」，進而「存有的執定」也。「存有」不只是「存有一般」下的「存有」，而是「天地人我萬物通而為一」的總體根源，這即是中土所說的「道」。「存有三態論」者，「道」開顯之三態，所成之論也。

6.2.　「存有」乃「天地人我萬物通而為一的總體根源」，如此根源本為無分別、不可說，是一隱然未顯的狀態；但它不能停留於此，它必得開顯。因為「存有的根源」有「人」參與於其中，故必得開顯之也。

6.3.　「存有的根源」此是「境識俱泯」處，然此「境識俱泯」終不永遠處在「泯」的狀態，它必得開顯，先是「境識俱起」而未分，此即「存有之開顯」也。繼之而為「境識俱起而兩分」、「以識執境」，轉而為一「存有之執定」也。

6.4.　如此開顯所成之「存有三態論」，它既有存有論的向度，亦帶有宇宙論的趨向；但值得注意的是，這樣所成的存有論是離不開人的參贊的。一樣的，這樣所成的宇宙論並不是一離了人而去說的宇宙生化歷程。

6.5.　換言之，這樣的存有論與宇宙論是合而為一的，亦是不離人之實踐的；這樣所成的存有論與宇宙論所統稱的形而上學不同於理論觀解型態的形而上學，而是一實踐體驗型態的形而上學。

6.6.　既落在「境識不二」、「心物不二」、「能所不二」下論此，則無所謂「主觀境界型態」與「客觀實有型態」的對概兩分。以是之故，刻意區分兩者之異同，這是落在「格義／逆格義」之困境下而生之糾葛。

6.7.就此「存有三態論」，由「道」開顯為天地萬物，經「隱」、「顯」、「分」、「定」、「執」的歷程，以「儒」、「道」兩家而論，並無不同。其不同者，在修養工夫論、在道德實踐論。

6.8.以儒道兩家修養工夫論、道德實踐論之異同而決定兩家形而上學之異同，這是不當的。而之所以如此者，以其繫屬於主體故也。「道論」不能繫屬於主體，而應開顯為天地場域，關聯於萬有一切，充周於人文世界。

6.9.儒家重在「以本貫末」，開物成務，志道據德，人文化成；道家重在「崇本息末」，歸本溯源，尊道貴德，自然無為。儒道兩家正形成人與「道」、「天地」、「萬物」之間的兩個迴環的關聯。

四　結語

經由如上所述的對比、分疏與詮釋及其可能的哲理重建，我們可以宣稱：關於老子《道德經》實不宜從「客觀實有型態」與「主觀境界型態」兩者對比而論；因為從這兩個帶有互斥性的範疇來展開詮釋與重建是不必要的，也不恰當。但話說回來，當牟先生說道家為一主觀境界型態的形而上學時，重點是在別異；別異於西方自柏拉圖（Plato）、亞里士多德（Aristotle）以來的主流傳統所論的形而上學，這的確是有真見地。

若將此對比於儒學而主張儒學是道德創生的形而上學，而道家則是一主觀境界型態的形而上學，這難免就會滋生許多誤解來。因為，儒道兩家本是同源而互補，此吾論之多年矣！實者，儒道兩家，其在天道論（形而上學）處，通而為一，其所異者，唯工夫論、實踐論爾！就此而言，唐先生、牟先生所論，亦頗有所異，須得留意。

又牟先生所論〈王弼之老學〉，大體說來，頗能探驪得珠，深得其精要處，然因牟先生執泥於西哲之邏輯訓練，故所批王弼處或有未

確處，此亦可見「逆格義」之難克也。再者，就王弼之老子學實亦不必往「主觀境界型態之形而上學」去做詮釋。若能回到老子本身，以及王弼的注釋本身去看，我們將發現「崇本息末」，「息末」所以「舉末」的思考，這是「貴無」而「不廢有」的思考，是將「有、無」玄同為一的哲學。

我以為在儒道同源下，王弼對於《老子》、《易經》、《論語》等的詮釋，可以關聯成一個總體來理解，他可以指向一本體詮釋學的建構，這與我十多年來所構造的存有三態論是和合融通的。經由王弼的老子注與老子《道德經》的詮釋，我以為這將可以指向一「存有治療學」之建立。總的來說，這十多年來，我嘗試以「存有三態論」與「存有治療學」的建構來作為延續牟先生之後的道家哲學之發展[33]。

　　　　——戊子之夏六月三十日修訂於臺北元亨居
　　戊子之秋九月六日凌晨最後修訂於花蓮慈濟大學

---

33 請參見林安梧〈語言的異化與存有的治療〉（刊於《中國宗教與意義治療》〔臺北市：明文書局印行，2001年7月再版〕，第六章，頁139-176。），又請參見林安梧〈「存有三態論」與「存有的治療」之構建：道家思維的一個新向度〉，《鵝湖》第26卷第6期（總306期，2000年12月），頁28-39。又去年所結集的《新道家與治療學》大體是朝這方向發展的講論集結，該書已由臺北市臺灣商務印書館印行，2006年。

第十一章
《醇言》、《道德經》與「儒道同源互補」
──以栗谷《醇言》前五章為核心展開的一些思考[*]

一　問題的緣起

　　這二十多年來，覃慮切思，我愈覺儒學在中國文化傳統的詮釋、生長過程中有著獨特的發展。它不只在中國，甚至擴及於東亞近鄰的韓國與日本。這獨特的發展與西漢董仲舒建議漢武帝「罷黜百家，獨尊儒術」有著密切的關係。自西漢以來，儒學逐漸進入到官方系統，成為要角。正因為成為要角，它也就與這使它成為要角的載體有著密不可分的關係。自秦漢大帝國建立以後，中國的政治就由周代的「宗法封建」轉為「帝皇專制」。在這變遷過程裡，我們大體可以說：從「五倫」到「三綱」的發展，強化了儒家原先就隱含的道德威權主義；甚至逐漸將此「道德的威權主義」轉成了「威權的道德主義」，而這與我所說的「血緣性縱貫軸」的確立有著密切的關係[1]。

　　特別是唐宋以來，科舉盛行，儒學與政治權力的關係愈形密切，儒家正統論的思想幾乎成為不可置疑的定論。儒學主流說，儒學正統論，在政治權力的強化催使之下，使得儒學自身在詮釋生長以及建構的過程裡逐漸走向封閉、堅固。儘管儒家思想與其他各家仍然有著互

---

[*]　本文原刊於《興大中文學報》第23期（2008年6月），頁21-48。
[1]　請參看林安梧：《儒學與中國傳統社會的哲學省察：以「血緣性縱貫軸」為核心的展開》〈序言〉，臺北市：幼獅文化事業公司，1996年。

動，特別是與佛、道兩教的互動與融通更是日甚一日，但儒家之為主流正統則是不容懷疑的。換句話說，儒家為主流，道家為旁支，佛教則為外來的；這樣的論點成為大家熟悉而不能違背的了！要是違背了這樣的論點，即非受到拒斥，也會受到消極地抵制；即若沒有被抵制，也是被忽視地放在一邊去。

其實，「儒道同源而互補」[2]，它們的思想都通極於「道」、形著於「德」；「道」是一切存有與價值的根源，「德」為人事物落實的內在本性。儒家講「志於道，據於德」，道家講「道生之，德蓄之」；儒家重在「主體的自覺」，道家重在「天地的自然」；儒家重在積極的建構與參贊，道家重在消極的調劑與融通[3]。在實踐的入路上容或有所差異，但為了修己治人、理身理國，則無差異。或者，我們可以說儒道「源」同而「流」異，然論其匯歸處則又通同為一。只要回到儒、道的基本經典，如《論語》、老子《道德經》的文本，我們便可以清晰的掌握到彼此是同源互補的，再說孔子曾問禮於老子，載之史實，眾之所知也。孔老本根是通而為一的，是通極於道的，是回到那存有與價值根源的。深層地說，不應該有孔老不能會通的問題，當然也不必有先將老子與孔子分離開來，再來談如何孔老會通的問題。之所以會出現這些問題，是因為政治權力與經典詮釋結合成一個有力的機體之後，硬是將儒家獨尊了之後，才有了這些問題。再者，我們勢可說稟持著儒家正統來闢佛老，更是這問題進一步嚴重化的後果。這大體是信仰權力勢面的爭奪問題，不是真理體認上遂於道的問題。能回到源頭來看，我們勢將發現儒道通同為一，正因為通同為一，進而論其別異，這樣的別異才是恰當的別異，才可免除因為其它不當權力介入而來之別異。

2　請參見林安梧：〈「道」「德」釋義：儒道同源互補的義理闡述〉，《鵝湖》第28卷第10期（總334期，2003年4月），頁23-29。

3　林安梧：〈「道」「德」釋義：儒道同源互補的義理闡述〉，《鵝湖》第28卷第10期（總334期，2003年4月），頁23-29。

　　有趣的是，儘管儒家主流、儒家正統，容或對佛老有所屏斥，但歷史上之儒者又嘗出入佛老，援佛老之言以解之，或為推衍、或為引義，或因而通之，輾轉以繹之。就在這「因而通之」，「輾轉以繹之」的過程裡[4]，他們又多少透露出儒道同源互補的信息來。廿餘年前，我從事於船山學的研究，我認為船山所著《莊子通》、《老子衍》、《莊子解》便是典型的例子。

二　醇言者，醇其言也，擇其精者，因而通之，以造乎君子之道

　　去年友人金白鉉教授來臺講學，贈我一本李栗谷先生所著《醇言》，讀之甚覺有味[5]。醇言者，醇其言也。擇其精者，因而通之、醇之，以造乎君子之道也[6]。論者或以為栗谷先生是引性理之學而入於其中，作出了創造性的詮釋，但我要說是栗谷先生深於儒道之學，終而發現儒道本為同源，依此同源而作出了深入的理解，進而有所別異地貞定了儒道的異同。

　　誠如韓國學者李宣伵所說：

　　　　《醇言》是韓國朝鮮時代性理學大師李栗谷注釋道家經典《道
　　　　德經》的著作，該書可以說是開韓國學者站在性理學立場上解
　　　　讀《道德經》之先河。在當代的栗谷學研究中，《醇言》一書

4　「因而通之」語見王夫之《莊子通》，「輾轉以繹之」語見王夫之《尚書引義》，關於此可見林安梧：《王船山人性史哲學之研究》（臺北市：東大圖書公司，1986年），第四章〈人性史哲學的方法論〉。

5　除此外，請參看金白鉉：〈老子栗谷注淺釋〉，刊於《道家文化研究》第15輯（香港，1999年3月）。

6　這處理方式頗似王夫之，船山有《莊子通》之作，他說「凡莊生之說，皆可因以通君子之道，類如此，故不問莊生之能及此與否，而可以成其一說」。

歷來不被重視，甚至於少有人提及，或許是認為該書在栗谷思想及其發展中並不占有什麼地位，甚或是以為一位性理學大師注釋《道德經》，似乎頗有些不倫不類。可是，栗谷當初之作《醇言》，用意本在於打破性理學嚴守疆域，自立溝壑，視儒家性理學之外的其他思想派別均為異端邪說的保守封閉狀況，所以，《醇言》一書，首先體現了栗谷思想的包容性與開放性。[7]

　　筆者以為這段話很有意思，但是否一定要強調這是以性理學立場來解讀《道德經》，或者可以說栗谷先生見得儒道同源，而深於大道義理，依此大道義理再著而明之為「性理之學」也。歷來栗谷學的研究者之所以不重視《醇言》一書，甚或有人以為一位性理學大師注釋《道德經》，似乎有些不倫不類，這明顯地是受到學術體制的權力彼疆我界的影響。其實，識得儒道同源互補，我們將可發現栗谷先生思想的包容性與開放性是必然的。在這包容性與開放性下，栗谷學有了進一步的發展。從這樣的角度來理解栗谷先生的《醇言》，或可看出栗谷先生性理學之取於道學之所在。不過，儒學主流說一直成為儒學的負擔，儘管後來有深度反省的儒學者，仍然會有種種囿限，使得他們難以正視到儒道同源互補的真實。即如對《醇言》有深厚的研究者仍會說「《醇言》『非《道德經》之本旨，有苟同之嫌』」。此說法不無道理。由於栗谷是居於性理學的特定立場來詮解《道德經》，並著力於使後者適應於性理學的需要和納入性理學的思想架構，所以苟同、牽強之處似乎在所難免」[8]。但果真如此乎？這可是有爭議的。

　　我以為當我們解開了「儒家主流說」，這些問題便會有很大的變化，即使不是整個翻轉過來，卻也會有著不同的問題，不同的答案。

7　李宣侚：〈《醇言》與《道德經》的儒家解讀〉，《中國哲學史》2001年第2期。

8　李宣侚〈《醇言》與《道德經》的儒家解讀〉，《中國哲學史》2001年第2期。

這就好像在帝皇專制的習氣下，我們會以為「天無二日，人無二主」，但到了民主時代，我們自然能接受「多元互動，政黨輪替」一樣。解開了政治權力的獨霸涉入，鬆解了經典詮釋的多方可能，讓經典回到經典，讓經典與人們的生活世界密切接合在一起，重新正視它，參與它，讓它開顯其自己。如此一來，我們勢將發現栗谷先生的《醇言》正遙遙指向「儒道同源互補」，這時候將不再說「栗谷是居於性理學的特定立場來詮解《道德經》，並著力於使後者適應於性理學的需要和納入性理學的思想架構」。我們將轉而說「栗谷深入經典之中，對於道體深有體會，著為文章、發為實踐，通乎儒道者也」。「醇言者，醇其言也。擇其精者，因而通之、醇之，以造乎君子之道也」。「道德者，道生德蓄，志道據德，此儒道之所通也。儒在自覺，道在自然，本為同源，出而為二，相輔而成」[9]。

三　《醇言：栗谷先生鈔解口訣》的基本構成

解開了儒學主流說、儒家正統說的囿限，吾人再仔細的參酌《醇言：栗谷先生鈔解口訣》一書，回歸經典本身，讓經典在生活世界中如其自如的彰顯其自己，或可有一新的可能。《醇言》所鈔解老子《道德經》計有二千〇九十八字，大體占原書五分之二的篇幅，另外五分之三是否就「反經悖理」，這是大有可疑的[10]。毋寧說，栗谷先生藉著鈔解來抒發他的思想，藉著詮釋的再創造活動，讓我們看到了儒道同源互補的理論樣貌。

依《醇言》要旨所說：

9　請參見林安梧：〈「道」「德」釋義：儒道同源互補的義理闡述〉，《鵝湖》第28卷第10期（總334期，2003年4月），頁23-29。

10　請參見洪啟禧所作的〈跋〉，收於栗谷李珥著、俞成善譯：《栗谷老子醇言》一書，1987年出版。

右醇言凡四十章，首三章言道體，四章言心體，第五章總論治
己治人之始終。第六、第七章以損與嗇為治己治人之要旨。自
第八章止第十二章皆推廣其義。第十三章嗇字而演出三寶之
說，自十四章止十九章申言其義。二十章言輕躁之失，二十一
章言清靜之正，二十二章推言用功之要。二十三、四章申言其
全天之效。二十五章言體道之效。二十六章止三十五章言治人
之道及其功效。三十六章言慎始慮終防於未然之義。三十七、
八章言天道福善禍淫虧盈益謙之理。三十九章、四十章歎人之
莫能行道以終之。大抵此書以無為為宗，而其用無不為，則亦
非溺於虛無也。只是言多招詣，動稱聖人，論上達處多，論下
學處少，宜接上根之士，而中人以下則難於下手矣！但其言克
己窒慾，靜重自守，謙虛自牧，慈簡臨民之義，皆親切有味，
有益於學者，不可以為非聖人之書而莫之省也。[11]

總的說來，我們可以說此書的前三章是「天道論」，第四章是「心性
論」，第五章是「實踐論」。這五章為本論，以下三十五章為衍論，是
對於前五章的推衍與闡釋。[12]茲以《醇言》前五章為例示，就其闡
釋、轉化與創造，略探栗谷義理之幽微，並以此對比出「儒道同源互
補」之旨。進一步，亦可以豁顯出《醇言》與《道德經》之異同；再
者，筆者將從此異同中，求其會通，進而宣說近十餘年來有關「存有
三態論」建構之可能。蓋「存有三態論」乃是儒道佛會通的現代哲學
詮釋也。本節以前三章為主，探索《醇言》一書之「天道論」。

---

11 關於《醇言》一書之總體理解，金白鉉論之甚詳，請參見氏著：《老子栗谷注淺釋》。
12 請參見金白鉉：《老子栗谷注淺釋》。

四　開題的異同：《醇言》第一章與《道德經》第一章的對比

	《醇言》第一章「天道」
所揀《道德經》原文	道生一，一生二，二生三，三生萬物[13]。（42） 天地之間，其猶橐籥乎！虛不屈，動而愈出。（5） 萬物負陰而抱陽，沖氣以為和。（42）
栗谷引註	「朱子曰：道即易之太極，一乃陽之奇，二乃陰之耦，三乃奇耦之積。其曰二生三，猶所謂二與一為三也。其曰三生萬物，即奇耦合而萬物生也。」 「董氏曰：橐，鞴也。籥，管也。能受氣鼓風之物，天地之間，二氣往來屈申，猶此物之無心，虛而能受，應而不藏也。」 「古本皆釋屈作竭，無形可見，而無一物不受形焉。動而生生愈出而愈無窮焉！朱子曰：有一物之不受，則虛而屈矣！有一物之不應是動而不能出矣！」 「董氏曰：凡動物之類，則背止於後，陰靜之屬也。口鼻耳目居前，陽動之屬也。植物則背寒向煖，故曰負陰而抱陽，而沖氣則運乎其間也。溫公曰：萬物莫不以陰陽為體，以沖和為用。」
	右第一章，言天道造化，發生人物之義。

栗谷揀選了老子《道德經》第四十二章及第五章部分，總集成《醇言》第一章「天道」。他跳脫了老子《道德經》第一章，這有他的特殊目的。我們且先看看老子第一章，可做如何理解，如何詮釋。

老子《道德經》第一章：

　　道可道，非常道。名可名，非常名。無名天地之始，有名萬物

---

13 即老子《道德經》第四十二章，以下於本文直接標明章數，不另加註。

之母。故常無欲以觀其妙，常有欲以觀其徼。此兩者同出而異
名，同謂之玄。玄之又玄，眾妙之門。

這章可以這樣翻譯[14]：

「道」是可以說的，但說出來了，就不是那恆常的「道」。
「名」是可以表白的，但表白出來了，就不是那恆常的「名」。
在還沒有表白前，那個無分別的狀態是天地的本源；
既有了表白，這個分別了的狀態，是萬物生長的母親。
回到恆常而無分別的狀態，便可以觀看到道體的奧妙。
經由恆常而現出分別的跡向，便可以觀看到道體的表現。
無分別的狀態、有分別的跡向，兩者都出於恆常的道體；
但在表白上，名稱卻是不同的。
就這樣的不同而又同，我們說它叫作「玄同」。
「玄同」是說在生命的玄遠之源是相通的，這便是「道」；
「道」是萬有一切所依歸及開啟的奧秘之門啊！

五　「話語的介入」、「異化的產生」及「存有的治療」

老子素稱難解，第一章更是言人人殊，頗難索解，茲進一步分疏
如下，就「道，可道，非常道；名，可名，非常名」這是說：那自然
總體的存有之道，可以通過言說而開展的，但這樣子通過言說而開展
者，並不是常道，不是那恆常的自然總體的存有之道。（那自然總體
的存有之道其實是不外於我們的生活世界的，生活世界是不外於言說
所成的世界，因為它就在言說的開展中而成的一個世界，如果把言說

---

14 請參看林安梧：《新譯老子道德經》（臺北市：讀冊文化事業公司，2000年），頁3。

取消掉了，那便不成其為生活世界了。）言說如其為言說這樣的言說，它必得經由言說之開啟而展開，但這樣的展開，並不是那如其為言說這樣的言說[15]。

這正如王夫之所說：

> 可者不常，常者無可。然若據常則常一可也，是故不廢常，而無所可，不廢常則人機通，無所可，則天和一。[16]

可道不是常道，可名不是常名，「可」指的是言說的展開，而展開若無所返、無所化便通向於對象化的定執之域，一旦陷入此對象化的定執之域，則它便不再是「常」。「常」指的是如其本然，不再是「如其本然」便是處在所謂的「異化狀態」。須知：如其本然的狀態便不能是一對象化的展開所成的定執狀況。如果我們果真能以如其本然為據（其實，此即是以無據為據），那麼我們便能說這樣的如其本然便是一如其本然而開啟的生活世界。如此說來，我們若能不廢除那個「如其本然」，那麼我們這樣所成的生活世界便是一非對象化、無所定執的世界。因為果真我們能不廢此如其本然而開啟的生活世界，那麼人所具有天生的機竅是無所不通達的，既然是非對象化、無所定執的，那麼那自然之總體便是和諧，而如其本然的是一個自然整體。

就「無名，天地之始；有名，萬物之母；故常無，欲以觀其妙；常有，欲以觀其傲」而言，這是說，未言說之前的未展開狀態，是一切展開的可能，或者說成為一切展開的底依，老子這裡便說是「天地之始」。這是說言說未展開的狀態乃是一切展開的可能，這「可能」

---

15 請參看林安梧〈語言的異化與存有的治療：以老子《道德經》為核心的理解與詮釋〉，收入《中國宗教與意義治療》（臺北市：明文書局，1996年）一書第六章。以下所論多本之於此。

16 見王夫之：《老子衍》（臺北市：河洛出版社，1978年），頁3。

指的是一個「天地」，是一個平平攤開的「場域」。言說的開啟，才是萬有一切存在的根源。言說未展開只是提供了一平平攤開的場域，這是如其本然狀態，而言說一旦開啟，就不再如此，而可成為萬有一切的根源。換言之，言說之展開才使得此平平攤開的場域顯現為一活生生、萬物自生自長的生活世界，就此而言「萬物之母」。天地之始是就「無名」而說的，萬物之母則是就「有名」而說的。「天地」與「萬物」是不同的，天地強調的是一「場」與「生活世界」的概念，而「萬物」強調的則是一在場中之存有物的概念，當然其存有物之為存有物又是變化遷流、永不止息的[17]。在老子《道德經》中，頗為強調萬物自生自長，各任其可的作用，但此自生自長，各任其可之所以可能，則在於「天地」。

　　以「天地」而言其「無」，這是就其之為一切開顯的依憑（水平）（Horizon）而說的，因為這裡所謂的「依憑」是要回到一無所定執、無所對象化的原點狀態的。「無」一方面指的是此「依憑」的狀態，而另方面則又是要達到此「依憑」的「工夫」。然而「無」之為無乃是一「損」的工夫，是經由一否定性的思考（Negative thinking）而成的。這種「損」的工夫以及「否定性的思考」之為「損」，之為「否定」必得由一「有」、一「肯定的定執的存在」而損之、而否定之。換言之，要歸返老子所謂的「天地」，必得由「萬物」為思考的起點，才能有所著力。是要由「萬物並作，吾以觀復」[18]才為可能，經由這種「觀復」的工夫，才能見到「夫物芸芸，各復歸其根」，而

---

17 牟先生於此似將「天地」解為萬物之總稱，而以為「萬物」是就天地之散說，並說「天地與萬物，其義一也，只隨文異其辭耳。」（見氏著《才性與玄理》〔臺北市：臺灣學生書局，1971年〕，頁130。）筆者以為如此，則未能將老子之「天地之場」的概念豁顯出，無法將老子所強調之「生活世界」之概念豁顯出，這可能筆因於牟先生仍繫屬於主體來理解道家。筆者於此重在從「生活世界」為進路來理解道家思想。

18 見老子《道德經》第十六章。

所謂的「歸根」便是「靜」，這就叫作「復命」，復命即是常，而知常曰明，不知常妄作凶。

其實，「觀復」是就「萬物」這層次上說，而「歸根」則是就「天地」這層次上說，「觀復」是由萬物之跡而復歸之，而「歸根」則是進而歸返於「天地」這個無所定執，如其為可能的「依憑」。能經由「觀復」的工夫，所以能「常有，欲以觀其徼」，能經由「歸根」的工夫，所以能「常無，欲以觀其徼」。這樣說來，我們可進一步的指出，終極的說，「有」與「無」本是一體的，因此而說「此兩者同出而異名，同謂之玄，玄之又玄，眾妙之門。」也因之我們能說「天下萬物生於有，有生於無」[19]，這裡所說「天下萬物生於有」一句，即如「有，名萬物之母」，而又說「有生於無」，這是說：那天下萬物是在天地之中開顯的，是回到一無所定執，坦然放開的「依憑」（「天地」）而開顯的。

如上所說，我們可以約略的說：老子《道德經》所呈現的是一「否定性的思考」，是一歸返於依憑的天地，這樣所成的「平鋪式的思考」（Horizontal thinking）。否定之所以為否定，為的是化解掉那定執的存有，而平鋪式的思考則為的是要歸返一個原初的天地。顯然的，這樣的思考是有見及於「語言的異化」，而思有以救濟之所成的一種思考。這種救濟的方式即是「存有的治療」[20]。

六　「道生一、一生二、二生三」的詮釋對比

《老子》第一章重在論：「天地場域」自然而生，以及「話語介入」人為而成，區分「無名」、「有名」，並論兩者玄同於道，出而異

---

19 老子《道德經》，第四十章。

20 關於此，請參看林安梧：《中國宗教與意義治療》。

名。或者，我們可說：老子哲學重點不在論天道如何創生萬物，不在如何建構這世界；他的重點在於留意這世界的建構所可能帶來的扭曲異化，並深切檢討話語介入所導生的種種問題。老子為的是解開心知與欲望的纏縛牽繫，歸返於自然。

《醇言》第一章「天道」所取「道生一，一生二，二生三，三生萬物」此是老子《道德經》第四十二章開首之言，而他又取了第五章的「天地之間，其猶橐籥乎！虛不不屈，動而愈出」，再將第四十二章的「萬物負陰而抱陽，沖氣以為和」置入，而形成了一完整的單元。這可看出栗谷重在以道的「本體生起論」方式來展開他的理論體系。以是之故，他引了「朱子曰：道即易之太極，一乃陽之奇，二乃陰之耦，三乃奇耦之積。其曰二生三，猶所謂二與一為三也。其曰三生萬物，即奇耦合而萬物生也。」他引董思靖之語說「橐，鞴也。籥，管也。能受氣鼓風之物，天地之間，二氣往來屈申，猶此物之無心，虛而能受，應而不藏也。」[21]

顯然地，栗谷做了本體生起論的安排後，進一步闡明這「生起」之如何可能，他用「二氣往來屈申」來處理，並且指出「物之無心，虛而能受，應而不藏也」。做這闡釋之後，他進一步說「古本皆釋屈作竭，無形可見，而無一物不受形焉。動而生生愈出而愈無窮焉！朱子曰：有一物之不受，則虛而屈矣！有一物之不應是動而不能出矣！」這麼一來，似乎道學與理學的本體生起論便無什不同。之後，他再解釋如何「萬物負陰而抱陽，沖氣以為和」，也就落在這「本體生起論」的視點來立論了。他又引證「董氏曰：凡動物之類，則背止於後，陰靜之屬也。口鼻耳目居前，陽動之屬也。植物則背寒向煖，故曰負陰而抱陽，而沖氣則運乎其間也。溫公曰：萬物莫不以陰陽為

---

21 請參見〔元〕董思靖集解：《太上老子道德經集解》，臺北市：新文豐出版公司，1987年。

體，以沖和為用。」如其所說，「右第一章，言天道造化，發生人物之義」。

如果，我們回到老子《道德經》第四十二章文本來看，我們將會發現：經由《醇言》所揀擇後的文本與原先文本所煥發出來的精神有所異同。

老子《道德經》第四十二章：

> 道生一，一生二，二生三，三生萬物；萬物負陰而抱陽，沖氣以為和。人之所惡，唯孤寡不穀，而王公以為稱；故物或損之而益，或益之而損；人之所教，我亦教之。強梁者不得其死，吾將以為教父。

這章的翻譯可以是這樣子的：

> 大道之生，渾淪為一、「不可言說」，「不可言說」，分裂為二、轉為「可說」；既為「可說」，參合天地、成就為「說」；「說」必有指，指向對象，構成「萬物」。萬物存在載負陰柔而環抱陽剛，養其虛靈之氣以為調和。孤、寡、不德這些話是人所厭惡的，而王公偏以此自稱，為的是調和其氣。如上所說，存在事物雖或減損，反而增益；雖或增益，反而減損；這道理是前人所留下的教示，我也同樣的教示你！矜強自恃的人，不得好死，我將以此作為教示世人的綱領。[22]

老子意下的「道」或者可類於西方之「存有」一辭，但這樣的「存有」不是一「對象化一般之存有這樣的存有」。存有乃是「生命開顯

---

22 請見林安梧：《新譯老子道德經》，頁152-155。

之場」，是一生命之開顯的「依憑」，是老子所說的「有、無玄同」，這樣的有無玄同是同出而異名。「無」指的是「天地之始」，而「有」則是「萬物之母」。存有之為存有，依老子看來，乃是萬物在天地之場中自如其如的開顯其自己，這樣的開顯乃是一平鋪的顯現，這平鋪的顯現隱含著一自發的秩序（Spontaneous order），這自發的秩序即是老子所謂的「常」[23]。當然這裡所說的「常」並不是一執著性的「定常」，而是一自如其如的、平鋪的開顯這樣所成的生活世界之常，這樣的「常」，乃是一「歸根復命的常」，是一「萬物並作的常」。如此之常即是「常有之常」，是「常無之常」，是「常道之常」，是「常名之常」。

　　釐清了老子《道德經》中的「道」（「存有」）之為有無玄同，之為萬物並作於天地之間這樣自如其如的開顯其自己。如此說來，我們可說「道」之為「道」，就其自身是一超乎言說或者是未可說的狀態的，然而「道之為超乎言說及未可說，這並不意味著道即密藏於此，而無所開顯。如其為密藏於此，無所開顯之道，則吾人亦不必意及此，而此道亦不成其為道矣！換言之，道之為道，雖有其不可說或超乎言說者，但此必得有其為可說，才得彰顯，此即老子首章之謂「道可道」，「名可名」也。由不可說或超乎言說而開顯為一可說，此即所謂的「道生一」是也。再者，道之開顯既如此所說「道生一」，是由那不可說、超乎言說而開顯為一可說，而此「可說」既為可說，吾人當可以說其可說，這裡所謂的「說其可說」，此即「一生二」是也。由「道生一」、而「一生二」，由「不可說而可說」，進而「說其可說」，這樣的存有的開顯是由那「平鋪的開顯」而轉為「縱面的展開」，再轉向「橫面的執取」。此橫面的執取乃是由此「說其可說」而

---

[23] 石元康於〈自發的秩序與無為而治〉一文中對此自發的秩序論之甚詳，見《臺灣大學創校四十周年國際中國哲學研討會論文集》（臺北市：臺灣大學哲學系，1985年），頁449-463。

及於一對象化、執著性的對象物，如此才是「二生三」，至乎此「二生三」，我們才「說出了對象」，而這樣的說出了對象物，是一種定執的說，是一種對象化、執著性的說，這樣的說由於那橫面之執取的相引而拖曳，而造成了所謂的「語言的異化」。[24]

七　「天地之間，其猶橐籥乎！虛而不屈、動而愈出」的對比詮釋

同樣的，關於栗谷所引用的老子《道德經》「天地之間，其猶橐籥乎！虛而不屈、動而愈出」，這只是第五章的片段，與原文本所煥發出來的精神意態亦有所不同。

老子《道德經》第五章：

> 天地不仁，以萬物為芻狗；聖人不仁，以百姓為芻狗。天地之間，其猶橐籥乎！虛而不屈、動而愈出，多言數窮，不如守中。

白話翻譯可以是這樣子的：

> 天地不偏私他的仁心，把萬物視為草編的狗，任其自然；聖人不偏私他的仁心，把百姓視作草編的狗，任其自然；天地之間，它就好像個大風箱一般，虛空而沒有盡頭，鼓動它就愈來愈有勁，話多了祇會招來困窘，倒不如默默守著中道而行。[25]

栗谷在《醇言》中強調的是「天道造化，發生人物」，他把老子《道德經》相關的篇章做了一番揀擇，這揀擇一方面充分的彰顯了他

---

24 以上所論是關聯著《道德經》第一章、第四十章及四十二章來解說者。

25 林安梧：《新譯老子道德經》，頁18。

的詮釋立場，另方面則可以看到老子文獻的可詮釋空間如何的在彼此的轉化與創造中有著新的丰姿。以第五章為例，原先文本所要說的是「天地不偏私他的仁心，把萬物視為芻編的狗，任其自然；聖人不偏私他的仁心，把百姓視作芻編的狗，任其自然；天地之間，它就好像個大風箱一般，虛空而沒有盡頭，鼓動它就愈來愈有勁，話多了祇會招來困窘，倒不如默默守著中道而行。」不過，以栗谷之將「天地之間，其猶橐籥乎！

虛而不屈、動而愈出」單獨揀擇了出來，而放在「道生一，一生二，二生三，三生萬物」之後，其義蘊就有了極大的轉化。原先強調「歸返自然、任化自然」的意味少了很多，而強化了本體生起論的色彩。大體說來，我們發現栗谷所重的是回溯宇宙造化之源，並以此進一步如《易傳》所說，為的是要「範圍天地之化而不過，曲成萬物而不遺」（語出《易經》〈繫辭傳〉），他採取的是積極的去建構。這與老子《道德經》之強調「見素抱樸，少私寡欲」，「無為自然」的方式有著很大的不同。換言之，「天地之間，其猶橐籥乎！虛而不屈、動而愈出」在老子文本裡，重要的是去描述一個狀態，但栗谷的注則重在本體生起論的發展歷程。如他所注「能受氣鼓風之物，天地之間，二氣往來屈申，猶此物之無心，虛而能受，應而不藏也。」「動而生生愈出而愈無窮焉！朱子曰：有一物之不受，則虛而屈矣！有一物之不應是動而不能出矣！」當然，將老子理解成「本體生起論」的論述亦無不可，但老子若理解成「天地絪縕論」或者會更恰當些。然而，不管是「本體生起論」或者「天地絪縕論」都不適合說是「主觀型態的境界形而上學」[26]。

---

26 「主觀境界型態的形而上學」，是牟宗三先生對於道家的判教之言，語見氏著：《現象與物自身》、《中國哲學十九講：中國哲學之涵蘊及其問題》（臺北市：臺灣學生書局，1983年），特別是後揭書，第五、六、七這三講，頁87-156。

八　「道生之、德蓄之、物形之、勢成之」的對比詮釋

《醇言》第二章	
所揀《道德經》原文	「道生之，德蓄之，物形之，勢成之，是以萬物莫不尊道而貴德，道之尊，德之貴，夫莫之命而常自然」（51）
栗谷引註	「道即天道所以生物者也。德則道之形體乃所謂性也。人性非道則無以資生，非德則無以循理而自養。故曰：道生德蓄也。物之成形，勢之相因，皆本於道德，故道德最為尊貴也。」
	又第二章承上章，言道德有無對之尊也。

　　栗谷是順著第一章天地造化，發生人物，而往下進一步說。「道即天道所以生物者也」，這樣詮釋的「道」顯然較接近於一形而上創造的實體義，而不是一總體的根源義。「德則道之形體乃所謂性也」，「德」連著「性」說，「德」可以說是「內在的本性」，但因其所關聯的是一形而上創造的實體之「道」，這就與關聯到「總體的根源」之「道」會有些許不同。強調形而上實體義的「道」重在本體生起論義下而談創生，強調總體根源義的「道」重在天地絪縕之造化，重在天地場域之和諧生發。

　　「人性非道則無以資生，非德則無以循理而自養。故曰：道生德蓄也」。這裡所說「非德則無以循理而自養」，明顯的帶有「性理」之學的色調。這麼一來，老子《道德經》的「道德」學，也就與「性理」學可以相容會通了。

　　我們回到老子《道德經》第五十一章，仔細審酌，發現《醇言》這裡只揀擇了前半，而後半則擱懸而棄。我們且回到第五十一章文本來看，文曰：

　　　　道生之，德蓄之，物形之，勢成之。是以萬物莫不尊道而貴

德。道之尊，德之貴，夫莫之命而常自然。故道生之，德蓄
之，長之育之，亭之毒之，養之覆之。生而弗有，為而弗恃，
長而弗宰，是謂玄德。

可譯成以下的文字：

自然大道，創生天地，內具本性，蓄涵其中，存在事物，形著
其體，事物相接，造成時勢。如此說來，存在萬物沒有不尊崇
自然大道，而以內具德性為貴的。自然大道的創生，內具德性
的蓄涵，不經賦予與命令，就只是自然無為而已。正因自然大
道，創生天地。內具本性，蓄涵其中，就如此生長、如此發
育，如此結籽，如此成熟，就如此養育萬物，懷養萬物。自然
大道生育萬物，而不據為己有；自然大道助成萬物，而不矜恃
其功；自然大道成長萬物，而不主宰控制；這就叫作玄遠幽妙
之德啊！[27]

　　《醇言》懸擱而置的「故道生之，德蓄之，長之育之，亭之毒
之，養之覆之。生而弗有，為而弗恃，長而弗宰，是謂玄德。」就老
子《道德經》第五十一章來說是重要的句子。特別像「生而弗有，為
而弗恃，長而弗宰」，這是典型的道家思想，當然栗谷先生亦可以在
他處有所論略，但在此處的揀擇上便產生了極關鍵性的後果。因為弱
化了「生而弗有，為而弗恃，長而弗宰」的思想，那就容易往「本體
的生起論」義下去建構。這裡，我們看到了經典文本在詮釋、轉化與
創造的過程裡，揀擇起了一決定性的因素。
　　值得注意的是，老子《道德經》此處所說的「道生之，德蓄之，

27　金白鉉：《老子栗谷注淺釋》，頁181-182。

物形之，勢成之」與《論語》所說的「志於道，據於德，依於仁，游於藝」適好形成一有趣的恰當對比。「天地有道，人間有德」：「道」重在「總體義」、「根源義」、「場域義」，「德」重在「內在義」、「本性義」、「主體義」；承於道，而著於德。由此「總體根源的場域」，在「人」這「活生生的實存而有」之參贊下，「道」因之而開顯之；其開顯落實而為「德」，特別於「人」而說是一「內在本性之主體」。如此之「志於道」，而「道生之」；落實於「德」，則為「德蓄之」而「據於德」；「道」之落實於「人」而為「德」，據此德，而為可蓄也；以其可蓄也，而為可據也。德之可蓄，「蓄」有「蓄養義」、「內具義」、「長成義」；德之可據，「據」有「根據義」、「依循義」、「聚成義」；此中可涵兩向，一為涵養用敬，一為致知格物，此兩者通為一體。「道生之，德蓄之」，道家重在由「存有的根源」之「開顯」而「落實」為「內在之本性」；「志於道，據於德」，儒家重在經由「主體的自覺」之「參贊造化之源」，並依據此自覺，而充實於天地人我萬物之中，成就其人倫之教化也[28]。這裡清楚的豁顯了「儒道同源而互補」的結構。

九　「道常無為而無不為」的對比詮釋

《醇言》第三章	
所揀《道德經》原文	「道常無為而無不為。」（37）
栗谷引註	栗谷引《周易》〈繫辭傳〉論之曰： 「上天之載無聲無臭，而萬物之生實本於斯，在人則無思無為，寂然不動，感而遂通天下之故也。」

---

28 以上這段所論，請參見林安梧：〈「道」「德」釋義：儒道同源互補的義理闡述〉，《鵝湖》第28卷第10期（總334期，2003年4月），頁23-29。

	右第三章亦承上章而言道之本體無為，而妙用無不為，是一篇之大旨也。

「道常無為而無不為」出自老子《道德經》第三十七章第一句，栗谷於此獨選之，而與《周易》〈繫辭傳〉和合而論，果如所言，這是「言道之本體無為，而妙用無不為」。

若與原先的文本對勘，一樣會顯發出如前所述的詮釋轉化的創造理路。

老子《道德經》第三十七章：

> 道常無為而無不為，侯王若能守之，萬物將自化；化而欲作，吾將鎮之以無名之樸。夫亦將無欲，無欲以靜，天下將自定。

可以譯成以下的句子：

> 自然大道，原本平常，不為什麼目的，而自如其如的生長著。
> 當政的侯王若能執守這自然大道，天下萬物將回到自身，自然化成。
> 自然化成生出了貪欲渴求，我將憑依不可名狀的本源之道去鎮伏它。
> 如此一來，便可以無貪無求；無貪無求而回到寧靜，天下將因之自然安定！[29]

「道常無為而無不為」、「道」之為「常」，天地人我萬物通而為一的總體根源此是「道」，它本身是一無執無著的狀態，在這總體的

29　林安梧：《新譯老子道德經》，頁133。

場域天地裡，它有一自發的調節的和諧性力量，絪縕造化，生生不息，永不停歇。

若關聯到我這些年來所構造的「存有三態論」來理解[30]，「道」之作為「存有的根源」本是不可說的，是超乎一切話語系統之上的，是一切存在的根源，原初是處於「境識俱泯」的狀態下的，這可以說是一空無寂靜的境域，亦即老子所說的「無名天地之始」，也就是存有三態論的第一層狀態，是意識前的狀態（pre-conscious level），也可以說是「寂然不動」的狀態，是秘藏於形而上之道的狀態[31]。

再者，須得一提的是，「道」不能永遠秘藏於不可說的狀態，「道」必經由「可道」而開顯，「道」之一字重在其不可說，由此不可說而可說，此是「道可道」一語的解釋。再者，如此之「道」之必然開顯，則可以理解為一「生」，「生」者不生之生也，如其道而顯現也，即如《易經傳》所說「見乃謂之象」也。若總的來說，我們實亦可以說「道顯為象」也，而如此之顯現即為「不生之生」，由此不生之生，必具體實現之、內化之，此即是「德」，「德蓄之」，蓋蓄之而為德也，承於道、著於德也。就此而言，此當屬存有的彰顯，是境識俱起而未有分別的狀態，是即境即識，亦可以理解為純粹意識的狀態（pure conscious level），是道生德蓄的狀態，這是存有三態論的第二層狀態，是「感而遂通」的狀態[32]。

老子除說「道可道」外，他又說「名可名」，而其《道德經》則由此「有名」與「無名」而展開，這是說「道」必經由「可道」開

---

30 關於「存有三態論」首見於林安梧：《存有、意識與實踐》（臺北市：東大圖書公司，1993年）一書，第五章第二節，頁108-115。

31 此見解實脫胎於一九九○年關永中先生所授現象學一課，吾於此課中習得M. Merleau-Ponty的《覺知現象學》（*Phenomenology of Perception*），該書為臺北市，雙葉書店1983年影印發行。有趣的是此書的許多論點，就連書名都似乎與熊先生的《新唯識論》可以連在一起思考。

32 此詮釋大體結合了《存有、意識與實踐》及《覺知現象學》之詮釋，如同上註。

啟，而「可道」當落在「名」上說，否則不足以為說。「道」重在說其「不可說」，而「名」則重在說其「一切話語、言說之源」，論其「言說、話語之源」，是一切言說話語之所歸，然非一般言說話語之所能涉，就其隨言說話語之源而說亦是不可說者，此亦當經由一言說話語之命定活動（名以定形）而展開，但此展開已非原先恆常的話語言說之源，也因此說「名可名，非常名」。

「名」必經由一「可名」的活動，而走向「名以定形」，但「名」必本於「無名」，這正是「天地之始」。這正闡釋了在一切言說話語未展開之前，原是一虛空靈明的場域，我以為從老子《道德經》所開啟的「處所哲學」、「場域哲學」是迥異於以「主體性」為首出概念的哲學思考[33]。因之，所謂「存有的根源」並不是一夐然絕待的形而上之體，而是渾淪周浹、恢詭憰怪、通而為一、境識俱泯、心物不二的場域生發可能。

「無名」本「不可名」，此「不可名」又當隱含著一「可名」，由此「可名」之彰顯而為「有名」，有名者，經由命名的活動、主體的對象化活動，使一對象成為一決定了的定象，這亦是老子所說的「始制有名」，這樣的一個活動即是「有名萬物之母」一句的詮解。相對於「形而上者之謂道」，此即是「形而下者之謂器」，經由一形著具體化的活動，經由主體的對象化活動，使得那對象成了一決定了的定象。又《易經傳》所說「見乃謂之象，形乃謂之器」，「器」即此之謂也。又老子「物形之」「物」即此之謂也。落在存有的三態論來說，這屬第三層，是「存有的執定」。這是境識俱起而了然分別，以識執境的狀態，是意識之及於物的狀態，是意識所及的階層（conscious level），是念之涉著於物，並即此而起一了別的作用。《易傳》所謂

---

33 關於處所、場域、天地等概念多啟發自日本京都學派的見解，特別是西田氏的《善的經驗》一書，關於此，請參見江日新譯：《日本近代哲學思想史》，臺北市：東大圖書公司，1989年。

「曲成萬物而不遺」當可以用來闡釋此。「道常無為而無不為」,「無為」者,上溯於「存有之根源」「境識俱泯」而說也;「無不為」者,經由「存有的開顯」,落實為「存有的執定」,如此為「玄覽」之所照,萬物莫不有所曲成,蓋「萬物並作,吾以觀復」也,這便是「無不為」。

十　「有之以為利,無之以為用」的「有、無」對比詮釋

《醇言》第四章	
所揀《道德經》原文	「三十輻共一轂,當其無,有車之用;埏埴以為器,當其無,有器之用;鑿戶牖以為室,當其無,有室之用;故有之以為利,無之以為用」。(11)
栗谷引註	「朱子曰,無是轂中空處,唯其中故能受軸而運轉不窮。董氏曰:謂輻轂相湊以為車,即其中之處,有車之用。」 「董氏曰:埏和土也,埴黏土也,皆陶者之事,此亦器中空無,然後可以容物為有用之器,下意同。」 「鑿,穿也。外有而成形,中無而受物;外有譬則身也,內無譬則心也。利者順適之意,利為用之器,用為利之機也。非身則心無所寓,而心不虛則理無所容。君子之心,必虛明無物,然後可以應物。如轂中不虛,則為不運之車,器中不虛則為無用之器,室中不虛則為不居之室矣!」
	右第四章,三章以上言道體,此章以後始言行道之功,而以虛心為先務。蓋必虛其心,然後可以捨己之私,受人之善而學進行成矣!

如前所說,此章「始言行道之功,而以虛心為先務」,前三章可以稱之為「天道論」,此章可以名之為「心性論」。就此論之,「虛心」、「捨私」、「受善」,如此才能「學進」、「行成」矣!值得注意的

是，栗谷謂「外有而成形，中無而受物；外有譬則身也，內無譬則心也。利者順適之意，利為用之器，用為利之機也。非身則心無所寓，而心不虛則理無所容。君子之心，必虛明無物，然後可以應物」。很顯然地，他主張身心為一體的，「利為用之器，用為利之機」，「非身則心無所寓，而心不虛則理無所容」，「理」既有所容也就能「虛明應物」矣！

　　若以一九九六年所為之《道言論》來說，這是順著前面所說的「道顯為象，象以為形」，進而「言以定形」的活動[34]。「名以定形」，「言以成物」，言說話語才使得對象物成為對象物，但一落言說話語的脈絡便會因之形成一不可自已的出離活動，這樣的力量之不能自已，可以成為「物勢」，是隨著「物形之」而有的「勢成之」。這樣的「物勢」正標明了「言說話語」所可能帶來的反控與異化，真正的問題並不是「物」，而是「名以定形」的「名」，「言以成物」的「言」，這名言（言說話語）所挾帶而來的趨勢，是會導致反控與顛覆的，所謂「天下皆知美之為美，斯惡已！天下皆知善之為善，斯不善已！」正是這寫照。伴隨著言說話語挾帶而生的利益、性好、權力、貪欲、趨勢，將使得我們所展開的認識活動與價值實踐活動因之而扭曲、異化、變形，甚至是倒反。就此來說，即《道言論》所論「言業相隨」也。我也在這點上接受了哈柏瑪斯（J. Habermas）有關「知識」與「趣向」（Knowledge and interest）的論點[35]。

---

34 關於此「道言論」，首先於一九九六年講於南華哲學所之「啟教式」，後來刊於一九九七年《揭諦》創刊號〈發刊詞〉，後迭經修改增益刪訂，衍為「後新儒家哲學之擬構——從「兩層存有論」到「存有三態論」一文，在「第十一屆國際中國哲學會年會」上發表，再經修訂，題為〈第一章、導論：「道」的彰顯、遮蔽、錯置與治療之可能——後新儒家哲學之擬構：從「兩層存有論」到「存有三態論」〉，收入《道的錯置：中國政治思想的根本困結》（臺北市：臺灣學生書局，2003年），第一章，頁1-36。

35 關於此，顯然受到西方知識社會學傳統之影響，如卡爾·曼罕（Karl Mannheim）

老子《道德經》第十一章：

> 三十輻共一轂，當其無，有車之用；埏埴以為器，當其無，有
> 器之用；鑿戶牖以為室，當其無，有室之用；故有之以為利，
> 無之以為用。（11）

可以做成以下的翻譯：

> 三十支車輻拱著一支車轂，正因中間是虛空的，所以車子才能
> 運轉使用。
> 摶揉黏土做成器皿，正因中間是虛空的，所以器皿才得盛物
> 使用。
> 開鑿門窗，起造房舍，正因中間是虛空的，所以房舍才得居住
> 使用。
> 因此有形有象，利益萬物；虛空無物，妙用無窮[36]。

　　栗谷將此章全數選入，在詮解上也就不必有太多的轉化，他只須
順原先之義而衍之，自然順適而成。從這裡，我們可以說本來性理之
學在心性修養工夫論上就有取於佛老，他們彼此是適應而和諧的。只
是在論及天地造化處有所差異，而這差異的融通，以儒道來說是極自
然的，因為儒道起先是同源而互補的。儒佛的會通雖有些艱辛，但在
東土大乘佛學的盛行下，由於強調佛法不離世間法，因而像華嚴宗、
天臺宗與儒、道兩家的會通，也頗著成績。

　　若我們將此有無問題推極的去說，像老子第四十章所說「天下萬

等之影響，又哈柏瑪斯之見地，請參見Jurgen Habermas, "Knowledge and Human
Interests," Translated by Jeremy J. Shapiro, Beacon Press, 1971, Boston, USA.

36 林安梧：《新譯老子道德經》，頁37。

物生於有，有生於無」，落在存有三態論來理解，便可以豁然明白。天下間一切對象物之所以為對象物，是經由一「有名」（始制有名[37]）這樣的命名活動，這樣的主體對象化活動而構成的。再進一步推溯，這「有名」原生於「無名」，「言」始於「無言」，「言」與「默」是連成一個不可分的整體，「可說」必上溯於「不可說」，這便是「有生於無」。顯然地，「天下萬物生於有，有生於無」，這是從「存有的執定」往上溯而及於「存有的彰顯」，更而往上溯而及於「存有的根源」。

　　相對來說，「道生一，一生二，二生三，三生萬物」，就存有的三態論來說，這是從「存有的根源」往下說，「道生一」是就「存有的根源」說，而「一生二」是就「存有的開顯」說，「二生三」是就「存有的執定」說，由此存有的執定因之對象物始成為對象物，此之謂「三生萬物」。若關聯著「默」與「言」，「不可說」與「可說」來論，「道」本為不可說，如此之不可說是渾合為一的，是一不可分的整體，「道」本為空無，而有一不生之生的顯現可能，即此顯現而為一不可分的整體，這即為「道生一」，「道生一」總落在「存有的根源」一層立說。道既顯現為一不可分的整體，如此不可分的整體雖仍為不可說，但這樣的不可說之整體便又隱含著另一對立面的可能，如此之對立面實由此整體所分別而來，既有分別，便由原先之「不可說」轉為「可說」。如此「不可說」而「可說」，此即所謂的「一生二」是也。進到此「一生二」之境域，實即為存有的開顯之境域。如此之「可說」又必然的指向於「說」，「可說而說」，這是主體的對象化活動，如此使得一切存在之對象成為一決定了的定象，這即是「二生三」。

　　「道生一」是由空無性進到總體的根源性，而「一生二」是由此「總體的根源性」進到「兩端的對偶性」，而「二生三」則是由此兩

---

37 語見老子《道德經》第三十二章。

端的對偶性進到「具體的個別性」，由此具體的個別性才能說天地萬物之存在，這即是「三生萬物」。這是由「說」而「說出了對象」，求具體的個別性具體化成為一個別之具體物。

　　若進一步闡述之，我們亦可說此「道生一、一生二、二生三、三生萬物」，「道」是「未顯之不可說」，而「一」是「已顯之不可說」，「二」是「未執之可說」，「三」是「未執之說」，「萬物」即為「已說之執」。若關聯到我多年來所闡述的中國解釋學的五個層次：「道」、「意」、「象」、「形」、「言」，「道生一」即為「道顯為意」、「意顯為象」、「象以為構」、「以言為構」。「道」是總體渾淪而未發，「意」是將發未發之幾微，「象」是顯現而無分別，「構」則是顯現而有分別，「言」則是分別而為對象物[38]。

十一　「初學遏人欲之功，終以參贊天地」對比於「退心就腹，待物自敝，天乃脫然」之詮釋

《醇言》第五章	
所揀《道德經》原文	「五色令人目盲，五音令人耳聾，五味令人口爽，馳騁田獵，令人心發狂；難得之貨，令人行妨；是以聖人為腹不為目；故去彼取此」。（12） 「滌除玄覽，能無疵乎？愛國治民，能無為乎？天門開闔，能為雌乎？明白四達，能無知乎？生之蓄之，生而不有，為而不恃，長而不宰。」（10）

---

38 關於此「道、意、象、形、言」首見於「革命的孔子：熊十力儒學中孔子原型」一文，涉及於「詮釋方法論及其相關問題」處，請參見《儒學革命論：後新儒家哲學的問題向度》，頁169。關於此，進一步的論述，請參見林安梧：《關於中國哲學解釋學的一些基礎性理解》，《安徽師範大學學報（人文社會科學版）第31卷第1期（2003年1月），頁31-39。後載於林安梧：《人文學方法論：詮釋的存有學探源》第六章，臺北市：讀冊文化事業公司，2003年。

栗谷引註	「爽，失也。五色五音五味，本以養人，非所以害人；而多循欲而不知節，故悅色者失其正見，悅音者失其正聽，悅味者失其正味也。」
	「董氏曰：是氣也，而反動其心。愚按好獵者，本是志也，而及乎馳騁發狂，則反使氣動心。」
	「董氏曰：妨謂傷害也，於善行有所妨也。」
	「董氏曰：去，除去也。腹者，有容於內而無欲，目者逐見於外而誘內。蓋前章言虛中之妙用，故此則戒其不可為外邪所實也。」
	「滌除者，淨洗物欲也。玄覽者，照察妙理也。蓋既去聲色臭味之欲，則心虛境淨，而學識益進，至於知行並至，則無一點之疵矣！」
	「修己既治，則推以治人，而無為而化矣！」
	「開闔是動靜之意，雌是陰靜之意，此所謂定之以中正仁義，而主靜也。」
	「董氏曰：此寂感無邊方也。愚按：此言於天下之事，無所不知，無所不能，而未嘗有能知之心。詩所謂『不識不知，順帝之則』者也。夫如是則上下與天地同流，參贊化育而不自居也。下文乃申言之。」
	「天地生物而不有其功，運用造化而不恃其力，長蓄群生而無有主宰之心。聖人之玄德亦同於天地而已。玄德至誠，淵微之德也。」
	右五章，此承上章而始之以初學遏人欲之功，終之以參贊天地之盛，自此以後諸章所論，皆不出此章之義。

　　栗谷正視「五色五音五味，本以養人，非所以害人」只是「多循欲而不知節，故悅色者失其正見，悅音者失其正聽，悅味者失其正味也。」又說「是氣也，而反動其心。愚按好獵者，本是志也，而及乎馳騁發狂，則反使氣動心。」這在在都可看出栗谷重視身心和合、境識不二、理氣合一、志壹帥氣的觀點。

　　我們且將《醇言》第五章所引用的老子《道德經》第十二章之文

本與翻譯如下，以為對勘：

> 五色令人目盲，五音令人耳聾，五味令人口爽，馳騁田獵，令
> 人心發狂；難得之貨，令人行妨；是以聖人為腹不為目；故去
> 彼取此。

可以譯成以下的文字：

> 紅黃藍白黑，五色紛雜，眼花撩亂，令人目盲；宮商角徵羽，
> 五音雜沓，令人耳聾；酸甜苦辣鹹，五味蒸騰，令人口爽；跑
> 馬田獵，心意紛馳，迷失本性，令人心神發狂；珍貴寶物，難
> 得財貨，引發殺機，令人行動受到傷害。就是這緣故，聖人為
> 了肚子，祇管填飽自得；不為眼睛，向外追逐不停。因此，去
> 掉了外在的追逐，所得的是恬然自適。[39]

　　如上所述，目盲、耳聾、口爽、心發狂以及行妨，這是病兆；而
五色、五音、五味、馳騁畋獵及難得之貨，這是病源。值得注意的
是，這是病源，而不是病因，真正的病因在於哪裡？筆者以為其關鍵
點在於「令人」上，到底這些病源如何的讓人致病的呢？王夫之於此
言之甚諦，他說：

> 目以機為機，腹以無機為機，機與機為應，無機者，機之所取
> 容也。處乎目與腹之中者，心也。方且退心而就腹，而後可以
> 觀物，是故濁不使有心，清不可使有跡。不以禮制欲，不以知
> 辨志，待物自敝，而天乃脫然。[40]

39　金白鉉：《老子栗谷注淺釋》，頁40-41。

40　見王夫之：《老子衍》（臺北市：河洛出版社，1978年），頁4。

　　我們的「目」（眼睛）是一投向外的機竅，這樣的機竅是一趨向於執著性與對象化的機竅，這與「腹」（肚子）便不相同，它是一迴向內的機竅，這樣的機竅是無執著性的、非對象化的，它迴返於內，而只是一自然而無執著的機竅。那種執著性的機竅使得我們所發的機竅相應而連結在一處，成為一定執了的機竅。須知，只有那無執著性的機竅才是一切機竅之所可以取得其容身之處，也就是說唯有經由此無執著性的涵納才能使得一切的機竅不會往外奔馳，而成為一定執於對象化的存在物之上的機竅。一切的機竅之為機竅，它可能成為一有執著性的、對象化的、定執的機竅，或者可以是一無執著性的、未對象化的、不成定執的機竅，其關鍵點就在於「心」。要是果真我們能將我們的心退返到那無執著性的、未對象化的狀態中，這樣才可能如其為物之在其自己的觀物。如此說來，我們遇其混濁，最要緊的是不可讓我們的心就往外掛搭在上頭，即使你的心地是清明的，你也不可以守著這種清明的痕跡，心之為心，要迴返到無執著、未對象化的狀態。不要用禮去克制欲望，不要用心知去辨明心的意向，且讓外物之為外物，順其自然的凋敝（因為你不執著住它，它便失去攙援，它便自然凋敝），而整個生活世界才能從這些執著性的、對象化的定執中解放出來，而回復為一生活世界[41]。

　　我們可說問題的關鍵點在於「心」之投向外而成為一定執的、執著性的、對象化的機竅，使得這樣的機竅與那些天生的機竅（如耳目口鼻等等）成為機竅與機竅相應而成定執於對象物，為此對象物所牽引而離其自身這樣的機竅。換言之，問題點在於「機與機為應」或者是能「無機者，機之所取容也」。「機與機為應」陷入一定執之機、對象化之機中，如此已離其自身之為機，這時的心便處在我所謂的「亡

---

41 此節所論，請參見林安梧：〈「存有三態論」與「存有的治療」之構建——道家思維的一個新向度〉，《鵝湖》第26卷第6期（總306期，1990年12月），頁28-39。

其宅」的狀態，這也就是一「異化」的狀態，是從那自然之總體而分裂脫離開來的狀態。這樣的「異化」狀態，就其表面而言，我們可以說是整個生活世界的異化與毀壞，但就實而言，我們知其為「機與機為應」而定執所成的狀態。

以上所述，我們發現了一個有趣的對比。栗谷他徵引了董思靖所說的「腹者，有容於內而無欲，目者逐見於外而誘內」，這見地果真透澈，正因如此，所以要「虛中之妙用」、「戒其不可為外邪所實也。」進一步，他解「滌除玄覽」說「滌除者，淨洗物欲也。玄覽者，照察妙理也。蓋既去聲色臭味之欲，則心虛境淨，而學識益進，至於知行並至，則無一點之疵矣！」「修己既治，則推以治人，而無為而化矣！」道家的修為工夫，轉而為儒家君子修為安邦定國之道了！或者說，儒道本是一體之兩面，一陰一陽，文質彬彬，然後君子也。

栗谷更而說「開闔是動靜之意，雌是陰靜之意，此所謂定之以中正仁義，而主靜也。」這「定之以中正仁義，而主靜也。」周敦頤太極圖說言之詳矣！如此一來，「言於天下之事，無所不知，無所不能，而未嘗有能知之心」。詩所謂「不識不知，順帝之則」者也。夫如是則上下與天地同流，參贊化育而不自居也」、「天地生物而不有其功，運用造化而不恃其力，長蓄群生而無有主宰之心。聖人之玄德亦同於天地而已。玄德至誠，淵微之德也。」栗谷對此玄德即視同於「誠」，而「誠者，天之道也」。總的說來，那宇宙造化之源與人的道德實踐動源有其內在同一性。人只要能擺脫物欲的紛擾，做好遏人欲之功，終就能參贊天地之盛矣！這樣的理解適與前所引王夫之所說「退心而就腹，而後可以觀物，是故濁不使有心，清不可使有跡。不以禮制欲，不以知辨志，待物自敝，而天乃脫然。」形成一強烈對比。

十二　「滌除玄覽，明白四達」:「異化的克服」與「存有的回歸」

老子《道德經》第十章:

> 載營魄抱一，能無離乎？專氣致柔，能嬰兒乎？滌除玄覽，能
> 無疵乎？愛國治民，能無為乎？天門開闔，能為雌乎？明白四
> 達，能無知乎？生之蓄之，生而不有，為而不恃，長而不宰，
> 是謂玄德。

可以譯成這樣的文字:

> 魂魄環抱，和合為一，能夠不離開道嗎？任使真氣，回到柔和，
> 能夠像嬰兒一般嗎？滌除污垢，玄妙照見，能夠沒什麼弊病
> 嗎？愛護人民，治理國事，能夠無為而為嗎？任由自性，動靜
> 自如，能不柔弱自守嗎？明亮坦白，四通八達，能夠無執無著
> 嗎？生生不息，涵和蘊蓄，使其生長，卻不占有，任其作為，
> 卻不依恃，由其生長，卻不宰制，這就叫作玄妙之德啊！[42]

如栗谷所說「滌除者，淨洗物欲也。玄覽者，照察妙理也。蓋既去聲色臭味之欲，則心虛境淨，而學識益進，至於知行並至，則無一點之疵矣！」「修己既治，則推以治人，而無為而化矣！」這固然有朝儒學心性修養工夫論詮釋的傾向，這傾向是適當而且極有意義的。這些年來，我自己從事儒道會通的研究，以前面所提出的「存有的三態論」來說，在《道言論》中的「道顯為象」、「象以為形」、「言以定

42　金白鉉:《老子栗谷注淺釋》，頁37。

形」，進而「言業相隨」。「言業相隨」之所涉是意識型態的構造與執著的問題。蓋「意識型態」之生乃起於「對偶性」，而對偶性則起於「執著性」。「執著性」非空穴而起，乃起於人之使用的語言之指向對象性，由此指向對象性回過頭來而返照出人之執著性，更而有對偶性，更而意識型態因之而滋生矣！

再者，「語言」之誕生乃「存有之對象化」的過程，這「存有的對象化」乃是人之進入到一活生生的生活世界所激起，挑起的；語言之誕生指向分別與執著，如此而導致「異化」，如此「語言之異化」不能由「語言」本身去解開其問題，而當歸返到「存有」自身，方得處理；如此乃為「存有之治療」。其實，「意識型態」乃是一虛構之物，此是因音立字，因字立義，彼此是非而來，此是由語言之異化而來；意識型態之解構當為存有之治療。

如果我們將此和著《莊子》〈齊物論〉來詮釋，存有之開顯如「大塊噫氣，其名為風」，原本是「無作」的，因「氣之激而有聲」，因「心使氣」而有異，有別，凝固僵化有所陷溺而成為意識型態也。依莊子之意，「風濟則還為虛」，此所以見語言文字意義之虛構也，能見此「虛」、「構」，則「構可解」，而「虛可實」。構而無一不解之構，任其構而構自解。虛而無一不實之虛，任其虛而虛自實[43]。順此而論，我們可以說：執著性的知即是建構分別性的言，進而開啟對比性的辨析，這便不得不然地會展開「以心鬥物」的活動，連帶著就「以物鬥心」，這樣子相刃相靡，直到「形化心亡」而後已。因此，撤除執著性的知，瓦解分別性的言是一根源性的解構作用，進而才能渾融一對比性的辨析；析離心物相鬥的結構。這樣才能真正瓦解意識型態，才能回到存有的根源如其所如的開顯其自己。如此「明亮坦

---

43 這段的詮釋主要取自於《莊子》〈齊物論〉有言：「大知閑閑，小知閒閒；大言炎炎，小言詹詹。其寐也魂交，其覺也形開，與接為構，日以心鬥。縵者，窖者，密者。小恐惴惴，大恐縵縵。其發若機栝，其司是非之謂也」。

白，四通八達，能夠無執無著嗎？生生不息，涵和蘊蓄，使其生長，卻不占有，任其作為，卻不依恃，由其生長，卻不宰制，這就叫作玄妙之德啊」[44]！正因為「滌除玄覽」所以能得「明白四達」，如此一來，「話語的異化」便得克服，一切歸返「存有之道」，物各付物，各可其可，各然其然[45]。

十三　結語：邁向「新道家」與「治療學」的建立

　　針對《醇言》的前五章做了疏解、詮釋，進而反思這二十多年來的學與思。道家哲學在我的哲學構成中起了相當大的作用。起先我接受牟宗三先生的「儒家是主流，……道家是由這本根的骨幹而引發出的旁枝」[46]，現在我則主張「儒道同源而互補」[47]。一方面，就中國

---

44 此即老子《道德經》第十章「明白四達，能無知乎？生之蓄之，生而不有，為而不恃，長而不宰，是謂玄德」之白話譯文。

45 牟先生曾引莊子所說的「無物不然，無物不可」來說道化的治道之極致面是「各然其然，各可其可，一體平鋪，歸於現成」，請參看牟宗三：《政道與治道》（臺北市：廣文書局，1961年）一書。

46 請參見牟宗三：《現象與物自身》（臺北市：臺灣學生書局，1975年）一書〈序言〉。

47 這些年來所論以「儒道同源互補」為背景之論文，約略如下：

林安梧：〈「道」「德」釋義：儒道同源互補的義理闡述〉，《鵝湖》第28卷第10期（總334期，2003年4月），頁23-29。

林安梧：〈「存有三態論」與廿一世紀文明之發展〉，《鵝湖》第28卷第8期（總332期，2003年2月），頁19-29。

林安梧：〈關於「覺」在教育上的作用：總體之源的場域覺醒——對《道言論》中「一本空明」的闡釋〉，《鵝湖》第30卷第4期（總352期，2004年10月），頁13-19。

林安梧：〈老子《道德經》首章之詮釋與重建——論「存在場域」、「生命護養」兼及於「意義治療」〉，《鵝湖》第30卷第6期（總354期，2004年12月），頁18-28。

林安梧：〈「存有三態論」及其本體詮釋學〉，第七屆當代新儒學國際學術會議會議論文，武漢大學哲學學院、臺灣鵝湖學社，2005年9月。

林安梧：〈《存有三態論》諸向度的展開——關於後新儒學的「心性論、本體論、詮釋學、教養論與政治學」〉，《鵝湖》第31卷第5期（總365期，2005年11月），頁9-18。

另外《人文學方法論：詮釋的存有學探源》（臺北市：讀冊文化事業公司，2003年）、《新道家與治療學》（臺北市：臺灣商務印書館，2006年）等書亦以此為基底。

哲學史的理解上與牟先生不同，在理論的系統建構上也與之不同。另
方面，涉及到道家的哲學運用與牟先生亦有了不同。這些不同已不只
是枝節上的不同，而是有著根本上的差異。但我還是要說，正因為牟
先生所給的哲學資糧，才讓我有著這樣一層的發展。

　　在儒道佛的融通裡，牟先生通過了康德學的深切反省，進一步開
創了以「一心開二門」的方式，建構了「現象與物自身」的「兩層存
有論」。近二十多年來的從師問學，力思苦索，我則倡言當代新儒學
須有一嶄新之開展，此須得由「牟宗三」回溯「熊十力」，並進一步
回溯到「王船山」，即此回溯而有一嶄新的開展。我因之而倡言「存
有三態論」[48]。相對於牟先生的「本心論」傳統，而我則強調「氣」
概念的核心性，而主張一「道論」的傳統。

　　我並不同意將道家理解成一「主觀境界型態的形而上學」，相對
於道家，而說儒家是「道德創生的實有型態之形而上學」；我認為就
中國哲學的根本義來說，並沒有西方哲學主流下的實有型態的形而上
學。究極而論，我們所論「實有」與「境界」本是交融成一不可分的
整體，拿「實有」與「境界」做對比，並不很適當。中國哲學，如
《易傳》所說「形而上者謂之道，形而下者謂之器」，這樣的「形而
上學」本來又與亞里斯多德義下的 Metaphysics 有別。《易傳》這樣的
「形而上學」是以「道論」為核心而開啟的。在《易傳》裡所說的
「一陰一陽之謂道，繼之者善，成之者性」，「大哉乾元，萬物之始，
乃統天」、「至哉坤元，萬物資生，乃順承於天」，這不只儒家會同
意，道家一樣會同意。人生於天地之間，「三才者，天地人」，儒道所
共許，由此「天地人我萬物通而為一的總體根源」開顯為世界萬有，
這亦是儒道所同意揭示的道理。當然，儒道自有分別，儒家著重在

---

48 請參見林安梧：《存有、意識與實踐：熊十力體用哲學之詮釋與重建》，臺北市：東
　　大圖書公司，1993年。

「自覺」，而道家則重在「自然」，一重「主體的覺醒與參贊」，另一重「場域的調節與生發」。以「三才者，天地人」來說，道家重在「天地」，儒家則重在「人」。

儒家重在主體的自覺與喚醒，而道家則重在場域的生發與調節，我們不能太過高揚儒家主體性的動能，無限上綱到究竟了義；我們當然也不能夠將道家的主體修養能力，無限上綱到究竟了義，因為道家的重點不在主體的修證，而是在於場域的生發與調節。道家強調主體的退開、讓開，而讓物各付物，各可其可，各然其然；但這並不意味說經由主體的體證，就能讓物各付物，各可其可，各然其然。這是說：我們的主體修證頂多是一「消極義」的讓開，而道家強調的並不是這消極義的讓開而已，他更著重的是人的主體讓開了以後，由那總體的根源、根源的總體之「道」，能在「天地」、「場域」間有一生發與調節的功用，進而由此而導生一「治療」、歸復及生長。

在寬廣的天地間來思考道家，來理解道家，來詮釋道家，我們發現代社會下，道家有著嶄新的可能。「道家」不只是放浪形骸，不只是消極避世！「道家」、「道」「家」，「道」是總體的根源，「家」是人於天地間的「居宅」！「新道家」強調的是那總體的根源的「道」如何落實於人間世的居宅，讓那被扭曲異化變形的「物」，能經由一「治療」的過程，而「歸根復命」，讓天地如其為天地，讓萬物如其為萬物。在「場域處所」裡，由於「話語介入」，人的貪求、欲望、權力、利害，伴隨而生，遂致異化；因而我們必須經由「存有之道的回歸」，讓「存有之道的亮光」照拂療癒；就這樣「無名以就實」、「尊道而貴德」，我們才能「知常曰明」，體會常道，當下明白。尤其，新道家「自然無為」有助於「公民社會」的建構，特別在「後現代」，重視的是「文明的對話」；新道家對於「心靈意識」與「存在情境」更能起著批判與治療的作用。有別於「工具理性」的高張，這樣子的「生命理性」正顯豁了一「道家型的女性主義」思維。

　　儒家是「飯」，佛家是「藥」，而道家則是「空氣」，是「陽光」，是「水」。儒、道、佛，三教都需要，「道家」更是重要；「飯」、「藥」都需要，「陽光、空氣、水」更需要。有「新儒家」、有「新佛家」，更需要有「新道家」，需要有「新道家的治療學」。「新道家」不只是境界型態的形而上學，起的不只是「作用的保存」；「新道家」在「存有三態論」的建構下，強調的是「存有之道」的回歸與照亮，並因之而強調「存有的治療學」，並由此而導生社會的批判與文化的治療。[49]

——丁亥之冬十一月十三日稿，戊子夏六月五日

修訂於新竹元亨居

---

49 此所論可參看林安梧：《新道家與治療學：老子的智慧》（臺北市：臺灣商務印書館，2006年）一書。

第十二章
迎接新文明軸心時代之來臨
──從「文明的衝突」到「文明的對話」

一　前言：二十一世紀的嶄新時代意義 ── 從「現代」到「後現代」

我們今天最後一講，作為整個講座的結論，標題叫作「迎接新文明軸心時代之來臨」，特別在前面加上兩個字「迎接」，「迎接」的意思是快來了，但是還沒來。對於人類文明，尤其是對於中國而言，二十一世紀是一個嶄新的年代。中國二十世紀幾乎一直困陷在如何追求現代化的困境之中。進到二十一世紀，中國已經參與到現代化進程之中，並且可能成為現代化的重要反思者。我們民族的文化傳統有別於西方，而且我們的文化歷數千年而不衰，所以我們最具有機會、權利，也最具有當該去做的責任，去好好反思整個人類文明的發展。現在所謂的文明衝突真的就是文明衝突嗎？還是權力的衝突？顯然這是必需要好好反思的。

在各個領域，我們一直在西方所給予的概念範疇、理論框架和發展向度之下來思考問題。我們能不能給出新的理論框架、概念範疇和發展向度來思考問題？如果我們沒辦法，世界可能會陷入一種比較麻煩的境地。就目前來講，從希臘羅馬基督宗教到西方近現代文明的發展，現在能夠對整個人類文明起到較大反思作用的，恐怕只有中華文明。

我認為文明衝突只是表象，表象之下是文明的衰頹。在二十世紀

初年，非洲醫生史懷哲[1]就已經提過，文明正在衰頹之中，而戰爭只是表徵。文明的衰頹沒落是有週期性的，也會涉及到諸多文明。因此，我們今天所談論的問題比較寬泛，我們抓幾個要點來談。

二　歸返「軸心時代」，尋求人類文明發展的新可能

文明的「軸心時代」是一九四九年德國哲學家雅斯貝爾斯（Karl Theodor Jaspers, 1883-1969）在他的大作《歷史的起源與目標》（*The Origin and Goal of History*）一書中提出的。這本書將人類的歷史劃分為史前、古代文明、軸心時代和科技時代這四個基本階段，其中，第三階段是以西元前五百年為中心，東西方同時獨立地產生了中國、印度、巴勒斯坦和希臘四個軸心文明。

西元前八百至西元前二百年這段時間，雅斯貝爾斯把它稱作人類文明的「軸心時代」。這期間人類文明取得重大突破，各文明相繼出現偉大的精神導師，如古希臘的蘇格拉底（Socrates，西元前470-前399）、柏拉圖（Plátōn，西元前427-前347）、印度的釋迦牟尼（Śakyamuni，約西元前566-前486），中國的孔子、老子，他們都可謂德智雙彰，參贊天地。「人類的精神基礎同時或獨立地在中國、印度、波斯、巴勒斯坦和古希臘開始奠定，而且直到現在，人類仍然附著在這種基礎之上。」「在這數世紀內，這些名字所包含的一切，幾乎同時在中國、印度和西方這三個互不知曉的地區發展起來。」「直至今日，人類一直靠軸心期所產生、思考和創造的一切而生存。每一次新的飛躍都回顧這一時期，並被它重燃火焰。自那以後，情況就是這樣。軸心期潛

1　史懷哲（Albert Schweitzer, 1875-1965），德國阿爾薩斯的通才，擁有神學、音樂、哲學及醫學四個博士學位。他在中非西部加彭創立阿爾伯特史懷哲醫院（Albert Schweitzer Hospital），而在一九五三年獲得一九五二年度的諾貝爾和平獎。

力的蘇醒和對軸心期潛力的回憶，或曰復興，總是提供了精神的動力。」當然科技時代顯然是以古希臘以來的西方文明作為主流。

我們現在所謂的新文明軸心時代，其實是經由文藝復興、啟蒙運動、宗教改革這一連串現代化發展之後，也就是雅斯貝爾斯所說的科技時代之後，二十一世紀人們所要求的一種新的文明方式。新的文明方式應該是什麼樣的文明方式？對於這個問題目前還在探索之中。我認為我們應該回到古文明，重新去尋求新的可能。

整個西方現代的主流文明已經不是原先軸心時代的文明方式了。軸心時代幾個不同地域的彼此互動來往不多，而科技時代是以科技掛帥，工具理性的合理性已經被高張，資本主義化、消費化的趨向已經向全球蔓延。在全球化之下，人們把需求和欲望混淆了，把權力和理性也混淆了。在這種狀況之下，人們循著欲望之力的理性法則向前奔赴，已是一往而不復。這是非常嚴重的問題。我認為，這正是中華文明對人類文明應該有所貢獻的時候了，但是中華文明本身還面臨著非常嚴重的問題。如果不能克服自身的問題，中華文明不可能對人類文明產生正面的示範作用。回到古文明經典的範式中去，我深深地覺得這是我們中華文明對人類所必需要擔負起的責任。我們必須好好暸解古文明的範式，對比它和西方文明之間有什麼差異，又能夠對人類文明起到什麼樣的作用。今天主要是談這些問題。

三　以東方文明的視域，超越文明衝突論和歷史終結論，反思西方文明

從文明的軸心時代發展到西方的現代化，現代性目前面臨諸多困境。譬如，亨廷頓（Samuel Phillips Huntington, 1927-2008）所提到的「文明的衝突」，福山（Francis Fukuyama, 1952- ）所提到的「歷史的終結」，世界目前正陷入恐怖攻擊的不安狀況之下。現在有所謂大國

崛起的說法，我們中國作為全世界的大國，如何能免於霸權，而能是王道的概念，要做到這樣是很不容易的。西方近現代文明沒有王道的概念，我們怎樣讓王道概念在中華母土之上很好地生長，從而為人類文明的發展提供參照和新的可能，這無疑是非常艱難的事業。

二十世紀九十年代，美國著名政治學者亨廷頓在其專著《文明衝突與世界秩序的重建》一書中提出了文明衝突理論，而且在很多國家的政界和學術界引發熱烈討論。他最早在一九九三年提出，之後繼續擴大其理論。亨廷頓是位非常有思想的政治家，但他是從西方資本主義的發展路向來思考問題的。

亨廷頓的文明衝突理論與現實有諸多相應之處。二○○一年「九‧一一」事件，我當時是在臺灣看到電視的實況播出，受到非常大的觸動，很難想像那些場景居然是真的。當時第一感覺是：這不就是《舊約全書》第十一章中所提到的「巴別塔的崩落」嗎？在二○○一年的十月間，我當時在臺灣師範大學任教，我們幾個朋友組織了一次沙龍討論這個問題，圍繞「九‧一一」與巴別塔的崩落而展開。我們今天也要討論下這個非常麻煩而嚴重的問題。二○○五年倫敦地鐵爆炸事件，二○一六年巴黎恐怖襲擊事件，這一系列事件都與文明衝突理論相應和。有人說，因為有文明衝突的預言，所以這些事件才得以發生，預言帶有某種暗示的意味。

人類是處於話語系統的規約之下，當這個話語系統龐大到某個地步，其背後必然有一種往前驅策的動力，這種動力又有法則包含其中，順著這個脈絡，人類的命運是可以被掌握的。這是一個很有意思的問題，我們必須好好地去瞭解這樣的一種可能性。今天我們可以一起來探討這些問題。

一九九六年出版的《文明衝突與世界秩序的重建》一書中，作者認為在冷戰之後，世界格局的決定因素表現為七大或八大文明，即中華文明、日本文明、印度文明、伊斯蘭文明、西方文明、東正教文

明、拉美文明，還有可能存在的非洲文明。冷戰後世界衝突的基本根源不再是意識形態的不同，而是文化方面的差異，主宰全球的將是「文明的衝突」。這個提法就是我們所謂的「文明的衝突」理論，當然很多不同的理解也隨之而來。文明衝突理論引發了很多思考，包括政治、經濟、社會等各個不同層面的思考，我們也可以把它擴大到整個文化心靈意識層面去思考。如果人們文化心靈意識通通是在某一個向度，那麼這個向度之下所呈現出的衝突和文化心靈意識是密切關聯的，但是可能被我們忽略了。我們的古聖先哲，包括印度佛教，東方儒道兩家對這些問題的思考很多，甚至於回到西方中世紀，乃至回到古希臘，對這些問題也有很多思考。只是近現代以來，我們把很多東西都固化了，而缺乏對文化心靈意識的深層體察。

　　福山是日裔的美籍學者，他在《歷史的終結與最後的人》（*The End of History and the Last Man*）一書中提出，有兩大力量共同推動人類歷史的前進：一是現代自然科學的邏輯，一是黑格爾—科耶夫所謂的「尋求承認的鬥爭」。前者驅使人類通過合理的經濟過程滿足無限擴張的欲望，後者則驅使人類尋求平等的承認。隨著時間的推移，這兩股力量最終導致各種專制暴政倒臺，進一步推動文化各不相同的社會建立起奉行開放市場的自由民主國家。緊隨而來的問題是，在「歷史的終結處」，政治經濟的自由平等，是否能夠產生一個穩定的社會，讓生活在其中的人得到「完全的滿足」，抑或，「最後的人」被剝奪了征服欲的出口，不可避免地導致他們冒險一試，讓歷史重返混亂與流血狀態？

　　我認為福山對這個問題已經有非常深入的思考，但他一直是在西方的主流線索及主流線索所面臨的問題之下來進行思考，這也是西方在現代化之後很多思想家思考問題的方式。他發現西方主流脈絡所面臨的問題非常嚴重，但他在尋求解決方法的時候，也是在這個脈絡中思考的。這些思想家們最大的特點就是他們不懂東方傳統，對儒道

佛的理解非常有限，所以他們的思考也是有限的。他們一直深陷于從古希臘巴門尼德（Parmanides）以來的「存在與思維一致性」的傳統之中。

有一次，我在路上碰到一個博士生，他在和我聊天的時候一直談到這個問題。我們一直強調存在和價值是分開的，存在是實然，價值是應然。在東方傳統中，存在和價值就其源頭來說，特別在儒道的傳統，乃至於在印度教的傳統之中，二者是和合為一的。至於存在與價值的分離，是人們經由思維去控馭，而切割出一個存在，把所謂的存在和主體區隔開來。用我的說法就是，經由主體的對象化活動之後形成對象物，對象物和價值由此被區隔開來。二者最原初並不是處於這種分離狀態，而是一種天人物我人己合而為一的狀態。

認識活動其實不是主體對客體的掌握活動，主客體原本就是合而為一的。人的參贊化育開啟了主體的物件化活動，使得對象成為了被決定的定象，由此產生對對象物的認識，而我們所認識的其實是被規定的對象物，並不是存在本身。

在閩南語系統中仍然保留著最古老的認識論話語，就是「八」這個字。「八」是分別之意，「爾八否」就是「你知道嗎」。認識活動其實是將總體「八」開成兩個部分，是一個不斷區分、不斷精細化、不斷定位化的過程。「一氣流行」、「一體之仁」的傳統在人類文明中是非常可貴的，而且是最合乎「常道」的傳統。如果一開始就將問題放到主客二元對立的架構之下，放到線性的思維方式中去思考，而把通過主體的物件化活動所規約的對象物當成存在本身，那麼這本身就是一個錯誤。這個錯誤其實是現代性所面臨的最大問題。西方很多當代思想家也正在處理這個問題，但他們缺少對東方思想的真正瞭解，處理這個問題對他們而言格外辛苦。在這個問題上，東西方文化傳統應該有更多的互動往來。

像福山和亨廷頓所提及的問題，我們可以以不同的視野去重新

思考。福山雖是日裔的美籍學者，但他對於日本文明的理解有限。其實很明顯，當今世界所面臨的衝突問題其根源並不是文明的衝突，而是霸權的衝突。如何免除霸權思考才是當務之急。這個世界已經被霸權所籠罩，這裡涉及到現代化發展的問題，也是歐洲中心主義的嚴重問題。

　　如何免於歐洲中心主義，是以亞洲中心主義取代嗎？當然不可以，應該是以多元化來取代中心主義。在文明的軸心時期，不同文明是相互隔絕的，人們不可能通過一套話語去建構。而現代性的社會中，人們是通過一套欲望之力的理性法則去建構，而這個法則又掛搭在很多很美妙的口號之上，包括自由、民主、人權、法治等等。我當然贊成這些美好的概念，但當諸多權力掛搭在這些話語之上的時候，這些話語就不能夠依其名而如其實，反而常常是有其名而無其實，甚至因為對「名」的追求而導致更嚴重的「實」的毀損。

　　歷史是不可能終結的，福山所提到的歷史終結的概念，其實是他的困惑，他也不能肯定。人類不可能用分別相、用話語去處置這個世界。人們以為自己掌握了話語，就掌握了一切。這根本上是對於天道的僭越，這是以話語論定為先的西方主流傳統所造成的遮蔽。東方的傳統則不然，一神論的思考才會出現這種嚴重的問題。一神論是人類文明中一種獨特的發展樣態，它不能夠包容其他的非主流傳統，因此導致了很嚴重的問題。而我們的道論傳統是很寬廣包容的，我們的宗教形態是「教出多元」而「道通為一」。西方基督宗教所宣之道限制在對唯一真神的信仰之中，這本身就隱含著一種霸權思想。所以唯有擺脫這種話語的權力控制，人們才有可能回歸到生命之源，回歸到存在本身，我們才有機會免除這些爭端。

　　我們要把我們的思想傳達出去，讓大家一起來思考這個問題。現在比較嚴重的問題是什麼呢？東方的話語系統和西方的話語系統是相互隔絕的。一個學西哲的人，談黑格爾、康德、海德格爾等，他所談

論的東西如何能讓一般人聽懂，這是一個問題。我們學習儒道佛的人，如何能讓一般人聽懂這些理論且不淺俗，這也是個很大的問題，如何讓這些東西在我們心中生根，在我們的中華大地生根，這很重要。

四　東西方的兩個神話故事的對比：「絕地天通」與「巴別塔」

今天和大家談的這個問題，我想回到兩個最古老的神話故事，通過二者的對比來看東西方文明的差異。我認為它們既是宗教的原型，也是文化的原型。這兩個神話都是在講述人和神的關係，講述作為有限者的人，和作為超越的無限者的神之間是什麼樣的關係。

「巴別塔」神話象徵著所有的話語原本是一樣的，因為上帝變亂人的口音，人於是分散於世界各處。西方的傳統認為，話語最原初是一樣的。而在我們華人的傳統中，話語本就不同，我們不需要建造話語之塔以通天，也不需要同樣的語音，我們不是語音中心主義，而是回到存在本身。你作為一個中國人是很幸福的，因為這個世界上只有中華文明是這麼完整美好的，連文字和表意的方式都與西方主流不同。這樣的對比可以引發很多思考。

人們的口音本來就不同，為什麼會「變亂」？這難道真的是上帝搞的鬼嗎？人分散在世上，是族群不斷繁衍而慢慢分支出去結果，顯然與權力無關嘛。由此可以看出，我們與西方的思維方式有很大不同。權力的關係越複雜的時候，就需要有越強力的法則性和邏輯性才能控制住，這就是強控制系統。

人類文明一直處於非常嚴格的強控制系統之下，在學術界也是一樣。臺灣大學的臺靜農老先生，還有臺師大汪中老先生，我都非常敬佩。據我瞭解，他們悠游涵泳、學養深厚，平常喝喝酒，寫寫字，聊聊天，吟吟詩，上一上課啊，論文愛寫不寫，最終都成為了非常著名

傑出的學者。但是現在用這種方式還能活下去嗎？不可能嘛。因為現在大學的人文學被引進強控制系統，大陸如此，臺灣如此，全世界都是如此。

《聖經・舊約・創世紀》第十一章講道：「那時，天下人的口音、言語，都是一樣。他們往東邊遷移的時候，在示拿地遇見一片平原，就住在那裡。他們彼此商量說：『來吧！我們要作磚，把磚燒透了。』他們就拿磚當石頭，又拿石漆當灰泥。他們說：『來吧！我們要建造一座城和一座塔，塔頂通天，為要傳揚我們的名，免得我們分散在全地上。』耶和華降臨，要看看世人所建造的城和塔。耶和華說：『看哪！他們成為一樣的人民，都是一樣的言語，如今既作起這事來，以後他們所要作的事，就沒有不成就的了。我們下去，在那裡變亂他們的口音，使他們的言語彼此不通。』於是，耶和華使他們從那裡分散在全地上；他們就停工不造那城了。因為耶和華在那裡變亂天下人的言語，使眾人分散在全地上，所以那城名叫『巴別』（就是『變亂』的意思）。」

這段話很有意思，牽涉到如何統於一尊的思考。話語的統於一尊，和回到存在本身的統於一尊是有很大不同的。我們順應 God 去思考這個問題。上帝為了人類穩定統一的秩序，而教人類不能夠統於一尊，只能順從於上帝的統於一尊，這是西方意義上的「上帝」。但是什麼情況之下，上帝會同意人類也統於一尊呢？如果是多元的一尊就有可能，包括「上帝」也是多元的。「上帝」在中國來講，其實只是一個趨向，是萬物始生之處，很多東西從這個根源發展而來，化作萬有一切，這思考深入我們的心靈意識之中。面對萬有一切思考問題，對我們華人來講是比較平易的，這種平易的思考會有很多好處。你考上地方學院，或者考上北大清華，你都覺得蠻平易的，這就和感覺不平易有很大不同。但是現在大家的感覺都是很不平易，當然我們的教育體制要為此負很多責任，當然，這也跟整個人類文明的趨力密切相關。

　　《聖經‧舊約‧創世記》第三章中提到，人類的始祖被誘惑，違背了主命，上帝一怒，就想要把他逐出伊甸園，經書記載：「耶和華神說：『那人已經與我們相似，能知道善惡；現在恐怕他伸手又摘生命樹的果子吃，就永遠活著。』耶和華神便打發他出伊甸園去，耕種他所自出之土，於是把他趕出去了。又在伊甸園的東邊安設基路伯和四面轉動發火焰的劍，要把守生命樹的道路。」

　　這是亞當夏娃被逐出伊甸園的一段記載。這一段其實就是講人如何成為一個人的。人只有離開伊甸園才成其為人，只有在土地上耕作才成其為人。但在中國的神話中，人神關係或人天的關係不是這樣一種切斷的關係，而是一種限制的關係。人和天地有區別，但也有一種恰當的關聯，這種關聯超乎於神人之上，內在的隱含於人之中。

　　在宗教學上，我們幾乎沒有掌握話語權，我們往往認為自己的宗教層階不如人，這是毫無道理的。大概在二十多年前，我剛到臺灣清華大學教書的時候，我在社會人類學所的辦公室看到過一個殘存的有關心理學的講義，裡面講到東西方的異同，其中有關宗教的部分講到，東方是功利性的，西方是神聖性的。我當時就很驚訝，這個論點為什麼可以成立，而且可以教給我們的學生？這是一種資本主義化的功利性消費，把它推而擴充之，這不是文化侵略是什麼？現在講文化侵略很多人不高興，我只是站在人道主義的立場上重新思考這個問題。你讀〈正氣歌〉的時候，請問這裡面是不是包含宗教意識？「天地有正氣，雜然賦流形。下則為河嶽，上則為日星。」經由對比的閱讀，很多東西會明朗起來。現在比較可惜的是對比的參考架構正在毀損中，這些必需要重新恢復過來。

　　關於文明的衝突、交談與對話的討論容易流於寬泛，而沒有什麼實質內容。那麼怎麼樣談論這個問題呢？這不太容易。我最終選擇以東西方神話的原型作為切入點，進行對比，並由此展開討論。凡是語音中心的文明，基本上都是以邏輯理性的構造為主。它們聽從於超越

的絕對的唯一的人格神的絕對旨意，其中所涉及的絕對權力的問題是很嚴重的，並且它們不太有能力來處理這個問題。

　　西方哲學沒有所謂的工夫論，而東方的儒道佛三教，包括印度傳統，都有關於修養工夫論的思考。我們思考問題的時候，是人作為存在的實感進到場域之中，由此心領神會獲得感通。在西方文化的影響之下，我們現在覺得，人類如果有合理的邏輯理性，任何事情都可以辯論清楚，而東方的傳統從來不這麼認為，而是要「以仁心說，以學心聽，以公心辨」[2]。孟子說過我們要「知言養氣」。朱熹也講要「格物致知」、「涵養主敬」。如果沒有涵養主敬的工夫，格物致知也是不可能的。「涵養主敬」與「格物致知」如一車之雙輪、一鳥之雙翼。如果一直局限在西方主流傳統「存在與思維一致性」的原則之下，這個問題討論到深處就會出現一種存在的悖謬。對於我們而言，談論任何一個問題，一定要回到存在本身。

　　讀完《舊約‧創世紀》第十一章和第三章，你會發現，西方文明是話語中心的強控制系統，有一個神聖的話語是不可逾越的。你想逾越神聖的話語就可能出現很多問題。而我們認為沒有絕對唯一的神聖，一旦權利、欲望等諸多東西掛搭到這個所謂的神聖之上，神聖就會變成惡，這是很嚴重的問題。無論你用邏輯理性怎麼裝點，惡就是惡，而且越是裝點越是辯論，它就越惡。人們不可能經由理性論辯去把問題論辯清楚，除非他有一定的修養工夫，能夠由「戒」生「定」，由「定」生「慧」。現在我們談這些，有些人會覺得很可笑，修養工夫屬於私人領域，而我們現在談的是公共性嘛。請問如果沒有思考到關於「戒、定、慧」，關於「正德」的問題，「公共性」可能嗎？如果人倫都毀損了，人權可能嗎？如果民本都被丟棄了，民主可能嗎？如果人們的覺性的自覺都毀損了，請問自由可能嗎？

2　參見《荀子》〈正名篇〉。

二十世紀，很多啟蒙的知識分子誤認為人倫是妨礙人權的，我們的民本不是民主，儒道佛三教所說的自覺，這種精神上的自由與人權上的自由無涉。而且精神上的自由是積極的自由，如果你一直強調積極的自由，可能連消極的自由都得不到。他們強調政治社會共同體所談論的是消極的自由。到現在還有很多學社會科學、學西方哲學的人還持這種觀點，但是果真是如此嗎？就好像到目前為止，還有很多人認為儒家不是宗教。儒家當然是宗教，是更強調教化之意的宗教。

為何一神論的宗教才叫宗教？這就是問題啊。一直都是我們去適應西方的話語體系，我們已經習慣於被文化殖民，甚至失去了反思的能力。我在年輕的時候就感受到這個問題的嚴重性。我在臺大念碩博士的時候，我們要修學很多西方哲學的課程。我還記得在西哲的課程上，大家討論到有關於韋伯（Max Weber）的 idea type 要怎麼理解。我揣摩著試圖通過中國哲學的概念去理解，我花了很多時間慢慢解讀、詮釋、說明，解釋完了大家先是默然無聲，然後譁然失笑。大家都認為這是西方哲學的問題，為什麼要用中國哲學的方式去思考呢？我心理想著為什麼不行？我們漢字文明可是上邦大國啊！看著唄！

我在臺灣清華大學教書的時候，學生問我說，老師，您腦袋裡裝的都是很新的東西，為什麼一定要打扮成很傳統的樣子？我說果真嗎？其實我身上很多新的東西，帽子是新的，我穿的是皮鞋、西裝褲啊，只是我穿了唐裝，你覺得有不搭的感覺嗎？不會啊，很有創意嘛。我說既然如此你們也可以試試看嘛，他說，老師，我不太敢穿。為什麼？這就是受世俗風潮的影響的結果，更深層的理解就是，資本主義化、消費化的欲望之力的理性法則所形成的強力的邏輯構造，已經滲入我們的骨血中，把我們徹底控制了。

一九九八年，香港中文大學開了一個關於「中國文化與二十一世紀國際學術研討會」的國際研討會。那天我興沖沖地穿著一襲長袍，我想會碰到很多老前輩，包括錢穆先生、饒宗頤教授等等，他們也可

能會穿長袍，結果沒有，那天只有我穿長袍。很多人跟我說長袍很好看，一時觸動，那天我的發言，當下我改了題，就從長袍說起。我說衣服不只是好看，而且代表身份的認證，長袍代表著中國，而且這個衣服很好看，為什麼大家都不穿呢？買不到！因為很少人穿所以買不到，因為買不到所以更少人穿，久而久之就沒人穿了。買不到就要想辦法，你穿了，很多人覺得不錯，就會有更多人穿，更多人穿就會有更多人做，更多人做就有更多人穿，如此形成一個良性循環。所以讓古文進入你的生活世界，你會發現古文其實並不難，這樣你才能更好地學習古文。我主張尼山學堂的學生應該古文習作，也要古詩習作，古文古詩在現代生活世界中能生長出來，它就不會那麼困難了，這就是一種學習。

我們現在來看另一個神話象徵的意義，「絕地天通」在《尚書》〈呂刑〉、《國語》〈楚語下〉中都有記載。大概有幾個基本要點：天地相通，巫覡當道，起先是意義未明；再是遍地皆巫，意義漸明，衝突紊亂；再是絕地天通，政教和合，意義確定；進一步天人合德，多元一統，教化大行。這當然是我所體會的意義啦，不同的人體會不同，理解不同，詮釋也就不同。

《尚書》〈呂刑〉記載：

> 民興胥漸，泯泯棻棻，罔中於信，以覆詛盟。虐威庶戮，方告無辜於上。上帝監民，罔有馨香，德刑發聞惟腥。皇帝哀矜庶戮之不辜，報虐以威，遏絕苗民，無世在下。「乃命重、黎，絕地天通，罔有降格。群后之逮在下，明明棐常，鰥寡無蓋。皇帝清問下民，鰥寡有辭于苗。德威惟畏，德明惟明。」

這個神話簡單來說，就是顓頊命重、黎，絕地天通，把天托高，把地摁住，使地中的鬼出不來，天上的神降不下來，於是真正的人文

世界得以開啟。但人和天地是有關係的，二者並未因此而隔絕，地天雖已絕，但這個絕，不是斷絕的絕，而是絕限之絕，這說的是一種限制，而非斷絕。

《國語》〈楚語下〉記載：

> 昭王問於觀射父，曰：「《周書》所謂重、黎實使天地不通者何也？若無然，民將能登天乎？」對曰：「非此之謂也。古者民神不雜。民之精爽不攜貳者，而又能齊肅衷正，其智能上下比義，其聖能光遠宣朗，其明能光照之，其聰能聽徹之，如是則明神降之，在男曰覡，在女曰巫。……於是乎有天地神民類物之官，是謂五官，各司其序，不相亂也。民是以能有忠信，神是以能有明德，民神異業，敬而不瀆，故神降之嘉生，民以物享，禍災不至，求用不匱。及少昊之衰也，九黎亂德，民神雜糅，不可方物。夫人作享，家為巫史，無有要質。民匱於祀，而不知其福。烝享無度，民神同位。民瀆齊盟，無有嚴威。神狎民則，不蠲其為。嘉生不降，無物以享。禍災薦臻，莫盡其氣。顓頊受之，乃命南正重司天以屬神，命火正黎司地以屬民，使復舊常，無相侵瀆，是謂絕地天通。」

天人合德的意味在這裡出現了。「民是以能有忠信，神是以能有明德」，神之明德和民之忠信是一體的。「絕地天通」是「使復舊常，無相侵瀆」，這是一種和合的關係，是我參與天地而達到一種和諧且能夠協同一致的狀態。從這裡再進一步，「夫大人者，與天地合其德，與日月合其明，與四時合其序，與鬼神合其吉凶。」這就是天人合德。天人異形而同質，所同之「質」就是德。我們可以讀出這裡是一種存在本位的反思。生命之氣感通的背後隱含著一個一統而多元的天道系統，這個系統強調保和太和乃利貞，強調天人合德，強調正德

利用厚生惟和，強調「存在與價值的和合性」，強調歸返存在之源的反思。

存在與價值是和合為一的。相對來講的話，西方是理性邏輯的結構，是一神論的信靠的宗教，更強調的是「存在與思維的一致性」，而不是「存在與價值的和合性」。他們是要回到以邏輯理性為主導的強控制系統中，認為那樣才能秩序分明，而我們是回到價值之源去反思。這個對比中，其本質還是「絕地天通」和「巴別塔」的區別。

我們再一次進行簡單的規約。「絕地天通」是在《尚書》〈呂刑〉中所提到的，巴別塔的故事出現在《舊約・創世紀》中。巴別塔的故事中談到，人類一旦走向理性就必然要走出原始混淪，與超越的絕對者疏隔開來，天人分離為二。而我們強調，雖然天地鬼神的通道被封住了，人類才真正邁進人的世界，但是人與天地合德，天人是合而為一的。我們是連續性的關係，他們是斷裂性的關係，我們強調人與天有一種直接契入的互動感通，西方強調必須有中介者進行連接。我們的社會結構比較接近於費孝通所說的波紋型結構，而西方是捆材型結構；我們是差序格局，西方是團體格局。我們強調理，經由具體的感通去體證。西方強調法，戒律是來自絕對權威的命令。我們的道德實踐強調的是仁，人和人之間存在的道德真實感，等差之愛。西方講的是普遍之愛，愛作為你主的絕對權威者，並以同樣的方式愛你的鄰人。我們的宗教是一種自然宗教，是一種泛神論的信仰，而西方的宗教是體制內的宗教，是一神論的信仰。這是我的學生所做的概括。

五　文明交談的向度及其所涉內容之可能

我們現在進一步來談談文明交談的向度及其所涉內容。我們剛剛在講的過程中，也在不斷地進行對比和交談。請大家務必記得，不要斷送對比項，因為斷送對比項就失去了交談的可能，你自己的主體性

挺立不起來就不可能進行交談對比。想到耶誕節，你不是想到十二月
二十五號，而是想到九月二十八號，這就表示你有主體性了。想到聖
經，你會想到四書五經，而不是想到 Bible。想到上帝，你不會只想
到 God，你會想到《書經》、《詩經》之謂「上帝」，「維此文王，小心
翼翼。昭事上帝，聿懷多福」[3]，《詩經》是這麼寫的，這講的是對源
頭本身的尊敬。上帝是至高無上的宇宙造化之源，他不一定是唯一的
人格神。這裡牽涉到話語的翻譯。翻譯一定要有對比項，你不要失去
對比項，但也不能自我封閉。我很反對那些對中國文化，包括對經典
的採取固守態度的原教旨主義者。這顯然是不對的，當然要溝通嘛。
有些人甚至認為大學無法傳播古代學問，這個說法我不以為然，我們
現在不是在傳播中國古代學問嗎？不止如此，我們還在與西方現代的
學問進行對比。我看到過一位臺灣朋友在大陸發表的一篇文章，認為
現代的大學，甚至是當代新儒家，都是拿著西方的語彙來格義中國的
思想，他們的這些理解都不到位。這種思考是不對的。話語是要溝通
的，但我們的對比項要立穩。

　　你如何解釋「道」？把「道」解釋為客觀規律，我說可以，但是
不準確，「一陰一陽之謂道」，這講的是存在的律動，而不是客觀法則
或者規律，是存在的律動導生所謂的客觀法則和客觀規律。對我們來
說，所謂的客觀法則和客觀規律是第二義的，存在的律動才是第一義
的。你把字寫得非常整齊，結構非常完整，你一定還不是第一流的書
法家，第一流的書法家是以神為勝，而不是以形為勝。真正的法是
「無法之法，方為上上法」，我們是這樣看待問題的，所以你不能夠
把「道」解釋成客觀規律。現在很多研究道家的老先生們，還是把道
解釋為客觀規律，這是不準確的。道講的是存在總體的根源，而這個
根源隱含著超越於分別之上的存在的律動。我們是不是也用了很多西

3　參見《詩經》《大雅》〈大明〉。

方的話語來說？是。但我是不是現在通過哪個西方哲學家的理論去
說？不。我是通過我的腦袋去思考、去體會，我現在是盡我可能去描
述去接近存在本身。

在話語的翻譯中，我們面臨格義和逆格義的問題，格義是通過我
們的去格別人的，現在是通過別人的來格我們的。「逆格義」是我很
早就提出來的概念，也就是劉笑敢先生所提到的反向格義。在中國來
講，「逆」這個字所表達的意義比反向更為正面。譬如「逆於郊」就
是到郊外迎接嘛，「逆」有迎接之義。

以前的格義是通過老莊的概念範疇去理解佛教，以道家「無」的
概念去理解「空」，這就是所謂的格義佛教。格義佛教出現了般若學
的六家七宗，佛教進入中國一百年左右，中國就已經出現了有很高理
論高度的般若學思想，帶有莊子和老子之學的色彩。我們通過自己的
話語去理解佛教可不可以？當然可以。但是有沒有限制？當然有。接
下來就要釐清道家所說的「無」和佛教所說的「空」有什麼不同。佛
教講的「空」是真空，道家講的「無」是虛無，但虛無不是真無，而
是充滿一切可能性的無。佛教的空是真空，真空可以妙有，而無可以
生有，「天下萬物生於有，有生於無。」[4]道家的本體生起論系統和佛
教的緣起性空論是剛好相反的，但二者的交談也是必要。

如果我們沒有對老莊和佛教的深層理解，能交談嗎？不可能。如
果我們沒有對儒家人倫和西方人權的深層理解，人倫和人權能夠交談
嗎？不能。你對君子對公民這兩個概念沒有深層理解，能夠交談嗎？
不能。我們這個民族是最有辦法進行文明交談的。語言的翻譯對我們
而言是很重要的，但是我們覺得也無所謂。為什麼？因為我們以存在
為本位。相對於語言，我們的文字更接近存在本身。

世間的常經之道需要我們重新去好好思考。我覺得亨廷頓和福山

4　參見《老子》第四十章。

都沒有思考到最根源性的常道上。在西方以話語為中心的思考中，他們沒有辦法展開對根源性的思考。在東方傳統，尤其是在中國文化傳統中，這種思考並不是雜而無統的開放，也不會陷入虛無主義。我們是從「分別相」進入「無分別相」，而「無分別相」就是存在與價值和合為一的源頭。在儒家來講，這個源頭既是你的本心良知，也是宇宙天道。在道家來講，它是真正虛靜明覺的心，也是宇宙造化之源的彰顯。在佛教來講，唯有回到如來藏自性清淨心的本原狀態，才能夠妙生如來法界，才不會有執著相、染污相，才不會陷入煩惱的境遇中。

　　在二十世紀這些思考好像被熟視無睹。我們認為政治和道德就應該區隔開來，沒有所謂道德化的政治，我們會忽略「為政以德，譬如北辰，居其所而眾星共之」[5]。什麼是「德」？德不只是西方人所說的道德，我們的道德講的是根源和本性，是「道生之，德畜之」[6]的「道德」，是「志於道，據於德」[7]的「道德」。現在在中國哲學界中，談到「道德」會回到「志於道，據於德」，「道生之，德畜之」去理解的學者恐怕不多，更多人一定是從西方的話語系統展開，這是我們目前的現況。「德」是什麼？「德」講的是本性啊。我們的政治希望每一個國家、每一個社群、每一個家庭的本性都能好好生長，是要共生共長共存共榮啊。如果我們以這樣的方式去思考問題，這個世界可能會大不一樣。以這種方式去理解「大道之行也，天下為公」[8]，可能會比較準確。如果以西方的全球化（Globalization）思維去理解「大道之行，天下為公」顯然是錯誤的嘛。這不是西方的全球化思考，而接近於「在地全球化」或「全球在地化」（Glocalisation）的新概念，但也不盡相同。

5　參見《論語》〈為政〉。

6　參見《老子》第五十一章。

7　參見《論語》〈述而〉。

8　參見《禮記》〈禮運〉。

　　當我們把傳統話語的意含釋放出來的時候，它本身就會發生變化。譬如，我們把傳統服飾長袍馬褂的元素釋放出來，與西裝融合，可能會出現新的可能。我們把中國古代的哲學話語釋放出來，參與到與現代西方哲學話語的溝通對話之中，當然也會出現新的可能嘛。在座朋友們，這預示著未來最重要的哲學家將會是你們。但是如果你們不讀西方的東西，只是固守傳統的話語，當然不行；如果你們唯讀西方的東西，而受到西方傳統的徹底宰制，這當然也不行。思想的融通，我們最後會碰到「存在與價值的和合性」、「存在與思維的一致性」的根本問題。

　　宗教的包容會思考到一神論（monotheism）與非一神論的問題，會思考到信靠的宗教與覺性的宗教的問題。你不能夠說覺性的宗教不是宗教，儒道佛三教都是覺性的宗教。覺性的宗教不是信靠某一個超越的唯一的、絕對的人格神的宗教。不同的宗教之間如何實現包容？何以在中國境內的伊斯蘭教能夠和儒教有某種融通而形成所謂的「回儒」？你到雲南、貴州、青海可能會發現一個很有趣的現象，當地清真寺的對聯有宋明理學「天命性道」的思想和「一體之仁」的思想包含於其中。伊斯蘭教中有蘇菲一派可以和儒學相融通，這就是所謂的宗教的交談和對話。其實儒道佛三教早就有很多交談和融合。

　　我們有五十六個民族，我們漢語的語種一定超過一百種，如果你用拼音把這些漢語的語種統統記錄下來，那麼將會形成一百種以上的文字。我們用符號去記錄事物，去準確地掌握它，重要的根本不在於符號，而是回到存在本身。圖像性的文字的表意方式和以語音為中心的邏輯表意方式有非常大的不同。我以前讀到顧炎武，聽說他讀書是十行俱下。我和朋友研究十行俱下如何可能。第一，十行俱下一定是豎排不是橫排；第二，字不能太小，因為字很多的話，那就很困難；第三，他對這些東西熟悉到了一定程度。這真的是可能的，因為我們的文字是意象的串集，不是邏輯分析的構造。

　　讀書要懂得品味，這盤菜好不好吃一看就知道，一看不知道，一嘗就知道了嘛。沒有理由說我要把這盤菜全部吃完了，才能判定這盤菜好不好吃，現在的學術就是這樣來教學生的，把學生都教呆了。現在醫術也是這樣的方式，小小的病到醫院去要做徹底檢查，檢查完了才能判定你是什麼問題，應該如何處理。其實人的生命不是這樣的。你現在出現這個病灶可能有多方原因，要從源頭上進行處理才能根本解決問題。我們是功能論，不是實體論，功能論是循順著事物本身的脈絡去思考。

　　我們不是一個單線式的思考，我們是一個圓環式的思考。而這個圓環式本身又有一種內在的辯證性。我們很早就發現了五行的生克原理。五行的相生相剋是生命的一種邏輯，也是最重要的交談的邏輯，是一種避免鬥爭的方式。所以是不是可以在聯合國的會議上，談中國的陰陽五行和國際紛爭如何消解的問題，這很酷啊！什麼是「陰陽」？彰顯於外的叫作「陽」，涵藏於內叫作「陰」。《老子》中有陰陽，「萬物負陰而抱陽，沖氣以為和」[9]，《易經》中有陰陽，「一陰一陽之謂道」[10]。

　　《老子》講「知其雄，守其雌」、「知其白，守其黑」[11]，男女如何平權，最重要的怎樣可以構成和合整體的平權，而不是鬥爭意義上的平權，這個問題很值得思考。女權運動是必要的，但是女權運動之後需要真正的女性主義運動，因為女權運動不能夠取代女性主義運動。新一波的女性主義運動，有別於女權運動，他強調應該回到真正生命本身去重視，這不僅僅是權利的問題，還有更深層的問題。

　　我們現在要討論文化的問題。文化為什麼會有權力的鬥爭？文明為什麼出現嚴重的衝突？我們的文明是不斷的成長嗎？文明可能不斷

9　參見《老子》第四十二章。

10　參見《易》〈繫辭上〉。

11　參見《老子》第二十八章。

地成長嗎？文明能不能「大曰逝，逝曰遠，遠曰反」[12]？文明能不能
「窮則變，變則通，通則久」[13]？文明有沒有往復循環的可能？文明
有沒有剝極而復，否極泰來的可能？文明是不是一陰一陽的律動？把
這些因素放到人類的文明中共同思考，可能是很重要的，而這些問題
很有趣，但是一直被認為是不值得思考的。我們參加國際會議常常被
要求著正式服裝，我穿著唐裝就去了。他們說要穿正式服裝，我說這
不正式嗎？他說你在餐廳吃飯也是這樣，你在哪裡穿得都一樣。我說
對呀，因為什麼時候都很正式嘛。他們也就認了。

　　你能不能再思考很多更有趣的問題。我們是否可以有一種學術會
議是以南宋時期朱陸鵝湖之會的方式來開展。時代在變化的過程中會
出現一些新的可能性，可以把我們傳統的元素放進去思考嘛。就好像
現在流行普通話，大文學家葉嘉瑩女士卻把地方方言，而地方方言，
其實就是中原漢語古音，用於朗誦唐詩、宋詞，吟誦《詩經》，詩詞
中的調性和韻味都出來了。你用普通話吟誦五言詩可不可以？當然可
以。但是這樣就乏味了嘛，所以要開始求變嘛。現在人類文明到了必
須多元化的年代，我們自己要先多元起來。多元不是雜而無統，而是
「百慮而一致，同歸而殊途」。兩千多年前，我們就是這樣思考問題
的。我們思考這些問題的時候可以慢慢進行對比，對比的目的不是隔
絕，而是交談。

　　我們在第一講關於東西文明對比的時候就講到過，西方是「分說
萬物」的傳統，一切已於唯一的神聖之言。而我們注重「氣的感
通」，強調「默運造化」，言已於無言，無言就是回到存在本身。《易
經》的山火為賁的賁卦，下為離卦，上為艮卦，火離為文明，艮山為
止，文明以止，我們是一個知止的文明。「文明以止，人文也。觀乎

12　參見《老子》第二十五章。
13　參見《易》〈繫辭下〉。

『天文』，以察時變；觀乎『人文』；以化成天下。」[14]我們的人文不是西方近現代意義上的 humanism，不是人類中心的人文，不是理智中心的人文，不是從「我思故我在」立定一個思維之我當成存在之我的人文，而是通天地人三才的人文。「道通天地有形外，思入風雲變態中」，這是程明道的詩。「有形外」不是在太空之外，分別之外，而是有形背後之無形。我們的「思」也不只是西方意義上的 thinking。

我不斷地提醒在座的年輕朋友，我們要有不同的思維方式，其實這些不同的思維方式是我們原本具有的，現在卻被教導對這些東西失去了理解能力。我們現在被西方漢學家教導對這些東西應當如何理解，這很奇怪呀！西方漢學家也有很不錯的，但多數沒有真正進到中國文明的深層之中。我們常認為世界學術屋脊是哈佛大學，哈佛大學所講的中國哲學絕對不可能比我的老師牟宗三先生講得還好，我看比我好也不容易。只有我們對自己的文化有深層的理解，我們才能立住對比項。從「存有連續觀」和「存有斷裂觀」的向度進行對比，從天人物我人己三個向度進行對比。這些對比的出現並不意味著我們要去較量，而是要去融通。我們要把物件突顯出來才有交談融通的可能。

六　關於文明對話的踐行：以現代性話語解讀中國傳統經典

從「全球化」（Globalization）發展到「在地全球化」（Glocalisation），我們要怎樣去理解在地全球化。費孝通先生的話現在常被引用。費孝通先生是一位非常好的人類學家、社會學家，我很年輕的時候讀過他的書。那時候在臺灣，費孝通作費通。馮友蘭作馮蘭，為什麼呢？因為這些是深陷在大陸的著名學者，把中間的字隱掉他們的書

14　參見《易》〈賁卦〉〈象傳〉。

在臺灣才能夠流通，這不是很荒謬嘛。華人獨特的思維方式是，哎呀，荒謬的東西總是要過去的嘛！文化大革命不是很荒謬嗎？但也過去了。過去了現在是不是馬上就順暢了？不用急啦，要慢慢發展，都是這樣啊。要是，昨天才和夫人吵了一架，要理清昨天的爭端，那你就完了，當然是慢慢忘掉嘛，這是我們這個民族很獨特的地方。

　　費孝通的話講得很好啊！「各美其美，美人之美，美美與共，天下大同。」[15]其實這個話講得很平常，但是不夠文雅。我們不止要講「各美其美，美人之美，美美與共，天下大同」，我們也要講「致虛極，守靜篤，萬物並作，吾以觀復」[16]，二者雖然表達不同，但是表意接近。每一個人都能正視自己的美，並且正視別人的美，別人和你的美是共通的，共生共長共存共榮的，這不是「致虛極，守靜篤，萬物並作」嗎？一直追溯到生命之美的源頭。這不是「夫物芸芸，各復歸其根」嗎？美都有其源頭。單單「歸根曰靜」四個字就可以處理國際問題了。美國若是懂得「歸根曰靜」，世界就會少了很多爭端。這個世界那麼多紛爭那麼多戰爭都是美國人挑起來的，美國可以當世界員警，能夠替代上帝嗎？不可能。因為上帝不可能替代我們的佛祖，我們的天道啊。我們應該主張 God、安拉與佛祖天道共質。

　　在南洋很早就有德教，德教是儒道佛耶回五教聖人兼宏。有一次，我和朋友到馬來西亞參加一個會議，他是做宗教研究的。會後我們一起去參訪德教，進去焚香後，馬上有神靈來了，當即以我的名字寫了一首藏頭詩。我再寫了一首藏頭詩，以為唱和，你以為神有那麼神祕嗎？神並不神祕啦，就是靈感嘛。在他們來講是通靈了，依我看那就是靈感而已。德教的一位道友說，林教授原來您也會扶鸞啊！什

---

15 費孝通先生在八十壽辰聚會上所說。

16 《老子》第十六章：「致虛極，守靜篤，萬物並作，吾以觀複。夫物芸芸，各復歸其根。歸根曰靜，是謂覆命。覆命曰常，知常曰明，不知常，妄作，凶。知常容，容乃公，公乃王，王乃天，天乃道，道乃久，歿身不殆。」

麼是「扶鸞」？「扶鸞」是神靈通過一種獨特的能量場，使得人們能
夠寫出詩句來。我說這不是扶鸞，而是靈感（Inspiration）。靈感這個
詞翻譯得很好，其實就是獲得與神靈的感通。儒道佛耶回五教兼宏
有什麼不好嗎？沒什麼不好啊。教出多元而道通為一，最終通於道就
行了。

　　現在宗教形態最豐富的地方不是臺灣，而是南洋。在現代化的發
展之下，很多宗教正慢慢走向消亡。譬如說道家講「歸根復命」，有
一個教派就叫「歸根道」，作為道門中的一派。如果把這些宗教都剷
除了，結果可能會很麻煩。這是很有趣而且值得去思考的問題。大的
宗教的宗教理性和道德理性應該真正發展起來，而這些小的宗教也不
能剷除。它們像小草一樣，發揮著非常重要的功能，就是護育土壤，
這也非常重要。中國文化的土性根性和民間宗教信仰密切相關。只要
教化大行，這些東西會回到恰當的位置，回到「道法自然」的恰當狀
態。如果教化不行，這些東西就會亂竄，而且很多別的東西會夾雜其
中，而因此造成混亂，甚至發生不幸。

　　老子《道德經》第十六章，這是我最喜歡的一章，「夫物芸芸，
各復歸其根，歸根曰靜，是謂復命」，能夠回到生命之源叫作「常」。
現在國際的狀況就是「不知常，妄作，凶」。目前最有勢力的還是美
國，美國的名聲已經面臨很大的問題了。美國的負債已經很嚴重了，
它試圖以不斷發行美金的方式來擴張國力，維繫它的霸權。這種一往
而不復，竭澤而漁的方式是很可怕的，這就是「不知常，妄作，
凶」。「知常容，容乃公，公乃全，全乃天，天乃道，道乃久，沒身不
殆。」由容而能公，這裡有一種真正的包容，有其公共性、全體性、
普遍性、總體性和恆久性，這是我從中體悟到的。天是普遍性，道是
整體性，久是恆常性。我們要嘗試著把這些古典話語與西方現代的學
術話語結合起來，這就是中國哲學界和西方哲學界的對話。中國哲學
界一定要從對古典話語的深層理解來展開對話，這很重要，你真正去

做了就會發現這並沒有那麼困難。

「有物混成，先天地生，寂兮寥兮，獨立不改，周行而不殆，可以為天下母。吾不知其名，字之曰道，強為之名曰大。大曰逝，逝曰遠，遠曰反。故道大，天大，地大，王亦大。域中有四大，而王居其一焉。人法地，地法天，天法道，道法自然。」[17]人要效法學習地，地要效法學習天，天要效法學習道，道要效法學習自然，「地」是什麼？「地」是寬廣博厚，是具體的生長。「天」是什麼？「天」是高明而普遍的理想歸依。「道」是什麼？「道」是總體的根源。「自然」是什麼？「自然」是自發的調節的和諧的秩序。人要學習地的寬廣博厚，具體的生長，中國民族的思想是接地氣的，而地氣一定可以上通天道，這叫「地法天」。「天法道」，「天」一定要回到「道」，普遍性、理想性一定要回到總體性、根源性，「道」就是總體性、根源性，解釋成客觀律則是不準確的。「道法自然」，道要效法自然，因為自然是一個自發的調節的和諧的秩序，內在包含一種調節的能量。

「道法自然」不是你不去處理，而是處理了之後使得他回歸一種悠游的狀態。譬如，今天麥克風一直出問題，出現問題當然要處理啊，處理得好不好最終也只能順其自然了。不能因為麥克風不好就影響我的心情，結果課也講不下去了。我想著如果它真的一直發不出聲音，我們就把它撤了。這樣的場域讓我想起三十年多前我講學教書的時候，那時候麥克風還不多。像這樣一個教室，我必需要站起來用腹部發聲，單用喉嚨發聲肯定不夠。其實我比較喜歡站著做講座，也不太喜歡看著 PPT 講。現在因為大眾的習慣，我常常被要求拿 PPT 出來，大家要看嘛，受制約已經習慣了。以前我的老師那一輩人講課張嘴就來，背了一段我們沒聽懂，沒聽懂也要裝懂啊，裝懂了回去再查唄，查完把它背下來就慢慢懂了嘛。我們現在都是看著 PPT，本來熟悉的以後可

---

17 參見《老子》第二十五章。

能都變得不熟悉了，為什麼？因為你會依賴它嘛，有所依賴會必定有所限制嘛。你依靠導航開車，到最後沒有導航就不會開車了。

如果都是依照上帝命令列事，這個世界就會和平嗎？不可能嘛。中國沒有很強的必然性和預定論（predestination）的概念。佛教有受記於燃燈古佛的說法，但這裡「受記」的概念不同於「預定」，受記之後還得靠自身修習。受記是一種柔性的概念，並不具有必然性。必然性是整個西方很重要、很可貴的概念，同時也是很可怕、很可議的概念。大家一定要記住，最為可貴的東西被異化之後，往往也是最為可怕的。有能力的人當壞人才可怕，沒有能力的人當壞人也不可怕嘛，因為他能力小，壞也壞不到哪裡去。最有能力的上帝壞起來才最為可怕。中世紀的宗教法庭多可怕，但那不是上帝壞，而是打著上帝旗號的人壞。

真正的文明當然要強調交談，強調共生共長共存共榮。文明怎麼會有衝突？是人發生了衝突，是權力、利益發生了衝突。為什麼人們一直陷泥在權力和利益中？因為近現代的文明並沒有習慣於多元，而且也從來沒有真正去容納多元。白人有好好接納印第安人嗎？沒有。你到美洲去，印第安人現在已經很少了。你會問，我們漢人有好好接納其他少數民族嗎？我們中國境內現在有五十六個民族啊。滿清滅了明朝之後，起先是滿族統治漢族，結果康熙皇帝並沒有推行滿語，而且還出了一部漢語的康熙字典，這就是彼此交融互動，最後滿族被漢族同化了！

《易經》中講到「一陰一陽之謂道，繼之者善也，成之者性也。」[18]我常說這三句話很重要，第一句代表了存在的律動，第二句

18　《易》〈繫辭上〉：一陰一陽之謂道，繼之者善也，成之者性也。仁者見之謂之仁，知者見之謂之知。百姓日用而不知，故君子之道鮮矣。顯諸仁，藏諸用，鼓萬物而不與聖人同憂，盛德大業，至矣哉！富有之謂大業，日新之謂盛德。生生之謂易，成象之謂乾，效法之謂坤，極數知來之謂占，通變之謂事，陰陽不測之謂神。

代表了實踐的參贊，第三句代表了文化的教養和習成。「仁者見之謂之仁，知者見之謂之知」，這是見仁見智，這個說法常常被現代人引用。「百姓日用而不知，故君子之道鮮矣。顯諸仁，藏諸用，鼓萬物而不與聖人同憂，盛德大業，至矣哉！富有之謂大業，日新之謂盛德，生生之謂易，成象之謂乾，效法之謂坤，極數知來之謂占，通變之謂事，陰陽不測之謂神。」什麼叫「坤」？就是具體落實的原則。「成象之謂乾」，就是講生命本身的一種生生不息的動能。這是儒道所共同擁有的整個中華文明中最重要的源頭。回到存在的律動吧，包容多元吧，讓它好好生長吧。這些話語要通通翻譯成外文，才能與世界上的其他文明有更多的互動融通的可能。

《易經》〈繫辭下〉第五章記載：

> 子曰：「天下何思何慮？天下同歸而殊塗，一致而百慮，天下何思何慮？日往則月來，月往則日來，日月相推而明生焉。寒往則暑來，暑往則寒來，寒暑相推而歲成焉。往者屈也，來者信也，屈信相感而利生焉。尺蠖之屈，以求信也。龍蛇之蟄，以存身也。精義入神，以致用也。利用安身，以崇德也。過此以往，未之或知也。窮神知化，德之盛也。」

其中有一個往復循環的概念。你們有沒有發現，最近這十天，校園一派春天的氣象，草木都在煥發生機。你有沒有體會到「帝出乎震」的那種生長的動能。所謂「帝」就是萬物始生，震是太陽從東邊升起。「帝出乎震，齊乎巽，相見乎離，致役乎坤，說言乎兌，戰乎乾，勞乎坎，成言乎艮。」[19]春夏秋冬繞了一圈。讀《易經》的時候你要體會玩味，你要能「觀天地生物之氣象」，你要看草木之生發，

---

19 參見《易》〈說卦〉。

而不是腦袋中裝著洋漢學家怎麼說的。

　　「寒往則暑來，暑往則寒來，寒暑相推而歲成焉。」如何成歲？有寒有暑。如何成明？有日有月。我們這個民族能夠從「尺蠖之屈」看到它的伸，從「龍蛇之蟄」看它如何存身，而且居然可以從這裡體會到「精義入神，以致用也。利用安身，以崇德也。」這是什麼樣哲學？就是這樣的哲學。

　　從生生可以看到德，「天地之大德曰生」[20]，從「天行健」想到「君子以自強不息」[21]。從「地勢坤」想到「君子以厚德載物」[22]。「過此以往，未之或知也。窮神知化，德之勝也。」從「窮神知化」去談德，「德」是本性，也是西方所說的倫理，這如何與倫理連接在一起，如何去進行對話？這個對話是很艱難的。你不必擔心沒有西方的現代元素，因為現在整個世界都是以此為主，你應該擔心的是有沒有不同於此的另外的對比元素，可能別人沒有，而你居然有，所以古文讀懂很重要啊。讀懂古文絕對比讀懂英文更重要。因為英文其實只是世界通行的工作性語言，文化含量不高。你去讀莎士比亞，讀十四行詩，讀他們的哲學著作，文化含量會高很多，但現在日常用語，包括學術上所說的都是所謂的 working language。

　　彼此要知言，知言是你要瞭解對方，也要瞭解自己。瞭解自己要先傾聽別人，當然也要傾聽我們自己，但不是固守著自己，要「毋意，毋必，毋固，毋我」[23]，回到常道之我，回到無分別相之我。這時候就能夠瞭解到，「詖辭知其所蔽，淫辭知其所陷，邪辭知其所離，遁辭知其所窮。生於其心，害於其政；發於其政，害於其事。聖人復起，必從吾言矣。」[24]這講得很清楚啊！你要知言，而言生於其

20　參見《易》〈繫辭下〉。

21　參見《易》〈乾卦〉〈大象傳〉。

22　參見《易》〈坤卦〉〈大象傳〉。

23　參見《論語》〈子罕〉。

24　參見《孟子》〈公孫丑章句上〉。

心。「『不得於言，勿求於心；不得於心，勿求於氣。』不得於心，勿求於氣，可；不得於言，勿求於心，不可。」[25]

要知言養氣。「其為氣也，至大至剛，以直養而無害，則塞於天地之間。」[26]「至大」是講氣的寬廣無涯，「至剛」是講氣能透入到宇宙造化之源的一種剛正，所以要「直養而無害」。「直」講的就是德。能夠契於道妙，就是所謂的「直」，正直之道。這樣才能夠真正養氣而知言。能養氣者，能知言。能如何養氣？要「志以帥氣」，要「持其志，無暴其氣」。關於養氣孟子有一套工夫論，而知言講的是認識論。持志知言養氣，這裡就可以寫一篇文章，「從孟子知言養氣談中國哲學知識論和工夫論的問題」。怎麼個寫法呢？你就把它一章一字一句地講清楚，文章自然就出來了。

「生於其心，害於其政」，心性工夫修養論和政治論社會論有沒有關係？當然有啊，二者密切相關。「發於其政，害於其事」，心性儒學和政治儒學可以進行區分嗎？不一定。孟子既有內聖學，也有外王學嘛，內聖外王本為一體，儒學內部也需要交談。「聖人復起，必從吾言矣。」孟子強調要回到心，心性之學很重要。

七　東西方哲學在儒道佛三教經典中的碰撞與交融

我們現在談文明。今天我刻意引用很多中國儒道佛三教的經典，其目的是希望在座年輕朋友能回到經典。這些古典話語可以翻譯成現代的白話，翻譯成現代的西方學術語彙，翻譯成西方現代哲學概念，

---

25 《孟子》〈公孫丑章句上〉：曰：「敢問夫子之不動心，與告子之不動心，可得聞與？」「告子曰：『不得於言，勿求於心；不得於心，勿求於氣。』不得於心，勿求於氣，可；不得於言，勿求於心，不可。」

26 《孟子》〈公孫丑章句上〉：曰：「我知言，我善養吾浩然之氣。」「敢問何謂浩然之氣？」曰：「難言也。其為氣也，至大至剛，以直養而無害，則塞於天地之間。」

這其中有個系統脈絡，若能在詮釋中使其彰顯出來，在對比之中就可以有更多的交談和對話。我想和在座諸位說，這裡需要我們的努力，這個努力很值得。

《荀子》〈正名〉篇裡提到：「辭讓之節得矣，長少之理順矣，忌諱不稱，袄辭不出，以仁心說，以學心聽，以公心辨。不動乎眾人之非譽，不治觀者之耳目，不賂貴者之權埶，不利傳辟者之辭，故能處道而不貳，咄而不奪，利而不流，貴公正而賤鄙爭，是士君子之辨說也。」

孟子是回到心去說，荀子是回到人倫的辭讓、長少去說。人倫有位序的問題，那麼現在世界上有沒有大國和小國的位序問題？有。大國和小國有沒有一些恰當的位置？有。本來是小國不能夠對大國胡來，大國也不能夠對小國胡來。現在世界上並沒有一種良善的文化可以處理大國和小國的關係。大國欺壓小國，小國有點能力就蠻橫到底，因為它覺得沒有安全感，也不管老百姓的死活，我再說下去你們就知道我在說誰了。大國小國恰當的道德位序關係是什麼樣的，好像國際上從來不討論這個問題，只是考慮怎麼制衡，可以這樣嗎？儒家告訴你不能這樣嘛，這樣天下無法太平嘛，所以要修身齊家治國平天下。

人人「親其親，長其長」，這個話很迂，但是很真實。「老者安之，朋友信之，少者懷之。」[27]這句話多真實啊。這是孔老夫子和弟子喝茶的時候順便說到的。《荀子》講「辭讓之節得矣，長少之理順矣」，人倫的位序確定了，要「以仁心說，以學心聽，以公心辨」。你要有柔軟的心腸去說，你要以學習的心好好去聽，你要以公心才能明辯。你如果以私心去辯，以習心去聽，以世俗的功利之心去說，那不完了嗎？

你看完有沒有想到果真要回頭去讀讀《荀子》。你說我們讀了

---

27 參見《論語》〈公冶長〉。

《孟子》就不讀《荀子》了嗎？不可能嘛。以前我最喜歡荀子，但是關於荀子的文章只寫過一篇。我寫的關於先秦諸子的文章並不多，因為後來都做其他研究了。做中國哲學，對先秦諸子一定要熟悉。你懂陽明懂朱熹，能夠不懂《論語》、《孟子》、《荀子》嗎？能夠不懂道佛嗎？不可能嘛。你要懂牟宗三先生的學問你能夠不懂西方哲學嗎？不可能嘛。

　　我現在最希望的是大家能回到中國哲學的原典。中國哲學常常被認為和西方哲學不同，甚至有一種錯誤的說法甚囂塵上，認為我們不能夠用西方的概念方式來解讀中國哲學。這個話不叫錯，叫作不準確，而且非常不準確。我是很客氣地說，如果說別人錯了，別人就不想聽了。有人說西方哲學重視知識，中國哲學重視道德，好像知識和道德是分裂開的，根本不是嘛。中國哲學不重視知識嗎？西方哲學和道德無關嗎？它們是密切相關的嘛。只是它們的脈絡和構造方式不同而已。

　　《六祖壇經》當然是經過後人潤飾的。現在通行的經本像是元朝至正年間的至正本，經過了文人的修改和美化，相較於敦煌本，內容多了很多，文字也美化了很多。

　　《六祖壇經》〈疑問品〉中講道：

公曰：「弟子聞達磨初化梁武帝，帝問云：「朕一生造寺度僧，布施設齋，有何功德？」達磨言：「實無功德。」弟子未達此理，願和尚為說。」師曰：「實無功德，勿疑先聖之言。武帝心邪，不知正法。造寺度僧，布施設齋，名為求福，不可將福便為功德。功德在法身中，不在修福。」師又曰：「見性是功，平等是德。念念無滯，常見本性，真實妙用，名為功德。內心謙下是功，外行於禮是德。自性建立萬法是功，心體離念是德。不離自性是功，應用無染是德。若覓功德法身，但依此

作，是真功德。若修功德之人，心即不輕，常行普敬。心常輕
人，吾我不斷，即自無功。自性虛妄不實，即自無德。為吾我
自大，常輕一切故。善知識！念念無間是功，心行平直是德。
自修性是功，自修身是德。善知識！功德須自性內見，不是布
施供養之所求也，是以福德與功德別。武帝不識真理，非我祖
師有過。」

　　六祖說「武帝心邪」，曲而不正謂之「邪」，邪就是「曲折」之
意。「不可將福便為功德」，「福」與「功德」不可混同。那麼世界在
文明對談中，有把求福和求德放進去思考嗎？我們好像都在為人類的
福祉而奮鬥，但是我們沒有考慮福祉如何可能，有沒有為人類的德行
而奮鬥呢？我希望大家把這些概念放進去思考，不可將「福」變為
「功德」。世界文明的交談應該如同「功德在法身中」，不在於外在
GDP 的成長多少，而在於內在文化脈絡的良善發展。

　　「見性是功，平等是德」，這是一個不識字的悟道者之言。什麼
是「公」？真實本性之朗現叫「功」。什麼叫「平等是德」？「等」
是普遍，「平」是公平。有公共性有普遍性的就叫「德」。「平等」這
兩個字可以和現代社會科學結合在一塊兒，理解成公共性和普遍性。
剎那相續毫無阻礙，依其常道見得本性，能夠真實妙用，這叫「功
德」。「內心謙下是功，外行於禮是德。」德要外形，功要回到內心謙
下。經由內心謙下去成就「功」才能見性，經由外形力行實踐於理有
一個恰當的規範，這樣的本性就是「德」。

　　要依常道而行，對眾生都懷有虔誠敬意。如果內心輕慢他人，一
直執著於我，就沒有什麼「功德」可言。你經由布施供養去求外在的
東西只是積累「福德」而非「功德」，真正的「功德」是你「自性內
見」，所以「福德與功德別」。佛教徒要好好讀《六祖壇經》，好好讀
任何一步經典，好好讀熟讀透就不會那麼相信所謂的「福德」了。

《論語》〈堯曰〉篇：

> 堯曰：「咨！爾舜！天之曆數在爾躬，允執其中。四海困窮，
> 天祿永終。」舜亦以命禹。曰：「予小子履，敢用玄牡，敢昭
> 告於皇皇后帝：有罪不敢赦。帝臣不蔽，簡在帝心。朕躬有
> 罪，無以萬方；萬方有罪，罪在朕躬。」周有大賚，善人是
> 富。「雖有周親，不如仁人。百姓有過，在予一人。」謹權
> 量，審法度，修廢官，四方之政行焉。興滅國，繼絕世，舉逸
> 民，天下之民歸心焉。所重：民、食、喪、祭。寬則得眾，信
> 則民任焉，敏則有功，公則說。

　　如果美國在聯合國對世界說，這幾十年來，我們花了很多氣力希望能維護這個世界的和平穩定，但是我們沒有做好，套用中國《論語》中的一句話就是「朕躬有罪，無以萬方；萬方有罪，罪在朕躬」，問題就出在我們這兒。我告訴你，如果美國真能如此，世界馬上就會變好。世界之所以會有衝突就是因為這些話語從來沒有進入國際，而且中國學者也從來沒想過這些話語應該進入國際。我們一直都是把西方的話語引進來，而沒有讓中國的話語走出去，文化就應該要相互交談、互動往來。西方人學習書法也是很好玩的事情啊。聽說歐巴馬的弟弟在深圳跟我的一個朋友學習書法，這很有趣。我認為這些都是很好的起點。

　　「百姓有過，在予一人」，這是什麼思想？舜啦，你要允執其中，如果四海困窮，上蒼給你的天祿就永遠終止了。上蒼的曆數在就在你自己，你們就應該允執其中，如果四海困窮，你們的天祿就永終了。不只美國如此，我們也是如此。這個很重要啊，國際上、文化上，乃至於其他各方面，如果能有這種思考，世界就會有很大不同。

　　「謹權量，審法度，修廢官，四方之政行焉」是講本國，「興滅

國，繼絕世，舉逸民，天下之民歸心焉」是講天下。能夠寬容就能夠
「得眾」，你能夠信實就能夠「民任焉」。真正內在有一種確定性，有
一種對神聖之源頭的信仰，老百姓就信服你。勤勉努力，就能有功於
民，而你能夠以公心處事，民眾就能心悅誠服。這是兩千多年前，孔
夫子接續「堯曰」所闡發的道理。

　　道理很簡單，但是這個道理並沒有被放置到我們的存在之中去思
考，而只是作為古文被瞭解而已。記得：我們不止要去思考它，更要
把它傳揚出去，與西方文化有更多的互動交流。

　　「大國者下流。天下之交，天下之牝。牝常以靜勝牡，以靜為
下。故大國以下小國，則取小國；小國以下大國，則取大國。故或下
以取，或下而取。大國不過欲兼畜人，小國不過欲入事人，夫兩者各
得其所欲，大者宜為下。」[28]大國要能夠居於眾流之下，要謙卑。天
下為何能夠如此和合在一起？是因為天下能守牝，牝是母，是雌，是
柔，是包容，是寧靜；牡是公，是雄性，而牝能「以靜勝牡」，寧靜
本性才能勝過往外的掠奪。大國要尊重小國，傾聽小國，以謙卑獲得
小國的信服。小國要真正信服大國，才能夠取得大國的信任。大國和
小國的恰當關係是什麼？大國認為我各方面都更好，所以我有義務幫
助小國，使你變得更好，而不是弱肉強食，適者生存。大國小國之間
應該彼此相互合作，實現共生共長共存共榮嘛，大國有能力就要擔負
起濟弱扶輕的責任，文化高就要傾聽其他弱勢文明所發出的聲音，小
國願意入事於大國而能因此獲得保障，這才是大國小國的恰當關係。
大國要先做，這樣的世界大國理論、大小國恰當的分位理論，應該成
為處理國際關係的重要理論。

　　《禮記》〈禮運〉：

28　參見《老子》第六十一章。

大道之行也，天下為公，選賢與能，講信修睦。故人不獨親其
親，不獨子其子。使老有所終，壯有所用，幼有所長，矜寡孤
獨廢疾者，皆有所養。男有分，女有歸，貨惡其棄於地也，不
必藏於己，力惡其不出於身也，不必為己。是故謀閉而不興，
盜竊亂賊而不作。故外戶而不閉，是謂大同。今大道既隱，天
下為家。各親其親，各子其子，貨力為己。大人世及以為禮，
城郭溝池以為固。禮義以為紀，以正君臣，以篤父子，以睦兄
弟，以和夫婦，以設制度，以立田里，以賢勇知，以功為己。
故謀用是作，而兵由此起。禹、湯、文、武、成王、周公，由
此其選也。此六君子者，未有不謹於禮者也。以著其義，以考
其信，著有過，刑仁、講讓，示民有常。如有不由此者，在勢
者去，眾以為殃。是謂小康。

這是孔老夫子的理想。「大道之行也，天下為公」，你能夠選賢舉能，
講信修睦，人就能「不獨親其親，不獨子其子」。「親其親」、「子其
子」是人倫的起點，能夠「老有所終，壯有所用，幼有所長」。進一
步，構建健全的社會福利政策，「鰥寡孤獨廢疾者皆有所養」。男女的
恰當關係是「男有分，女有歸」。物盡其用，人盡其力，盜賊不興，
人民安居樂業就是所謂的「大同」。

　　「大同」是孔子真正的理想世界，孔子講完「大同」之後又講到
「小康」。人們都想要為自己謀求利益，而兵禍戰端因此而起，不過
即使這樣也還是一個不錯的世界，為什麼？幸虧如此，所以要有恰當
的規範，要有恰當的法則，要有真正的確定性。所有不好的東西都彰
顯出來了，就要「刑仁、講讓，示民有常」，以倫理規範約束人們的
行為。

　　中國希望能在二○二○年全面進入小康社會嘛，這個小康之義是
要達到這裡所說的「謹於禮」、「著其義」、「考其信」、「刑仁、講讓，

示民有常」，而不只是經濟上的發展。進入小康之後才有機會推動世界進入大同，真正的「大同」是「大道之行也，天下為公」。你說這是中國稱霸嗎？不是啊。這不是霸權思想，而是中國最重要的王道思想。

　　我今天花了很多時間把古文呈現出來，目的就是要讓大家知道古文也不是那麼難讀，跟著林老師讀古文，居然在一個小時之內把本來需要讀一個月的古文都讀完了。古文也可以解釋為與現代社會科學相關的概念語彙，這些都是人類共通的東西，我們要把這些意義釋放出來。中國文化不復興，文明交談何以可能？只有我們的文化復興起來，與其他文明之間的對比才具有張力。這有待在座諸位年輕朋友共同努力。今天本來想多留一點時間和大家討論，但現在時間不夠。我想有機會再挑一個時間，我們再專門進行討論，歡迎同學們來參與討論。時間是有奧秘的，時間不止是物理的長度，也是心靈的深度。當你們之間有一種信諾關係，你們就會一起找出時間。很感恩大家陪我一起參與這個課程。我們到這裡先告一段落。

問題與討論

問題一

　　學生：林老師，您好！我有點擔心這個問題不是那麼簡單就能講完，但這確實是我認為非常根本核心的問題。比如說，中國儒道佛三教核心的根本是牟先生所提到的實然和應然的統一，也是存在與價值的統一，有與無的統一。我剛剛一直在思考的問題就是，為什麼「道」可以從「無」之中生「有」？佛教的「空」為什麼夠能映照現象？牟宗三先生所提到的「心」為什麼可以是兼同無限心和有限心？我覺得解釋清楚為什麼，是這種哲學能夠真正傳說出去的根本核心。正常人很難超越經驗而理解超驗或者先驗，我覺得這個問題沒有解決

的話，這些哲學思想宗教思想是無法真正的為人們所接受。邏輯意義上、實體意義上的「無」，為什麼能夠成為非經驗上的或是價值上的有？一顆心到底為什麼可以既是無限心又是有限心，可以包含兩種可能？這就是我的問題。謝謝老師。

　　林安梧教授：很好，你這個問題其實問得很好，想得也很深入。整個中國哲學在近現代的發展過程中，像我的老師牟宗三先生已經達到相當的高度，這是很不容易的。他是通過價值論實踐論的方式來確立存在，其實中國原先不是這樣的。「一陰一陽之謂道，繼之者善也，成之者性也。」「天命之謂性，率性之謂道，修道之謂教。」[29]這樣是否會被解釋成從天道論來說心性論？很多人就是這麼說的，其實不是。天命性道通而為一，天人合德，價值和存在原本就是和合為一的，而不是通過心性修養論去確立存在的主體，去確立存在。雖然我是牟宗三先生的學生，但是我的思考和他的並不一樣。

　　你能夠想到這個問題很好，但是我希望你能夠再深入一點，回到文獻本身，和原典之間的交談對話足夠多的時候，意義的彰顯就不一樣了。我只能夠說這麼多了，因為如果要繼續討論，這個問題可能需要蠻久。

問題二

　　學生：林老師，您好！一方面，經過您的講解，我們能夠感覺到中國先哲留給我們的東西確實是足夠多，足夠精彩，但是另一方面，可能國人很久沒有像先秦的先哲那樣，貼近天地四時，那時候人是直接去感悟，而且有一種學術勃發的軸心時代的氛圍。您在開頭提到，我們要在二十一世紀去尋求新的軸心時代。那麼在新的軸心時代，我們要推給世界的應該是經過改造的心性之學，還是像先賢那樣有勃發

29　參見《禮記》〈中庸〉。

生機的更富有新意的學問呢？如果是後者的話，我們今天治學還應該注意什麼？謝謝！

林安梧教授：我不斷地在強調一個問題，就是怎麼樣能讓原典的智慧通過我們虔誠的閱讀而更具有對比、溝通、交流的可能，讓其意義彰顯出來。不管能做多少，每個人都努力去做，到一定程度，它就能慢慢地生長出來。不必太貪心，但也不是說，你只執取某一家的思想。回到原典並不是說不讀其他的書。我是牟宗三先生的學生，我也讀了很多人的書，甚至我對錢穆先生也很欽佩。牟門和錢門一向是往來不多，我雖然不認識錢穆先生，但是我讀了很多錢先生的書。很多人問我，他的書和牟先生的書有什麼不同。我說牟先生的書是招式繁複，功力深厚，錢先生的書是招式簡單，但功力深厚。你如果不能體會他的深厚，你就誤認為他好像很簡單，其實真不簡單，因此我們要不斷去讀，在讀的過程中體會玩味。

當然時代在變遷，我們不可能再回到先秦，但是你還是可以對古典有所領會，而且現在有現在新的溝通的可能。大概我只能這麼說。我今天其實是通過我的方式來告訴大家對於原典的理解其實是可能的，至於怎麼樣才能準確理解，並不是我說的就一定是對的，但我是真心地把我所體會到的與大家分享。

問題三

學生：我是政治學專業的學生，我今天想問您一個關於政治學的問題。近代以來毛澤東主義對經濟政治革命和經濟政治理念展開了深刻的反思，特別認為這種經濟政治革命和經濟政治思考的根源是對人類理性的過分強調，產生了一種理性主義的政治，也可以成為意識形態的政治，就是您剛才提到的話語中心主義的理念。他們認為，這僭越了人和神的邊界。因為人類過分強調要在人間建立天國，建立這種烏托邦的政治，所以帶來了很嚴重的，甚至可以說是很沉重的人間的

災難。您作為新儒家的一員，您認為要歸返原典的思想資源，援引中國的傳統文化來救治現代化的弊端。但是您剛才指出中國的文化傳統是一種性命天道相貫通的傳統，是一種通天地人三才的文化傳統。那麼這樣一種性命天道相貫通的文化傳統，和我們現在的政治運作如果相結合的話，會不會也存在僭越人神政治邊界的這樣一種危險，會不會也導致另外一種理性主義氾濫的政治？

　　林安梧教授：如果發生異化就有可能。但是怎麼樣免於異化？這需要不斷地討論。中國的文化傳統發生異化就會導致我所謂的「道的錯置」。中國在二○○○年的帝王專制、父權高壓、男性中心，這種錯置是很嚴重的。我們現在是要回歸原典，解開錯置，把原典之中可貴的東西彰顯出來。那麼現在有可能出現新的錯置，絕對可能啊，但絕對不會是朝向西方的那個方向。因為我們不是話語中心，我們不會是頂出一個超越的絕對的唯一的人格神，認為一切秩序的源頭來自於那裡，也從來不認為秩序的源頭，來自於絕對的權威。話語中心一直認為要找到一個恰當的唯一的源頭，並且對那個源頭保持尊敬，而且將人與神區隔開來，而把人看小。人有能力就不會把自己看小，把自己看高看大都沒關係。什麼叫「高」？什麼叫「大」？你有操守叫「高」，有胸襟叫「大」，而不是有權力才叫「大」。

　　話語的思考不是以邏輯權力為核心的，而是要回到存在本位，這是要跨過權力，這是東方儒道佛三教非常優越的傳統，我們必需要把這個意義在整個人類文明中釋放出來，才有其他交談的可能。如果把這個傳統放到不同的人文學科之下，學術研究的視域就會發生很大的變化，但是學術研究的方向必須作調整，這個調整很多人不願意，為什麼？因為調整之後，整個學術的勢力通通會發生變化。就好像這個世界是以美元作主導的，歐元已經讓美國很討厭了，你還要搞個亞投行，美國當然很討厭咯。現在你想要把中國的這些學問引進到西方的話語系統中，一大批學者會很討厭你的。但是他們一定會慢慢接受

的，因為這個世界在變化。就好像中國要作為國際社會的治理者，幾個大國都很討厭，但你們需要我啊。我們不止在政治經濟上為人所需要，我們在文化上更為人所需要。文化上的需要要求我們必須自己充實飽滿地生長起來。

　　最後我想和大家分享孟子的一段話，「可欲之謂善」，這是我們的很重要的一個原則。生命內在的動能，只要經由一種普遍性、理想性的確認，這些東西就可以稱之為「善」，「可欲之謂善，有諸己之謂信。充實之謂美，充實而有光輝之謂大，大而化之之謂聖，聖而不可知之之謂神。」[30]中國民族文化傳統要是果真能跟其他文明有更多有用的交談和對話，這就是人類文明很大的幸運，但是前提是要能夠起作用，為此中國必須先在境內起作用。在中國境內如何起作用，還有待努力，現在正在努力中。

　　如何「致中和，天地位焉，萬物育焉」[31]？怎麼樣把這些話放到現代的社會、科學、經濟等各方面去思考？整個學問必需要有所變動，整個概念範疇也必須重新調整，就好像中國參與到整個人類的文明中，世界的國際秩序非改動不可。但是要想進行文明的對話交融，我們要「人法地，地法天，天法道，道法自然」、「天行健，君子以自強不息」[32]、「地勢坤，君子以厚德載物」[33]才可能。「乾道成男，坤道成女。乾知大始，坤作成物。乾以易知，坤以簡能」[34]，乾坤並健的原則不能沒有。我覺得我引了那麼多古文大家也還蠻適應的，畢竟是尼山學堂的學生，也可能古文和白話文原本就是很接近的，從此大家也不會排拒古文了。今天到此告一段落，謝謝大家！

---

30 參見《孟子》〈盡心章句下〉。

31 參見《禮記》〈中庸〉。

32 參見《易》〈乾卦〉〈大象傳〉。

33 參見《易》〈坤卦〉〈大象傳〉。

34 參見《易》〈繫辭上〉。

第十三章
廿一世紀新道教芻議　論綱

1 華夏宗教之特質乃本於天人連續觀而成者，此不同於基督宗教之本於神人斷裂觀而成者。

1.1.　天人連續觀是與「物我連續觀」、「人己連續觀」通而為一的；神人斷裂觀則與「物我斷裂觀」、「人己斷裂觀」一致的。

1.2.　天人連續觀下之宗教所重在「氣的感通」，神人斷裂觀下的宗教所重在「言說的論定」。

1.3.　氣的感通以感通為論定，言說的論定以論定為感通。

1.4.　前者歸本於「道」，而後者歸諸「上帝」（God）。

1.5.　前者為「一統而多元」，後者為「絕對超絕之唯一」。

1.6.　前者為「因道以立教」、「道一而教多」；而後者則「立教以宣道」、「教一而道亦當為一」。前者包容性大，後者排它性強。

2 華夏乃至四邊之少數民族，總的而言，其宇宙創生論皆有其相通處，皆可以物我、人己、天地通而為一，為其共通之大模型，此可於其諸多創世史詩見之。

2.1.　天地、物我、人己之通而為一，可從原始之薩滿教或巫教見之，後則隨文明之發展而有所轉易。

2.2.　以華夏言之，儒教所重者為道德創生論，道教所重則在氣化宇宙論，兩者雖或有所異同，然皆可通於「氣的感通」之傳統。

2.3.　儒道相須為一體，一重人倫孝悌，一重自然無為，兩端而一致也。吾嘗言「儒是飯」、「道是空氣與水」，至於「佛」則是

「藥」。儒道本為同根。

2.4.　儒道相須為一體，且通於「道」，若此可以言「道」主幹說。

2.5.　若言「道家」則與「儒家」相待相須而構成一不可分之整體，故不宜強言「道家主幹說」，亦不適合言「儒家主幹說」。

2.6.　「儒家主幹說」蓋以血緣性縱貫軸所形成之宗法國家為主導而立言者，「道家主幹說」則為對立面之另一端而已。

3　就儒道相須為一體而言，儒之所重在道德創生，道之所重在自然氣化，儒之所重在人文化成，道之所重則在歸返自然。

3.1.　儒之所重是以人所成之文去構畫完成這個世界，雖亦重情性，但亦重理性，道之所重則歸返此人文之先，一本自然，純任無為。

3.2.　或者，我們可以說：儒家是指向對象，而強調文明的建構，道家則回向本源，重視的是根源的存有治療。回到本源，再言存有之開顯也。

3.3.　以我所構成的存有三態之詮釋來說，道家之所重在回歸到「存有的本源」，而儒家則重「存有的開顯」，並走向一恰當的「存有的執定」，彼所謂「正名」是也。

3.4.　儒家之所重在「正名以求實」，而道家則重在「去名以就實」，或「無名以全實」。道家之「致虛守靜」即指此而言。

3.5.　儒家偏重以父性、以男性為中心的思考；道家偏重以母性、以女性為向度的思考。所謂「知其雄，守其雌」。

3.6.　儒家偏向於積極性的、正面性的思考，道家則偏向於消極性、否定性的思考。所謂「正言若反」是也。

3.7.　儒家強調由人倫而及於社會，重在實踐的開啟與參贊；道家強調歸返於道德，迴向自然天地，重在根源的保存。所謂「尊道貴德」、「歸根復命」是也。

3.8.　儒家之所重為實有、生動，道家之所重則是虛無、寂靜，儒

家可以將之歸為縱貫的創生一系統，道家則可歸於平鋪的彰顯一系統。

4 以上所論是在一理想的典型下的思考，至若歷史發生之事實言之，則儒道本為不可分，其若分之，乃屬理論之事。然歷史上又有所謂的「道教」，此又與道家有所不同。

　　4.1.　即若「道家」亦各有所異，黃老道家、老莊道家、稷下道家、淮南道家、魏晉新道家各有勝場。「道教」之有天師道、太平道、全真道……等不一而足，後更形成體系，有丹鼎派、符籙派、靈驗派、功德派……等等。除此以外，廣大的民間宗教更見其宗教原生的活力。

　　4.2.　大體言之，道家有兩個向度：一是走向現實事功，望能實現無為自然之治；另一是回向心靈境界，是一形而上之保存，亦可以開出存有的治療。

　　4.3.　道教亦可以有兩個不同向度：一是面對現實世間，希望能成就一套以自然天文之聖教的系統，另一是回向自家身心，希望能成就身強體健，長生久視之道。

　　4.4.　至為弔詭的是，道家走向現實事功一派，由於為事功物勢所奪，故爾轉為君人南面之術，落為法家勢術一派，慎到、申不害、韓非，皆其流亞也。如此，實已非道家原初之思想也。

　　4.5.　道教之以神聖之文替代自然天文，並執持此神聖之文以為教，欲契天地之道，欲控天地之德，此與原先道家歸本於無之教迥不相侔。

　　4.6.　東漢以降之「道教」實可以「文字教」名之，此與原先薩滿教式之信仰所遺留之符咒性思考密切相關，而與中國傳統之血緣性縱貫軸所成之帝皇專制亦密切相關。

　　4.7.　須知：「希言自然」，言已於無言，言乃非言，道教之為教實宜達於「無言之境」，非以「秘言之符」可以代之也。

4.8.　此亦非道教不可有神秘主義，而是說道教之為神秘主義當上遂於無言之境，方可也。若未能上遂於此，徒以功利運用於秘言之符，則將轉向於民間勢術利害之用也。

5　臺灣之道教信仰，廣布各處，有狹義之道教，即體制化之道教，亦有廣義之道教，即民間宗教者。或有慨嘆其「有廟無教」者（張樫先生語），或有慨嘆其「有棍無乩，有乩無教，有教無學，有學無道」者。

5.1.　之所以如此，乃如上所述「徒以功利運用於秘言之符，則將轉向於民間勢術利害之用也」。此又與黨國威權體制，及民間地方政治勢力結合，故宗教層次難得提升也。

5.2.　以是之故，道教（不論其廣義或狹義）雖已為國際學者所重視，然畢竟仍為華夏之宗教，而非普世之宗教，至於其教團則只是地方性之組織，且常為地方勢力所劫奪。

5.3.　「功利運用」與「秘言之符」的符咒式、靈驗性思考，使得臺灣的諸多宗教陷溺在「權利名位」的爭奪上，而忽略了「經義實地」的追求，此於道門原先所強調的「歸真返樸」思想形成一強烈的反諷與對比。

5.4.　臺灣道教乃至其他民間宗教之落於此，除上所述之原因外，更大之原因則在於吾人之教育體制並無有恰當的宗教人才之培育，亦無恰當的宗教宮廟管理人才之培育與考用、覈定等等。

5.5.　近些年來，有心之士所成立之諸多道教學院、書院，雖有補於此，但仍受限於民間功利物勢之影響，雖欲行之，頗為吃力。

5.6.　臺灣之宗教昌盛至極（一說猖獗），然主管宗教事物者，只一內政部民政課之宗教司，其人員之編制如此，可知受忽視之一斑；又教育部及其他相關單位或有宗教委員會之設，然多屬咨議性之組織，無實力可行，又常有地方勢力角頭之分配，外行領導內行之譏，

實所難免。

　　5.7.　再者，臺灣已然成為資本主義消費化之社會，宗教亦走向消費化之途徑。道教及民間宗教受地方勢力之影響，同時亦受本土文化根深柢固之影響，消費化傾向較弱，但這些年來，受此大趨勢左右，亦難免其消費化之途。

　　5.8.　由於「有廟無教」，道教雖有其崇高之信仰與深奧之教理，但真切起信者，實屬有限；再加上資本主義消費化、地方勢力惡質化等情況，因此，若有欲脫離於此者，或有意運用於此者，便結合其他各門教義、參考其教儀、取用其組織，孳乳衍生出新的教派。臺灣新興宗教之多，與如上所述宗教生態環境密切相關。

6 大體言之，一宗教之構成須有「修行者」、「修學者」、「宣道者」、「運用者」等不同階層與不同階段。修行者如同水源之開拓者，修學者如同自來水廠之釐清功能，宣道者如同自來水管線之鋪設者，而運用者則是扭開水龍頭之運用者。

　　6.1.　有趣而弔詭的是，伴隨著宗教消費化而有一有別於以上之角色，吾以為此即是一「宗教販賣者」，此如同自來水水龍頭之販售者，眾人為其所迷，以為有一漂亮之水龍頭即可有一清澈之自來水。

　　6.2.　吾以為當前臺灣之宗教，宗教之販賣者、運用者多，而宣道者雖亦不少，但仍不足，修學者、修行者則遠遠不足。水源不足亦不清，自來水廠又不修，如此空有管道，那來清澈之水呢？

　　6.3.　關聯如是之論，臺灣道教之修行者、修學者既有所不足，宜改善之。各大宮觀寺廟當有修行者住持其間，且宜有修行者之組織傳承，不宜仍停留在乩童跳乩之階段。再者，亦宜有修學機構之設置，並嚴格把關，建立信譽，讓道學能得昌明。

　　6.4.　著實言之，臺灣道教之宣道者亦有所不足，宜培養宣道之機構，唯此機構須與前兩者配合，如此才能免於消費化、權力世俗化

之大潮。為此之用，臺灣道教界於修行師、學問師、宣道師乃至販賣者皆宜有培植、考覈、驗察之制度，並落實之。

6.5.　伴隨時代之變遷，道教之教義亦當有一詮釋學方法論的意識，恰當的面對卷帙浩大繁冗的《道藏》，取精用宏，可也。特別由於歷史上帝皇專制的嚴重狀況，使得道教教義亦深染此色彩，須得剔除，方有新生之可能。

6.6.　即如道教之科儀、供品、法事等等，亦多染有嚴重之宗法封建、帝皇專制之色彩，今既入民主時代，當有所更革之。

6.7.　伴隨現代化科學技藝之發展，醫學、地理、環境諸學問多有長足之進步，故宜迴返過來，檢討道教中相關之學問，重新釐清其相關之學問性格，不宜徒只守舊不前。

6.8.　即如「神秘」、「靈驗」之事，亦宜提到學問層次探索之，使知其何者為可思議處，何者為不可思議處，並以是使知一般理性與宗教理性之異同。

7　臺灣道教目前之神聖權力與世俗權力並未有恰當之區分，此是混亂原因之一；筆者以為當有一恰當之釐清，使得神聖權力為優先，世俗權力為其次，並依循於神聖權力之下，反之，神聖權力亦當合理的建於世俗權力之上。

7.1.　神聖權力的正當性，一方面建立於修行者所成就的階層，另方面則取證於一教團之公正確認。臺灣之道教實宜走出原初之靈驗能力、天之使命、神乩扶身等階段。

7.2.　修行者所成就的階層如何，當以經典所示現者作為準則，以師傳作為徵驗，以「道」作為歸依。

7.3.　教團之公正確認，須以學術作為基礎，而如此之學術必須因而通之，上契於道，如此之確認方可有效。

7.4.　世俗權力之正當性之取得當以「法人」方式為主，包括財

團法人、社團法人皆可，若有其他方式亦當有其檢覈及評論之機制；且整個制度組織亦當盡量符合民主法治原則，免其腐化。

7.5.　世俗權力與神聖權力不宜集於一身，神聖權力為主導之方向，而世俗權力須依循於此，此是以「神統」統「俗統」也。

7.6.　最所當戒者，以俗統為神統，並以人情之裏脅，血緣性縱貫軸之習性，地方角頭之勢力乘之其中，兄終弟及、父死子承，終壞亂了神統。此亦非不可有父死子承、兄終弟及之情形，而是說：須得有合理性、正當性。

7.7.　於「神統」與「俗統」之間，當有「學統」以為中介、調和、根據，蓋神統以神聖之契入為主，俗統以權力之均衡為主，學統則以學問為根柢，前兩者須以學者為客觀之依持。

7.8.　此「三統」：神統、俗統、學統，其建立極須，而尤以學統為最急迫，蓋無學統則神統、俗統之建立皆為不可能；無學統，則必停留在原先混漫狀態中，為俗流所奪，勢所難免也。

8　廿一世紀之臺灣新道教當有一新丰姿，此中「廿一世紀」非徒時代有所異，其未來之思維亦大異於前，所謂「後現代思考」以蔚為主流，吾以為道門所強調之離去「存有的執定」，歸返「存有的開顯」，迴向「存有的根源」之思考，於此大有裨益也。

8.1.　後現代思考基本上是對於現代化「以主攝客」的方式及其衍生之異化現象，展開批判。大體言之，彼有迴向「泯主客之分假」、「主客不二」的趨向。

8.2.　唯西方文化「以言代知，以知代思，以思代在」之大傳統，其「以主攝客」之思維業力太強，故爾「後現代之思想」雖頗欲對此展開批判與摧破，然總陷在其藩籬中，欲破而不能。

8.3.　中國文化（尤其道門），溯其本源以論之，則是「言外有

知，知外有思，思外有在」之傳統，此是一去執還虛，融有入無，回到存有的根源，泯主客之分假的思考，老子云「天地萬物生於有，有生於無」、「無名天地之始，有名萬物之母」是也。

8.4.　道門去執還虛、融有入無，回到存有的本源之思考，於現代化之後可以開啟一存有之治療。此不只治療現代化之病痛，更而治療後現代思想之紛歧、繁冗、顛倒、虛無種種。

8.5.　道門「虛無寂靜」之教，並非逃遁，而是一種存有本源之追溯，由此追溯可以有一深切的治療。蓋「虛」所以「去執」，「無」所以「融有」，「寂」所以「生生」，「靜」所以「活動」也。

8.6.　「去執還虛、融有入無、寂而生生、靜而主動」之思考亦當還治於臺灣當前道教之現況，於神統、俗統、學統當有一恰當之釐定與治療，庶幾其免於執有成病也。

8.7.　「神統」當歸於「道」，既以「道」統之，亦以「道」化之；「俗統」當歸於「法」，既以「法」（民主法治）為之，然亦當以「道」化之；「學統」當歸於「學」，既以「學」統之，然亦當回溯於「道」。

8.8.　道門之「神統」、「俗統」、「學統」咸能歸於「道」，能追本溯源地回到一存有的根源，受到存有之道的照拂、顧盼，廿一世紀之新道教可以不限於華夏文化圈，進為一普世的宗教。

── 己卯新正初二晨五時，初稿於臺中西湖居

庚辰新正十四修訂於臺北象山居

經典解讀
老子《道德經》新譯暨「心靈藥方」

第一章　觀妙

> 道可道，非常道，名可名，非常名。無名，天地之始，有名，萬物之母。故常無欲以觀其妙，常有欲以觀其徼，此兩者同，出而異名，同謂之玄，玄之又玄，眾妙之門。

白話譯文

　　「道」是可以說的，但說出來了，就不是那恆常的「道」。「名」是可以表白的，但表白出來了，就不是那恆常的「名」。在還沒有表白前，那個無分別的狀態是天地的本源；既有了表白，這個分別了的狀態，是萬物生長的母親。回到恆常而無分別的狀態，便可以觀看到道體的奧妙。經由恆常而現出分別的跡向，便可以觀看到道體的表現。無分別的狀態、有分別的跡向，兩者都出於恆常的道體；但在表白上，名稱卻是不同的。就這樣的不同而又同，我們說它叫作「玄同」。「玄同」是說在生命的玄遠之源是相通的，這便是「道」；「道」是萬有一切所依歸及開啟的奧秘之門啊！

藥方

一、遇到了事情，要有沉默而冷靜的思考，不必急於表白。只要問
　　心無愧也就可以了。

二、人間事物，原只是自自然然的生長，不必在乎，但也不是不在
　　乎，要懂得自在、自然。

三、「道」的門是為沉默而生長的，喧嘩的人們就讓他們喧嘩吧！

四、不是不去管他，而是要沉靜的去管他，管他就要先自在。

第二章　觀徼

> 天下皆知美之為美，斯惡已。皆知善之為善，斯不善已。故有
> 無相生，難易相成，長短相形，高下相傾，音聲相和，前後相
> 隨；是以聖人處無為之事，行不言之教，萬物作焉而不辭；生
> 而不有，為而不恃，功成而弗居；夫唯弗居，是以不去。

白話譯文

　　天下人都執著什麼是「美」，這樣就不美了。天下人都執著什麼
是「善」，這樣就不善了。「有」和「無」兩者相伴而生；「難」和
「易」兩者相伴構成；「長」和「短」兩者相待而現；「高」和「下」
兩者相待依倚；「音」和「聲」兩者互為和合，「前」和「後」兩者互
為隨從，貫通天、地、人的聖人了然於心，能用「無為」來處事，用
「無言」來行教，萬物就這樣不離開生命之源的道而生長著。「道」
生育了它，但不占有它；「道」長養了它，但不依恃它；成了功，卻
不居功；就因不居功，所以永遠不離。

藥方

一、執著是一切弊病之源，不要執著，要放下。放下才能自在。

二、成功是成就它那個功，不是去占有那個功，要有「功在天下」的心情，不要老以為「功在自己」。

三、「無為」不是不去做，而是做了能「放下」；

四、「不言」不是不去說，而是說了就說了，不用擔心，只要心靈明白就可以了。

第三章　安民

不尚賢，使民不爭；不貴難得之貨，使民不為盜；不見可欲，使民心不亂；是以聖人之治，虛其心、實其腹、弱其志、強其骨。常使民無知無欲，使夫智者不敢為也。為無為，則無不治。

白話譯文

不崇尚賢德的名號，使人民不鬥爭；不尊貴難得的東西，使人民不偷盜；不現出貪欲，使人民的心不紛亂。聖人治國，放空了心靈，填飽了肚子，柔弱了意志，強韌了筋骨，守著恆常之道，使人民不執著、不貪欲，使自作聰明的人不敢有所作偽，回到不為什麼目的的作為，自自然然就能達到無不治的目的。

藥方

一、不要被表象的名號所迷惑，心要寧靜，不要紛亂。

二、心情空空、肚子吃飽；不要老說理想，要踏實，尤其要注意身體。

三、不要自作聰明，不要老為了利害、目的才動作。

四、不要老想去對治，自自然然才是真正的藥方。

第四章　不盈

道沖而用之，或不盈！淵兮似萬物之宗。挫其銳、解其紛、和其光、同其塵，湛兮似或存。吾不知誰之子，象帝之先。

白話譯文

道是生命之源啊！空無地去用它，或且永遠填不滿它！淵深地像是萬物所匯歸的地方。挫掉了銳利，解開了紛雜，柔和了亮光，和同了塵世，它深湛難知，卻像是存在你的左右，我們不要老問「它是誰生的兒子啊！」原來在萬象出生之前它就存在了。

藥方

一、不要填滿所有的空間，才有生長的可能。

二、言詞不要銳利，頭腦不要紛雜。

三、不要老求光鮮亮麗，要懂得和著塵世生長。

四、愛護您的左右，要關心他們，大道原在有形的萬象之先！

第五章　守中

天地不仁，以萬物為芻狗；聖人不仁，以百姓為芻狗。天地之間，其猶橐籥乎！虛而不屈、動而愈出，多言數窮，不如守中。

白話譯文

天地不偏私他的仁心，把萬物視為草編的狗，任其自然；聖人不偏私他的仁心，把百姓視作草編的狗，任其自然；天地之間，他就好像個大風箱一般，虛空而沒有盡頭，鼓動他就愈來愈有勁，話多了祇會招來困窘，倒不如默默守著中道而行。

藥方

一、要學習天地般的無私，對事情不要看得太重，要輕鬆些！

二、事情要有次序、做了一件，就會帶出一件，引不完的！

三、要放鬆、再用力，愈用會愈有勁！

四、話多了祇會招來困窘，默默地做出成績來，最重要！

第六章　谷神

谷神不死，是謂玄牝；玄牝之門，是謂天地根。綿綿若存，用之不勤。

白話譯文

那川谷之神啊！永生而不死。這就叫根源的生育之門啊！那根源的生育之門啊！這就就作「天地之根」。它綿綿密密的好似存在你左右，用著用著，永不停歇！

藥方

一、要虛懷若谷，這樣才能起死回生；謙虛是最好的藥方。
二、世間事總有個根源，根源就在天地。要注意生活世界的安排。
三、事情要綿綿密密的，隨時都在思考，自會有答案。
四、永不停歇，但不用急，種一棵大樹，不是那麼快的。

第七章　無私

　　天長地久，天地所以能長且久者，以其不自生，故能長生。
是以聖人後其身而身先，外其身而身存。非以其無私耶！故能
成其私。

白話譯文

　　天地是長久的，天地何以能既長且久呢！祇因為祂不偏私地生長
著，因此能長久地生長！聖人了然於心，因此把自己放到後面去，這
樣好讓人民能擺在前面來，把自己放在外頭，好讓人民能在裡頭生
存！正因為祂能沒有私心，所以能夠讓每一個人都成就他自己。

藥方

一、要有天地般的心量，不用忍耐，也能長久！
二、「讓開」是最重要的藥方！別人生長了，你也生長了！
三、成就別人，也就是成就你自己！
四、私心不一定那麼不好，但要私得起，也要放得下！

第八章　若水

> 上善若水，水善利萬物而不爭，處眾人之所惡，故幾於道。居善地，心善淵、與善仁、言善信、正善治、事善能、動善時。夫唯不爭，故無尤。

白話譯文

最上等的善就像水一樣，看似柔弱卻是包容，水的善，利益了萬物，而不與他們爭鬥，處在眾人所不喜歡的地方，卻因而接近於「道」。處世要好好學習大地的渾厚，用心要好好學習深水潭子般的包容，交往要好好學習人際的真實感通，說話要好好學習信用的確定，為政要好好學習治事的穩健，行事要好好學習才能的運用，變動要好好學習時機的抉擇，正因為不去爭鬥，因此不會招來怨尤！

藥方

一、別人以為你是柔弱，其實這是包容，包容可以免除鬥爭！
二、事情總有個定準，要抓準它，不要放過，也不用擔心。
三、治事要穩健，注意時機的抉擇，當斷則斷，不要猶豫！
四、該做的好好做！做你喜歡的，喜歡你所做的！無怨無悔！

第九章　持盈

> 持而盈之，不如其已；揣而銳之，不可長保；金玉滿堂，莫之能守；富貴而驕，自遺其咎。功成身退，天之道。

白話譯文

老想維持著滿盈，倒不如罷了！老想錘鍊使銳利，那便不可長保！金玉滿堂，卻不能自守；富貴驕慢，將自取其咎；功成了、名就了，正該是把身退下來的時候，這是大自然之道啊！

藥方

一、張揚就要付出代價，不想付出代價，那且先別張揚。

二、功成了、名就了，要懂得回來看看自己，不要被拉著在外闖蕩！

三、金玉多了，不只累贅，而且是敗亂的起點。

四、大自然之道啊！不是用名號堆疊成的，只是如實而已！

第十章　玄德

> 載營魄抱一，能無離乎？專氣致柔，能嬰兒乎？滌除玄覽，能無疵乎？愛國治民，能無為乎？天門開闔，能為雌乎？明白四達，能無知乎？生之蓄之，生而不有，為而不恃，長而不宰，是謂玄德。

白話譯文

魂魄環抱，和合為一，能夠不離開道嗎？任使真氣，回到柔和，能夠像嬰兒一般嗎？滌除污垢，玄妙照見，能夠沒什麼弊病嗎？愛護人民，治理國事，能夠無為而為嗎？任由自性，動靜自如，能不柔弱自守嗎？明亮坦白，四通八達，能夠無執無著嗎？生生不息，涵和蘊蓄，使其生長，卻不占有，任其作為，卻不依恃，由其生長，卻不宰制，這就叫作玄妙之德啊！

藥方

一、和諧的意思不是等同為一，而是讓不同的有一超越克服的可能。

二、任由自性，玄妙自照，沒有什麼執著，就能把握到你想把握的。

三、生長比競爭重要，用涵和蘊藉的心情去接受，自然能夠生長。

四、不要想占有，不要想依靠，不要想控制，玄玄中自有妙處！

第十一章　無用

> 三十輻，共一轂，當其無，有車之用。埏埴以為器，當其無，有器之用。鑿戶牖以為室，當其無，有室之用。故有之以為利，無之以為用。

白話譯文

三十支車輻拱著一支車轂，正因中間是虛空的，所以車子才能運轉使用。搏揉黏土做成器皿，正因中間是虛空的，所以器皿才得盛物使用。開鑿門窗，起造房舍，正因中間是虛空的，所以房舍才得居住使用。因此有形有象，利益萬物；虛空無物，妙用無窮。

藥方

一、心靈放空，才能容物，記住：沒有士兵的大將軍，只能當階下囚。

二、生命不能空度，但卻要有留白，留白才能有想像的空間，才能有發展的可能。

三、捨棄，只是捨棄，根本不用問：是否還有可能，因為真正的可能性，就是回到空無的境地。

四、執著必帶來痛苦，放下是良方；虛空妙用，才得無窮！

第十二章　為腹

　　五色令人目盲，五音令人耳聾，五味令人口爽，馳騁田獵，令
　　人心發狂；難得之貨，令人行妨；是以聖人為腹不為目；故去
　　彼取此。

白話譯文

　　紅黃藍白黑，五色紛雜，眼花撩亂，令人目盲；宮商角徵羽，五
音雜沓，令人耳聾；酸甜苦辣鹹，五味蒸騰，令人口爽；跑馬田獵，
心意紛馳，迷失本性，令人心神發狂；珍貴寶物，難得財貨，引發殺
機，令人行動受到傷害。就是這緣故，聖人為了肚子，祇管填飽自
得；不為眼睛，向外追逐不停。因此，去掉了外在的追逐，所得的是
恬然自適。

藥方

一、眼睛可是靈魂之窗，若一意追逐，靈魂卻可能從這窗口跑走。

二、過頭的事，不要做；過度的努力，也不要做；過人的才華，更
　　要愛惜；須知：過了頭，想回頭都困難。

三、可以多些糞土，因為糞土可以肥沃田地；要少些財貨，因為財
　　貨會引來殺機。

四、停止追逐，你須要的是安靜、自得。

第十三章　寵辱

寵辱若驚，貴大患若身。何謂寵辱若驚？寵為上、辱為下，得之若驚，失之若驚，是謂寵辱若驚。何謂貴大患若身？吾所以有大患者，為吾有身。及吾無身，吾有何患？故貴以身為天下，若可寄天下；愛以身為天下，若可託天下。

白話譯文

是寵是辱都令人驚駭，最大的禍患卻是自己啊！怎麼說「是寵是辱都令人驚駭」，寵是得了上頭的寵愛，辱是受了下面的侮辱，得了它讓你驚駭，失了它也讓你驚駭，所以說「是寵是辱，都令人驚駭」。為何說「最大的禍患卻是自己呢？」我為何有這最大的禍患呢？正因為我老執著占有自己啊！要是我能不執著自己，我又有何禍患呢？能重視到拿自己的身子去為天下服務，這樣才能寄望以天下；能喜歡拿自己的身子去為天下服務，這樣才能交託以天下。

藥方

一、管它是寵是辱，依然故我，只是個平常心，便是了！

二、最大的禍患就是自己，自己太大了，天地就變得小了，知道嗎？

三、無我才是真我，無我才得自在，「自在」是克服一切「他在」的良方。

四、忘掉自己的利害，忘掉自己的面子，忘掉自己的身段，才能找回自己。

第十四章　道紀

> 視之不見名曰夷，聽之不聞名曰希，搏之不得名曰微，此三者
> 不可致詰，故混而為一。其上不皦，其下不昧，繩繩不可名，
> 復歸於無物。是謂無狀之狀，無物之象，是謂惚恍。迎之不見
> 其首，隨之不見其後。執古之道，以御今之有。能知古始，是
> 謂道紀。

白話譯文

　　看它不見（它是無相的）就叫它「夷」，聽它不到（它是無聲
的）就叫它「希」，摸它不著（它是無形的）就叫它「微」，它是無
相、無聲、無形的，不可以用言語來形容。它混沌不分，合而為一。
這整體不分的「一」，它表現出來的並不亮麗，含藏在裡的，卻也不
昏暗；它綿綿不絕地，難以名狀，最後回復到空無一物，這就叫作
「不可名狀的狀態，不可表象的真象」。這就叫作不可捉摸的「恍
惚」。想迎接於前，卻見不著它的起頭；想追隨於後，卻見不著它的
身影。操持古之大道，治理現前萬有一切；能知原始古道，這叫作
「道之統紀」。

藥方

一、不要求亮麗，只要不昏暗，就有可能。生命要的不是必然，而
　　是可能。
二、無相、無聲、無形的時候，就是充滿著可能性的時候。甚至，
　　你要懂得去相、去聲、去形，回到真切的可能點上來。
三、處在環中，才能因應無窮，不必在前在後、在左在右，徬徨猶
　　豫，浪費心神！

四、不必擔心目前的勢態如何，要用理念去化解，要以理導勢！

第十五章　微妙

古之善為士者，微妙玄通，深不可識。夫唯不可識，故強為之容。豫兮若冬涉川，猶兮若畏四鄰，儼兮其若客，渙兮若冰之將釋，敦兮其若樸，曠兮其若谷，渾兮其若濁。孰能濁以靜之徐清，孰能安以動之徐生。保此道者不欲盈，夫唯不盈，故能蔽而新成。

白話譯文

古時候，那善於修道的人，精微、奧妙、玄遠、通達，深涵於道，難以了知。正因為他深涵於道，難以了知，因此我勉強地為他做一番描述形容。他遲疑審慎像是冬天涉過河川上的薄冰一般，他猶疑拘謹好像是畏懼四鄰的窺伺一般。他莊敬恭謹好像賓客一般，他除去執著好像冰雪銷融一般。他敦厚樸實好像未經刨開的原木一般，他胸懷寬廣好像幽深的山谷一般，他渾淪不分看起來像是混濁的水一般。誰能讓那混濁動盪的水，逐漸歸於寧靜，慢慢變得清澈；誰能讓他安歸於靜，再慢慢啟動、徐徐生長。保愛此道的人懂得不自滿，正因為他能夠不自滿，因此他能夠去舊更新。

藥方

一、天道難以了知，不必老是想去窺伺；須知：有幾分敬畏就有幾分福氣。

二、生命不是用分別心去認識，而是用無分別心去感通，真切的感通起於敬畏。

三、寧靜之後，再啟動，這樣的啟動才是強勁而有力的。

四、不避混濁，能讓混濁澄清，這才是真功夫。朋友，息心止慮吧！

第十六章　復命

致虛極，守靜篤。萬物並作，吾以觀復。夫物芸芸，各復歸其根，歸根曰靜，是謂復命。復命曰常，不知常，妄作凶。知常容、容乃公，公乃全，全乃天，天乃道，道乃久，沒身不殆。

白話譯文

要極力的回到虛靈的本心，要篤實的守著寧靜的元神。讓萬物如其萬物各自生長，我只靜靜的體會著生命的回歸。一切存在如此錯雜紛紜的生長著，它們總是各自回復到自家的生命本源。能夠回復到自家生命本源，這真叫作生命的回歸啊！回歸生命本身就叫常道，沒體會得常道，胡作非為，那就會產生了禍害。體會得常道就會生出包容，體會得包容就會變得廓然大公，廓然大公才得周遍完全，周遍完全才能自然天成。自然天成就能符合於道，符合於道也就能悠久無疆，終其一身也就不會有什麼危險了！

藥方

一、要相信生命自己有一回歸與生長的可能，不必造作，不必擔心。

二、虛心吧！由他去吧！他會自己好好生長的，只要關懷他，不要控制他。

三、真正的包容是不必忍受、不必包容，讓他來去自如，如如生長。

四、「道」是你的道、我的道、他的道，大家的道，他靜靜地等著你。

第十七章　貴言

太上，不知有之；其次，親而譽之；其次，畏之；其次，侮之；信不足焉，有不信焉。悠兮其貴言。功成、事遂，百姓皆謂：我自然。

白話譯文

最上乘的國君治理天下，使得人們不覺得有他的存在；其次者，使得人們來親近他、讚譽他。再其次者，使得人們畏懼他；又其次者，使得人們回過頭來侮辱他；統治者的誠信不足，老百姓們也就無法相信你。悠悠然地行事吧！不要輕易的發號施令。成功了，完事了，老百姓們說：我們原來就自自然然的這樣了！

藥方

一、重點是怎樣把事情做好，不是誰得了權位、誰去完成，誰享了大名。

二、你給出的是天地、是心情、是可能，不是指導、不是控制、不是督促。

三、控制森嚴，這是最不好的管理方式，能物各付物，自然而然才好。

四、不要讓學生老覺得是你教給他的，不要讓兒子老覺得是你傳給他的，自然才好。

第十八章　四有

　　大道廢，有仁義；智慧出，有大偽；六親不和，有孝慈，國家
昏亂，有忠臣。

白話譯文

　　廢棄了自然大道，就得強調人間的真情實感、義理規範；出離了
智慧明照，人間的造作詐偽也就群起而生了。父子、兄弟、夫婦，這
六親無法和諧共處，這時就得強調孝道與慈愛的重要。國家昏亂不
堪，這時候便會有所謂的「忠臣」。

藥方

一、強調什麼，其實就是失去什麼，要懂得安享幸福，不要老追索
　　幸福。

二、大道自然，無情有情，沒有強迫，卻有道理，不用擔心。

三、與其立志成為忠臣孝子，無寧盼望六親和順、天下太平。

四、與其一直提醒自己要怎麼樣，不如讓自己就這樣、就這樣，如
　　如自然。

第十九章　素樸

　　絕聖棄智，民利百倍；絕仁棄義，民復孝慈；絕巧棄利，盜賊
無有。此三者以為文不足，故令有所屬。見素抱樸，少私寡欲。

白話譯文

絕棄了聖智的美名，不會為此美名來迫壓人民，人民自然可以得利百倍。絕棄了仁義的聲名，不會為此聲名來奴役人民，人民自然可以歸返孝慈。絕棄了巧利，不再生起貪取之心，那盜賊也就不會存在了。這三者是說人間的禮文制度不足以治理這個世界，因而得讓它有所歸屬於自然。讓你的天真朗現吧！永遠懷抱著真樸的本心吧！自然而然，你的私心就減少了，你的欲望也就降低了。

藥方

一、不要貪取美名，要懂得務實，真正的務實就是不強求、就是自然！
二、用再多的語言文字去教導，都不如自自然然的生長。
三、讓你的天真朗現吧！永遠懷抱著真樸的本心吧！這樣自然快活！
四、自我降到最低，才能升起真正的我；欲望減到最少，才能升起生命的真實動力。

第二十章　食母

絕學無憂，唯之與阿，相去幾何？善之與惡，相去若何？人之所畏，不可不畏。荒兮其未央哉！眾人熙熙，如享太牢，如春登臺。我獨泊兮其未兆，如嬰兒之未孩。儡儡兮若無所歸！眾人皆有餘，而我獨若遺。我愚人之心也哉，沌沌兮！俗人昭昭，我獨昏昏。俗人察察，我獨悶悶。澹兮其若海，飂兮若無止。眾人皆有以，而我獨頑且鄙。我獨異於人，而貴食母。

白話譯文

　　棄絕後天擾攘的學習，免除憂愁煩惱吧！人家唯唯諾諾說你好，或者人家拿言語呵斥你，那相去有多遠啊！人家評價是善，或者人家評價是惡，兩者距離可有多遠啊！人家所畏懼的，我們也就不可以不畏懼，這是世事之然啊！不過，大道廣闊，無涯無際，永不停歇！世俗大眾，熙熙攘攘，好像享用了豐富的宴席一般，好似春日裡登臺遠眺一般，總湊個熱鬧！唯獨我澹泊的、寧靜的，起不了什麼兆頭，就好像那還沒長大的嬰兒一般。閒散悠游，沒有什麼特定的目的，好像無家可歸似的。世俗大眾總要為自己打算，留個有餘，而我獨獨像是有所缺憾一般！我守著愚人之心啊！渾渾沌沌的啊！世俗人求的是烜赫顯耀，我獨獨喜歡默默無名。世俗人總好精明能幹，我獨獨喜歡渾渾無心。心地恬澹好像大海一般，飂闊無涯，永無邊際。世俗大眾總要個目的、有個憑藉，而我獨獨固守自然，寧願鄙陋。我獨獨不同於一般世俗大眾，我所尊貴的是回到母親的懷抱，渴飲母愛甘泉！

藥方

一、不要擔心學不好，放下吧！沒有了憂愁，沒有了煩惱，一切會好！

二、人家所畏懼的，我們也就不可以不畏懼，這是世事之然，就這樣！

三、不必老為自己打算，倒是寧可守著自然虛靜之道。

四、烜赫顯耀、精明能幹，不如渾渾無心、默默無名，自在的好。

五、當爸爸就要給人，當兒子卻永遠有媽媽的支持！又當個兒子吧！

第廿一章　從道

孔德之容，唯道是從。道之為物，唯恍唯惚，惚兮恍兮，其中有象；恍兮惚兮，其中有物。窈兮冥兮，其中有精，其精甚真，其中有信。自古及今，其名不去，以閱眾甫。吾何以知眾甫之狀哉？以此！

白話譯文

最大的德行願景，就是順從著自然大道。自然大道究是何物呢？有無虛實，恍惚難辨！恍恍惚惚中，自然大道顯現了意象；恍恍惚惚中，那意象逐漸轉為具體的形物了；自然大道是何等深遠而幽冥，卻隱含著精誠的動力，自然大道的精誠是真切的，這裡有其確信不移的地方。從古到今，人們用了許多名言概念去建構這世界，它總離不開「自然大道」。就是經由「自然大道」，才能審閱人間大眾各種事物。我何以能夠知道人間大眾各種事物的情狀呢？就憑這「自然大道」。

藥方

一、具體的形物要分辨清楚，但要超越它，真實的圖像要明白，但要空卻它。

二、自然大道是無名、無形、無情、無象的，只是個自然而已！

三、順從著自然大道，就不必強調自覺的德行，精誠自可以不移，真正的精誠不是勉強，而是自然。

四、回得「自然大道」，一切清楚明白，人間事物，整整齊齊，一個走不了！

第廿二章　抱一

> 曲則全，枉則直，窪則盈，敝則新，少則得，多則惑。是以聖
> 人抱一為天下式，不自見故明，不自是故彰，不自伐故有功，
> 不自矜故長。古之所謂曲則全者，豈虛言哉？誠全而歸之。

白話譯文

彎曲正所以能伸直，低窪正所以能滿盈，破舊正所以換新，少了
正所以能得到，多了正所以造成迷惑。因此，聖人懷抱著整體的道來
作為天下人所學習的範式。不自我表現，因此反而明白；不自以為
是，因此反而彰顯；不自我誇耀，因此反而功勞長存；不自驕自滿，
因此反而得以生長。古來所說「曲折才得周全」這樣的話，哪裡是虛
飾的話而已呢？實在說來，是應該像這樣的周全才能歸返於道啊！

藥方

一、理直不一定要氣壯，做起來儘管有些曲折，但卻可能是較為周
　　全的。
二、要能「藏」，但不是遮掩；而只是讓自己在安靜的情境下，默
　　運造化，好好生長。
三、不必擔心走錯路，走錯路，就多認得一條路，好好記得這條
　　路，以後可能也有用。
四、法律對了，道理不一定對；道理對了，人情不一定對；人情對
　　了，還是要求道理對，求法律對。真人情，不是世俗，而是人
　　的真情實感。

第廿三章　同道

希言自然，故飄風不終朝，驟雨不終日。孰為此者？天地。天地尚不能久，而況於人乎？故從事於道者，同於道；德者，同於德；失者，同於失。同於道者，道亦樂得之；同於德者，德亦樂得之；同於失者，失亦樂得之。信不足焉，有不信焉！

白話譯文

默然無語，自然天成，暴風颳不了一整個早上，急雨下不了一整天。是誰使得它們這樣子的呢？是「天地」。天地尚且不能讓暴風急雨持續長久，更何況人呢？（人怎可能讓苛政暴刑長久呢？）因此之故，順從於自然大道的，它就和同於自然大道；依循著天真本性的，它就和同於天真本性；一旦失去了自然大道、天真本性，它也就這樣失去了自己。生命和同於自然大道的人，自然大道也樂與相伴；生命和同於天真本性的人，天真本性也樂與相伴；生命失去其自己的人，那自然大道、天真本性也就不願與它相伴。自己守的信諾不足，自然大道、天真本性也就不信任它！

藥方

一、與其相信話語的確認，不如相信一切會默運造化、自然天成！

二、暴風急雨，就讓它過去吧！過去了，天地澄明，平坦太平！

三、即使是錯的，包容它，就可能長出對的；即使是對的，強調它，卻可能變成錯的。

四、內在的確認，相信自然天成，也就會自然天成！大自然有一獨特的偉力在焉！

第廿四章　不處

企者不立，跨者不行。自見者不明，自是者不彰；自伐者無功，自誇者不長。其於道也，曰：餘食贅行。物或惡之，故有道者不處。

白話譯文

踮著腳跟，會站不穩，張大步伐，反而難行！自我表現，反而沒得明白；自以為是，反而沒得彰顯；自我誇耀，反而沒有功勞；自驕自滿，反而沒得生長。像這樣子對於道，可以說是「吃過頭，剩下的飯；做過頭，累贅的行止」，就事來說，會令人心生厭惡，因此有道之士，不願意這樣做。

藥方

一、腳踏實地，一步步的往前走，行到水窮處，坐看雲起時，只是個閒逸，可也。
二、忘記自己的功業，忘記自己的欲求，這樣才是個真幸福的人，上蒼才得幫助你！
三、生長，只是個生長，不必老安在「自己」，自然可也。
四、不要勉強，勉強會造成傷害；寧可順成天地！

第廿五章　混成

有物混成，先天地生。寂兮寥兮，獨立而不改，周行而不殆，可以為天下母。吾不知其名，字之曰道，強為之名曰大。大曰

逝，逝曰遠，遠曰反。故道大、天大、地大、人亦大。域中有
四大，而王居其一焉！人法地，地法天，天法道，道法自然。

白話譯文

　　有個東西混然而成，在天地之前即已存在。無聲無息的、無邊無
際的，夐然獨立，永不遷動；周而復始，運行不已，它可以作為一切
天地萬物的母親。我們不知何以名狀它，約定叫它作「道」；勉強地
形容它，說它是廣大無邊；廣大無邊而運行不盡，運行不盡而玄遠無
際，玄遠無際而又返迴本源。這麼說來，道大、天大、地大，人亦
大。（這麼說來，總體之本源的「道」是創生不已的、普遍而高明的
「天」是寬廣無涯的，具體而厚實的「地」是涵藏無盡的，虛靈明覺
的「人」也一樣具有自強不息的創生可能。）整個大宇長宙中有這四
大，而人居其中之一，人學習「地」的厚實涵藏，進而學習「天」的
高明寬廣，進而學習「道」的本源創生，最後則是效法學習「自然」
生成。

藥方

一、留意發展的向度，用「圓環式的思考」去替代「單線式的思
　　考」，想想恆久的可能。

二、人之為人，是因為天地萬有一切都可以在一剎那間被納到心
　　中，除非你自己看小了自己。

三、具體的生長，普遍的發展，脈絡的安排，自自然然地，如如
　　無礙！

四、人要能放下，就輕鬆了；人要能放空，就明朗了。

第廿六章　輜重

重為輕根，靜為躁君；是以聖人終日行不離輜重，雖有榮觀，燕
處超然。奈何萬乘之主，而以身輕天下？輕則失根，躁則失君。

白話譯文

穩重是輕易的根本，寧靜是躁動的主宰；因此治國的聖人終日離
不開承載衣物糧食的車子，即使是華美豐盛蔚為大觀，但平居之時，
仍要超然物外，怎麼可以讓那萬乘之君，輕率地治理國家呢？輕率就
會失去了根本，躁動則會失去了主宰。

藥方

一、穩重才能生長，不要陷溺在浮動的情緒中，要握住方向。
二、不要以為那是沉重的負擔，而要愛惜你已有那麼樣的負重能力。
三、很難下決定，這叫謹慎，能謹慎，表示自己有敬畏的精神。
四、不要輕率行動，否則失去根本，一切危矣！寧靜、深思！

第廿七章　襲明

善行無轍跡，善言無瑕讁，善數不用籌策，善閉無關鍵而不可
開，善結無繩約而不可解。是以聖人常善救人，故無棄人；常
善救物，故無棄物。是謂襲明。故善人者，不善人之師；不善
人者，善人之資。不貴其師，不愛其資；雖智大迷，是謂要妙。

白話譯文

　　善於行事的人，無為自然，不留痕跡。善於言說的人，沉默寡言，言語無過。善於謀畫的人，無心為機，不用計算。善於閉合的人，不用關鍵也打不開。善於結納的人，不用繩索也解不開。如此說來，聖人用常道的善來救人，因此從沒有棄絕人；用常道的善來救物，因此從來沒有棄絕物；這就叫作「承襲常道之明」。這樣子看來，善人是不善之人的老師；而不善之人則是善人所引以為借鑑的。人們要是不懂得去尊貴他的老師，不去愛惜他所該引以為借鑑的；這樣的人即使有再大的才智，其實卻是大大的迷惑，這道理可真精微玄妙得很啊！

藥方

一、「平常」就好，「好」只是平常，平平常常，不用多所計算，自然天成。

二、平常地好，像日月運行一樣，沒有偏私，卻長久不息！

三、不要嫌那些向你頂禮的人，說他們低下；沒有他們的低下，哪有你的尊貴呢！

四、真正的智慧是不為外物所迷，總在自己的腔子裡做主；進一步做主是無主之主，只是自然。

第廿八章　常德

　　知其雄，守其雌，為天下谿；為天下谿，常德不離，復歸於嬰兒。知其白，守其黑，為天下式。為天下式，常德不忒，復歸於無極。知其榮，守其辱，為天下谷。為天下谷，常德乃足，復歸於樸。樸散則為器，聖人用之，則為官長。故大制不割。

白話譯文

要司理那向外的雄心，就得固守那內在的母性，像是天下的谿谷一般；像是天下的谿谷，真常本性永不分離，回復歸返於嬰兒的自然狀態。要司理那彰顯於外的光明，就得持守那涵藏於內的晦暗，作為天下人所學習的範式。作為天下人所學習的範式，真常本性也就不會有什麼偏差，回復歸返於沒有終極的真實之境。要司理人間的榮華富貴，就得記守受辱時的情境，謙卑地像是天下的山谷一般。能謙卑的像是天下山谷一般，這樣子真常本性才得充足，才能回復歸返真樸本源。真樸本源發散為天下萬物，聖人體會運用這個道理，如此才能成為百官之長；如此說來，最完善的制度，就是不要陷入支離割裂之中。

藥方

一、得意時，須有失意時之意態；失意時，卻不必落寞，而要平常心。
二、大豪傑之為大豪傑，就在於能放得下，能回到最原初的柔軟狀態。
三、放開了「權、利、名、位」，才能有「經、義、實、地」，才能生長。
四、操作最好的制度，要有跨出制度的器量！跨出制度，不是不守制度，而是一心向著真樸本源。

第廿九章　神器

> 將欲取天下而為之，吾見其不得已。天下神器，不可為也，不可執也。為者敗之，執者失之。故物或行或隨，或歔或吹，或強或羸，或載或隳。是以聖人去甚、去奢、去泰。

白話譯文

　　想要去握取天下，大有為地來治理它，依我看來，那是辦不到的事！天下就像是一神聖而奧妙的器物一般，不可以「大有為」，不可以「緊抓不放」。「大有為」就敗亂了天下，「緊抓不放」卻往往失去了治國先機。如此說來，就像是人一樣，有時走在前，有時跟在後；有時歔氣為暖，有時吹氣為涼；有時體健剛強，有時身骨羸弱；有時厚實堪載，有時挫折頹廢。因此之故，聖人（做事）不過分，（生活）不奢華，（態度）不傲慢！

藥方

一、做事要認真，但不要執著；要用心，但不要擔心！一方面說，好在有我，一方說，可以沒有我。

二、緊抓不放的人，只能做小事；做大事的人，要能放，但放而不放，不放而放，要有清明的智慧觀法。

三、做事不過分，生活不奢華，態度不傲慢！人能如此，不成功也成功！

四、一時之間的成敗利害，不要去管他，老管著他，他就糾纏著你！能忘，才是大英雄、大豪傑！

第三十章　不道

　　以道佐人主者，不以兵強天下；其事好還。師之所處，荊棘生焉！大軍之後，必有凶年。善者果而已，不敢以取強。果而勿矜，果而勿伐，果而勿驕。果而不得已，果而勿強。物壯則老，是謂不道，不道早已。

白話譯文

用自然大道來輔佐人主的人，就不會以兵力強取天下，以兵力強取天下，很快就會引發報復！戰爭所在之處，遍地荊棘！大戰之後，凶悍連年。善於用兵的，速求結束，不敢逞強豪取！速求結束，不敢自負；速求結束，不敢誇耀；速求結束，不敢驕慢！速求結束，用兵乃不得已；速求結束，用兵切勿逞強。任何事物，一旦逞強，勢必衰頹老死，這就不合自然大道。不合自然大道必然就會很快消逝滅亡！

藥方

一、暴力必然引來暴力，只有柔性才能化解暴力。
二、不得已要用到戰爭，但要速求結束，不要逞強！成功了要哀矜而勿喜！
三、過頭的，就會老逝！等待吧！可以不要用霹靂手段，就不要用！
四、殘忍的戰爭，要有一分慈忍的精神！怒目金剛手段要是低眉菩薩心腸！

第三十一章　貴左

夫佳兵者，不祥之器。物或惡之，故有道者不處。君子居則貴左，用兵則貴右。兵者，不祥之器，非君子之器。不得已而用之，恬淡為上。勝而不美，而美之者，是樂殺人。夫樂殺人者，不可得志於天下。吉事尚左，凶事尚右。偏將軍居左，上將軍居右。言以喪禮處之，殺人眾多，以悲哀泣之。戰勝以喪禮處之。

白話譯文

　　再好的兵器，還是不吉祥的東西。人們多半不喜歡它，因此有道之士不願用兵。有道君子平常以「左」為貴，而用兵則以「右」為貴。兵，是不吉祥的東西，不屬於有道君子的東西。不得已要用兵，當以恬淡為上。用兵得勝也不須讚美，若是喜歡讚美用兵，我們說這是以殺人為樂。那以殺人為樂的人，是不可能得到天下人認同的。自古以來，吉祥之事以左為尚，凶危之事則以右為尚。同這道理，偏將軍危害少些，因此，居於左；上將軍危害大些，故居於右。顯然的是說：以喪禮來處理這樣的事，戰爭殺人眾多，當以悲哀之心，涕泣之。因此，打了勝仗當以喪禮來處理。

藥方

一、涉及於勝敗的事，要用恬淡的心情去處理；涉及於生長的事情，要用心去沾溉它！

二、「自然大道」是生命的源動力，心靈則是土地，要去耕耘它、種植它！在這裡，你會發現自然人道。

三、哀兵必勝，勝兵當哀，勝的不是讓對方敗了，哀的反倒是這樣的勝敗，這是要讓自己「死去活來」，好自生長。

四、打敗對方，你贏了！可能這樣你就輸了！輸在哪裡？輸在你贏！

第三十二章　莫能

　　道常無名，樸，雖小，天下莫能臣也。侯王若能守之，萬物將自賓。天地相合，以降甘露，民莫之令而自均。始制有名，名亦既有，夫亦將知止；知止，可以不殆。譬道之在天下，猶川谷之與江海。

白話譯文

　　大道，恆常變通，是不可名言表述的，像是未雕琢的原木一般！它精微幽深，天下間沒有誰能支配它的！在上位的侯王們要是能守此自然大道，萬物將會如其萬物，自然生長！就如同天地乾坤、陰陽之氣，和合相感，自然降下了甘露，不必去命令人民，而它已自然均平！人們經由名言去建制這個世界，名言既已構成，那重要的是要能夠知其所止；能夠知其所止，這樣才能免除危險！大道之流布於天下，就好像山川深谷的水必然流歸大海一般！

藥方

一、心靈的治療不能老在端倪上用工夫，要回到本源，回歸之法，便得剝落語言的執著！

二、不要強求溝通，要體會靜默！靜默中有真樸的愛，大道之愛！

三、知其所止，不是在現象上去止住，而是用理想去轉移！猛然煞車是會翻車的，要懂得轉個彎，才能活下去！

四、放下它！放不下，那就放著！放著，用遺忘的方式放著！讓它回到記憶的海洋中！

第三十三章　智明

　　知人者智，自知者明；勝人者有力，自勝者強；知足者富，強行者有志；不失其所者久，死而不亡者壽。

白話譯文

　　能識別清楚他人，算是「聰智」，能回到自身好自瞭解，算是「明白」。勝過別人，叫作「有力」，勝過自己，才是真正強者。知足的人，算是富有；奮力實踐，必然已確立了志向。不離大道之所，才能長久；身雖死，精神長存，這叫長壽。

藥方

一、真正的智慧是自照照人，明白了自己，因而清楚了別人，是以自身為起點展開的。

二、強者是不隨自家的軀殼起念的，強者是咬著牙，和血吞！更重要的是放下！

三、知足者富、自尊者貴，能知此，就能立得了志，立得了志，就能奮力向前！

四、情境具有生長的力量，也可能會成為毀損的力量，要好好經營它！有了好情境，心靈主體又順適可成。

第三十四章　成大

　　大道氾兮，其可左右。萬物恃之而生而不辭，功成不名有，衣養萬物而不為主。常無欲，可名於小；萬物歸焉而不為主，可名為大。以其不自為大，故能成其大！

白話譯文

　　大道如水，源泉滾滾，盈滿而溢，或左或右，無所不在！天地萬

物，依恃大道而生長，永不分離。功業既成，卻不占為己有，覆育長養萬物，而不去宰控它。大道常理，無所貪求，可說是精微奧秘！萬有事物，歸於其中，卻不去控制它，可說是包容廣大。正因為它不認為自己如何的包容廣大，因而才真成了包容廣大。

藥方

一、能放下，就能不執著，能不執著，就可以無邊際，就可以包容　　廣大！
二、不要在末節上競爭，要在本源上生長，這叫參贊天地之道。
三、具體的生長一點點，比起在理念上說得天花亂墜要好得多！
四、面對渺小，才能識得其重大；能識得重大，就不為所謂的「偉　　大」所迷惑！

第三十五章　大象

> 執大象，下下往；往而不害，安平泰。樂與餌，過客止。道之出言，淡兮其無味。視之不足見，聽之不足聞，用之不足既。

白話譯文

執守大道，天下都來歸附！往歸於道，無所傷害，便能安順、平坦、通泰！悅耳的音聲與可口的食物，過客之人，暫止於此，過了也又過了！大道顯發為言語，往往平淡無味。看也看不見，聽也聽不清；用卻怎麼用也用不完！

藥方

一、要選擇的是自然、平坦，而不是勝利；要選擇的就是通達，而不是熱烈！

二、過客所要的，往往和住戶不同；想想你是歸人，還是過客，還是……

三、大道理一定平凡無奇，但平凡無奇可不一定是大道理！

四、不必多所揣度，要如理實在；是怎樣就怎樣，還它個明白！

第三十六章　微明

> 將欲歙之，必固張之；將欲弱之，必固強之；將欲廢之，必固舉之；將欲奪之，必固與之；是謂微明。柔勝剛，弱勝強。魚不可脫於淵，國之利器，不可以示人！

白話譯文

將要收縮歙合的，勢必先伸展擴張；將要刪削減弱的，勢必先加意增強；將要丟擲廢棄的，勢必先支持薦舉；將要劫掠奪取的，勢必先出讓給予；這就叫作「隱微奧秘的真理」；陰柔勝過陽剛，柔弱勝過剛強。總要處在自然大道之中，如同魚不能脫離淵深之水，如同國家銳利的武器不可以輕易示人，以免為人所奪！

藥方

一、大自然有一種「物極必反」的道理，不必太用心、太刻意，讓世事交給老天爺吧！

二、對於隱微之明、奧秘之理，默首體會，自有一番心地！

三、柔性的顛覆比起剛性的鬥爭有趣多了，因為這樣的顛覆是一種
　　生長。

四、武備！武備！作為一種裝備，一種準備！有備無患！不可以輕
　　易示人！

第三十七章　無為

道常無為而無不為，侯王若能守之，萬物將自化；化而欲作，
吾將鎮之以無名之樸。夫亦將無欲，無欲以靜，天下將自定。

白話譯文

　　自然大道，原本平常，不為什麼目的，而自如其如的生長著。當
政的侯王若能執守這自然大道，天下萬物將回到自身，自然化成。
自然化成生出了貪欲渴求，我將憑依不可名狀的本源之道去鎮伏它。
如此一來，便可以無貪無求；無貪無求而回到寧靜，天下將因之自然
安定！

藥方

一、不要老算計功利、不要老想著目的，無目的、當下自然，便是
　　灑落，這就成個自然豪傑！

二、不須去管理，讓他們自己想出一套自己管理自己的方式，你只
　　須看看就可以了！

三、一切計議便會生出貪欲渴求，這時需要的不是去壓抑它，而是
　　讓大道顯現，這樣的鎮伏是自然鎮伏，這才有效！

四、無貪無求，就是至福；真正的德從此處立起，這是通於自然大
　道的，這叫道德，道生之、德蓄之！

第三十八章　處厚

上德不德，是以有德。下德不失德，是以無德。上德，無為而
無以為；下德，為之而有以為；上仁為之而無以為。上義為之
而有以為。上禮為之而莫之應，則攘臂而扔之。故失道而後
德，失德而後仁，失仁而後義，失義而後禮；夫禮者，忠信之
薄，而亂之首。前識者，道之華，而愚之始。是以大丈夫處其
厚，不居其薄，處其實，不居其華，故去彼取此。

白話譯文

至上之德，不執著此德，正因如此，擁有這德性。俗下之德，執
持不失此德，正因如此，丟失了這德性。至上之德，自然無為而且也
不為什麼目的而為；俗下之德，勉力有為而且是為了目的而為；至上
之仁，純只感通之為，不為什麼目的而為；至上之義，勉力為之，這
是為了目的而為。至上之禮，勉力為之，卻沒得恰當回應，就拉著臂
膀而勉強將就它。如此看來，失去了大道之源，而後只好強調內在德
性；失去了內在德性，而後只好強調感通之仁；失去了感通之仁，而
後只好強調正義法則；失去了正義法則，而後只好強調禮儀規範。那
強調禮儀規範的，正可見忠誠、信實已然澆薄，禍亂災害，已然開
始！預先測度未來，只見得大道的表象，這是人們愚昧之始啊！因
此，大丈夫寧可居處忠信之厚，不願居處禮文之薄！寧可居處純樸之
實，不願居處浮泛之華，因此寧可去華薄，而取厚實！

藥方

一、「道」是有人起個頭，帶著你走，這人是誰，是你胸中的主。
二、「德」是依正直的心來做，直入本源，不必罣礙！
三、「仁」是彼此真誠相感、相應，融合為一體。
四、「義」是自我要求完善，做成規則，戮力為之。
五、回得本源，一切自在、自然！純樸的力量最大！

第三十九章　得一

　　昔之得一者：天得一以清，地得一以寧，神得一以靈，谷得一以盈，萬物得一以生，侯王得一以為天下正。其致之也，謂天無以清將恐裂，地無以寧將恐廢，神無以靈將恐歇，谷無以盈將恐竭，萬物無以生將恐滅，侯王無以貴高將恐蹶。故貴以賤為本，高以下為基，是以侯王自謂孤寡不穀，此非以賤為本邪？非乎！故致數譽無譽，不欲琭琭如玉，珞珞如石。

白話譯文

　　溯其源頭，古早以前能得大道整體之全的：「天」得此整體之道，因之而清明，「地」得此整體之道，因之而寧靜，「神」得此整體之道，因之而靈感，「谷」得此整體之道，因之而盈滿，「萬物」得此整體之道，因之而生長，「侯王」得此整體之道，因而能以正道治國。就此往前推論來說，天若不清明，將恐分裂；地若不寧靜，將恐崩廢，神若不靈通，將恐消歇，谷若不盈滿，將恐枯竭，萬物不得生長，將恐絕滅，侯王不得高貴正位，將恐頹蹶。如此說來，「貴以賤為根本」、「高以下為基礎」，因而侯王自稱為「孤」、「寡」、「不穀」，這豈

不是以賤為本嗎？不是嗎！由此看來，最高的榮譽，那是無譽之譽；
修道之人，不願別人稱譽它琭琭如玉，而寧可無譽的珞珞如石一般！

藥方

一、「一」是一切的本源，也是當下的起點，想著「一」，一件一
　　件的去做完它，不必掛心！

二、你高貴嗎？正因為有所謂的「低賤」襯托出來的，想到這裡，
　　你怎能不對所謂的「低賤」默首道謝呢？

三、最高的榮譽不必須索、貪求，寧可無什榮譽，因為自然大道本
　　來是平平常常，那有什麼榮譽！

四、你不夠好，人家說你好，這要慚愧！你很好，人家說你不好，
　　卻要坦然！

第四十章　弱用

　　反者，道之動，弱者，道之用，天下萬物生於有，有生於無。

白話譯文

　　正反往復，自然大道，行動不息，柔弱溫順，自然大道，運用無
窮，天下有千萬個分別的事物，它生起於人們有形有象的執著分別，
這有形有象的執著分別則又生起於無形無象的渾淪為一。

藥方

一、將一條線圈成一個圓，原先的兩端就成為同一個點！想想：這
　　就叫「道」理！

二、管人家說你、笑你脆弱，你明白自己是在生長就好了！須知：
　　此時生長最安全，最有空間！

三、沒有經驗，正充滿了可能性，誰說一定要是老經驗的好！

四、「無」可以是「沒有」，可以是「可能」，更可以是「無窮無
　　盡」，有個「無」真好！

第四十一章　聞道

上士聞道，勤而行之；中士聞道，若存若亡；下士聞道，大笑
之，不笑不足以為道。故建言有之，明道若昧，進道若退，夷
道若纇，上德若谷，大白若辱，廣德若不足，建德若偷，質真
若窬，大方無隅，大器晚（免）成，大音希聲，大象無形道隱
無名，夫唯道善貸且成。

白話譯文

上士之人聽聞大道，勤勉而行、竭力不懈；中士之人聽聞大道，
將信相疑、時存時亡；下士之人聽聞大道，訕然大笑，要是不笑就不
叫大道啊！因此古來成語說：光明之道，像是暗昧；前進之道，像是
後退；平坦之道，像是崎嶇；高尚之德，卑如山谷；大功彰著，像是
受辱；廣博之德，像是不足；剛健之德，像是偷惰；質樸真實，像是
空虛；方正廣大，便無稜隅；宏偉器識，不必期成；大道之音，無聲
可聞；大道之象，無形可見；大道隱微，無名可識；就只此大道善於
助長萬物、成就萬物！

藥方

一、別人怎麼說是一回事，我怎麼做更是一回事；這回事不同於另
　　一回事，只此一回事，如其所如，自自在在！
二、世俗人看得很低，而值得做的事，往往具有強大的生長力量，
　　可以一試！
三、自然大道是「自然」，是「大道」；自然就不在意他人，而是自
　　自然然；大道就不避崎嶇，何路非大道也。
四、大道是看不見的、聽不著的，但它就在生長中！

第四十二章　沖和

> 道生一，一生二，二生三，三生萬物；萬物負陰而抱陽，沖氣
> 以為和。人之所惡，唯孤寡不穀，而王公以為稱；故物或損之
> 而益，或益之而損；人之所教，我亦教之。強梁者不得其死，
> 吾將以為教父。

白話譯文

　　大道之生，渾淪為一、「不可言說」，「不可言說」，分裂為二、轉
為「可說」；既為「可說」，參合天地、成就為「說」；「說」必有指，
指向對象，構成「萬物」。萬物存在載負陰柔而環抱陽剛，養其虛靈
之氣以為調和。孤、寡、不德這些話頭是人所厭惡的，而王公偏以此
自稱，為的是調和其氣。如上所說，存在事物雖或減損，反而增益；
雖或增益，反而減損；這道理是前人所留下的教示，我也同樣的教示
你！矜強自恃的人，不得好死，我將以此作為教示世人的綱領。

藥方

一、人們用語言名號去對既有的存在定下標籤，但可不要忘了未貼
標籤前，正是存在事物生長的過程！

二、任何存在事物總有陰陽剛柔兩個對立面，用你的謙卑心靈去活
轉它吧！「處環中以應無窮」！

三、教，是不言之教，是柔弱之教，這是生長的關鍵處；即使要說
話，還是要歸於不說。

四、損之可益，益之可損，自然有一種持平原則，人間福分亦是如
此，且安心吧！

第四十三章　至柔

> 天下之至柔，馳騁天下之至堅。無有入無間，吾是以知無為之
> 有益。不言之教，無為之益，天下希及之。

白話譯文

天下間最為柔弱的，往往能夠馳騁在最為堅固的事物之間。沒有
形體的東西可以透入看似沒有間際的地方，我因此明白到無所造作、
自然而為，是真切有益的！不經言辭的教導，不執著造作、自然而
為，這樣的智慧，普天之下，很少人能及得上啊！

藥方

一、有形有象的東西必然會毀壞，無形無象的東西卻可以長存！

二、修行，不是去追求「有」，而是迴返於生命的「無」，「無」是
本源！

三、「說」了有作用，但「不說」有時作用會更大、更大！「說」
　　與「不說」之間要拿捏恰當！

四、不是不作，而是作了要放下；放下才能自在，才能開啟新局！

第四十四章　知止

名與身孰親？身與貨孰多？得與亡孰病？是故甚愛必大費，多
藏必厚亡。知足不辱，知止不殆，可以長久！

白話譯文

名譽與生命，何者可愛？生命與財貨，何者貴重？獲得與失去，
何者有害？因此過分的貪愛必造成更大的耗費，更多的積藏必造成更
重的損失。知其所足，不受侮辱；知其所止，無所危險；如此便能長久
存在！

藥方

一、釐清何者是「須要」，何者是欲望、是貪求？對生命會有基本
　　的幫助！

二、生命是無價的，用生命去換取其他有價的東西，這是人世間最
　　大的倒反！

三、有個小洞洞，可能保住了整體；封住了那小洞洞，可能垮掉了
　　全部！留些缺憾，可能是保住美善最好的藥方！

四、知足的人是富有的，知止的人是有福的，合乎大道就能長久！

第四十五章　清靜

大成若缺，其用不弊；大盈若沖，其用不窮；大直若屈，大巧
若拙，大辯若訥，躁勝寒，靜勝熱，清靜為天下正。

白話譯文

大道之成，若有所缺，它的作用，永不衰敗！大道滿盈，若有所
虛，它的作用，永不窮歇！大道平直，像是屈折；大道巧妙，像是愚
拙；大道善辯，像是口訥，行動可以克服寒冷，安靜可以克服暑熱；
心神清靜方可以君臨天下。

藥方

一、大道生於有餘，留有餘可以補不足，天地之大，有餘可以容
　　物，可以延年！記得：不要做盡了！
二、真正會說話的人，話說出口，就要能回得來，這叫「訥」。
三、清靜是讓渾濁的澄明了，讓躁動的安住了；你的心自在了，事
　　物也就找到他們的家！
四、留些愚拙給自己，一方面讓自己有變得聰明的可能，一方面讓
　　別人有聰明的喜悅！

第四十六章　知足

天下有道，卻走馬以糞；天下無道，戎馬生於郊；禍莫大於不
知足，咎莫大於欲得；故知足之足，常足矣！

白話譯文

　　天下有道，國泰民安，戰馬退回田野，耕種農作；天下無道，戰亂不息，懷胎牝馬，只得生於郊野；最大禍害莫過於不知足，最大罪咎莫過於貪欲掠奪；由此看來，能迴心向內，體會原本富足，這才是永遠的富足！

藥方

一、自然大道，原本富足，尋於本源，自在自得；一心向外，求不　得，苦，奈何？

二、揀察心念：念頭！念頭！念要回頭，才有了時！念不回頭，執　之成迷！迷而成惑，難解、難解！

三、欲望會生出力量，但這樣的力量往往會牽引出更大的毀滅性力　量！可不慎哉！

四、知足常樂，樂在知足，這種滿盈的感覺，極為自在而可貴！

第四十七章　不出

　　不出戶，知天下；不窺牖，見天道；其出彌遠，其知彌少；是以聖人不行而知，不見而明，不為而成。

白話譯文

　　不出門戶，知得天下大道；不窺窗牖，見得天理自然；那出離自身愈遠的，對大道的體會也就愈少；因此，通達自然大道的聖人不往外追求，心中自有體會；不往外窺探，言說自然明白；不造作執著，活動自然天成。

藥方

一、認知是指向對象，但判斷總要回到自家心中，這就是「道」。

二、事物清楚了，還不夠，更重要的是心理要明白！明白就是踏實！

三、緊抓著，把事情做好了，那可真很累！放開它，事情自然天成，才是工夫！自然工夫！

四、不要沒命的努力，要安身立命！讓開！一切自然天成！

第四十八章　日損

> 為學日益，為道日損，損之又損，以至於無為；無為而無不為。取天下常以無事，及其有事，不足以取天下。

白話譯文

「為學」旨在日益增進知見，「為道」重在日漸減損執著！減損再減損，減損到無所造作，無所執著的境地；無所造作、無所執著，便能無入不自得，自然而為。順著自然常道，安寧無事，便能得到天下；若是生事擾民，那便無法得到天下。

藥方

一、渾默之智，無為天成，放得下，提得起，這樣才能做大事！

二、不要老往外去追逐，要回頭觀照自己；觀照自己，才能歇心！

三、做個管理者，最重要的是：不生事擾民，但要無事而有事！

四、不執著、不造作，只是當下活著！這就是生，就是活，活出意義，活出個自然天機！

第四十九章　德善

聖人無常心，以百姓心為心。善者吾善之，不善者吾亦善之，德善。信者吾信之，不信者吾亦信之，德信。聖人在天下，歙歙為天下渾其心。百姓皆注其耳目，聖人皆孩之。

白話譯文

聖人守著恆常大道，不偏私其心，以百姓之心為心。良善之人我良善待之，不良善之人我亦以良善待之，我只直心行善罷了！信實之人我信實待之，不信實之人我亦以信實待之，我只直心信實罷了！聖人居於天下，翕合他的意志，天下渾合，其心自然無為。百姓都敬畏而專注地聽聞，聖人當成孩兒般的呵護著他們！

藥方

一、直心行善，入於造化之源，不計較眼前的利害，此是真積德！
二、大道無私，只要讓開，天理自然彰顯，灑落工夫就此做去！
三、渾默之智，翕合其心，能止能觀，萬物自在自得！
四、放棄了權利的自我，心中常有別人，這樣才能有一超越的大我！

第五十章　生死

出生入死，生之徒，十有三；死之徒，十有三；人之生，動之死地，亦十有三。夫何故？以其生生之厚。蓋聞善攝生者，陸行不遇兕虎，入軍不被甲兵，兕無所投其角，虎無所措其爪，兵無所容其刃，夫何故？以其無死地！

白話譯文

　　出而為生，入而為死，生存之途徑，十之有三，死亡之途徑，亦十之有三；人為了謀生，行動而墮入死地的，也十之有三。這是何故呢？因為他為了生命謀生太豐厚了！據聞善於攝養生命的人，在陸地行走不會遇見兕牛老虎，入軍作戰也不會為甲兵所傷；兕牛用不上牠的角，老虎用不上牠的爪，士兵用不上他的刀刃，這是何故呢？只因為這個人不露殺機，沒有致死之地啊！

藥方

一、生命的特質就是它自己有它的生、它的命，因此不能太奢求，也不能太用心，要渾默些、放得下，往往好過活！

二、「生命」、「生命」，有「生」，有「命」，「生」是創造，「命」是限制，正視「命」，才有得「生」。

三、藏其殺機，不如消化殺氣，化得了殺氣，就可以「無死地」，就可以「保生」！

四、「處所情境」就是「天地」，有天有地，便是道理，便是生命之所寄！

第五十一章　尊貴

　　道生之，德蓄之，物形之，勢成之。是以萬物莫不尊道而貴德。道之生，德之貴，夫莫之命而常自然。故道生之，德蓄之，長之育之，亭之毒之，養之覆之。生而弗有，為而弗恃，長而弗宰，是謂玄德。

白話譯文

自然大道，創生天地，內具本性，蓄涵其中，存在事物，形著其體，事物相接，造成時勢。如此說來，存在萬物沒有不尊崇自然大道，而以內具德性為貴的。自然大道的創生，內具德性的蓄涵，不經賦予與命令，就只是自然無為而已！正因自然大道，創生天地，內具本性，蓄涵其中，就如此生長、如此發育，如此結籽，如此成熟，就如此養育萬物，懷養萬物。自然大道生育萬物，而不據為己有；自然大道助成萬物，而不矜恃其功；自然大道成長萬物，而不主宰控制；這就叫作玄遠幽妙之德啊！

藥方

一、存在的事物必有其根源，必有其本性，根源叫「道」，本性叫「德」，如其根源、本性，就叫「道德」。

二、不要在末端的事勢用工夫，而要在根源的本性上好好生長。

三、道理、道理，因道成理，事勢、事勢，因事成勢！道理優先，事勢在後！

四、用認知去定住，用智慧去觀照，用德性去成全，用大道去銷融！

第五十二章　守母

天下有始，以為天下母。既得其母，以知其子，既知其子，復守其母；沒身不殆。塞其兌，閉其門，終身不勤。開其兌，濟其事，終身不救。見小曰明，守柔曰強，用其光，復歸其明；無遺身殃，是謂習常。

白話譯文

　　天下有其本源，並以此本源作為天下的母親。既已體會得此天地的本源，便可憑藉此來認知萬物。既已認知萬物，又回來守著那本源；直到老逝都不會有什危險！阻塞那向外追逐的感官，關閉向外執著的認知，終其一身都不會困竭！打開了向外追逐的感官，促就了外在紛擾的事物，終其一身都難以救治！見得隱微之幾，才叫智慧；保守柔弱，才是強者；用得外現的亮光，當得歸復內在的靈明；才不會遺給自己禍殃，這叫作習於常道，因任自然！

藥方

一、回到本源，一切就好處理，一切危險都可以度過！

二、打開感官、開啟執著，心向外奔馳，這世界一時間美麗起來；但很快就得衰頹！

三、常道是有往有復、有來有去的，一個存在事物能如此出入自得，那也就合乎道了！

四、亮光照人而慴人，靈明照人而自照，因為自照，所以明白動人！

第五十三章　大道

　　使我介然有知，行於大道，唯施是畏。大道甚夷，而民好徑。朝甚除，田甚蕪，倉甚虛，服文采，帶利劍，厭飲食，貨財有餘，是謂盜夸，非道也哉！

白話譯文

　　要說我有清楚而明白的認知，那是：行走大道，最擔心的卻是歧出邪路。大道何等平坦，但人民總喜歡險僻的小徑。朝廷宮宇，何等華麗；田園郊野，何等荒蕪！糧倉國庫，何等空虛！身穿文綵華服，手帶銳利寶劍，饜足了山珍海味，財貨蓄積有餘，像這樣叫作強盜頭子，不合乎「大道」的啊！

藥方

一、不要以為平坦無奇，就沒什麼，要知道「沒什麼」，那才能入於大道之門！

二、那些有權有力的人，總在歷史的浪頭上，浪生浪死，沒幾個可以成為中流砥柱的！

三、小草的哲學是：小人物，但生命卻是莊嚴的；大人物可能恰好相反！

四、大道在平正無奇，不在華麗文綵！

第五十四章　善建

　　善建者不拔，善抱者不脫，子孫以祭祀不輟。修之於身，其德乃真；修之於家，其德乃餘；修之於鄉，其德乃長；修之於邦，其德乃豐；修之於天下，其德乃普。故以身觀身，以家觀家，以國觀國，以天下觀天下，吾何以知天下之然哉，以此！

白話譯文

　　善於建立功業的人，必立下不拔之基；善於抱持理想的人，必結成不解之緣，子子孫孫的祭祀永不中輟。自然大道，用來治理自身，內具德性，日漸真實；自然大道，用來治理家庭，內具德性，充實有餘；自然大道，用來治理城鄉，內具德性，日漸長成；自然大道，用來治理邦國，內具德性，日漸豐盛；自然大道，用來治理天下，內具德性，日漸普遍；如此看來，這叫「以身觀身，以家觀家，以國觀國，以天下觀天下」，我何以知道天下是怎麼樣的呢，就用以上所說的大道之觀啊！

藥方

一、大道之治重在如其所如，觀復其身，讓他自己生長！
二、「觀」是對比而視，是清靜的觀賞，是如其所如的讓它生長！
三、能放得開，他才能生長，給他天地，比給他什麼都重要！
四、不必太關心他，把「關心」轉成「開心」，開開心心的，自在的生長！

第五十五章　含德

　　含德之厚，比於赤子；毒蟲不螫，猛獸不據，攫鳥不搏；骨弱筋柔而握固，未知牝牡之合而朘作，精之至也。終日號而不嘎，和之至也；知和曰常，知常曰明，益生曰祥，物壯則老，謂之不道，不道早已！

白話譯文

　　蓄涵內具德性的豐厚，可好比嬰兒一般；毒蟲不來螫他，猛獸不來害他，鷙鳥不來傷他；他的筋骨柔弱，但拳頭卻能握持的緊密，他尚且不知道男女兩性交合之事，卻會天生自然的勃起，這純然是乾元之氣啊！他終日號哭而不傷嗓子，這是太和之氣所使然啊！體會得這個太和之氣，就只是常道常理，體會這常道常理，就得智慧明白！貪求生活享受，必遭禍殃；力求事物壯大，必然老逝；這叫作不合乎自然大道，不合乎自然大道必會早逝！

藥方

一、柔性的顛覆比起剛性的鬥爭，有力量多了！他的力量在於真實的生長！

二、體會自然大道的和氣，和氣是如其所如的喜怒哀樂，並不是無喜怒哀樂！

三、柔性的堅持，「骨弱筋柔而握固」，因為此中有一大道的生命力在裡面！

四、和諧，不破裂、不迫切，讓他來、讓他去，他來來去去，就停在哪裡了！這叫作「常」態！

第五十六章　道貴

　　知者不言，言者不知，塞其兌，閉其門，挫其銳，解其紛，和其光，同其塵。是謂玄同。故不可得而親，不可得而疏，不可得而利，不可得而害，不可得而貴，不可得而賤，故為天下貴！

白話譯文

　　智慧之人，不夸夸而談；夸夸而談之人，多無智慧。阻塞了貪取，關閉了執著！挫掉了銳利，解開了紛雜，柔和了亮光，和同了塵世，這就叫作玄妙之同啊！玄妙之同，故不親亦不疏，不利亦不害，不貴亦不賤，能夠因應兩端，處其環中，所以為天下所貴！

藥方

一、不要把自己放在一線之兩端來思考，而要「得環中，應無窮」！

二、因「玄」故「妙」，拉成一長遠的辯證歷程，幽深而識其和同，因為和同故知其妙！

三、打扮得光鮮亮麗，一旦習慣，那你就得花許多時間去維護它；回到樸素之地，它會自然生長！

四、每天要插一盆漂亮的花，不如長久種一株會生長的花！不要只重生命的表象，要重視生命的本體！

第五十七章　治國

　　以正治國，以奇用兵，以無事取天下；吾何以知其然哉，以此！天下多忌諱，而民彌貧；人多利器，國家滋昏；人多伎巧，奇物滋起；法令滋彰，盜賊多有；故聖人云：我無為而民自化，我好靜而民自正，我無事而民自富，我無欲而民自樸！

白話譯文

　　用正道來治國，用奇巧來用兵，用無為之事來治理天下；我何以

知道該當如此呢！正因為這樣！天下顧忌禁令多了，人民也就跟著貧窮窘困；人民的戰爭利器多了，國家也就跟著愈為昏亂；人民的技巧機心多了，奇怪邪惡之事滋然而生；刑罰政令繁瑣複雜，偷盜竊賊卻有增無已！基於以上的反省，聖人說：我自然無為，而人民自得其化，我喜好寧靜而人民自得其正，我無事無擾而人民自其富，我無所貪求而人民自得渾樸！

藥方

一、臺灣俗彥說「嚴官府出厚（多）賊」，人為的勉力控制，不如自然無為的調劑！

二、把理想的堅持掛搭在意識型態的執著上，可能生出很大的力量，但破壞性的力量將極為可怕！

三、自然無為吧！不用擔心，只要用心、關心、寧靜、無擾、無貪，一切會有進境的！

四、用其機，不如渾其機；用其心，不如渾其心；渾樸自然，任天無為，就是藥方！

第五十八章　察政

其政悶悶，其民淳淳；其政察察，其民缺缺；禍兮福之所倚，福兮禍之所伏；孰知其極，其無正。正復為奇，善復為妖。人之迷，其日固久，是以聖人方而不割，廉而不劌，直而不肆，光而不耀。

白話譯文

當政的人看似悶昧不明，其實自然無為，因而大眾人民富足親睦，民風淳樸。當政的人看似精明能察，其實苛刻剝削，因而大眾人民疏隔匱乏，民風澆薄。災禍啊！往往就伴隨在幸福邊；幸福啊！往往也就潛隱著災禍！這樣的相伴，又何所止呢？那恐怕沒有一所謂的「正道」。「正道」往往轉成了「奇變」，「良善」則又轉成了「妖異」；人們迷惑的時日已經很久了，正因如此，聖人立了規矩，不敢以之殺人；廉潔自持，不敢以之傷人；正直自守，不敢以之誇人；反躬自省，不敢以之耀人。

藥方

一、一種「看不出來」的生長力量，那是最值得學習的！這叫「默運造化」。

二、一直擔心禍福的問題，不如真正的回到自身來體會體會，凡是能回到自身的，就是有福之人！

三、原則立了之後，便要歇手；歇手才能走出自己的新生命。

四、要照亮人，但可不要讓別人眼睛都睜不開，什麼都看不到，只是一片漆黑！

第五十九章　長生

治人事天莫若嗇，夫唯嗇是謂早服；早服謂之重積德，重積德則無不克；無不克則莫知其極，莫知其極可以有國；有國之母可以長久，是謂深根固柢，長生久視之道。

白話譯文

　　治理人民，事奉上蒼，莫過於儉嗇之道；唯有用儉嗇之道才能回到先天大道的本源。回到先天大道的本源可以說深厚地累積其德，既已深厚累積其德，那也就沒什麼事是不能克服的。既沒什麼事是不能克服的，那也就無法估計其力量。既無法估計其力量，那就可以擁有國家；若能擁有國家之本源，這樣就能天長地久。這就叫作：深扎其根、固實其柢，長遠其生，永久存在的自然大道啊！

藥方

一、不要那麼慷慨，寧可儉約一點地好，儉約會使得人的生命儉肅而有力量！

二、長在枝葉的，不必太在乎！你當在乎的是長在泥土裡，看不見的部分！

三、有個「道」在，一切好辦，「道」是要長養的，不是把捉得到的！

四、給出一片天地，就能生長！給別人天地，就是給自己天地！

第六十章　道蒞

　　　治大國，若烹小鮮；以道蒞天下，其鬼不神；非其鬼不神，其神不傷人；非其神不傷人，聖人亦不傷人；夫兩不相傷，故德交歸焉！

白話譯文

治理大國就好像烹煎小魚一樣，不可輕易去攪動它！以自然大道蒞臨天下，就連鬼怪的作祟都不靈驗了；非但鬼怪不靈驗，而是它所顯現出來的神氣不傷人；非但它所顯現出來的神氣不傷人，就連統治的聖者亦不會去逼害人；鬼怪以及統治的聖者兩者都不來傷害人，因此人內在的本性就得以陰陽和合歸為一體了！

藥方

一、不要老考慮「勢」如何？要考慮的是「道理」，順道理就能生長！

二、自然大道的恩慈是：使得那會傷你的也不傷你了；自然大道的狠戾是：使那原來不會傷你的，竟然回過頭來傷你！

三、有了泥土才能生長，大道所強調的只是這麼一點點！

四、不要用「掃黑」的方式，會愈掃愈黑，應當用「照亮」的方式！

第六十一章　為下

> 大國者下流，天下之交，天下之牝。牝常以靜勝牡，以靜為下。故大國以下小國，則取小國。小國以下大國，則取大國。故或下以取，或下而取。大國不過欲兼畜人小國不過欲入事人。夫兩者各得其所欲，大者宜為下。

白話譯文

大國應居於眾流之下，天下眾流才能匯集於此，天下萬物才能安

息於母懷！母親常安靜的關懷卻勝過了父親的躁動的責斥，因為安靜才能謙下的去關懷這個世界！正因如此，大的國家應謙下的去關懷小的國家，這樣就贏得了小國的信服！小國應謙下的去禮讓大國，這樣就贏得了大國的信任！因此，不論是謙下以取得信服，還是謙下以取得信任。大國不過想要領導諸小國，而小國不過想要能恰當的入事大國而已！這兩者都能各得他們所要的，就此而已，大國更應該謙下的去體貼小國的心聲！

藥方

一、站在上方的，就要給人；處在下方的，才能得到別人的恩賜！這是一個極為簡單的道理！

二、最好的領導者，不是站在上方指揮，而是處在下方觀看，並且要懂得回到本源的看！

三、不必打破身段，因為根本就沒有身段，有的只是讓自家生命恰當的、好好的活著！

四、離去不必要的高傲，正視真正的卑下；卑下才有坤德載物！

第六十二章　道奧

道者，萬物之奧。善人之寶，不善人之所保。美言可以市尊，美行可以加人。人之不善，何棄之有。故立天子，置三公，雖有拱璧，以先駟馬，不如坐進此道。古之所以貴此道者，何也。不曰：求以得，有罪以免耶，故為天下貴。

白話譯文

　　自然大道是萬物所歸趨的奧秘之所。善人懂得去寶愛它，而不善之人則因為有它，所以方得和合保育。合於至道的美言可以得到別人的尊崇，合於至道的美行可以提高人的形象。即使人會做出不善之事，但自然大道怎又忍心拋棄它呢？因此要是你立為天子，並置設了三公，即使是擁有了兩手相拱的璧玉，並且乘坐駟馬所駕的華車，這都不如進入到這自然大道之中，好得安歇！古先聖人之所以特別尊榮自然大道，這又為什麼呢？難道不是說：只要真心探求，必有所得，即使獲了罪，也可得大道之保育而豁免，正因如此，自然大道是天下人所尊榮的。

藥方

一、自然大道是萬物所歸趨的奧秘之所，它以包容為德！
二、世間紅塵，且讓它囂嚷一下，也就沉寂了！沉寂了，就好。
三、靠著外在的華美、光鮮，是不實際的；要由內在樸實的生長起來！
四、大道無形，去掉了「形」，進到了「無」，這樣才能入乎「道」，最後是要無所不在的「大」，這是一個不休止的歷程。

第六十三章　無難

　　為無為，事無事，味無味。大小多少，報怨以德。圖難於其易，圖大於其細。天下難事，必作於易。天下大事，必作於細。是以聖人終不為大，故能成其大。夫輕諾必寡信，多易必多難；是以聖人猶難之，故終無難矣！

白話譯文

　　無所造作，自然無為，而勇於有為；不生事擾民，自然無為，而勇於任事；不嗜厚味，自然無為，而仔細品味！大事看小，多事看少；面對怨懟，要有大道包容之德。要去做難事，就從易處做起；要去做大事，就從細處做起。天下難事一定得從易處著手；天下大事一定得從細處下手。因此，聖人始終不敢自稱為大，正因如此，所以才能成就其大。輕易應諾的人一定少了些信用，把事情看得太容易了，一定會遭到更多的困難。因此，即使是聖人對任何輕易的事也謹慎而莊嚴的像是難事去面對它，所以到頭來，天下事也就都不困難了！

藥方

一、有一個做事原則要記得：先其易者，後其節目；容易的通過了，難的也變簡單了。

二、要鄭重其事，但不要焦慮；要放下，但不要忘了；要緩緩地處理！

三、不要再計畫了，開始吧！有了第一步，一切就好端端地來了！

四、可以慢些，但不能停歇；要綿綿若存的努力！

第六十四章　輔物

　　其安易持，其未兆易謀。其脆易泮，其微易散。為之於未有，治之於未亂。合抱之木，生於毫末。九層之臺，起於累土。千里之行，始於足下。為者敗之，執者失之。是以聖人無為故無敗，無執故無失。民之從事，常於幾成而敗之。慎終如始，則無敗事。是以聖人欲不欲，不貴難得之貨；學不學，復眾人之所過，以輔萬物之自然而不敢為。

白話譯文

　　安定才容易維持，還沒有徵兆才容易謀策。脆弱容易被分化，微弱就容易消除。在還沒發生前就要去做，在還沒亂以前就要整治。就像兩人合抱的大木，是從毫末般萌芽長成的；九層樓的高臺是一畚箕一畚箕堆累起來的；千里的旅程是從足下一步一步走出來的。太造作有為，往往會失敗；執著不放，反而會失去了機會。因此之故，聖人自然無為，因而不會失敗，沒有執著不放，因而不會失去先機。一般人做什麼事常常是快要完成了，反而失敗了！能夠好像原初的努力一樣，謹慎的去完成一件事，那就不會有什麼失敗的事了！因此，聖人不貪求他所想要的，不寶愛世俗人所以為的難得之貨；聖人之所學不是一般世俗百姓所追求學習的，對於眾人過頭追求的有一深刻的反省作用，用這樣的方式來輔助天下萬物，務使其自然，所以他是不敢執著造作！

藥方

一、要懂得見微知著，或者見縫插針，不要讓它勢態擴大了！

二、不是去弄心機，而是回到「大道之源」，你自會有一番機趣，並因之而玩味一下「道之幾」也，進一步體會歷史之勢！

三、天下不是打來的，而是人們送給你的，不送給你，奈何？要人家送給你，那就要懂得謙虛些！

四、快成功了，就是最危險的時候；要懂得「保合太和」，要懂得好自努力，慎終如始！

第六十五章　大順

古之善為道者，非以明民，將以愚之。民之難治，以其智多，故以智治國，國之賊！不以智治國，國之福。知此兩者，亦稽式；常知稽式，是謂玄德。玄德深矣遠矣！與物反矣，然後乃至大順。

白話譯文

古來聖人善於依著自然大道來治理國家，他並不喚醒人們的利害智巧，而是要人民守著純樸愚厚。人民之所以難治，正因為人們的利害巧智多了，因此，用利害巧智來治國，這便戕害了國家！不用利害巧智來治國，這才是國家之福！知道以上這兩個道理，那也就真切瞭解到治國的準則了；能夠恆久體會這準則，這就叫玄遠幽深之德。玄德是何等的幽深而深遠啊！它和一般世俗的事物是截然相反的，如此才能自然無為，大順而成。

藥方

一、天下國家不是用計較心去做成的，而是用一番真心做成的！

二、要守愚，純樸自然，看似笨笨，其實才能生長！

三、追求世俗，太辛苦了，何妨守著原先的純樸氣質，雖然粗粗的，卻有力量！

四、最「玄」的事是：好像沒有，其實是有，生命的奧秘就在這裡！

第六十六章　江海

> 江海所以能為百谷王者，以其善下之，故能為百谷王。是以欲
> 上民必以言下之，欲先民必以身後之。是以聖人處上而民不
> 重，處前而民不害。是以天下樂推而不厭，以其不爭，故天下
> 莫能與之爭。

白話譯文

汪洋江海之所以能成為百川眾谷之王，因為它善處卑下，故能成
為百川眾谷之王。因此，統治天下的聖人想要居於人民之上，必得以
謙卑的言語來取得人民的信賴；想要人民站出來，那麼聖人必得把自
己退到後面去！因此，聖人處在上面而人民不覺得有沉重的壓力，站
在前頭領導而人民不覺得有妨害！這樣一來，天下人都樂意推戴他，
而不會厭棄他；這是因為聖人不與人相爭，因而天下人沒有人能與他
相爭！

藥方

一、如果你已經是一個領導者了，那你就盡可能的謙卑吧！如果你
　　將要成為領導者，那你要學習謙卑！

二、落入競爭的機制，哪有爭得過的道理；只有不落入競爭的機
　　制，才能爭得過人！

三、等在下頭，別人會給你；站到上頭，那你就得給人；好好選
　　擇吧！

四、卑下得別人都不覺得你是一號可競爭的人物，但你卻是一最能
　　競爭的人物，這局勢如何，不問可知！

第六十七章　三寶

> 天下皆謂我道大似不肖。夫唯大故不肖，若肖久矣，其細也夫。我有三寶，持而保之，一曰慈、二曰儉、三曰不敢為天下先。慈故能勇，儉故能廣，不敢為天下先，故能成器長。今舍慈且勇，舍儉且廣，舍後且先，死矣！夫慈以戰則勝，以守則固，天將救之，以慈衛之。

白話譯文

天下人都告訴我「道」太大了，什麼都不像，正因為道太大了，所以什麼都不像，要是它像什麼，那早就銷損殆盡了！我有三條寶貴的原則，一直持守而珍惜著它，一是慈愛、二是儉樸、三是不敢自傲，居天下之先。因為慈愛所以勇敢，因為儉樸所以寬廣，因為不敢自傲居天下之先，所以能成就大器。要是，你捨棄了慈愛卻好勇，捨棄了儉樸卻只浪費，捨棄了謙讓卻只爭先，這麼一來，你就死定了。要是能夠慈愛，那一日戰爭才能得勝，守護起來也才堅固；上蒼救人是用祂的慈愛之心來衛護他的。

藥方

一、滿懷「愛」的人，無所怖慄、無所憂懼，因此是最為勇敢的！

二、「儉嗇之道」可以令人回到自家生命之源來，不外放、不衰歇！

三、不用急，在後頭，只要有生長的力量，後頭總會跑到前頭來的。

四、戰爭是不得已的，只有「愛」才能化解戰爭！

第六十八章　不爭

善為士者不武，善戰者不怒，善勝敵者不與，善用人者為之
下，是謂不爭之德，是謂用人之力，是謂配天，古之極也。

白話譯文

善於做勇士的人不誇耀自己的武力，善於帶兵大仗的人不輕易被
激怒，善於戰勝敵人的人不和敵人硬拚，善於用人的人能謙卑的聆聽
屬下的心聲，這就是不與人爭的美德，這就用了人的真切力量，這就
配合了大自然，是古來最高的原則。

藥方

一、「對治」很辛苦，要懂得轉圜，留了餘地，才可能轉圜。

二、「生氣」是下下策，要懂得不生氣，才可能鼓足勇氣，克服
　　困境！

三、什麼事都自己做，那鐵定會累死；做領導的人，是去領導人做
　　事，不是讓事把自己做死了！

四、大自然的啟示是：讓該活動的活動，自己還給它個自己！

第六十九章　用兵

用兵有言曰：吾不敢為主，而為客；吾不敢進寸而退尺，是謂
行無行，攘無臂，執無兵，扔無敵。禍莫大於輕敵，輕敵幾喪
吾寶；故抗兵相加，哀者勝矣！

白話譯文

古來用兵有個訓言說：我不敢主動挑戰，而只是被動應戰；我不敢逞強前進一寸，我寧可後退一尺，這就是要行動而無行動相，出手而又無出手相，執握武器而無武器相，往前進攻而無敵人相。戰爭禍害莫大於輕敵，一旦輕敵，將會喪失了我們最可貴的東西；因此，兩軍對峙打仗，哀憫天下蒼生者必能勝利！

藥方

一、凡屬於「生」者，就主動參與；凡屬於「死」者，就被動些吧！

二、有了最深沉的悲憫與關懷，一切著相的戰爭，都會過去的；而且一定會成功！

三、老在意會贏與否，那就很難說；用了氣力、智謀，一切由它去吧！放開往往是最大的力量！

四、有餘地可退就退，不用急得反擊，長成力量時，它就衰頹了！悲憫些吧！

第七十章　懷玉

吾言甚易知，甚易行。天下莫能知，莫能行。言有宗，事有君。夫唯無知，是以不我知。知我者希，則我者貴；是以聖人被褐懷玉。

白話譯文

我的話很容易明白，很容易實行；但天下人竟然沒人能明白，沒

人能實行。說話有宗旨，做事有主宰。那些人對大道毫無體認，因此無法明白我所說所做。能明白我所說的，那可真是難能；能學習我所做的，那可真是可貴；因此，聖人外面雖披著樸素的布衣，但內裡卻懷著珍貴的寶玉。

藥方

一、真人是被褐懷玉，俗人卻是被玉而懷褐；名牌是為俗人妝點的，真人只是個素樸而已！

二、話不用多，意思到了，就要停！事不用繁，可以成了，就罷手！

三、有了共識好說話、好做事；共識雖難，但要用心培養！

四、最可貴的東西通常是要珍藏起來的，不必顯現！

第七十一章　不病

知不知，上；不知知，病。夫唯病病，是以不病；聖人不病，以其病病，是以不病。

白話譯文

能體會得大道之難知，這是上焉者；對大道無所體會而又強以為知，這是病痛。唯有對這樣之病痛有所對治，這樣才能免於病痛。聖人之所以不患此病痛，就是因為他能對治這病痛，因而能不患此病痛！

藥方

一、對於自己所知的要知清楚，對於所不知的則常存敬意！

二、事物之總體本源是難以了知的，但卻可以以生命相遇！

三、去除心知執著，讓自家生命回到本源，好自生長！

四、識得病痛，當可免得病痛，這是「認不是」的工夫！

第七十二章　畏威

民不畏威，則大威至。無狎其所居，無厭其所生。夫唯不厭，是以不厭，是以聖人自知不自見，自愛不自貴，故去彼取此。

白話譯文

人民不畏懼統治者的威勢，那麼人民所發出的更大威力勢將來臨！不要輕狎人民的居處，不要壓迫人民的生長；唯有居上位者不鎮壓，因此居下位的人民才不會厭棄它。正因這樣，聖人反躬自省瞭解自己，而不會限於己見，誇耀自己，懂得寶愛內在真實的自己，而不為外在的榮華富貴所迷惑；正因如此，聖人捨棄了後者，而寧取前者。

藥方

一、居下位的力量是微弱的，但卻也是巨大的，官逼民反，天地覆滅，可不慎哉！

二、人民的力量要懂得去欣賞它、裁成它，千萬不要壓制它！

三、「統治者」是去「統」那些「治者」，而不是統統你自己來治理！

四、「自知」是一切認識的起點，先明白自己吧！

第七十三章　天網

> 勇於敢則殺，勇於不敢則活。此兩者或利或害。天之所惡，孰知其故？是以聖人猶難之。天之道不爭而善勝，不言而善應，不召而自來，繟然而善謀，天網恢恢，疏而不失。

白話譯文

　　勇於表現兇狠果敢的人，勢將帶來殺身之禍；勇於表現不兇狠、不果敢的人，才能存活起來。這兩者有利有害。自然大道就是厭惡勇於果敢的人，這又有誰知道它的原因呢？因此即使是聖人還是很難瞭解這道理。自然大道不競爭而善於取勝，不說話而善於感應，不召喚而自動到來，胸懷寬廣而善於謀畫，上天所布下的天網雖是寬廣的，稀稀疏疏，卻絲毫沒有漏失！

藥方

一、有人激你說「你敢嗎？」那就厚著臉皮告訴他，「我真的不敢」！
二、世間事有一自然的奧秘在，真的是疏而不漏，且寬寬心吧！
三、用命令的，不如用說的；用說的，不如用感應的！
四、「奧秘」不是讓你去認知的，而是讓你去體會的！

第七十四章　司殺

> 民不畏死，奈何以死懼之。若使民常畏死，而為奇者。吾得執而殺之，孰敢！常有司殺者殺。夫代司殺者殺，是謂代大匠斲。夫代大匠斲者，希有不傷其手矣！

白話譯文

　　人民不畏懼死亡，奈何以死亡來威脅人民呢？要是人民通常會畏懼死亡，而那些胡作非為的，我就可以拘捕起來殺掉他們，這樣又有誰敢為非作歹呢？自然的經常之道一直有專門管理殺人任務的人去殺人。那代替這專門管理殺人任務的人去殺人，這叫代替自然大匠去砍木頭。那代替自然大匠去砍木頭的人，很少有說不傷害到自己的手的啊！

藥方

一、死亡的恐懼是一切恐懼根源，人民連死亡都不恐懼了，這世界就要變了！

二、若要去撻伐一個人，那就慢些吧！因為有一大自然的奧秘會展開祂懲罰的手段的！

三、能不動手，就不動手；因為自然大道有其好生之德。

四、讓「畏懼」轉成「敬畏」，再轉而成為「敬意」，這豈不善哉！

第七十五章　貴生

　　民之飢，以其上食稅之多，是以飢。民之難治，以其上之有為，是以難治。民之輕死，以其求生之厚，是以輕死。夫唯無以生為者，是賢於貴生。

白話譯文

　　人民之所以飢餓，乃因為居上位的統治者縱欲玩樂、收稅過多所

致，因此人民受了飢餓之苦。人民之所以難以治理，乃因為居上位的統治者太過於有為造作，因此人民難以治理。人民之所以不懼死亡（輕忽死亡），乃因為居上位的人縱欲玩樂，逼得人民鋌而走險，因此人民才會輕忽死亡。那一些不把自己生命當生命來看待的人，比起那些縱欲玩樂，老以為自己生命是最重要的人可要賢德的多！

藥方

一、「強將手下無弱兵」，這樣的「強」不是強力之強，而是能「自勝者強」，能夠退到後頭去的「強」。

二、「有為造作」所可能的成績仍然是有限的，「無為自然」才能好自生長！

三、當屬下已不把他們的生命當生命來愛護時，這團體早該散伙了！

四、「尊重」是一切領導者所要學習的最重要良方！

第七十六章　柔弱

> 人之生也柔弱，其死也堅強。萬物草木之生也柔脆，其死也枯槁。故堅強者死之徒，柔弱者生之徒。是以兵強則不勝，木強則兵，強大處下，柔弱處上。

白話譯文

人活著時身體是柔軟的，而死亡後身體反而是堅硬的。草木萬物活著時也是柔軟的，而死亡後卻是枯槁僵硬的。由此看來，堅持己見，個性剛強的人往往屬於「死亡之徒」，柔和溫潤的人才是「生存之徒」。因此，依賴強大軍力，逞強好戰，這難以取勝；樹木高大強壯則必遭

砍伐，強大者反而居於下風劣勢，柔弱者卻可以處在上風優勢。

藥方

一、不要以為弱勢人家會瞧不起，其實，正因為人家看不在眼裡，反而是生長的好契機。

二、生命的原則是看內裡的，不是看外表的；是看生長的，不是看既有的。

三、真正的強者是柔弱之人，是「骨弱筋柔而握固」，像嬰兒一般！

四、死板板的，有什麼好；活生生的才好！

第七十七章　天道

> 天之道，其猶張弓與！高者抑之，下者舉之，有餘者損之，不足者補之。天之道，損有餘而補不足。人之道則不然，損不足以奉有餘。孰能有餘以奉天下？唯有道者。是以聖人為而不恃，功成而不處，其不欲見賢。

白話譯文

　　自然之道就好像人們張開弓弦對準目標一樣！目標居高，弓弦下抑；目標在下，弓弦上舉；弦拉過頭了就放鬆一點，弦拉得還不夠就再拉緊一點。自然之道就是這樣，減損有餘的來彌補不足的。人世之道卻往往不是這樣，它竟是減損不足的來奉獻給那有餘的。誰能夠真讓那有餘的拿來奉獻給天下呢！這只有那有道者才做得到。正因如此，聖人他能努力實踐而不恃恩求報，成就了事功而不居執其功，他不願意誇耀自己的賢德。

藥方

一、自然有一調節性的原理，因此「損有餘以補不足」，但人間世
　　往往「西瓜偎大邊」，損不足以奉有餘。

二、「依道不依勢，依理不依力」，這原則很簡易，不要自己弄混
　　淆了！

三、放大空間，心胸自然寬廣；放長時間，目光自然久遠！大時
　　間、大空間，自有大格局！

四、跳脫開目前的限制，超越出來，你真會有意想不到的喜悅！

第七十八章　水德

> 天下莫柔弱於水，而攻堅強者莫之能勝，其無以易之。弱之勝
> 強，柔之勝剛，天下莫不知、莫能行。是以聖人云：受國之
> 垢，是謂社稷主；受國不祥，是為天下王。正言若反。

白話譯文

　　天下間的東西沒有比起水還來得柔弱的，但要攻擊堅硬的東西，
卻沒有比起水還能勝任的，任何東西都無法取代水啊！軟弱能勝過強
硬，溫柔能勝過剛強；這道理天下人沒有不瞭解的，卻沒有人能好好
去實踐它。正因如此，古先聖人說：能為國家大事而蒙受污垢的人，
這就叫國家社稷之主；能為國家大事而擔負禍患的人，這才足以作為
天下之王。以上所說乃是雅正之言，但看似相反！

藥方

一、話怎麼說都不重要，事怎麼開展的，這才是重點，請注重「坤」（具體性）原則。

二、語言的最大限制與弔詭就是它具有兩面性，解開這兩面性，直入本源，你才能真明白事理。

三、柔性的顛覆與瓦解勢將帶來真正的生長，不必太強調剛性的建構！

四、「正言若反」，但不一定「反言若正」，正正反反，要息心止慮，想一想！

第七十九章　左契

　　和大怨，必有餘怨，安可以為善；是以聖人執左契而不責於人。有德司契，無德司徹，天道無親，常與善人。

白話譯文

　　調解了大怨，之後，一定有餘怨，這怎可以說是完善的結局呢！因此聖人執拿著債券，卻不向人逼求。有德的人手拿債券亦無所逼求，無德的人手拿著租稅章例向人逼索稅租；自然大道是無所偏私的，祂永遠幫助那有德的善人。

藥方

一、與其事後還要調節，毋寧就不要發生，這要有一點歷史發展的智慧！

二、還它個本來面目，讓出一片天地，這世界就會變得很美好，不是嗎！

三、站到裡面去，會很擠；站出去，一切不就都好了嗎？另立新的生長可能！

四、什麼是「德」，就是讓他覺得有「得」，若老讓人覺得失去了什麼，這德就不叫德。

第八十章　不徙

> 小國寡民，使有什伯之器而不用，使民重死而不遠徙，雖有舟輿，無所乘之；雖有甲兵，無所陳之；使人復結繩而用之，甘其食、美其服、安其居、樂其俗，鄰國相望，雞犬之聲相聞，民至老死不相往來。

白話譯文

　　小小的國度，很少的人民，讓那些超過十人、百人這樣的有才華的人物也用不著，讓人民愛惜生命而不願意遠徙外地，即使有舟船車轎，也用不著乘坐；即使有盔甲兵器，也用不著陳列；讓人民回復到遠古結繩紀事的時代，品嚐甘甜的食物，穿著豐美的衣服，居住安適的處所，悅樂文雅的風俗，接鄰的國度，彼此相望，雞啼狗叫的聲音，彼此相應感通，人民直到老死也不必急著往來。

藥方

一、有了真情相感相應，那就不必用言語急著去溝通，只是雞犬之聲相聞，已是悅樂一懷了！

二、爾分我界的觀念是人類文明的象徵，這是文明，同時也是「文蔽」！

三、生命的可生長性原則是優先於一切的，不要在世俗的勢上打轉，把自己都轉糊塗了！

四、雞犬之聲無意義而有意韻、有意味，人們的語言看似有意義，但可能既無意韻，也無意味！

第八十一章　不積

信言不美，美言不信；善者不辯，辯者不善；知者不博，博者不知；聖人不積，既以為人己愈有，既以與人己愈多。天之道，利而不害；聖人之道，為而不爭。

白話譯文

真實的話不華美，華美的話不真實；良善的人不巧辯，巧辯的人不良善；真懂的人不炫博，炫博的人不真懂；聖人不積蓄，他深切體認：盡力助人，反而更富有；盡力給予別人，反而更充足。上蒼的自然之道，利益萬物而無害於萬物。人間的聖人之道，服務大眾而不與大眾相爭！

藥方

一、話要聽真的，不要聽漂亮的；人要交善良的，不要找會說話的；懂了就懂了，不必找那麼多啦啦隊！

二、利他就能利己，這原則是一共利的生長性原則！

三、退到後頭去，讓該上場的上來，舞一番新姿，便會有新的氣象！

四、說了就算了，沒說也不必再說，反正說了還是白說，一切默然
　　可也！

經典解讀
《太上老君說常清靜經》經解、譯註、白話翻譯、心靈藥方

序言

　　道家有兩部經典可以說是極為精要，又簡短的，除了《老子道德經》五千言外，就屬《太上老君說常清靜經》三百九十一字。這正如同佛教的《金剛般若波羅密經》之於《金剛般若波羅密多心經》一樣。他們可以說是道家與佛教最為精簡而切要的經典。講習了《老子道德經》一書之後，緊接著就要講《太上老君說常清靜經》，我以為這兩部書是可以合為一體來理解的。就系統性來說《太上老君說常清靜經》更來得扼要些。

　　關於《太上老君說常清靜經》的研究甚多，近十餘年來，既做今註今釋，又做深入之探討研究者，最有成績者當屬蕭登福教授所著《清靜經今註今釋》一書，尤其此書有一百多頁的導讀，對於版本文獻的深入，對於佛道的交涉，對於義理的掌握，都有著極可觀的成果。我這篇文章的疏解，大體是站在原先較通行的杜光庭註及水精子註，以及蕭教授的今註今譯的基礎點上，依循著自己這些年來對於道家的總體理解，儘量求其融通統貫，而做成的。或者，可以這麼說，我這篇文章的作法，與其說是對於《太上老君說常清靜經》的研究，毋寧說是對於此經書義理思想的詮釋與發揮。詮釋的向度是朝著道家哲學的總體理解，尤其落在「道」與「言」「兩端而一致」的辯證上，落在近二十多年來，我所詮釋轉化創造的「存有三態論」來理解。用

傅偉勳先生的話來說，我做的是一創造性詮釋的工作，當然這必須得依據文獻，求其融通統貫而後可；它絕不可落到穿鑿附會的田地。

最早對於《太上老君說常清靜經》有所存在的呼應，來自於中華道教學院的道教經典講習。約莫十餘年前，我當時刻在木柵指南宮的中華道教學院講學，一日合陽子馬炳文道長與我閒談，論及《太上老君說常清靜經》一書，彼云「一日，焚香靜坐，見一蟻物，停當於經書『大道無形』之『形』字下，漸而蠕動，由此『形』字上爬至『無』字，又至『道』字，繼而又至『大』字，過了『大』字，忽見此蟻物羽化而昇，騰空而起，入於太虛，不知所去也耶！」合陽子由是而大悟，隨之有所註解焉！合陽子飛昇成道多年矣，而他這段話卻常留我腦海之中。我以為這段真存實感的體驗之言，其實已經將整部《太上老君說常清靜經》的要義道盡無餘。由「形」而「無」此形，既無此形則可通於「道」，道者至「大」無外，化於太虛，無有罣礙也。

我當時一聽，頗有感應，以為此正可與我所說之「存有三態論」相合，這是從「存有的執定」的化解做起，能如此則可以回溯到「存有的開顯」，進而回溯到「存有的根源」矣！若落在心性修養工夫上來說，我以為這是「化念歸意，轉意迴心，致心於虛，虛極通神」，而「神也者，妙萬物而為言者也」。

本書之作，依原經典而有「經解」，據此「經解」而有「譯註」，再依此「譯註」仔細參詳，留意其文脈、句勢、語法，而作為「白話翻譯」，最後再依自己之體會玩味，作為「心靈藥方」。顯然地，此書之作，即在上述所說之背景與視域下作成，順經典之所說，參酌前賢註解著作，體之於身心，上契於性命天道，下落實於生活世界，如其理而翻譯之、詮解之、轉化之、融通之、重建之，願其有助於諸修道者、諸參學者，並就教於諸高道賢者。

　　　　　　　——民國第二甲午冬至後一日（十二月廿三日）
　　　　　　　寫於臺北象山元亨居

一　解經題：《太上老君說常清靜經》經題之解

經題

太上老君說常清靜經

經解

　　太者，大而極之也。上者，至高無極也。太上者，無上之上也。若易之太極而至於無極也。老者，天長地久也。君者，萬物之主也。老君者，常道之主也。本為不易，實為簡易，化為變易也。說者，顯也、宣也，如其無上之上，常道之主而顯之、宣之也。常者，恆也，久也，如其恆久不易，如其簡易而賅其變易也。清者，元神之明，通於日月，存乎天地，妙合於道也。神也者，妙萬物而為言者也。靜者，本心之靈，寂然不動，感而遂通，曲成萬物也。心也者，居中虛以致治者也。經者，常經典要也，常道神聖之言也。

詮釋

　　如上說解，我們可以說「太上老君」是「道」的化身，可以將之視為一「存有的根源」。「說」是「存有的開顯」，說而說之，既有說之，則此成為一「存有的執定」，既有此執定便有染污，則當去染執，方能回復，契於「存有的根源」也。正因如此，而說此「常清靜經」。這是說依於常道，而能契於元神之清，人心之靜，這樣的一部經書。落在「存有三態論」來說，我們可以說《太上老君說常清靜經》這部經書發明的是一「存有的歸復之道」，是由「存有的執定」而上溯於「存有的開顯」，最終則上契於「存有的根源」也。「元神之

清」就超越越面說，「人心之靜」就內在面說，兩者是通同為一的，既超越而內在，依道家說，是就總體的根源處說。

白話翻譯

太上老君開示的「真常大道、元神本清、人心本靜的經典。

心靈藥方

一、大道有本源、人間有本心，落在事理來說，就要有本事。本事者，以事為本，如本做事也。實實在在去做，就叫「真本事」。

二、事變、人變、地變、天也變，大道卻永遠不變，這就叫「真」，就叫「常」。真常就是基本盤，固好基本盤，管他盤起盤落，卻也自然自在。有了基本盤的自覺，一切也就自然自在了。

三、水有頭，叫作「源」，人有頭，叫作「元」。「元」就是人有頭，「元神」就是人「有頭神」（臺語）。人能「清」，就會有頭神，有頭神自然有覺性。

四、有覺性，人心就能作「主」，這時人心才能歸於本真，就叫本心。本心是寧靜的，寧靜才能回到本心。

五、「經」是縱貫的，「緯」是橫攝的；縱貫通天地、橫攝連萬物。人能通天接地，這就是「正」，這就是「經」。我們說人很正經，就是這道理。

二　詮根源：「存有之道」的根源
——無形、無情、無名

經文

老君曰。
大道無形。生育天地。
大道無情。運行日月。
大道無名。長養萬物。
吾不知其名。強名曰道。

經解

「大者，寬廣無涯，包蘊六合。道者，總體根源，化生萬物。大道者，寬廣無涯，包蘊六合，總體根源，化生萬物也。」

「形」為具體形著，「情」為心思動感，「名」為話語分別。

大道無形者，大道本無具體形著，以其無具體形著而得為具體形著之本也。大道無情者，大道本無心思動感，以其無心思動感而得為心思動感之源也。大道無名者，大道本無話語分別，以其無話語分別而得為話語分別之初也。

天地者，場域處所也，如其場域而生成也，即此生成而實存之矣！
日月者，光陰遞嬗也，依其光陰而時序也，即此時序而變化之矣！
萬物者，話語論定也，據其話語而定形也，即此定形而教化之矣！
生育者，生成而實存之也。運行者，時序而變化之也。長養者，定形而教化之也。道乃總體根源也，不可名稱，強名者，字之之謂也。蓋名以定形，字以稱可也。

詮釋

　　「大道」是就存有的根源說，看似本體的生起論，實者不然，應可視為一哲學詮釋學之本源說，是在天地人我萬物包蘊為一體的存有的連續觀下來理解的本源，是人參贊於天地萬物人我之間的本源，並不是一夐然絕待，超跨過這個世界的本源。相應的說，應是話語未入之前的本源，是無分別相的本源，是「隱而未顯」的本源。

　　說其無形、無情、無名，「形」為具體形著，「情」為心思動感，「名」為話語分別；「無」做動詞，是一「致虛守靜」[1]的工夫，是一「為道日損」[2]的工夫。

　　這裡說了三個層面，「無形」是就「存在」層面說，「無情」是就「心念」層面說，「無名」是就「話語」層面說。這三層面是通而為一的，因為「道」之為道，最根源處是境識俱泯、是心物不二、是主客合一的。它既是存在的、也是價值的，與心念話語是不能分開的。就「存有的根源」來說，本無具體形著，以其無具體形著而得為具體形著之本也；本無心思動感，以其無心思動感而得為心思動感之源也；本無話語分別，以其無話語分別而得為話語分別之初也。

　　「天地」就「場域處所」說，「日月」就「光陰遞嬗」說，「萬物」就「話語論定」說。這裡我們將「存在」與「場域」密切關聯，又將「時間」與「存在」通合一起來理解，尤其我們認為話語的介入是極為重要的。這麼一來，我們可以發現道與天地萬物的關係就不是一客觀宇宙論的生起關係，而是哲學詮釋學義下的參與而生起的關係。

　　再者，將「生育」解為「生成而實存之也」，將「運行」解為「時序而變化之也」，將「長養」解為「定形而教化之也」。這裡，我

1　「致虛守靜」語出《老子道德經》第十六章。
2　「為道日損」語出《老子道德經》第四十八章。

們看到「道」在天地萬物人我之間是如何生發的，如何圓融周浹，如如無礙的。

白話翻譯

　　太上老君開示說：大道是沒有形象的，祂創生造化了天地。大道不執著情意，祂運轉周行日月。大道是不可稱名的，祂長育養護萬物。我不知該怎麼稱謂祂，勉強稱謂祂叫「道」。

心靈藥方

一、沒有形象，才是一切形象的起點，真人不露相，露相非真人。能不著痕跡的，往往更接近於大道。

二、太上忘情，最下不及情，情之所衷，正在我輩；能忘情，自會有真情、衷情、性情。有一「忘」字，這世間就是空闊潔淨的，是明明白白的，這叫「滌除玄覽」，這叫「虛室生白」。

三、「至人無己、神人無功、聖人無名」，無己可容人，無功可尊神，無名可通聖。能容人則地闊，能尊神則天高，天高地闊，通天接地，這才是「聖」。

四、聖人通大道，大道本無名，因為無名，才能不執著，才能不染污，才能清靜，才能無為，才能自然。

五、只要事事踏實，就會有厚度，這叫「人法地」，有了厚度，就會長出高度，這叫「地法天」；有厚度、有高度，周環總體，回歸根源，這叫「天法道」，根源總體，本是自如其如的，這叫「道法自然」。

三　明開顯：存有之道開顯的動力
──清濁、動靜、本末

經文

　　夫道者。有清有濁。有動有靜。
　　天清地濁。天動地靜。
　　男清女濁。男動女靜。
　　降本流末。而生萬物。
　　清者濁之源。動者靜之基。人能常清靜。天地悉皆歸。

經解

　　清者，純粹義、起始義、創造義之謂也。
　　濁者，現實義、終成義、生長義之謂也。
　　動者，變動義、生動義、律動義之謂也。
　　靜者，寧靜義、安靜義、寂靜義之謂也。
　　清濁動靜，兩端一體，陰陽翕闢，和合同一，歸返則通於存在之本源，開展則落實於存在之萬物。
　　天地者，自然之場域，如其陰陽翕闢，清濁陰陽，和合為一也。
　　男女者，人世之初始，依其剛柔開闔，清濁陰陽，和合為一也。
　　本者，天地人我萬物未始有分之前，此蓋存有之根源也。
　　末者，由此存有之道的根源所顯而落實為萬物，此即一分別之對象物也。
　　清是濁之源，此是說一切「現實義、終成義、生長義」必得上溯其源，此源即是「純粹義、起始義、創造義」也。
　　動是靜之基，此是說一切「寧靜義、安靜義、寂靜義」必得上溯於「變動義、生動義、律動義」也。

　　人者，得天地陰陽五行之秀氣而最靈者，人者，參贊天地萬物之樞也。人如何參贊者耶？如其常道而參贊之也，如其常道而「清靜」也，如其常道而如其「純粹義、起始義、創造義」之「清」，如其常道而如其「寧靜義、安靜義、寂靜義」之「靜」，則天地萬物如其為天地萬物，自然生長也。

詮釋

　　將「清濁」、「動靜」、「天地」、「男女」、「本末」做了如上之詮解，一方面闡明此「兩端而一致」之理，另方面強調了「本」是天地人我萬物未始有分之前，這是「存有之根源」，而「末」是「由此存有之道的根源所顯而落實為萬物，此即一分別之對象物」。強調的是「道」生「萬物」的關係，另方面則呈現一存有的回歸之道的復返活動。

　　再者，把「清」解成「純粹義、起始義、創造義」；把「濁」解成「現實義、終成義、生長義」，一方面明其本末，一方面明其一致，蓋以本貫末，由末以循本也。把「動」解為「變動義、生動義、律動義」；把「靜」解為「寧靜義、安靜義、寂靜義」，正要闡明「靜」是「動」的落實，而「動」則是「靜」的基礎，這裡我們可以看到道家的生動活潑的宇宙觀。道家強調主體的致虛守靜，但其於道體之流行仍然是強調生生不息的。就此來說，儒道同源，皆不外於易也。

　　說「清是濁之源」這是是說一切「現實義、終成義、生長義」必得上溯其源，此源即是「純粹義、起始義、創造義」；說「動是靜之基」這是說一切「寧靜義、安靜義、寂靜義」必得上溯於「變動義、生動義、律動義」。這裡含著一整套天地男女動靜本末清濁的思考，說的是由「存有的執定」之上溯於「存有的根源」，又說的是此「存有的根源」必得落實為「存有的執定」也。

　　人者，得天地陰陽五行之秀氣而最靈者，人者，參贊天地萬物之

樞也。這是說人是在天地場域中長成，天地場域中自有陰陽五行之氣，這是一彼此交相迎向，交相和合的歷程，此中自有常道在。人參贊天地化育就是「如其常道而參贊之」。道家所說之參贊重在「順成」，不重在化成，儒家則與此相對。儒家重在人文化成，道家重在歸返自然。這裡強調如其常道而「清靜」，如其常道而如其「純粹義、起始義、創造義」之「清」，如其常道而如其「寧靜義、安靜義、寂靜義」之「靜」，則天地萬物如其為天地萬物，自然生長也。道家強調的是存有的歸返，與回溯於道，人能如此，「道生之、德蓄之，物形之、勢成之」[3]也。

白話翻譯

說起大道，有純粹起始的「清」、有現實長育的「濁」。有變化生生的「動」、有寧寂安止的「靜」。

「天」象徵的是純粹起始的「清」、「地」象徵的是現實長育的「濁」，「天」象徵的是變化生生的「動」，「地」象徵的是寧寂安止的「靜」。

「男」象徵的是純粹起始的「清」、「女」象徵的是現實長育的「濁」，「男」象徵的是變化生生的「動」，「女」象徵的是寧寂安止的「靜」。

從那總體的本源降臨生長，流到天地間的每一個末端，因而生成育養了萬物。那純粹起始的「清」是那現實長育的「濁」的源頭。那變化生生的「動」是那寧寂安止的「靜」的基礎。人們要是能夠歸返真常大道、回到純粹起始的「清」、寧寂安止的「靜」，天下也就全部都回返到生命的源頭。

3　語出《老子道德經》第五十一章。

心靈藥方

一、隨時護住起始純粹的清明，就不怕現實長育的混濁。不要在混濁處攪和，要懂得起始處的純粹清明。千年暗室，點燃一燈，當下即明，無有不照。

二、「不是幡動、不是風動，是仁者心動」，幡動，說的是現象；風動，說的是現象的因果性；而心動，說的是業力的因果性。

三、「寂靜安止」才能破業力的因果性，破了業力的因果性，才能契接宇宙造化生生之德的簡易，由此簡易更而識得不易。

四、「天」為乾，「地」為坤，地天交泰，陰陽和合，才成個乾坤。「男」為父，「女」為母，父母交好，才成個人倫。這道理就是清濁動靜的道理，就是個「保和太合」之理。

五、「本」是樹根，「末」是樹梢，樹根汲取的是地氣，樹梢吸收的是天氣。天地和合，本末交貫，通而為一。

四　論修養：存有之道落實的心性工夫
　　　──元神、本心、欲望

經文

　　　　夫人神好清。而心擾之。

　　　　人心好靜。而欲牽之。

　　　　若能常遣其欲而心自靜。

　　　　澄其心而神自清。

　　　　自然六欲不生。三毒消滅。

　　　　所以不能者。為心未澄。欲未遣也。

經解

　　此落於人之心性修養而論之也。上有元神、中有本心，下有欲望。

　　「元神」者，「存有」之道也，「本心」者，本源之心也。

　　「元神」者，當得其「清」也。清者，「純粹義、起始義、創造義」也。

　　「本心」者，當得其「靜」也。靜者，「寧靜義、安靜義、寂靜義」也。

　　人生於天地之間，與萬物相接，久之成習，此習心也。習心者，為欲所牽之心也。「欲」者，交於物而為物所牽所纏、所絆所縛也。

　　本心如其元神，其於欲必有所落實而有所節也。如此有節之欲，必可歸返於本心，而如其元神也。依其元神，據其本心，節制其欲，人道以立，斯所以為安宅仁第也。欲牽習心，習心擾神，昏亂執著，如何安立。物者，話語分別，執著論定也。物交物，引之而已矣，貪欲乘之，斯為物欲。欲之遣也，心自靜也；心既靜矣澄矣，而神自可清也。歸乎常道，返乎自然，六欲不生，三毒消滅也。工夫用處，端在此心，心居中虛，以治五官，遣欲澄靜，復於清明，此化念歸意、轉意迴心，致心於虛，虛極而神也。

詮釋

　　此落實於人之心性修養而論之也。上有元神、中有本心，下有欲望。

　　「元神」是就「存有」之道說，是就存有之根源處說。「本心」是就「活生生的實存而有」的「實存者」的參贊主體而說，此存有開顯之幾也。「心」之上遂於道者，「本心」也；「心」之發而為「念」，因其念而有幾，出入無時，莫知其向也。如此之心念的心，因其習而

有往下墮之可能。如此之心，或者曰「習心」，此與「本心」構成兩端，而此兩端實則一致也。

「元神」者，當得其「清」也。清者，「純粹義、起始義、創造義」也。「本心」者，當得其「靜」也。靜者，「寧靜義、安靜義、寂靜義」也。相對於此本心，而有習心也。習心者，為欲所牽之心也，無始以來，受根身業力習氣所擾之心也。

「欲望」者，交於物而為物所牽所纏、所絆所縛也，此是由一存有之落實為一對象物，即此對象物而「物交物」，就在此「物交物」下，引之而不已，使得生命離其自己，心羨於物，而為物所役也。本心如其元神，其於欲望必有所落實而有所節制也。如此有節之欲，必可歸返於本心，而如其元神也。

「神」、「心」、「欲」此三層，依序而為「存有之根源」、「存有之開顯」、「存有之執定」也。天下事物，莫不如其「存有之根源」，進而有「存有之開顯」，再進一步而有「存有之執定」也。此是說元神必經本心，而本心必經欲望而落實；然其為奇詭而可議者，則在此落實為「存有之執定」處，人之於對象物之認知，而起之執著性而有染污性也。既有染污性，則當遣除之也。此之謂「遣其欲」，遣其欲者，非遣其欲望也，蓋遣其欲望所衍生之染污性也。

如其常道而遣其欲望之染污，心自然寧靜而安；心既歸返於本源，如其澄靜，而神復其元，元神自清矣！節其欲而遣之，如其心而靜之，復其元，如其神，此是存有的歸復之道也。依其元神，如其本心，而落實為天地間之事物，如此之事物其為清靜之事物也；此是存有的開顯落實之道也。

其存有的歸復之道，而又如其歸復而有一存有之開顯落實之道也，往復循環，生生不息，如此自然六欲不生，三毒消滅也。「六欲」者，生、死、耳、目、口、鼻也。「三毒」者，好華飾、好滋

味、好淫欲也[4]。六欲不生者，不執著於此生死耳目口鼻之欲也。三毒消滅者，消滅此好華飾、好滋味、好淫欲之毒也。

白話翻譯

　　談起人的元神，祂喜歡傾向於純粹起始的「清」；然而世俗的心卻會擾動祂。我們人的本真的心喜歡傾向的是寧寂安止的「靜」；然而世俗的慾望卻會牽動著祂。要是人們能夠依循著真常大道，遣除他那世俗的慾望，而他的心地就回到寧靜安止的「靜」。澄明了他的本心，而他的元神也就回到自身純粹起始的「清」。這樣子一來，自自然然地，「生、死、耳、目、口、鼻」這六種慾望也就不會生起；那喜好華飾、喜好滋味、喜好淫慾的三種毒害，也就消解滅除了！人們何以會做不到呢？正因為本心未得澄明，慾望未得遣除的緣故啊！

心靈藥方

一、不是要人不要有慾望，而是要人不要被慾望奴役。人不可能沒有慾望，沒有了慾望那就不叫人，重點在「節慾」。宗教上論及「無欲、去人欲」，說的都是要人節慾，並不是要人果真都不要有慾望。

二、慾望的節制來自於「禮儀」，來自於「戒律」，這是結構性的限制，除了結構性的限制，還得強化本心覺性的主宰，還得清理元神純粹的根源。欲有所節、心有所靜、神有所清，這便是道家的功夫。

4　關於此六欲三毒之說，佛道爭論頗多，蕭登福教授論之甚詳，請參見氏著《清靜經今註今釋》（高雄市：九陽道善堂印行，2004年），頁168-171。

三、身動則心靜，形勞則神安，身動要有個止處，形勞要有個安宅，無止處則心不靜，無安宅則神不安。止處說的是具體落實的成績，安宅說的是休養生息的長育。

四、什麼是具體落實，拖拖地、整理家務，心就靜了；什麼是休養生息，篩篩花、養養草，神就安了。這道理很深奧，做來很簡單。

五、不要急著與人計較短長，重要的是生長，特別是共生、共長，共存、共榮，只要生長發育、長成了，不必去爭，你已經贏了。這叫「夫唯不爭，故天下莫能與之爭」。

五　用工夫：實踐工夫的三要點：觀心、觀形、觀物

經文

能遣之者。
內觀其心。心無其心。外觀其形。形無其形。遠觀其物。物無其物。
三者既悟。
惟見於空。觀空亦空。空無所空。所空既無。無無亦無。

經解

能遣之者，遣其物欲也。觀者，相待而視，無所執著也。
內觀者，心之虛明自照也。既為虛明，故心無其心。
外觀者，以心觀形，而形無其形也。
遠觀者，以心觀物，而物無其物也。

內觀者，通於元神之清也，

外觀者，通於本心之靜也。

遠觀者，定於萬物之名也。

內觀無心，外觀無形，遠觀無物，蓋心如其心而無心，形如其形而無形，物如其為物而無物。物各付物，各可其可，各然其然也。

能悟得此，空有一如，空者，無染執、無住著、無罣礙，其於此空，斯為妙有也。

既為妙有，故空無所空，無無亦無也，如此之無，斯為真無也。

詮釋

「神、心、欲」三層之工夫端在「遣其欲、澄其心」，此工夫端在「觀」。觀者，相待而視、無執無著也。此如老子《道德經》第十六章觀復之道也。道家之觀，重在觀復，雖亦說無，亦可說空，但畢竟為觀復之道也。佛家之觀，重在觀空，法空而我空，我法二空，無所罣礙執著也。「致虛極，守靜篤，萬物並作，吾以觀復，夫物芸芸，各復歸其根，歸根曰靜，是謂復命，復命曰常，知常曰明，不知常，妄作凶」[5]。此是道家實踐工夫重點所在。

「能遣之者。內觀其心。心無其心。外觀其形。形無其形。遠觀其物。物無其物。」如此之觀是將「心」、「形」、「物」皆相待而視，無執無著也。

「心」是人之為一活生生的實存而有，人之迎向世界，世界之迎向人，在彼此交互迎向的開顯之幾，即此開顯之幾，可上提而為志，可下委而為念，更可下墮而為貪欲也。「內觀其心，心無其心」，此歸返於元神，歸返於存有之根源也，以故說心無其心。

5　語見老子《道德經》第十六章。

「形」是就人之根身所成，其有習氣存焉，有業力存焉，因其耳目口鼻，積之成習。人之樂生惡死，生死之欲本然俱焉！天賦人以形，有此六欲，亦有三毒，修道者，重在六欲不生、三毒消滅，如前所述也。「外觀其形，形無其形」，此如其存有之開顯而開顯之，無所執著、無所染污也，以故說形無其形也。

「物」是就人之主體的對象化活動而執持其為對象，使此對象成為一決定了的定象，即此決定之過程而人之欲求、貪取、性好、利害涉入其中，使之由執而染，染之繼之，纏之縛之，糾之結之，大惑終身難解矣！蓋如《莊子》所言「其寐也魂交，其覺也形開，與接為搆，日以心鬥」也。修道之士，重在「致虛守靜」，讓萬物回到萬物本身。「遠觀其物，物無其物」，此如其存有之開顯而執定，既為執定而有所確定，因其確定而無所執、無所著也，以故說物無其物也。

「心」、「形」、「物」還歸於心形物，一無執礙，惟見於空也。此即所謂之「觀空」，「觀空」之「空」非惡取空、非斷滅空，「空」者，無染執、無住著、無罣礙也。如此之空，空無所空也。只是個「常理、常道」而已，既如此，則「所空既無，無無亦無」也。

白話翻譯

能遣除六欲三毒的，要做這樣的功夫。

向內處要觀照自己的本心，本心能虛明，就不執著自己的心意。

向外處要觀看自己的形軀，形軀能實踐，就能不陷溺自己的形軀。

向遠處要觀察天地萬物，萬物各得生長，就能不偏私想貪取物類。

內觀、外觀、遠觀，做得透徹了，有了體悟，才得徹入空無。

這樣一來，才能觀見真空，真空妙有，卻是空無。

真空是無什麼可空的，所要空的已經是無了。（無不是斷滅的無，這斷滅的無仍要把它無掉，）再無掉那斷滅的無，才是真正的空無。

心靈藥方

一、道家勸人要看開，看開得看，不是執著的看，是解開執著的
看；能開就能解，能解就能回到空無。回到空無，才能開啟生
命的新契機。須知：黑板不擦掉，如何能寫字。

二、道家的空無，不是相對的無，而是絕對的無，是「天下萬物生
於有，有生於無」的「無」，「無」不是沒有，而是一切的可能。

三、道家的三觀，內觀是「心無其心」，放開心，心不累。外觀是
「形無其形」，放開身，身能勤。遠觀是「物無其物」，放開
物，物能止。

四、無其心，不是不要起心動念，而是所起的心、所起的念，讓它
來，讓它去，不要抓住不放。無其形，不是不要你的身體髮
膚，而是要讓你的身體髮膚只是身體髮膚，不要把你的意志強
加在上面。無其物，不是不要世間世俗之物，而是世間世俗之
物，只是世俗之物，能如此，它就能回到天地自然。

五、修行、修行，不是把喜怒哀樂都修掉了，而是要修得喜怒哀樂
分明，喜怒哀樂分明了，才能朗朗乾坤，了無罣礙。喜怒哀樂
分明了，才有真正的自然。自然本是混沌，但人間卻得分明，
在人間世裝個混沌，卻成世俗鄉愿，這是大大的人偽，哪裡是
自然。

六　深契入：根源之契入與存在真實之對應

經文

> 無無既無。湛然常寂。
> 寂無所寂。欲豈能生。

欲既不生。即是真靜。

真常應物。真常得性。

常應常靜。常清靜矣。

經解

　　無者，無其有也。無無者，無其無也。無其無而歸於無也。如此之無，是無所待、無所執、無所染之無也。其為無也，湛然常寂也。湛者，清之至也。寂者，靜之極也。湛然常寂，道之抒意表述也。

　　寂者，靜之至也。寂無所寂，寂寂無寂，斯無所寂也。既無所寂，欲豈能生，蓋欲如其為欲，無貪取、無占有，斯為不生也。如此之欲，斯為真欲，斯為靜欲，真而無假借也，靜而無昏擾也。

　　真常者，本真而如其常也，此就存有之道之根源而說之也。本真如常，若實於物，德之所蓄，斯為真性也。如其真常之道而應之，此元神之幾也。如其真常之道而靜之，此本心之靜也。本心元神，如其真常，斯常清靜矣！

詮釋

　　「無無既無」，如此之無，乃絕對無而一無所對之無也。難乎其名也，以「湛然常寂」說之也。湛然者，清之至也。寂者，無昏擾、無動靜、如其存有之根源也。如此之寂，無能所、無主客、境識渾而為一，蓋寂無所寂也。這是一切存有之根源也，亦是一切心性修養工夫論之源也。

　　吾人的心性修養工夫做到了「無無既無」的地步，意識是純粹的，存在是空無的，這真回到了存有的根源處，再如其根源而顯現之，則欲求、貪取自然不生，欲既不生，「即是真靜」。真靜者，超乎動靜之靜也。

本心靜矣！元神清矣！此乃「真」、「常」也。「真」是如其本然之本真性，「常」是往復無礙的經常性；如此真常，乃存有之根源如其存有之根源，開之、顯之，繼之、成之，應無而不執於物，如其為物，而復為真常也，此即所謂「真常得性」也。「性」是生成義、本性義、如其物之質地義也。如此常應常靜，常清靜矣！常清靜不是棄物絕欲，而是物如其為物，而不交引、不執著、不貪取；欲如其為欲，而不染污、不占有，這樣的「物」是清靜之物，這樣的「欲」是清靜之欲。

白話翻譯

　　空無掉那斷滅的空無，才是真正的空無。
　　像水一樣深湛清澈，真常大道原是清寂的。
　　這樣的清寂是沒有對象的清寂，
　　貪取占有的慾念又豈能因之而生長呢？
　　貪取占有的慾念既不能因之生長，
　　這就是真實無妄的寧靜。
　　用真常大道去迎應萬事萬物，
　　那真常大道也就照見了萬事萬物的本性。
　　真常大道迎應萬事萬物，萬事萬物自歸寧靜。
　　如此一來，歸返了真常大道，也就歸返了元神的清寂、人心的寧靜。

心靈藥方

一、「不是幡動，不是風動，而是仁者心動」，語出《六祖壇經》，
　　幡動，是就自然現象來說，風動是就自然現象的因果性來說，

心動則是回到修行工夫的源頭上來說。佛教要回到這源頭說，道家則強調歸返整個天地場域。這段話可更動為「幡動、風動、心也就動了。心動還不動，道法自然」。

二、動，讓它動，動動也就靜了；不要讓意念去催促，不要讓意念去執著，也不用克服意念。道家相信「飄風不終朝、驟雨不終日」，風就讓它颳吧，雨就讓它下吧！該停也就停了！

三、天地有道、人間有德，重要的是天地之道的培育，有了這樣的培育，人間的德性也就育成了。不要用教條去範限，教條的範限不是道德，而且常常是不道德的，它常常是權力的控馭而已。

四、既知道是權力的控馭，那就讓它回到權力的控馭；自自然然地，就放下了，放下了，也就開解了。權力的對抗帶來的是權力，這就壞了天地，就難以生長。道家重在生長，不在競爭，更不能是鬥爭。「夫唯不爭，故天下莫能與之爭」。

五、「安邦、治國」如此、「平天下」如此，齊家、修身，誠意、正心，更是如此。修行不能用對抗的、不能用對治的，修行要「致虛守靜」，要「歸根復命」，要「知常曰明」。記得：元神本清、人心本靜，真常大道，本來清靜。

七　傳聖道：化裁眾生與道業傳承

經文

　　如此清靜。漸入真道。

　　既入真道。名為得道。

　　雖名得道。實無所得。

　　為化眾生。名為得道。

　　能悟之者。可傳聖道。

經解

　　清者，元神之明，通於日月，存乎天地，妙合於道也。

　　靜者，本心之靈，寂然不動，感而遂通，曲成萬物也。

　　心也者，居中虛以致治者也。能如其元神之明、本心之靈，斯之謂「漸入真道」。

　　真道者，一真絕待之總體根源也，存有之根源也。契之方得，斯為得道矣！得道者，實無所得也，心靜之而澄，神清之而明，心澄神明，何大道之得也。道無言說，化裁萬邦，成諸偉論，名為得道矣！實無所得而得之也，得之而實無所得也。

　　悟者，迴返本心，上遂於元神也；聖者，聽之於天，契入於道，以口宣之，通達萬物也。能悟於此，可傳聖道也。

詮釋

　　如前所述：清者，元神之明，通於日月，存乎天地，妙合於道也。神也者，妙萬物而為言者也。靜者，本心之靈，寂然不動，感而遂通，曲成萬物也。心也者，居中虛以致治者也。能如其元神之明、本心之靈，斯之謂「漸入真道」。此亦如前所述，神也者，妙萬物而為言者也。此即真道，即存有之根源也。

　　真道者，一真絕待之總體根源也，是絕對唯一的存有之根源也。能契入此存有的根源方為得道也。然「得道」非有所得於一對象物也，故云「雖名得道，實無所得」也。得道者，非得一夐然無待，與世無干之形上實體也，而是一圓融周遍於天地人我萬物之間之總體根源也。道者，不外天地萬物人我也，不外此活生生之實存而有也。能有此悟，方可傳聖道也。聖者，耳聽之於天，口宣之於人也。聖道者，天道也、地道也、人道也，互天地人，通於萬物，渾為整體，入於根源之為道也。

　　聖道之為神聖是通天地人的，不是來自於超越乎天地萬有一切之上的上帝，而是來自於生命自家的本心元神，這是內在外在遠近古今通而為一的真實根源，是存在的根源，同時是價值之根源。存在與價值是和合為一的。存有之道的智慧開顯，以及內在心性的湛然澄明，是通而為一的。

白話翻譯

　　像這樣子回歸到元神的清寂、人心的寧靜，

　　也就逐漸地契入真常大道。

　　既已契入真常大道，就可以稱名說是得道。

　　雖然可以稱名說是得道，真實的說並不是它真有所得到什麼。

　　而是為了教化眾生，才稱名說是得道。

　　能體悟得這層大道理，才可廣傳通天接地的聖王之道。

心靈藥方

一、元神清、本心靜，這不只是修養工夫論，而且可以是事業經營論。元神清，像是一個事業體的理念明澈；本心靜，像是這事業體的公體通達，一個事業體理念明澈、公體通達，這事業體自然也就是健全的。

二、大道不是分辨以得之，而是和合以契入之；契入是真存實感的體會證悟，契入本於認知理解，但必須跨過認知理解，才能進到存在的真實處。簡單的說，如水冷暖，飲者自知。

三、有了總體的確認，才有個體的分別，確認的終極處在信仰，分別則是細節的把握。先有總體、先有根源，才會有個體、末節。須知：個體性原則必須建立在總體性、根源性的確信之

上。沒有總體性根源性的確信，個體性原則終導向虛無主義。

四、自由民主最重要的是對於自由民主的確信，而不是經由自由民主作手段，去爭奪一己之私的權力欲望。有了總體根源的確信，才有真正個體性的自由，以及理想的民主。

五、至人無己、神人無功、聖人無名；因為無己才能有己，這不是大公無私，而是大公有私，蓋大公所以成就其有私，這「私」就不是偏私自私，而是個體性的「私」。因為無功才能有功，這功就不在於你自己，而是功在天下，至誠如神。因為無名才能有名，這名就不是虛名，而是名以求實的名。蓋「君子疾沒世而名不稱焉」者，以此。

六、因為「無」才能成就那個「有」，杯子空了，才能裝水。因為「後」才能成就那個「先」，前輩退到後頭去，晚輩才有機會走到前頭來。因為「外」才能成就「內」，婆婆退到廚房外，媳婦才能在廚房內好好發揮。修行亦然，離形去知，才能同於大通，大通者，道也。

八　歸清靜：修行之退墮與一念之歸根

經文

老君曰。上士無爭。下士好爭。

上德不德。下德執德。

執著之者。不名道德。

眾生所以不得真道者。為有妄心。

既有妄心。即驚其神。

既驚其神。即著萬物。

既著萬物。即生貪求。

　　既生貪求。即是煩惱。
　　煩惱妄想。憂苦身心。
　　便遭濁辱。流浪生死。
　　常沉苦海。永失真道。

經解

　　爭者，欲有所貪，而圖勝於人者也。上士契道，無所名其得也。下士競名，以其形名而誤以為道也，是以好爭也。

　　上德者，如其道落實而為本性也，無所執、無所染，如其德而德之，不以德之名而名其德也，故「上德不德」也。下德者，有所爭、有所競，執之染之，纏之縛之，是所謂「下德執德」者也。執著者，競爭於形名也，故爾「不名道德」也。

　　妄者，虛而不實之謂也；偽而無敬者也。心念既起，隨物而趨，物交物引之而已矣，如此之心，斯為妄心也。執於物，染之、纏之縛之、糾之結之，此亦妄心矣！執於德，貪於道，圖之意之，隨之追之，亦為妄心也。

　　蓋「無敬」則心念紛然而歧，「不實」則執泥於對象之物，而誤以為道也，執以為德也，心念紛然而不純，即有所驚也。驚其神，即著萬物，如此貪求不已，煩惱由是而生也。

詮釋

　　「爭」是生命之望外馳而欲有所執也，即所說「欲有所貪，而圖勝於人者」也。無爭方可無為，無為方可任化自然。上士契於道，如其存有之根源而契入之，無所名其得也。下士競於利、爭於名，以其形名而誤以為道也。這是將「道」錯置在一具體的對象物上面，此即

我所說「道之錯置」，正因此錯置，是以好爭也。

　　「道」是總體之根源，「德」為內在之本性。上德者，如其存有之根源落實而為本性也，無所執、無所染，如其德而德之，不以德之名而名其德也，以故說「上德不德」也。老子有言「上德不德，是以有德，下德不失德，是以無德也」[6]。有德者，德其有也，非執持此德也。這是以其德性自足來說，不是向外去取著德性。相對來說，下德者，有所爭、有所競，而執之染之，纏之縛之，是所謂「下德執德」者也。執著者，競爭於形名也，故爾「不名道德」也。這即是說生命之投向外，去執取道德，實已非真正之道德也。道德是生長，道德不是迫壓，道德是自然，道德不是做作。

　　相對於本心有習心者，此如上節所申論，此處再論本心之外有妄心。妄者，虛而不實之謂也；偽而無敬者也。人之心是作為一切意識活動之樞扭，心之所發為「意」，意之所涉於物為「念」，念之及於物而起貪取占有，此即所謂的「欲」。這是「心」的下行路向，心之所發為意，「意」之上提而為「志」，「志」者，心有所定主，有所定向也，一根而發，調適而上遂於道也。心念既起，隨物而趨，物交物引之而已矣，如此之心，斯為妄心也。妄心是執染的，是纏縛的，是糾結的，對於道德，有所執、有所貪，這也是妄心。

　　人「無敬」則心念紛然而歧，「不實」則執泥於對象之物，而誤以為道也，執以為德也，心念紛然而不純，即有所驚也。驚是「平地起土堆」，「來風起波浪」的意思。「既驚其神，即著萬物，如此貪求不已，煩惱由是而生也」。由上所述，可知煩惱端在一「著」字，而此「著」之為「著」是乃心有所妄、神有所驚也。驚者，擾動義、昏擾義、紛然而無所適從也。妄心者，上驚元神，下著萬物也。既著萬物，貪求既盛，煩惱生矣！

6　與出老子《道德經》第三十八章。

　　煩惱既生，纏縛妄想，妄想滋生煩惱，身心憂苦，難以調適，入
於污濁屈辱，在生死海中頭出頭沒，永失真道矣！那存有之總體根源
之本真性，便永遠無法契及，人之離其自己，離於道也，沉於苦海而
難有所復也。

白話翻譯

　　老君說：上階的高明之士，無所爭競；下階的德薄之士，熱衷
爭競。

　　上階德行的人不自恃他的德行，下階德行低微的人執著德行的
教條。

　　執著德行教條的人，不能稱名說是有道德。

　　眾生何以不能契入真常大道，只因為他有著虛妄執著的心念。

　　既有此虛妄執著的心念，那也就驚擾了他的元神。

　　既驚擾他的元神，那也就執著於外在的萬事萬物。

　　執著於外在的萬事萬物，那內心也就生出貪取占有的需求來。

　　內心既生出貪取占有的需求來，那就陷入了煩惱之中。

　　煩惱憂心加上妄念成想，那就使得身心陷入嚴重的憂苦狀態。

　　如此一來，整個人就遭受到污濁屈辱，浪生浪死漂泊不定。

　　整個人也就經常沉落到苦海之中，永遠失去了真常大道的眷顧。

心靈藥方

一、「人之初，性本善」，生命的原初性、本真性是善良的；「性相
　　近，習相遠」，人性本是相近的，但後天的習染，彼此就相隔
　　越來越遠了。這一方面說的是後天學習的重要，另方面強調的
　　是先天根源本真契入的通澈。

二、「吾之大患，為吾有身」，這不是說人最大的禍患是「身」，而是說人的最大禍患是「有身」。「有身」說的是對自己的身的執著、貪取、占有；能夠把這執著、貪取、占有去掉，這叫「無身」、「及吾無身，吾有何患」？

三、身在何處？身在家，家在何處，家在國，國在何處，國在天下。天下萬物生於有，有生於無。無不是斷滅，無不是相對的無，無是絕對的無，無是充滿可能性的無。

四、杯子倒空了，才能再盛水；黑板擦乾淨了，才能再寫字；人心放空了，才能謙懷傾聽；把錢拿出去用了，才會帶來更多的財富；己愈與人，己愈多。道家看似否定性的思考，其實隱含著一周寰而不可以已的智慧，這否定卻成全了肯定。牟宗三先生說這叫「作用的保存」。

五、心所發為意，意所在為念，這叫心念，心念往下掉就是貪取占有；心往上提，這叫心意，意再往上提，這叫意志，心意是純粹的，意志是恆定的。要立志、要誠意、要用心，不要執著著念，念，今心為念，當下剎那，歸本空無。

六、工夫用處，就在定志、用心、無念，定志則志於道，志於道而道生之，這就是通元神，通元神就「有頭神」。做事有頭神，一切自然順當。用心在安寧、在平靜，心平氣和，自自然然，活活潑潑，生生不已。無念故、無昏擾、無憂疑，就只放下，便是無念。無念不是斷念，不是不起念，只是不隨念。禪宗在此用功與道家可以相提並論。

九　總結語：如常用功，清靜悟道，契入本源

經文

真常之道。悟者自得。

得悟道者。常清靜矣。

經解

真常之道，不假外求，即於當下，圓滿自足，真而無妄，實而不虛，常而無假，如此則常清靜矣！蓋「清者，元神之明，通於日月，存乎天地，妙合於道也。靜者，本心之靈，寂然不動，感而遂通，曲成萬物也」。

詮釋

「真常之道」即是那存有的根源之道，這根源之道是本真的，是恆常的，是天地萬物人我通而為一的總體根源，是境識俱泯、心物不二、天人合一、主客和合的真實狀況。以存有三態論視之，此是由「存有的執定」之解開，回溯到「存有的開顯」，再回溯到「存有的根源」的契悟狀態。「悟」是自悟，非有所外求之悟也。「得」是自得，非有所外求之得也。本心之澄靜，元神之清明，即是悟道，此即是常道之常，這是清靜之常的狀態。

這也就是說契入了「存有的根源」並不因之停留在存有的根源狀態，而必由此存有的根源進一步到「存有的開顯」，繼之而為「存有的執定」之落實。從「存有的執定」而「存有的開顯」，而「存有的根源」，這是一存有之道的回溯歷程；由「存有的根源」而「存有的

開顯」，而「存有的執定」，這是一存有之道的開展歷程。回溯與開展是當下通而為一的，是兩端而一致的，是往復循環不息的。這也就是說「清靜」之為清靜，是在生活世界之中的，並不是停留在一想像中的超越世界，並不是只停留在本源的契入之恍惚狀態，而是由本貫末，由末返本，交相融通，永不止息。

道家對於人參贊於天地萬物，人之主體的對象化活動，語言的介入所生的執著性、染污性有著極深刻的理解，它認為只有一存有之道的歸返活動才能免除這種人實存的異化狀態。這異化是由於語言的介入伴隨之的利害、性好、趣向、欲望，而生出來的。吾人要克服這異化就得對此做一消解的活動，是一「為道日損」的活動，「損之又損，以至於無」，這樣才能歸返於存有的根源之道。我以為這便是一種道療的方式。面對「語言的異化」，道家展開的是一「存有的治療」。這存有的治療即是「道療」，它亦可以說是一「意義治療」。只是這意義治療之範式不同於儒家之「我，就在這裡」，道家強調的是「我，歸返天地」，儒家強調的是當下的人文化成之承擔，道家強調的是無為自然的歸返，歸返而契入於本源。

此亦即我於一九九六年秋於南華大學哲學所啟教典禮的頌辭，頌曰：

道顯為象，象以為形，言以定形，言業相隨；
言本無言，業本非業，同歸於道，一本空明。[7]

7　這篇頌辭可以視之為我講學的要旨所在，一九九七年南華大學哲學研究所創刊《揭諦》學刊，即此以頌辭開場，我做了〈《揭諦》發刊詞——「道」與「言」〉一文，後來我又鋪衍此文，寫成一篇完整的論文，在國際中國哲學會第十屆的年會上發表，並收入《道的錯置》一書的第一章，此書刊行於二〇〇三年，臺北市：臺灣學生書局。

白話翻譯

大道本真，恆常不移；
心悟神通，自能有得。
能夠心悟神通契入大道，
就能歸於自然之常（常）、元神之清（清）、本心之靜（靜）。

心靈藥方

一、萬「假」不敵一「真」，萬「變」終歸於「常」，貞常以處變，如如真實，虛妄自然消去。不必用力去爭，要用心去做，要用虔誠敬意，去養您的元神。元神清了，人心靜了，天下也就太平了。

二、臺灣俗諺說「要有頭神」，「元」古義就是「人的頭」，「元神」就是「頭神」，有了頭神，事事項項順理成章，自然天成。元神清了、人心靜了，天下也就正了，老子云「清靜為天下正」，說的就是這道理。

三、外界動亂、人心昏擾，會弄得沒有頭神，該怎麼辦？動亂的現象要分明、要辨別，辨別分明了，自可擺定。昏擾的心念要歸止、要寧靜，寧靜歸止了，覺性清明。對事物該如此，對百姓萬民亦該如此，老子云「我好靜而民自正」，說的就是這道理。

四、「道」是根源，「德」為本性；溯其根源，如其本性，這就叫有道德。天地有道，人間有德，天地法自然，人間有孝悌，這就叫道德。

五、「大道」即「元神」，「德行」如「本心」，元神本清、人心本靜，「清靜」說的就是「道德」，道德就在天地人我萬物之中，天地有道、人間有德。

六、《清靜經》本是《道德經》結穴成丹，做成的靈丹妙藥，靈丹
　　就在清靜，妙藥可養元神、可護本心，如如自然。

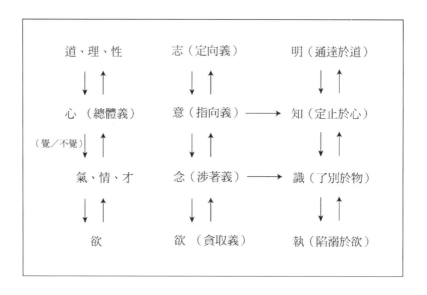

——以上《太上老君說常清靜經》經解、詮釋、白話翻譯、心靈藥
方，完稿。經解、詮釋，初稿於戊子中秋，己丑春二月修訂；白話翻
譯、心靈藥方，成稿於甲午中秋前。二〇一四年八月三十日晨六時
林安梧誌於臺中湖水岸。

附錄一
我的學思歷程：
中國哲學研究方法的一些反省與思考*

一　我是如何走向中國哲學研究之途的？

　　我之走向哲學研究，當然是因為我有興趣，一九七二年我進入臺中一中求學，當時的國文老師楊德英女士（也就是蔡仁厚先生的夫人）教授我們國文與中國文化基本教材。高一的國文課，楊老師教《論語》令我格外感動。她散發出文化的氣息，那傳統的深韻總在課堂上流動。她解《論語》，格外地明白。明白並不只是生活化而已，而是通過合適的概念性用語，後來，我才知道這合適的用語是她與蔡仁厚老師一起學習的，而這些用語最主要是來自牟宗三先生。就在這樣的因緣下，牟宗三先生的新儒學開啟了我對中國文化學習的向度。

　　當代新儒學是遙契宋明理學，直追先秦儒學的。大體來講，當代新儒家認為，先秦儒學是第一期的儒學，宋明理學是第二期，而當代新儒學是第三期。當時才高一，雖不是很瞭解什麼，但我一直很喜歡《論語》，又配合著研讀蔡仁厚先生的儒家哲學相關著作，以及楊老師在課堂上也介紹了牟宗三先生、唐君毅先生、徐復觀先生、熊十力先生、馬一浮先生⋯⋯等等，這些讓我對中國哲學有了進一步的認識，並逐漸生發出濃厚的興趣。起先，我還沒決定要走哲學，因為臺中一中的學生多半會選擇理工，我自己比較擅長的科目是數學與物

＊　本文為癸未年二〇〇三年初夏六月間在中央大學中文所與哲學所的講稿，由沈寶瀠、許嘉村、賴悅珊、金英子等記錄，並經刪修完成。

理，我那時也想要讀理工，做個像陳之藩那樣的人物，既通理工，又兼文哲。不過，我越來越喜歡中國古典的東西，《千家詩》、《唐詩三百首》背了許多，我還記得我十分喜歡《孫子兵法》、《淮南子》，（我在此奉勸同學趁年輕要多背一點東西，隨時可以用）也看了很多書，包括牟先生的《生命的學問》，這裡面有許多牟先生深切體認的東西。

到了高二，我很喜歡《史記》、《淮南子》、《兩漢書菁華》、《老子》、《孟子》，我對哲學越來越有興趣，到了高二下我下決心轉到社會組。如何轉組，其實是有點傳奇性的，起先我一直猶豫不定；一直到現在似乎還有很多人認為男生要讀理工而女生才應該要念文科，但我認為這樣的理解是不對的。那時我去問我父親，我父親是個農夫，農夫他知識不廣，但卻有其智慧。知識與智慧是不同的，知識是結構性的，智慧是根源性的東西，而資訊是很浮面的東西，農夫不一定有知識，資訊來源也不足，但有智慧。我問我父親轉組的問題，我父親認為人生是靠自己，要我自己決定，我也考慮了許多問題，包括社會的風氣、未來的發展，我仍無法下決定。於是我又去問我舅父，我舅父的建議是選擇念理工，因為我的數理很好，但我依然無法做決定，後來我就想交給上天安排吧！我還記得第二天是最關鍵的，因為是申請轉組的最後一天，前一天晚上我向天祈求，跪在家前的曬穀場向上蒼祈求，它給了我三個聖筊，我就這樣選擇了走向文史哲這條路。

大學聯考，我考上了師大國文系；師大國文系的最大特色是它具有廣義的國學傳統，不只是中國語文，還包括義理、辭章、考據等等。師大的薰陶過程，真正開啟了我的哲學思考活動。過去，我的哲學思考一直是較零散的，高中時期，我也嘗試用論文的方式在校刊上發表文章，記得最早是高二上寫的〈從心性及中國文化談起〉，高三上又寫了〈今日談儒家哲學〉，並在臺中女中的校刊上以筆名發表了〈論恆與變〉、〈談玄學〉，高三下我又在一中校刊寫了兩篇，一篇是遊記，一篇是論文〈從「天道」及中國文化談起〉這樣的歷程所累積

的一些東西，既具研究性質也帶有創造性質，也是在我走向哲學研究
這條路的一個很重要的起點。

二　在學術與實踐，創作與研究之間

我一直覺得文學創作應包括論說式的散文，我很喜歡讀西方的散
文，例如培根（Francis Bacon, 1561-1626）、蒙田（Michel de Mont-
aigne, 1533-1592）的論文集。我的高中國文老師胡楚卿老師特別喜歡
蒙田，經由他的引介，我們知道了許多文學與西方思想。高三時，我
們組了一個文學性的社團叫作「繆思社」（Muse），與許多大學有些
來往互動，像是東海、中興、靜宜等大學都留下足跡。上了師大國文
系後，在這廣大的國學氛圍中有了更進一步的成長。我覺得師大最重
要的成長，與其說來自於老師的教導，毋寧說是來自於它的傳統訊
息，使得你在哪裡悠游、涵泳。另外，與學長姊、同學之間的學習與
交流也是一個很重要的過程。高中以來，我一直都有許多想法，也寫
了一些文章投稿，也因而促成了與學長、學弟的交流。當時，我也加
入了師大的古典詩社（南蘆吟社）與現代詩社（噴泉詩社），還有佛
學社團中道社，並在「師大校刊」、「師鐸」、「昆侖」上寫文章，也因
此認識了許多有志一同的夥伴，我覺得這是一個很好的學習經驗。

又因為我認識了李正治學長，因緣際會使得我認識了史作檉先
生，他給了我莫大的啟發。我之認為哲學最重要的是溯其本源、是一
種生成創造的活動，哲學是一種生命的根源之學，這樣的看法事實上
是受到史先生的影響。我就在這樣的過程中，走上了「研究」與「創
作」之間的路子來。我哲學的研究比較是隨順著對自己生命的思考而
來，我的哲學基礎訓練來自於真存實感以及學院訓練的基礎，同時我
也慢慢進入新儒學的氛圍中，但我老覺得新儒學的思考有些不暢。大
一進來，我忙得很是快活，拉雜的寫了一篇〈論文化架構及其覺醒〉

在「文風」上發表，當時我對文化哲學與歷史哲學的興味是很濃的。大一下，我寫了〈王陽明四句教臆解〉。大二，我讀了牟宗三先生寫的《荀學大略》、梁啟雄的《荀子柬釋》、韋政通的《荀子與古代哲學》等相關荀子的東西，我開始對整個儒學更深入的理解，也有了些評議。就那時寫成了〈從「天生人成」到「化性起偽」〉一文。另外，柯林烏（R. G. Collingwood）、斯賓格勒（O. Spengler）也引發了我對歷史哲學的興趣，在這過程中，我寫了幾篇探討歷史的文章，特別是〈歷史與人性的疏通〉一文，曾受到史作檉老師，還有陸達誠先生的鼓勵與讚譽。

　　基本上，我的哲學研究是由於自我的追求與書本閱讀的相互激蕩，而慢慢生發出哲學的問題，並尋求解答。我的求學與新儒學有著密切的關係，但始終不甚契合，因為我的興趣一直在歷史哲學、文化哲學方面，大四上寫了一篇〈危機時代的生命哲學：熊十力體用哲學與柏格森生之哲學之比較〉，大四下則寫了〈中國政治傳統中主智、超智與反智的糾結：先秦儒道二家政治思想的根本困結〉一文，這似乎可以看出一些端倪。大四這篇文章後來被我收在《道的錯置：中國政治思想的根本困結》一書作為附錄。

　　還記得和我的學長李正治先生一起去文大旁聽史作檉先生的課，史先生所講的是形而上學，用的教材是他自己所寫的《存在的絕對與真實》這本書，他的書看似西式的哲學論辯，但決不只是西方而已，他並沒有區分什麼東方、西方的東西。像他寫的《三月的哲思》，還有早年寫的《中國哲學在哪裡》、《憂鬱是中國人的宗教》，從史先生身上似乎讓我見證到哲學是可以像創作一樣的來表達。這與我的一向的觀點頗為契合。熊十力的書讓我覺得哲學原來和生命結合在一起的，而老一輩的像馬一浮等，他們所散發出的一種通透的、完整的國學的深厚基礎，我一直跟同學鼓勵要多讀一些老一輩的學者的書，去體會與學習這樣豐富的學問基礎。

就在這樣的過程中的我，慢慢的在發酵、激盪、生長，而我的寫作風格受到了史先生、熊先生與牟先生很大的影響。又因為認識王邦雄先生與曾昭旭先生，加入《鵝湖》月刊，並作為執行編輯的一員。那時，《鵝湖》每週有讀書會，讀書會對我的幫助很大。我們一起念書，一起討論許多問題，大三的時候，我認識了另一批人，這之中有些是我的老同學鍾喬的朋友，也有些是翁志宗的朋友，還有我的學弟楊渡等人，這些人所接觸的和我過去一直浸淫的中國哲學的東西是很不同的，這也觸發我去思考我所學習的中國哲學與當代的許多議題如何連結起來，所以也促使後來我們組了一個「新少年中國學會」，但很快就因為某些意識形態（政治的）就散掉了。到我大四的時候，我原來進入中國哲學是從宋明理學這裡開始的，尤其是王陽明，再通過熊先生、牟先生，對自己的生命更進一步的思考。而那時所寫的東西，操作的語言已經是很哲學性的語言，這多少是受到史先生的影響。

三　關於格義、翻譯與融通、創造的一些斷想

我之所以強調格義、翻譯與融通、創造，是因為我一直覺得寫作是要練習的，不要太急，不能要求馬上完美，因為人是一個生長的歷程，完美是不斷累積、不斷精確化的過程。我認為方法是「法無定法」，不能要求方法要與別人一樣，因為方法不可以一概而論，但要懂方法、要磨練它，因為方法不可能永遠是完美的。我曾參加許多讀書會，讀書會是一個很好的學習方式，不過我並不贊成以辯論的方式，因為不成熟的辯論往往浪費很多時間，而且無謂的爭論，意氣激宕容易傷了感情。我們應學習真實的傾聽與交談，「傾聽」真理才會彰顯出來。

我當預官時，在中壢的那段時間，可稱為我人生的黃金九個月，那時我讀了文德爾班（Wilhelm Windelband）的西洋哲學史，並邊做

摘抄與翻譯，這使得我對於西方的話語脈絡逐漸由陌生而變得熟悉。有關西方的哲學理解就在這樣的過程中慢慢轉為深入，對於過去我所讀的逐漸更為通透的、更為寬廣的串連起來，這對於我來說，是很重要的一步。一九八二年，我考上臺大哲研所，修了更多西洋哲學的課，也接觸更豐富的西方哲學的東西，例如歷史哲學、社會哲學、馬克思主義、批判理論等等，這些東西同時讓我對後來在思考新儒學的問題時，有更全面性的觀察與更開闊的看法。

四　新儒學的思想史意義與及其限制

　　一九七二年年初，我在當時的《中國論壇》發表了〈舊內聖的確開不出新外王〉、〈當代新儒家述評〉等文章，後來考入臺大哲研所，引發我更深入去思考新儒學的意義與限制。我的碩士論文選擇了王夫之研究，一方面因為王夫之在新儒家學派受到的青睞是較少的，一方面是我受到曾昭旭先生對於王夫之的研究影響。船山的易學是我最深感興趣的，像是「乾坤並建」這樣的思考也對我影響相當大；因為王船山的人性論思想，基本上與宋明理學──不管是程朱、陸王，乃至與當代新儒學都是有所差別，有所不同的。研究船山哲學的過程，確實讓我學習到許相當多的東西；如果要回溯我什麼時候開始去反省：整個中國哲學所要研究的方向，我很清楚我的思考是朝向歷史哲學、文化哲學、政治哲學、知識社會學式的，我認為我希望能是帶有批判的、繼承的研究中國哲學。

　　Q：老師在學習中國哲學的過程中，是否有學習上的挫折？

　　A：我回想起來，學習的挫折好像沒有，但生命的挫折是有的，這可以說沒有什麼外在的挫折，但內在的挫折是有的，但我覺得人有生命的挫折是好的，這可以讓我們多去思考，當自己體會

到一種痛切之感，才能真正的對痛切之感進行思考，學習了理論性的契入能力；我並沒有什麼考試的挫折，從某個角度來說，我其實很感恩，因為回想起來，我的學習歷程都還算順利。我們學人文的人，如果讓自己獻身於某個理想，這是一件非常美好的事。

Q：有些人認為中國哲學缺乏西洋哲學的邏輯的嚴密性，這是中國哲學的缺點，這樣的看法是對的嗎？

A：我並不認為中國哲學沒有邏輯的嚴密性，中國哲學沒有像西洋哲學建構出一整套的邏輯系統，並發展成一門專門的學問；但這並不表示說中國哲學沒有邏輯。我們應該說西洋哲學的邏輯思考及其思辨的形式所形成的一大套話語論述系統，是與中國哲學在類型上與方法上是不同的；我認為作為一個中國哲學的研究者、參與者，哲學就是哲學，不必過於區分中國哲學或西洋哲學，哲學是一個思想的、智慧照明的、修行的、持續的活動，是一個經由思想照明而落實在人間世裡修行實踐而上通於道的路。只是在不同的文化傳統、不同的思維樣態中，有不同的實踐方式，我們不必拘泥在這樣的殊別上，應該要回到生命的真存實感中，進到整個學問的脈絡裡，用我們最適合的表達方式將它表達出來。以哲學作為一個根源性的探索而言，中國哲學與西洋哲學並沒有根本上的不同，中國哲學也有其知識論的，不是只是像老一輩的區分，認為中國哲學是心性哲學而已，相對的，西洋哲學也有談心性問題。返回最根源的地方，哲學就是哲學，中國哲學與西洋哲學只是以不同的視點去返回這個根源，不能說因為中國哲學不像西方哲學有那樣一套邏輯的結構論述就比較差，或說它就缺少什麼。

五　後新儒學的哲學向度：船山學兩端而一致的啟發，「本體發生學」的體認

　　從高中起，可以說我就和新儒學結下了不解之緣。我多次提到了我對儒學的一些反省，其實是從大學的時候，我就開始有所疑，這個疑就是「多聞闕疑」的「疑」。我一直覺得儒學，其實是必須放到一個寬廣的生活世界裡、放到整個歷史社會總體裡面來理解。我想跟大家推薦一些歷史古裝劇，大家必須要看一下，像現在正在演出的乾隆王朝，看完後給我很大的啟發跟震撼，基本上，這與我在思考原來儒學與整個中國傳統社會總體的關係，我覺得很有幫助。你可以看到知識分子是怎麼被扭曲的一個人格；君權、父權跟聖人之教，居然完全結合在一塊，而造成了一種很嚴重的異化狀態，而在這種狀態裡面，儒學是被攪和進去整個帝王專制與宗法封建的結構裡面。那當代新儒家在這裡也有反省，譬如牟先生在《政道與治道》就作了一些反省，而徐復觀在這方面的反省也很多，像他寫的《儒家思想與自由民主人權》就很深刻，《學術與政治之間》、《徐復觀雜文集》都可見出他在這方面的功力。我一直不滿意中國文化傳統的專制性與保守頑固，我總覺得有一些根深柢固的東西，要進一步的去破除。

　　我在想這些問題的時候愈想愈多，而感觸比較大的是，在一九八二年我寫《當代新儒家述評》的時候，就已經知道了當代新儒家非常重視意義的生發，而往往比較缺乏整個結構性的理解；比較注重形而上理由的追溯，而缺乏歷史發生原因的考察。我後來寫王夫之的時候，覺得王夫之所謂「兩端而一致」的哲學思考，可以開啟一個渾淪不分，體用一如的「本體的發生學」。他一方面既注重形而上理由的追溯，一方面又注重歷史發生原因的考察。特別在王夫之的易學裡面，是把這個本體發生學發揮得很好，他通過「兩端而一致」、「乾坤並建」的方式，彰顯了他的哲學系統。

六　「理、心、氣」的側重取向，生活社會與歷史社會總體的體現

　　如上所述，在這樣的一個解釋裡面，我自然而然地會去重新檢討宋明理學，談理、談心、談氣的不同側重取向。「理」所注重的是一個客觀的形式性原則，「心」所強調的是一個內在的主體能動性，並進一步說這裡有一普遍性原則，「氣」所強調的是實存的歷程性原則。像王夫之他所注重的便是一個實存的歷程性原則，也就是注重實存性跟歷史性這樣的一個哲學思想，換言之，他注重的是生活世界，注重歷史社會的總體。經由對此二者的深入理解，他再重新去安定人的「理」與「欲」的問題，也就是「天理」與「人欲」的問題。像這個「道」與「器」的問題、「理」與「氣」的問題、「理」與「勢」的問題，在王夫之的哲學裡面，充分的顯現出來所謂的「兩端而一致」的理論。

　　一方面，他從歷史發生原因的考察，注重「器」的優先性，所謂「無其器則無其道，無弓矢則無射之道」；一方面又從形而上理由的追溯，強調在還沒有落實成為一個具體存在的事物以前，就有一個形而上、隱然未現之則，那就是「道」。所以「器」與「道」是兩端而一致的、「理」與「氣」是兩端而一致、「理」與「欲」是兩端而一致的。這麼說來，我們要說「人性」與「歷史、社會」，它是個互動循環的關係。這也就是說，我們要理解，人性不能離開「歷史性」與「社會性」；「歷史性」與「社會性」也不能離開人性。人性之作為「貞一之理」，而「歷史性」與「社會性」則是這個「貞一之理」落實在人間的所謂「相乘之幾」。在這樣的發展過程裡面，兩端而一致，既回歸形而上，又展啟嶄新的未來，一步一步地開啟。

　　我認為儒學發展到王夫之，已經相當豐厚而高明。他對整個宋明理學，不管是程朱或者陸王，都提出了相當多的批評。對於太強調客

觀的形式性原則，像程朱學派，提出了針砭，指出他們忽略了落實在人間世裡的歷史發展；王夫之強調落實在人間世這個總體的向度來理解，他對於陸王學派也提出針砭，認為他們太強調內在主體性。王夫之是從理學、心學走向所謂的實學，這個實學其實指的是一個道器不二、理氣不二、理欲不二，而以「氣」為核心性概念而展開的。王夫之說「六經責我開生面」，這樣的一個新的生面，更能把真正的儒學內涵給彰顯出來。

七　從「聖王」到「王聖」這裡隱含著嚴重的「道的錯置」之問題

我寫完碩士論文《王船山人性史哲學之研究》之後，本來有意想要從這裡去思考有關「道之錯置」（misplaced Tao）的問題。這個問題我一直都很關心，近來也常提及，我已經把這二十年來的文字作個結集，書名就叫《道的錯置：中國政治思想的根本困結》。這書的目的是伴隨著《儒學與中國傳統社會之哲學省察》的另一作品集。在這裡，我討論了帝王專制、父權高壓，以及聖人之教之間的複雜關係。我認為它導致「道的錯置」的問題，以致原來儒學理想希望的「內聖—外王」，「聖者當為王」，結果卻變成是在現實上握有權力的王，自稱為聖，從「聖王」變成「王聖」，這是一件非常荒謬的事。

這影響中國有兩千多年，截至目前，仍還可以看到這種傳統「君父觀念」的存在。當我們談任何一種文化現象的時候，不可輕易說它完全是壞，它是一種狀態，這種狀態需要我們去正視它，因為它的影響實在太大了。我在這樣的一個思考裡，本來是想從這個「道的錯置」問題，作為一個博士論文的發展，當時的論文計畫是希望從先秦的儒家、道家、法家，來檢討整個「道的錯置」問題。可是後來我並沒有作，因為我最感興趣的還是當代新儒學如何發展的問題。

八　從王夫之的研究轉向熊十力哲學的探索

當我寫完王夫之的時候，對熊十力就更加關心了，因為熊十力基本上的哲學思想跟王夫之，可以說有一種承繼的關係。熊十力先生是牟宗三先生的老師，對我而言，去好好的理解這幾位先生的思想，對我自己的學問發展性是有密切的關係。我在大四時所編的《當代儒佛論爭》這本書，又是一個難得的因緣。這書其實是環繞著熊十力《新唯識論》展開的一些相關辯論的纂輯。當時，我對這個問題很有興趣，整個當代儒家和佛教的這個爭論，會牽涉到些什麼基本問題呢？追根究柢是儒、佛人生論、世界觀與形而上學的異同。其實，佛教徹底的說並沒有西方意義所謂的形而上學，但是它可以成就一套自己的形而上學，或者是存有論，所謂佛教的存有論（Buddhist ontology）。

大體來講，當代的佛教發展裡面，支那內學院所代表的是唯識學，熊先生在哪裡學習過，後來到北京大學講「唯識概論」，之後沒多久就對這套唯識學提出質疑，因為他以一個思想者、創造者的態度，重新去審視這樣的一套唯識學本身，落到他要去理解、去詮釋這個世界的時候，所產生的問題。當然熊先生去理解唯識論的時候，並不是很平心靜氣的恰當的理解。他問的是究極性的哲學問題，而不是唯識學講了些什麼。唯識論原本講的是一套「解構」之學，雖然，它講「三界唯心、萬法唯識」，但這話的目的是要說明，一切的存在是空無的，它仍是緣起性空的脈絡，不能違離這基本立場。

九　「緣起性空論」是解構的，而「道德創生論」則是建構的

熊十力處理這些問題時，他並不是作為一學究的客觀研究，而是究竟的要去問「見體不見體」的問題。他一想就想到唯識論相關的

「轉識成智」問題，還有他要問的是：到底唯識學對整個宇宙之間的闡釋，是否有些什麼樣的限制呢？畢竟熊十力，他還是《中庸》與《易傳》的傳統，他通過《中庸》與《易傳》的思考，進到整個唯識學裡面，透過唯識學的一些基本概念，作了一種「轉化」跟「創造」。這個「轉化」跟「創造」，老實說對佛教的唯識學是不公允的，熊十力對唯識學的理解，其實是有問題的。當他在理解唯識學的時候，並沒有很恰當而準確的理解，他急著將它「轉化」、「創造」成自己哲學發展可能的系統。換言之，熊十力是一個哲學家，卻不是一個很好的哲學史家，或是哲學學問的學究。熊十力在《新唯識論》裡面，對有宗唯識學或空宗般若學的批判，基本上是不中肯的。譬如他說空宗般若學是「破相顯性」，這個說法是不中肯的，恰當的說應是「蕩相顯執」。他認為唯識學是構造論，有神我論的傾向，也不中肯。以熊十力而言，重要的問題不是他們到底講了什麼，而是空有二宗都沒看到宇宙生生之德，都沒有真切的見到造化之大源。

　　總的來講，在《新唯識論》裡面，基本上是通過了他對於有宗唯識學、空宗般若學這「空、有」二宗的批判，建構了他自己一套嶄新的體用哲學。這套哲學與中國傳統《中庸》、《易傳》是有深切血緣關係的。像他常提「即用顯體，承體達用」、「即用而言，體在用；即體而言，用在體」，其實在王夫之哲學裡已經說過了。他的體用概念，多少也繼承了華嚴宗的一些語詞，但他的基本思考與華嚴宗是不同的，華嚴宗在整個佛教系統裡，是屬於真常心系統。這樣的一個佛學思考，並不適合把它理解成像《易經》那樣的一個傳統，因為《易經》是接近一個「道德創生論」、「本體生起論」的立場；而佛教基本上是「緣起性空論」。「道德創生論」與「緣起性空論」的最大不同是，緣起性空論是「解構」的思考，為的是 struggle for non-Being，而道德創生論則是「建構」的思考，為的是 struggle for Being，熊十力重的是如何「從一個存在的根源，去生化這個世界」，當然我們要說這是一道德價值的創生，並不是宇宙論中心的思考。

十　「存有三態論」：從「存有的根源」到「存有的開顯」到「存有的執定」

　　據實而言，對熊十力的理解與詮釋是帶有轉化與創造的，我從他這套體用哲學上，慢慢地摸索出了一個新的發展可能，也就是這裡我所說的「存有三態論」的構造。《存有三態論》不同於「兩層存有論」之以「現象」與「物自身」來區分，而是強調由「存有的根源」到「存有的彰顯」，進而到「存有的執定」，這樣的發展。所謂「存有的根源」所指的就是「道」，「道」指的就是那個「總體無分別的根源」。當我們用「根源」這個語詞的時候，其實帶有理想的意義、價值的意味在。「道」，我們說它是「存有的根源」，這具有應然的價值義涵，「道」這存有的根源，它之在其自己原是「境識俱泯」的，它是「寂然不動」的，它是「不可說」的；但它不能只停留「在其自己」的狀態，它必然得要彰顯。「道」是可道的，但凡是可道之道，就已經不是常道了，所以「道」它起先是隱於無名，在一個無分別相、總體的密藏狀態，相當於《易經》所說的「寂然不動」的狀態。

　　「道」歸本於「無」，這「無」並不是說沒有，「無」只是一個沒有分別的渾淪總體，這個總體是一個具有發生、創造可能性的總體，這樣的一個總體是要有人參與在裡面的，如果沒有人參與在裡面的話，就不能構成這樣的一個總體。所以，我常解釋「道為天地人我萬物通而為一的不可分的總體」，或者再加上強調一下，「道」是人參贊於天地萬物人我，所構成的一個不可分的總體」，這是「存有的根源」，存有的根源必然經由一個彰顯的活動，而不斷地開啟自己，叫作「存有的開啟」。

　　真理其實就是一個存有的開啟，這一點海德格也這麼說，這個說法基本上我認為跟《易經》所說的「見乃謂之象，形乃謂之器」的說法是相通的。存有的彰顯本身是「智慧」、是「真理」，是 aletheia，

aletheia 在海德格的說法就是「把那個遮蔽去除掉」，也可以借用「揭諦」這個詞來說它，可以說它是「揭開存有的奧密」。「存有的彰顯」就是「道」必然顯為「象」，道之顯為象，其實就是透過人的一個純粹的意向性（intention）參與，這個「意」是很重要的，所以「道」必經由意而顯為「象」之後，再經由人們運用「名以定形」或者「言以定形」的工夫，使得那個「象」真正落實轉化成一個具體的存在對象物。「道顯為象」是比較屬一個「本體宇宙論」的說法，但是「名以定形」就是一個「知識論」的說法。我認為存在事物的一個定象的過程，是先經由「縱向的開展」，再經由「橫面的執定」，橫面的執定就是從「存有的根源」而「存有的彰顯」，再轉而為「存有的執定」。這樣的一個轉折，我認為可以取代牟先生在《現象與物自身》這書裡面所說「兩層存有論」的思考。它的主要的不同跟特點在哪裡？就是「存有三態論」並不是以主體為中心的，它並不是以本心來開出兩個門。

十一　「兩層存有論」的基本構造：一心開二門

　　牟先生是一個「一心開二門」的結構：心真如門、心生滅門。這是牟先生從佛教「大乘起信論」借過來的架構，有其勝義，但也有其限制。如牟先生說，心真如門純只是「智的直覺」，是 intellectual intuition，而心生滅門對應的說是「感觸的直覺」，是 sensible intuittion，這是借用康德學而來的「兩層存有論」思考。這個架構很容易落在以心性主體為核心的傾向──「上開」跟「下開」。而最後就在這「一心」，到底是一個向上的一念警惻？或是一個落實的曲折的一個表現？因為牟先生以道德本心為核心，這樣一來，那也才會有所謂「良知的自我坎陷以開出知性主體，來涵攝民主跟科學」的思考。

　　因為牟先生在這兒肯定人作為一個道德的存在，或者道德的存有（moral being），而這個「moral being」它會用所謂的「直覺」去觀照

這個世界，這個「直覺」所觀照的世界，這時候的對象物是「無對象相」，這時候是純智光之所照的一個對象，這對象無對象相，它不是你的感觸直覺之所能知的，當你用你的感觸直覺之所能知，那是經過了一個主體的對象化活動，也就是經過了一個良知的自我坎陷活動，才能起一個這樣的可能。所以在整個牟先生的詮釋系統裡，把整個儒學提到一個最高的高度，就是宇宙造化之源，並且把那宇宙造化之源跟我們內在的心性之源等同起來。

基本上，這是陸王的傳統，把你的「道體」跟「心體」等同起來、把宇宙造化的源頭跟心性內在的根源等同起來，也就是「此心即是天」、「心即理」。你這本心就是一個智的直覺之活動，它所開啟的是一個道德的世界、道德的形而上理性。牟先生所詮釋的 Human-being 人，是在一個道德的形而上學向度裡面，所謂的道德的形而上學所開啟的是一個沒有任何紛擾、沒有雜多的一個純淨的世界，但是人畢竟不在這個世界，牟先生再用另一方面的一個詞，來開啟一個分別相的世界。這就是他所謂的「執相與無執相的對照」——「執的存有論」跟「無執的存有論」的這樣對照，通過「良知的自我坎陷」以開出「知性主體」並以此來涵攝民主跟科學。

十二　由「舊內聖」開「新外王」的結構及其限制

牟先生這樣的系統結構，正好配合了「內聖」開向「新外王」。內聖指的就是宋明理學、心性學的傳統，這是依「智的直覺」、「道德的創造」為主導所開啟的；而落到整個人間世則經由一番新的轉折。這樣兩層存有論的基本詮釋的結構，它既是主體主義的、也是本質主義的。這裡所謂的轉出，是強調你整個心靈、態度跟方向機制之轉化，經由這個內在的、方向的機制之轉化，才能開出一個知識之學來。這個由內聖開向新外王，其實跟宋明理學不同，但它有取於宋明

理學。宋明理學也區別所謂的「見聞之知」與「德性之知」，但是，如何從「德性之知」開出「見聞之知」這個問題，在宋明理學家是不太說的。

宋明理學家說的「見聞之知」，跟牟先生所瞭解的現代話語所謂的「民主」跟「科學」，是不太一樣的。「見聞之知」是一般世俗人都可以有的「分別之知」，而「德性之知」是道德實踐的一個動力，它是否果真如牟先生所謂的是一個無分別相的「智的直覺」的這個方式？在這裡，當然可以往這邊去治，但是在原來張載或是其他的宋明理學家，並沒有那麼清楚地作這樣一個區隔，也就是說，它是一個大略的區隔，所以我們可以看到從宋明理學的「見聞之知」、「德性之知」，到牟先生「智的直覺」以及「感觸直覺」這樣的一個對比過程裡，而開啟了他自己的「兩層存有論」，這其實也是一個進步，而這樣的一個進步在牟先生的傳統裡面思想的安排，如何去開啟一個具有新的結構的外王學。

如上所說，這樣的一種開出說，其實是一個在理論上、在詮釋上所開出的，它並不是一個實踐的、學習的次序，因為在牟先生那個解釋系統裡面，最後的關鍵點在於那個良知本心，在良知本心所隱含的辯證開展性可上通於道，下及於物。如何下及於物？就是良知的自我坎陷開出知性主體轉下的。如何上通於道？就是以「智的直覺」直接上通於道，所謂的智光之所照，不論外照、內照、通通一樣。這樣的思考裡，其實形而上的意味很重，但是基本上他強調的形而上，已經由一個轉折過程落到人間來，它仍然放在原來內聖外王的結構。

十三　從「道德的形而上學」到「道德的人間學」的發展可能

再者，我想強調的是儒學的理解不能外於整個歷史社會總體，不

能外於政治經濟結構。內聖學有兩個不同的理解方式，當你理解孔老夫子所說的「仁」、孟子所說的「義」、「仁」是一個彼此的、生命真實的互動跟感通；「義」則是人跟人之間的恰當的規範原則。這樣的一個「仁義」，其實是放在整個家庭人倫的孝悌去理解的，其實它必須放到整個帝王專制、君父的傳統裡頭去恰當理解。內聖學必須放到它的生活世界、它的歷史社會總體裡頭去理解。

如此一來，我們會發現儒學有幾個不同的向度：一個是帝王專制化的儒學，一個是批判性的儒學，一個是人倫教化、生活化的儒學。這幾個不同的向度你去理解以後，你才能夠進一步去講，內聖學之屬純理的部分，就是工夫修養和如何落實。我的意思也就是說，並不太適合直接把內聖學以一種道德的形而上學的建構方式，把它建構成作為整套儒學發展的本質基礎，再從這裡如何開出民主跟科學，這基本上都是一個理論的轉化的意義。這樣的一種開出，我認為並不太具有一個實踐的、學習的次序的意義。所以，我曾經提出很多這樣的質疑，也就是說，當代新儒學在整個發展過程中，為何實踐力變弱了？它的問題出在哪裡？值得我們深思。

在牟先生的理論系統裡，良知本心是坐在一個形而上的中樞來指揮天下，而不是落在人間世裡面，真正進到整個實踐的場域裡去參與。牟先生這樣的一個思考裡，是通過一個形而上的保存，來穩立道德主體，從這裡開出新的可能。其實，在當代新儒學中裡的兩個鉅子，唐君毅先生與徐復觀先生就持不一樣的看法，徐先生更且說要去成就另一套「形而中學」。只是牟先生的影響太大，相對來說，其他新儒家的聲音反而小了，這有點可惜。牟先生這樣的提法，他保住了種子，但是我覺得，接下去就要把這個種子接引到人間，扎實的生根，把泥土鬆動了、灌溉了水、所有養分……，開始在這裡栽育新的苗圃而發展新的儒學，這就是我所謂的「後新儒學」，儒學要好好發展出它的「人間性」來。當代新儒學應該由「道德的形而上學」轉而成就為一套「道德的人間學」。

十四　從「外王」到「內聖」的雙向互動與調和

　　「後新儒學」是一「道德的人間學」這樣的一種思考，就「內聖」跟「外王」這樣的結構就變化了，它不再是『如何從「內聖」開出「外王」』，不再是如何從所謂「傳統開出現代化」，而是在現代化的發展、現代化的學習歷程裡，把傳統的智慧、經典的意義釋放出來，參與到整個現代化這個大流裡面，彼此間有一種互動。在這過程裡，因為互動的調節，而有一個新的生息、新的發展。所以我這幾年有一個提法「不是從內聖開出外王，而是在一個新外王的發展過程裡，如何調節內聖」。當然，這樣彼此互動的過程調節的「內聖」，又返照回來開出「新外王」，「外王」與「內聖」是一個互動循環的發展。我刻意的指出應該正視「外王」的重要性，從這裡匯出來了，也就是因為我認為整個社會結構的變化，人跟人之間的關係也變化了，所以，我一個新的提法就是「我們應該更正視社會的正義，不必太注意人的脾氣與修養」。

　　我要呼籲「道德是在公共領域裡面的，道德不是在你私下的、內在心靈的脾氣如何修養的問題。」我這幾年曾寫過一篇文章，強調「社會正義」與「心性修養」的異同。我認為心性修養未必能夠走出恰當的出路，而社會正義所建立的一種倫理的基點，是一個最低點的倫理基點；而心性修養往往會被導上倫理最高點的思維。如果你把一個人內在修養的最高點，拉到整個社會來，讓有權力的人來要求，所有的老百姓都要往那邊走的時候，它很可能形成專制、甚至是暴力。也就是說，握有權力的人要求老百姓要達到最高的倫理，而他本身卻躲掉了，而把自己放在更超越的層次，用一種空洞而更抽象，而讓你以為那是一種普遍的理想的層次，來管控你。我認為這非常不義的。社會正義就不同於這裡所說的「心性修養」，它強調的是「現實的優先性」。如果用王夫之「兩端而一致」的話來講，像「心者，物之心

也；物者，心之物也。」當我們要做一心性的內在體悟，我們要對它有深層的體驗工夫，其實必須從一個外在的、客觀的「心之物」去理解，當你要瞭解外在的、客觀的「心之物」，你必須先要從你那個內在的、主體的「能動性」去理解。這樣一來，在這個時代，你要談儒學的道德實踐，其實應該要從整個生活世界裡、整個歷史社會總體的、最根本的、而且是最低點的社會正義，這裡開始做起，回頭去才能夠談心性修養、談更高層次的道德實踐。

十五　從「本質主義的思考方式」到「唯名論式的方法論」的對比抉擇

我這個說法，是反對本質主義（essentialism）式的思考方式，我在上節也提到過波柏爾（Karl Popper）「唯名論式的方法論」，或者說是方法論上的唯名論（Methodological nominalism），這也可以說是一種「約定主義」（conventionalism）式的方法論，這種反實在論的思考，不認為有一個客觀恆在的本質，作為我們認識的基礎；也不認為有一個恆定不變的道德規條，作為我們實踐的一個標準。而認為道德實踐之該當如何，其實是在一個歷史發展過程裡面，不斷地調節、不斷地由這個調節過程裡，所生化出來的。當然，最後它是要上通於道的。但是，這個道，它只作為一個最原初的開啟點，與作為最後的歸依點，它並不是某個人或某一群人，通過一套特定的話語系統可以把它彰顯出來，一旦成了話語系統就不是「道」。老子《道德經》裡說「道可道，非常道」，因為「道」，凡是「可道」，就已經不是常道了；「道」雖「不可道」，但是「道」又必通過「可道」來彰顯。

這樣的一個「反本質主義」式的思考，其實對我的影響是很大的，也使我在對儒學的研究裡，重新看到很多東西。我以為不要對儒學的話語系統，有很多你認為叫天經地義的。我常說：「因為有性善

論的傳統，所以才讓我能夠瞭解叫性善。」也就是說，「性善」既然是種論點，它當然放在一個氛圍裡面、放在一個生活世界、放在一個歷史總體裡，如果我們沒有這樣一套小農經濟、家庭人倫、宗法封建的思考，所形成的那個總體，那可能性善論，孟子的人性論，就不是用這種方式來彰顯，它將會以不同的方式來彰顯。我這樣說的用意是：研究儒學，不能外於它的整個歷史發生原因的考察、不能外於整個歷史社會總體的深入理解、不能外於整個生活世界的實存覺知，決不能夠只是你依據著聖賢的教言，把它當作教條般的，而且你誤認你已經作了心性的體驗了，其實未必，那只是你的一些嚮往、一些想像而已。在這樣的一個思考裡面，我既然反對「本質主義的方法論」，也反對了「主體主義」式的思考。

十六　「實然」、「應然」就「存有的根源」處是通而為一的

在我的思想裡面，其實認為「理」、「心」、「氣」這三個概念，「氣」，它是優先的，也就是說，我特別注重到整個實存性、歷史性的原則，而最後是上通於道的。而我認為那個「道」，不是你的道德主體，作為主客對立下的這個道德的主體，所要去開啟的。「道」是天地人我萬物通而為一的、是就人參贊天地萬物通而為一的那個總體、根源而說的。自然而然地，我就不再是以牟先生的「兩層存有論」作為我的思考結構，我轉而以「存有三態論」作為我的結構。這個「存有三態論」的理解裡面，當然，我受到了很多前人的啟發，這裡頭有一些現象學的思考、有一些解釋學的思考、有一些獲益於熊十力先生體用哲學來的思考。

這樣的一個發展裡面，最後是通到那個存有的根源，所以我認為存有的根源跟價值的根源是通的。我並不認為，從休姆（David Hume,

1711-1176）以後要去區別「實然」與「應然」是必要的，我不認為可以截然區隔所謂「實然」是知識論者所要去討論的問題，而「應然」是倫理學或道德哲學者所要討論的問題。我以為在某個向度上，可以作這樣子的區隔，但是究其極、論其根源，那個「實然」跟「應然」是通的，這一點我有點柏拉圖主義的傾向，認為最後的那個「觀念的觀念」（idea of idea）是純粹善的。

我們去理解這些問題的時候，最好要深入的去理解，當我們說一個存在的對象物的時候，我們可不要誤認為，完全可以純只是客觀的，完全不涉價值。其實，我們的價值指向是無法離開那個對象物的；儘管我們用的是一個描述性的語句、用的是一種描述性知識的表達方式，但任何描述性知識性的表達方式，其實都隱含了一個價值意涵與道德實踐的指向。在華人文化傳統裡，任何一個「名以定形」的對象物，任何一個對象物如何成為對象物，這是經由主體的對象化活動、經由名言概念的介入，使得那個對象成為一個被決定的定象。一旦成為一個定象，用符號、用語言、用象徵……，去表述它，而在這表述的過程，人們的心靈所隱含的、所伴隨而生的利益、趨向、愛好以及權力、占有、貪取……種種，都已經附加在上面，因為這樣的附加方式，將會使得人間很多麻煩的問題，自然而然地全部都生起。

十七　從傳統的經典智慧所開啟的「治療學」與實踐批判

這也是我這幾年來一直在處理的一個工作，就是我們哲學的研究，其實有一個很重要的工作，把它當成一個治療學。我這個治療學的一些啟發，是來自於傅偉勳介紹弗蘭克（Viktor E. Frankl），但是我自己在讀包括《老子》、《莊子》、《金剛般若波羅密經》、《六祖壇經》也受到了很多的啟發。在我的「存有三態論」的構造裡，其實如何回歸形而上、回歸「道」與「存有的根源」，如何「尊道而貴德」，這基

本上還是道家的傳統，就是以那個總體的根源，作為你尊崇的最後皈依；以你那內在的本性，而認為它是最重要的，你能夠依據著它恰當去實踐。哲學的實踐活動，與其說是一種話語的批判，毋寧說是一種存在的真實回歸；與其強調著教條的遵守，毋寧強調著回歸到本有、自身，在那個總體根源裡，能夠生發出一個恰當的向度，而給我們一個恰當的調節方式。

　　大體來講，整個後新儒學的一個哲學向度，它是反本質主義、反主體主義，而它是以「存有三態論」來取代「兩層存有論」，它在整個結構上，不再是以「內聖」開出「外王」的問題，不再是以一個「理論的邏輯次序」去決定一個「歷史發展次序」，而是強調必須經由一個「實踐的學習次序」，去重新去調節。所以說不是如何從傳統開出現代，而是在現代化的學習過程裡面，重新讓傳統的意義釋放出來。以這樣的一種方向在思考的時候，我覺得哲學可以是一個治療學，哲學當然是一個實踐的哲學。我也很欣賞馬克思主義講過的一句話，他說以前的哲學是要理解、詮釋這個世界，而他的哲學是要改變這個世界。在整個中國哲學來講的話，就是如同《易經》所說的「參贊天地之化育」、「範圍天地之化而不過，曲成萬物而不遺」。整個造化之如此，而人參贊天地之造化，而成就了一個人倫的世界、一個器物的世界、一個知識的世界、一個「充實之謂美」、一個「日新之謂盛德，富有之謂大業」的世界。在這樣的一個世界裡，哲學其實有著重要的使命要去完成他。那這樣的一個思考就涉及到底下我們要談的，「存在」跟「思維」跟「話語」的一些不同理解的問題。

十八　「存在與思維的一致性原則」與「生命與價值的和合性原則」之對比

　　基本上，我一直認為，「存在」的定性，是經由「思維」與「話

語」做成的。人們經由一主體的對象化活動，由於話語、名言概念的介入，才能使其真正的成為一存在的決定了的定象這樣的對象物，這也就是王弼所說的「名以定形」。在西方的哲學傳統裡，從巴曼尼德（Parmanides）到柏拉圖（Plato）以來一個很重要的傳統，叫作「思維與存在的一致性原則」，這表示了西方人一個很重要的哲學向度。它強調的是一對於存在的客觀認知，對象化思考下的認知，這樣的一種方式，來作為理解世界、把握真理的最重要向度。順這理路來說，客觀的去把握真理作為實踐的基礎，最早把這個問題談得很清楚而且作成一個論式的，就是蘇格拉底（Socrates）所說的「知即德」。這可以說是一主知主義的道德學。

中國哲學傳統不同於這種「思維與存在的一致性原則」，它強調的是一個「生命與價值的和合性原則」，就中國形而上學的傳統來說，他問的問題是從「生」、「命」這樣的角度去理解，談「實存」、「生命」。不同於西方哲學傳統之從「是」來講「在」，從「to be」來講「being」不同；中國哲學傳統是從「生」來講「存」。

顯然地，前者指向對象化的思考，而後者則是回到生命總體自身的體會。藉用馬丁・布伯（Martin Buber）的論點，我們可以說前者偏在「我與它」（I and it）的思考方式，而後者則偏在「我與你」（I and Thou）的思考方式。

在「存在與思維的一致性原則」下，我們很容易可以理解亞理斯多德（Aristotle）的「思想三律」：「同一律」、「矛盾律」、「排中律」，這是將主體的對象化所成之執著的定象當成存在自身來理解的傳統。相對而言，在「生命與價值的和合性原則」下，我們可以理解《易經傳》中所謂「一陰一陽之謂道」的思考。我們將那矛盾對立的兩端，化為對比、辯證的兩端，再將這對比辯證的兩端，通而為一，成為一個不可分割的全體。我以為西方的主流是將「思考」、「話語」、「認知」執定通同而代替了「存在」，這是一個「以言代知，以知代思，

以思代在」的傳統。中國哲學的主流則是認為「話語」之外有「認知」、認知之外有「思考」、思考之外有「存在」，這是一個「言外有知，知外有思，思外有在」的傳統。

十九　文化類型學、哲學類型學的對比是需要的

　　如上所說，顯然地，亞里斯多德說的「德」和儒道所說的「德」便有所不同，我們當該展開一對比的理解與詮釋。這裡就牽涉到方法論的根本問題，我個人以為應當將哲學放到整個文化、歷史的傳統裡去看，我們理解一個存在事物，都必須理解它整個存在的情境，這樣才能有一個宏觀的對比。西方也有使用到類似「德」和「中庸」的概念，但彼此異同甚大。當然彼此仍有其可共量性，可以對比的展開理解。

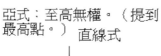

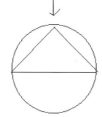

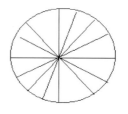

　　在「存有的連續觀」與「存有的斷裂觀」的對比下，中國哲學重在「氣的感通」，而西方則重在「話語的論定」。就亞理斯多德哲學來

說，「中庸」並不是在「兩端的中間」，而是往上提，而作為兩端的頂點。就中國哲學來說，「中庸」所強調的不是兩端的頂點，而是要回到「脈絡性的圓融」。我認為這些都必須經由哲學型態學、文化型態學，做一宏觀的對比，才能豁顯清楚。像我們前面也說道，中西印形而上學追求的也各有不同，大體說來，西方是 struggle for being，印度是 struggle for non-being，中國則是 struggle for becoming。我一直以為比較哲學的方法論意識是必要的，否則很多問題會攪和在一起。

　　同樣是「空無」，佛、道兩家的思考就不同，佛教的「緣起性空」，是徹底解構；中國傳統的道論，是：「道生之，德蓄之，物形之，勢成之」的本體生起論傳統。

　　「解構」對道家來說，為的是要解構語言，而回到道之自身，道之作為一本然之體的存在是被肯定的；相對來說，佛家於此則是要回到一「我法二空」的境地。就哲學的理境來說，語言上即使類似甚至同一，也不能說就是本質的相同。一般人都說孔子說「仁」和孟子論「義」。其實孔子也有講義，孟子也有講仁。但他們的方法不同，而人們的粗略印象，孔子是說「仁」、孟子論「義」，而荀子則重「禮」。這樣粗略的說，乍看雖然可以，卻是沒有細究。因為如此看來，「仁」到「義」到「禮」甚至到「法」，好像就一步步往下跌，這樣簡單地看，實在是太粗略了！作文學史、哲學史的研究，不能如此粗略。

　　比喻來說，儒家好像人要吃飯一樣的必須；有點小病痛時，就有道家來安撫；病痛多一點，就需要佛教來慰藉；真到了無藥可救，就是由上帝來救贖你。這說法看來似有道理，實際上很有問題，因為它只從表象來看！好像臺灣人管不好臺灣問題，所以讓外省人來管，外省人也管不好，就由外國人來管，好像也很有道理。這是街談巷議、捕風捉影，像電視脫口秀。好像人說，西方是霸道、中國是王道。西方沒有王法，因為他們要經過大家決議來做事。要對付這類以偏概全

的偏見，就要有一個結構性的類型學對比。要有一種結構性的類比、詮釋，才不會流入一種印象式的「是怎樣就怎樣」。街談巷議，只能在閒嗑牙的時候說說可以，但其基本上不能成為學問。

二十　話語系統的接枝與融通，要看它是否能調適而上遂於道

　　當然，學問性的層次仍是可以清談的。如我們用「筷子傳統」和「叉子傳統」來做中西的對比。「筷子傳統」是主體經由一個中介者，而連接到一客體，構成一個總體，並因之而取得均衡點，才能舉起客體；「叉子傳統」則是主體經由一個中介者，強力侵入客體，因之而去控制客體。這拿來做對比，的確還能看出中西對「主客關係」的不同看法。這是從方法論上的結構層面做成的闡釋。再說，討論任何東西，須將其語詞回歸到類似這樣的本體來看。如此回歸，能不能繼續討論下去呢？可以的，只要話語的「接枝」能夠成功即可。如生物學上蘋果和芒果的接枝，能產生新的品種，即可。所以，我們要看，其能不能回到哲學智慧的彰顯和探討。

　　哲學為的是要彰顯真理，我以為諸多話語表達系統應多元而開放。這就好像各類人種在一處，不論基因有多少差異，但就人之為人來說，便可以交配而生養出下一代。且下一代混血兒，還有能力再產下一代。但要是不同種，那就有困難，如驢子和馬生出的騾子，就沒有生殖能力。哲學話語系統也是一樣。因此，我以為不同的哲學有不同的做法，但只要它能夠借一種話語能力，能通到智慧之「源」並「延伸」出去，則此學問都該予以尊重。比如說現代很多大哲學家，他們常被人拿來和古人相比。如熊十力，除了拿他跟今人比，也有被拿來跟現代道家比。熊十力也不算任何一類，他的哲學觀念也沒有全對，但他搞出了一套系統，一套武功。雖然他看來有不少錯誤，但他

已經構成了新的系統！如圍棋、象棋、西洋棋每種有每種不同的下法。熊十力今天發明一種棋，將前三種合一，看得你眼花撩亂。則這時，你看看他的棋，首先，能不能構成一個棋局，就是有沒一種可以玩的方式，如果有，就可以說是新的棋類了。而從此棋類再延伸出去的，又是一種方式，一種新的生命體。但如果它是不能玩的、一塌糊塗地，就不算成棋。哲學亦是如此，要看一個哲學能否成立，要看它能不能融貫，有沒有上通下達，能夠，就表示它有延伸能力，它就是被允許了。

　　舉例說，馬克思主義，它一開始只是學說，後來被人學習、利用，也產生出很多惡果。但是，人們又發現馬克思在一八四四年青年時代對人的異化的批判的文件後，又以這東西來檢討、批判資本主義；則此再形成了「新馬克思主義」，又稱「青年馬克思主義」。這樣一套馬克思思想與正統的中年馬克思有些不同──但他也有一種延續的思想在裡頭。另外，美國學者又有運用馬克思主義裡重要概念、範疇去分析資本主義社會的種種問題，而發展出另一類型的「分析型的馬克思主義」，這又和新馬克思與原馬克思都不同。老實說，我覺得它已與馬克思本人的理念不合了，但它居然能形成一套自己的系統，這就是「話語的接枝法」。這是話語的系統脈絡之上，有更強大的社會資源、精神資源（美國實用基本主義）撐起，而發展出它的新生命來。以是之故，我們應該包容一多元的、具生命力的哲學系統，只要它能包含一個話語系統，並輾轉而上，調適於道，則通通是可以作為一套哲學來被理解的。但這不是意味它們其中沒有高下長短的分別。你還是可以判斷它的立論基礎、論證程式夠不夠，有沒有問題，它本身的效用如何，那是可以比較的。我個人較少用此類「接枝法」，而是主張用宏觀的角度去理解、接受原本哲學的內涵。

廿一　釋放傳統的經典話語到現代話語、學術話語中交談、驗證

這些年來，我一直致力一個工作，就是將傳統經典的話語系統，經由現代的生活話語，以及現代的學術話語將它轉譯出來，進到我們的生活世界中，成為我們公共的論述。唯有如此，我們才可能經由經典意義的釋放，參與交談，進一步而有新的融通、轉化與創造。舉個例子來說，像老子《道德經》第三十八章裡提到「失道而後德，失德而後仁，失仁而後義，失義而後禮，禮者，忠信之薄而亂之首也」。大體說來，「道」就是總體的根源；「德」就是內在的本性；「仁」就是彼此的感通；「義」就是客觀的法則；「禮」就是具體的規範。這是我經過了二十年左右的琢磨過程中，慢慢地確立。我們將這些理解連著上述的老子《道德經》中的經典，我們可以這麼說「當那總體的根源失掉了，我們就要強調內在的本性；當內在的本性有所缺失了，我們就強調彼此的感通；當彼此的感通失去了，我們強調客觀的法則；當客觀的法則失去了，我們就強調具體的規範；當人們努力強調具體的規範的時候，就是人們的忠誠信實已經薄弱，而亂世已經開始了」。我認為這麼解是通的。不敢說是老嫗能解，但是一般人似乎也能依稀彷彿地瞭解。所以我認為中國哲學的生化、活化，如何回到一個真正的生活，讓他能繼續長下去，這一點是我非常關心的。

古典話語，是要好好活用的。如孔子六藝之教「禮樂射御書數」，國中生就會背了，但背到現在還不知它代表什麼，其實它將人間最重要的通才教育都包括了。大體說來，可做這樣的詮釋。「禮」是分寸節度，「樂」是和合統一，「射」是對象的準確，「御」乃主體的掌握，「書」乃文化的教養傳統，「數」指的是「邏輯的思辨」。我想這樣來理解六藝之教，比起原先所說的會生動些活化些。我以為這些話語文字，必須透過上述所謂的轉化過程，才能夠深入到內涵。

　　又如老子《道德經》有「人法地，地法天，天法道，道法自然」的句子，這裡的「地」象徵博厚，指的是「具體的生長」，「天」象徵高明，指的是「普遍的理想」，「道」象徵著「整全」，指的是一「根源的總體」，而「自然」則強調一「自發的和諧的調節性力量」。如前所說，我們不同於西洋哲學強調「存在與思維的一致性原則」，我們強調的是「生命與價值的和合性原則」；這樣的一段話指的就是「人學習地的深厚、具體而生長，並從這具體的成長達到普遍高明的理想，而理想必須回到總體的根源，總體的根源，就是一種自發的和諧。」這樣讀，可以將原先的「人法地，地法天，天法道，道法自然」掌握的準確一點。我們去理解一個語彙時，會關聯到我們平常最熟悉的言辭。像中文我們讀得很熟，寫其中文來也就會方便多。中文有很多語種，廣東話、四川話、客家話、閩南話都各有特色，他們彼此有其介面，也有感通。如我雖是臺灣人，但求學的環境都是用國語，因此習慣用國語來表達個人的意念了，用臺灣話就不那麼順當了。怎麼叫順當？就是不斷地使用，讓它「生者使熟」了，國語和臺灣話之間的介面就融開了，水就會通過去。這像長江三峽上的水閘一般，經由上下的轉換，而讓船能夠行得順暢。

廿二　「道、意、象、構、言」的詮釋層次問題

　　我個人很在意如何將古典話語和現代話語兩相融入，而學術話語也必須將生活的覺知結合在一塊。我總認為學哲學不能離開文學藝術，須知：關於人的生命總體的表現往往透過戲劇來表現，所以沒事可以多看一些歷史劇。目前大陸有不少影劇考據講究，演得很不錯，值得一看。歷史劇雖然有時會不符史實，但人物塑型、劇情描寫卻很深入。如《薛仁貴征東》，寫的雖是唐太宗，但正史上卻是唐高宗，主要是想藉此去烘托唐太宗。我們要看的，就是年代、氣氛、君臣關

係等等，及其中所包含的倫理學、道德學，在儒家裡怎麼的存在、扭曲的不怕死哲學又為何。像諫官的「悲憤」，就是在我所說宰制性的政治連結獨大下的背景所產生的。再者，我們中文系要看戲劇，也要看他的文本，看清裡頭戲劇所在，人性表達如何。語言的活用，以今天來說，就是在公民社會中要如何培養出新的學問性系統，我們不只是要開發新學問，而且要懂得怎麼應用、活用，其實中文系、哲學系的研究生，研究像「八點檔連續劇中『人倫』的詮釋」這樣的題目，也是個不錯的。

　　文化傳統和自我同一性（self-identity），要「因而通之，調適而上遂於道」，才不會成為流俗。必須認同自己，瞭解自我一代和上一代的問題並好好溝通，這應作為哲學研究的重心所在。像「八點檔」成了一種話語霸權，因為太過長久，便成了抹黑，使得觀眾陷入存在的困境。面對這情況，我們必須回到存在的根源，重新理清它的存在。在這過程中，我們必須透過瞭解、轉譯與創造的過程，以前融攝佛學如此，現在融攝西方哲學更應如此。

　　以我們所能覺知到的生活世界來說，由於我們的古典話語一直在流失中，我們的學術話語又沒能好好的生根，生活話語又一直在俗化中。像現在寫點文章有深度，編輯就會說你的文章太深，其實不是你的文章太深，而是一般人淺了。不過，正因他擁有權力可以決定用不用這篇文章，久而久之，他也形成一種話語霸權，人們的胃口也就變了。如以前有「避諱」的傳統，現在卻是太強調「公平」，所以就有些東西垮了、紊亂了。這新的方法是錯的，可是它越來越多，到後來不做的人反而錯了。原來這是約定俗成，卻也因此逐漸滑轉、異化，成了「鄙俗」、「流俗」，最糟的是他們還不知自己俗了。從「話語」到「結構」，到「象徵」，進而上契於「意向」，最後則歸本還原於「道」。這在我那本《人文學方法論：詮釋的存有學探源》一書的第五章有較詳細的述說。其他闡析，或者可從像王夫之《老子衍》、《莊

子通》、《莊子解》裡引出。這類詮釋方法，我個人覺得，可以和王弼的「得意忘象、得象忘言」連續起來理解，關聯密切。

廿三　「多元而一統」的文明對話與交談

我認為中國哲學的研究，要在省察中延續、在批判中瓦解、在承繼中創造理想，就是要多元而一統，對話而交談。交談便須得容納各種聲音。中國哲學和西方哲學應該要互通，中國文化要是全球多元文化中的其中一員。身為其中一員，不要認為自己就可以統領這個世界，所以我不愛說什麼「廿一世紀是中國人的世紀」，這類話其實沒什麼意義。應該說，「廿一世紀是中國文化努力地參與到世界文化的世紀」。這些年來，我認為該由低調式的倫理來思考，而不是整體論式的思考，不是本質主義式的思考，而是點滴的工程思考方式。

Q：就您自己所學得的各類中國哲學中，有沒有因其涵養，而在人生大事上有能夠加以決斷的力量？

A：個人認為，康德所言「窮知見德」，轉化來說，就是能通過我們理智能力清楚認知的部分，我們要清楚認知；除此之外，還有一大片天地無法透過理智去認知，這片天地，對我們的人生會很有影響力。所以，人對「存在的奧秘」，都要有「敬畏」之心。什麼是存在的奧秘，個人認為，一切事物在還沒彰顯出來時，都是奧秘的。在個人的生命經驗、習慣裡，必有此敬畏之心。像考試，即使考得好，也要一直保持著敬畏之心，必到放榜才能輕鬆。我們華人的生命力是強韌的，正如同父權、父道、父親是連在一起的，那天命、天道、天心也是關聯為一體的。對我來說，從高中起，就已決定中國文化的闡釋與發揚就注定要是我一輩子的活動、實踐性的活動。我很喜歡「素其位

而行」這句古典話語。遇到該做，就去做；像師大的老樹保護
活動就是這樣。這裡牽涉到傳統的問題，也有老一輩和年青一
輩的爭執。我參與的事情，是一定要能夠有點改善的。我希望
在能改變時，努力改變；不能分辨時，祈求智慧來照亮我們；
如果真不行，只有「盡人事聽天命」了，我總以為未來的歷史
是可以見證的。

附錄二
中國哲學研究的問題與方法[*]

一　緣起：我們的本心良知必然受到身體、情境、場域、境況等種種影響

　　謝謝老學長楊祖漢教授，還有李賢中教授的主持和介紹。到臺大有一種切身的感覺，我今天心情比較平靜。我每次在這兒發言，心情都不太平靜，因為我對臺大有一個比較獨特的情感。其實我們人文的思考一直受到存在的啟蒙性作用。我們的本心良知也一定受到身體、情境、場域、境況等種種影響，那是一定的，那是沒辦法的。

　　我今天比較平靜一點，以前比較不平靜，平靜、不平靜，這說來很複雜。最近，我在山東人民出版社出版的《林安梧訪談錄：後新儒家的焦思與苦索》，裡面記到一些不平靜的事情、原因與理由，還有心路歷程。現在《林安梧訪談錄》已經出版了，順便作一下介紹，如果你們有興趣可以上網查一下。

　　我今天要談的題目其實是接近於東西比較哲學一點，我並沒有放在海峽兩岸的脈絡來想。剛剛祖漢兄作了一個介紹，我是把它放在整個中國哲學的脈絡來思考。有關海峽兩岸的問題，當然很值得討論。論也論得很多啦！現在論這個問題，又被拉到藍綠兩端去，我覺得其實這也都涉及到話語及其他種種，這說來與今天我的主題仍然是相關的。

---

* 本文原為「鵝湖月刊」與「中國哲學會」合辦的人文講座，講題為「中國哲學研究的問題與方法」，二〇一七年十月一日講於臺灣大學哲學系，今依講課錄音謄錄、修訂。

　　今天在座來了很多老朋友，前輩的師長，同輩的學友，後輩的同學，都有，我真滿心歡喜，也很惶恐。我今天準備了一個簡單的講綱，這講綱談：「本體、話語、與方法」，涉及到「我對中國哲學研究的一些思考」。我想這麼安排，我講不要講太長，我們可以有一些討論。

　　中國哲學之作為一個現代哲學的研究應該已經超過一百年了，這一百多年來中國哲學研究的典範其實也在變化。我從一九七五年參與鵝湖月刊社以來，鵝湖月刊社是一九七五年七月創刊，在座楊祖漢教授，特別是曾昭旭教授，他們是最原初的創刊者。我是最原初的參與者，而曾老師那時是擔任主編，他今天來，我特別高興。

　　在那個過程裡面，其實我們展開了一個真正的哲學探險，在這個學習過程裡面，我一直在想一個問題：我們因為讀前輩先生牟宗三先生的書、唐君毅先生的書，讀熊十力先生的書，讀馬一浮先生的書，當然你可以發現到他們的特點，讀這些書基本上是要努力將中國哲學經典所提煉出來的概念範疇跟西方哲學的概念範疇相提並論，而能夠融鑄而進一步的發展，這一點是比較獨特的。這大概是跟我們看到的一些作西洋哲學的先生們回過頭來作中國哲學是不大一樣的。這也就是說：唐先生、牟先生及前輩的熊馬幾位先生，基本上中國哲學的底子是很深厚的，但是他們西洋哲學底子也很深厚，他們提到更高的層次來思考這個問題。唐牟二先生秉承了熊十力先生以來的傳統，也就是說當代新儒學其實是一個用現代的話，其實他是從本土走向國際，有本土化的層面，也有全球化的層面，他展開了更深層的話語溝通，我覺得這一點是非常難得的。這個大概也是作為一個後生的晚輩，我們在學習的時候感受到的可貴，之後也秉承這條路一直走下去。後來我到臺大讀書的時候，其實正式成為研究生比較晚，那是一九八二年，但是真正在臺大上課是一九七五年以後，因為一九七五年唐先生就應邀到臺大來講學，我非常幸運就來聽課，聽唐先生講宋明理學。

　　後來，唐先生因為患了癌症，回香港去治療；換請牟先生來臺大

講課，就這樣一直延續了下來。期間我聽過牟先生的課有：宋明理學、魏晉玄學、佛性與般若，一直到中國哲學十九講、中西哲學匯通十四講。後來，牟先生在師大講莊子，聽課的人更多，包括了李祖原先生。起先，我們從師大來這邊聽課，我們聽課的認真程度不下於真正在座這裡的研究生或者大學生。後來，我到臺大讀研究生的時候，常常聽到臺大先生們對牟先生的批評，說：牟先生的邏輯不通，牟先生的康德是英文康德，各方面種種。我心裡總覺得這些批評空穴來風，完全出於忌妒，要不然就是不理解。

二　詮釋的最高原則：依法不依人，依義不依語，依了義不依不了義

我心裡總覺得哲學之為哲學，他其實並不能只隸屬於語文之下。若照佛教所講的詮釋學，因為佛教援引進中國來講的話，他的詮釋學講得透徹。佛教的詮釋學，溯其本源，他說「依法不依人，依義不依語，依了義不依不了義」，這是很了不起的。六祖惠能不識一字，卻可以明心見性，見性成佛。《六祖壇經》所詮釋的佛法我想沒有人敢欺負他。何況牟先生用功非常深，所以我當時這個感覺，到現在我還常常在很多地方講，我說這個臺大哲學系的一些先生們如何評論牟先生，我看你們一群人加起來還不如一個牟先生，我當時是這麼講。

等到我唸到博士的時候，臺大博士生是先考進來唸，再選擇指導教授，我之選牟先生當指導教授，其實也就跟臺大絕了緣。臺大是反新儒家的，是反唐君毅，反牟宗三的。唐牟兩位先生會到臺大來教書，那是因為黃振華教授的關係。這很清楚，這是我的選擇，果真我是第一個畢業的臺大哲學博士，而且我的成績是最多最豐厚，而且我也是斐陶斐的榮譽會員，但是我並沒有在臺大教過書，也沒有在臺大兼過課，連臺大的考試大概也很少參與，很多人認為很奇怪。其實，

沒什麼好奇怪，說穿了，就是權力鬥爭。所以我來臺大哲學系這個地方講話演講的時候，內在常不平靜，業力常發作。

今天我顯得比較平靜，他真的是有其他的因素使然，總的來說，可以說是因為人生它是有一個發展，度過四十、五十，也就慢慢安了下來。牟先生出自北大，也沒有在北大教過書，對北大大概也會業力發作；我出自臺大，而且是第一個畢業的哲學博士，沒有留在臺大教書，在臺大做講座時候，不免業力發作，這是真實地，活生生地，不必欺瞞。不過業力發作，總要解消，這要有般若才能化解業力，有慈悲心才能夠渡過這個悲情。

現在，臺灣最嚴重的就是少了個般若智慧，這麼一來，也就難以破解這個業力。臺灣陷落在業力之下，沒有真正大慈悲就化解不了這個悲情。臺灣不斷的在政客的炒作底下，就是其恨難消、其罪難贖，就把難贖的罪、把難消的恨，累積、擴散、一直延展。擴散到不知所之的一群人身上。年輕人的身上。這樣一來，這一群人思考問題僵化了，就被放在一個很小很小的領域，所以也不知道歷史的前因，也沒有想到歷史發展的後果。上不了天，下不著地，自己圈起來，圈起來就非常孤獨的，以為這叫做天然的，這叫天然獨，這是我對天然獨的一個新的解釋。天然獨本身來講他是一個非常僵化固蔽的、一個封閉起來的狀態。這是很可悲的事情。

三　臺灣雖被日本統治了五十年，但仍然是「承天命、繼道統、立人倫、傳斯文」

我年輕的時候對臺灣史非常的有興趣，我了解很多，我當時深深強烈感受到臺灣人了不起，臺灣人真是承天命、繼道統、立人倫、傳斯文。被日本統治了五十年，他還是一樣是臺灣人，是整個華夏文明的一部分。臺灣人是放在整個華族、整個華夏的道統裡去成就自己

的。我們之所以有今天，我覺得是跟這些有密切關係的，特別一九四九年之後，我想一九四七年的二二八事件是問題很多，這是嚴重的，所以造成此恨難消、此罪難贖，但是一九四九年以後憑良心講臺灣基本上還是有很多進展的。這進展的條件裡面，譬如說：耕者有其田，三七五減租，讓原來的大地主釋放出土地來，讓農民的生產力增強了，也使得臺灣逐漸轉型，長出工商業來，還有其他各方面種種。臺灣又因為大陸來了一百八十萬人口，這裡面有國學大師、有藝術家、有書法家，各方面種種。臺灣的文化教養，一時間大有進境，就連人種混血，都有著一番的提昇。

　　當然兩蔣的白色恐怖問題，這是歷史的事實，自不在話下，但是臺灣在這個發展過程裡面，其實臺灣是掌握到了相當的力量。所以臺灣這樣的一段發展，就如同王夫之在《讀通鑑論》裡提到東晉王導的「保江東以存道統」；我們可以說上蒼是「保臺灣以存中國文化之統」。臺灣這個發展過程是不錯的，在我的經驗裡面，就我所理解到的總體來講，這發展是不錯的。但是因為恨難消、罪難贖，那麼國民黨這些年來，委靡不振；所以讓反對黨那邊將這恨難消、罪難贖，罪難贖而把罪定罪了，恨難消把恨更強化了，于是圈起來，滲透了這塊土地，就越來越深沉的陷入在悲情裡面。悲情不斷的炒作，臺灣慢慢離開了中國文化道統的脈絡，陷落到臺灣人的悲哀之中。

　　如此一來，臺灣原先蠻不錯的民主運動陷入這個國族主義的鬥爭之中，就從 democratic movement 從民主運動變成 nationalistic movement（國族主義的運動），這個問題就很嚴重啦！嚴重到現在還在發酵中，國民黨竟然渾然不覺，所以民進黨在那裡有個基本點，那個基本點是不要你以前的天命，也不要以前的道統，現在連人倫也可以毀，所以現在是不承天命，不繼道統，當然也不立這個人倫，也不傳斯文。而國民黨呢！國民黨其實鬆鬆的，反正怎麼樣也可以，它逐漸失去了基本點，沒有了基本點，一個沒有基本點的政黨是不能參與鬥

爭的，不管是選舉的鬥爭，還是武力的鬥爭和各方面的鬥爭。

以前的國民黨在大陸他的基本點雖然有，但是不夠緊密，鬥爭失敗了，來臺灣以後，曾經有黨的改造，才能振衰起敝。現在要是沒有了基本點，這樣的國民黨這問題就很嚴重了，我希望這講座上傳的時候民進黨的蔡英文能夠看到，國民黨的吳敦義也可以看到。國民黨這個基本點沒有，問題就很嚴重了，所以這些東西是非常麻煩的問題。所以像天然獨這個語彙其實應該交給語言哲學家們去處理、去思考。什麼叫天然獨，我剛已經作了一個哲學詮釋，什麼叫天然獨。就在這樣一個滲透過程裡面也渾然不知，把自己圈起來，很孤獨的在裡面取暖，然後強化，其實是你封閉起來了，你認為叫天然的，你是孤單的，這叫天然獨，這個問題很嚴重啊！今天我不是要談兩岸問題，我覺得兩岸問題如果放在人類的大文明來看，這不是太大的問題。

四　儘管政治混濁，臺灣民間的文化教養力量仍然繼續在生長著

有人問我兩岸問題會不會很關心，我會很關心，問我會不會很擔心，我說不會，這不用太擔心。在歷史的推演裡面，臺灣這塊土地還是不錯的，臺灣基本上是因為只有這樣所謂的天然獨這樣的孤獨的封鎖起來，也不是太多。臺灣的書院經典還是照講的，民間的廟照樣是香火鼎盛，雖然現在有所謂的滅香，以後還是會香火鼎盛的，這不用太擔心，民間講學還是照講的，一樣的。我有一本《新譯老子道德經及心靈藥方》就在中華道教總廟，在羅東梅花湖三清宮發行。這本書發行已經超過一百萬冊，而且每年還在繼續增加中。這個部分我們不用太擔心，臺灣民間的力量正在生長，我想這也可以成為全世界華人的借鏡，是臺灣最可貴的地方。

我們政治不管那一黨的領導人都要好好留意一下，你說的話的業

力，是善是惡，影響力很大，說不好，還會成為世之所笑。我記得以前讀到《辜鴻銘的筆記》裡面講到一段，袁項城（世凱）笑張之洞，袁世凱說我是辦事的，不像張之洞是講學問的，辜鴻銘批的筆記裡面說果真袁項城是辦事的，就我所知所有辦事的也是要學問的，說他是辦事而不要學問只有一種可能性，就是老媽子倒馬桶是不用學問的。你說現在臺灣所使用的語言是離不開漢語的，你這個漢語裡面自然會有古漢語的成份在，臺灣人講了很多古漢語，臺灣話裡有很多是文言文。現在，有所謂臺灣本土社團，這些本土社團，說起話來很大聲，然而他們居然都要反掉自己這些東西。老實說，他們反文言文是沒道理的。

　　臺灣現在真的處在很奇怪的狀態下，但不要太擔心，因為這些人在被強化了的「恨難消、罪難贖」的狀況之下，他們其實本來也沒有那麼地恨，他是在幫人家一起恨，因為有很多不是屬於他們的先人如何！這罪難贖也不是他們並不願意把這個罪要贖；而是這個罪被重重地定罪，他把這個罪定罪，然後強化它。這個要把它解開，解開以後很多事就好辦，所以我是覺得這些事很值得去留意。我在包括哲學會的場合裡面我建議這些問題都應該拿出來討論，譬如說中華民國、臺灣、中華人民共和國什麼什麼，這個語彙牽涉到一個 self-identity 的問題，可以討論這個問題。這個自我認同怎麼去理解，從心理學怎麼去理解、從哲學怎麼去理解，來討論這個問題。還包括現在像天然獨這個語彙，也得通過哲學的分析、詮釋學的分析、語意學的分析，什麼叫天然獨，我覺得哲學應該提高到這個層次來討論時候，大家都很重視哲學系。因為哲學系是怎樣一回事，大家都應該要去理解、去討論，所以哲學的話語是要鮮活的，不能只是吊書袋的說法。所以今天我想跟大家談的也是比較我思考到這樣的問題，就中國哲學研究問題跟方法，我就標舉到本體、話語跟方法的問題。

五　東西文明的對比：「關於存在與價值的和合性」VS.「存在與思維的一致性」

　　這個剛剛前面還是受到這個時代情境的影響，所以我就有這一些想法。一個是「關於存在與價值的和合性」，一個是「存在與思維的一致性」的對比，這是我常作的「東西文明思維方式對比的一個基本的點」。咱們中國哲學裡面非常重要的是「存在與價值的和合性」作為優先原則，這跟從古希臘巴門尼德、柏拉圖、亞里斯多德以來的主流傳統，是「存在與思維一致性」的原則是不同的，這兩個有很大不同。因為這個不同，讓我們可以很清楚的發現到，如果你沒有正視這樣的差異，那麼有一些你就不能理解。這也就是說如果你以「存在與思維的一致性」為原則作優先來考慮，那中國哲學很多話語就容易被論定為不通。

　　記得在臺大讀博士的時候，我們臺大先生教倫理學時就跟我說，《易經》講「天行健，君子以自強不息」，這句話根本不通，你怎麼知道天體運行是剛健的，即使天體運行是剛健的，怎麼能夠導出君子以自強不息？！不錯！如果通過「存在與思維的一致性」原則，通過實然、應然的一個嚴格的區分，你對實然層面的敘述，沒有辦法導出應然的價值判斷。但是問題是更為根源的，實然和應然的區分是人後天的區分，還是先天已經被給予地擺在那裡，這是要問的問題。其實，它是後天人們通過話語去論定以後才作出來的區分，就其原初存在與價值他們是連結在一塊的。

　　宇宙秩序、道德秩序原先是在一起，存在的韻律本身就隱含一個價值的向度在那裡，這就是我們所說的存在與價值的和合性。我們如果以這個為優先的話，「天行健，君子以自強不息」，那是很容易理解的。「地勢坤，君子以厚德載物」、「山下出泉，君子以果行育德」、「雲雷屯，君子以經綸」，這個「易經」都有。「大人者與天

地合其德，與日月合其明，與四時合其序，與鬼神合其吉凶」，這個也是。這都是很清楚的。我剛剛說的這個區別是要有的，而這個區別你會發現到「存在與價值的和合性」是優先的；「存在與思維的一致性」是在「存在與價值的和合性」之後。我這麼訂定它，名以定形、文以成物，我們去論定它是什麼。所以我們說存在事物之為存在事物跟存在事物本身是兩回事，存在事物本身它是存在和價值是和在一塊的，當我們去論定它是什麼的時候，是經由主體的對象化活動去論定是什麼，是經由存在與思維的一致性去論定它是什麼。這很清楚的。

　　這個部分如果我們把握清楚以後，這應然、實然問題，我們就不會認為，知識是實然的問題，道德是應然的問題，不是那麼簡單。知識、道德隱含了一個非常麻煩的辯證觀點，這個辯証觀點它原先是辯証和合統一的。在我們文明裡面一直是這樣統一著。正因如此，《易經》講「一陰一陽之謂道，繼之者善，成之者性」。「一陰一陽之謂道」是講「存在的律動」，這是天道論。「繼之者善」講的是人的參贊，這是實踐論，「成之者性」這是教養論，重在文化的教養與習成。天道論、實踐論、教養論，三句話都包括了。

　　我們不會認為有一種最原初就把一個東西當成一個被給予的存在擺在那裡。須知：存在之為存在，他原先是跟我們關連成一個不可分的整體，而經由一個主體的對象化的活動，你去說它是什麼而使得它成為什麼，這個過程是很複雜的。我常提這其實是這樣一個認識論的思考，存在於我們的古漢語裡面。我們說的閩南話卻是古漢語，舉例來說，就講「你知道嗎？」閩南話怎麼講？他說「爾八否？」「八」說的是分別，分別最古老的字就是「八」，「八」是分別，「分別」是從一個整體混淪不分而人參與進去以後，經由一個對象化活動之後才起了分別。換言之，當我們說它是什麼，這是經由一個我所說的過程才使它是什麼，不是它原先實然的存在就是什麼。而西方「存在與思

維的一致性」自柏拉圖以來，就把人們之所說、之所論它是什麼，當成它果真之為什麼，這點是很重要的。

　　中國之能夠對這些東西有更深層的思考，是因為咱們不是通過Be 動詞來想問題。我們會說什麼者，什麼也，這樣的一個提稱的講論方式，而不是什麼是什麼。一直到現代漢語才受到西方的影響說什麼是什麼。這是人類文明在發展過程裡面，它開始進到了我所說的「主體的對象化活動」之所指，就其所指，當其所是。我們能夠重視到它的所顯，存在有所顯，然後你才能夠有所論，有所論你才能夠論定它，這是個很複雜的過程。追本溯源的說，這很清楚顯然明白的，知識與價值、道德與知識系統，在中文來講原先是通而為一，兩者沒有分裂的問題，分裂是後起的。這也就是我在理解包括朱熹在《格物補傳》裡面所講，我認為朱熹是有悟道的。

六　朱子不是橫攝的靜涵靜攝系統，而是「橫攝歸縱」的系統

　　他講一日格一物，格之既久，一旦豁然貫通焉，則眾物之表裡精粗無不至，而吾心之全體大用無不明。這是說：從一個對外在對象的確知，清楚的掌握之謂「識」，而回到內在主體的確認之謂「知」，更往上上通於道，這就叫做「明」。我以為中國傳統知識論與修養功夫論是密切相關的。「識」是了別於物，「知」是定止於心，而「明」是通達於道。朱熹的《格物補傳》其實正說明通過理學的「格物窮理」與「涵養主敬」一樣，可以達到「體用一源，顯微無間」。牟先生判朱子之為橫攝的靜涵靜攝系統，判定朱熹他沒有悟道，這是站在象山心學立場來看，並沒有如實的去理解朱熹。根據我的研究，我以為朱熹是「橫攝歸縱」，橫攝講的是格物窮理，但這裡不只是橫攝，而可以歸縱，而可以上通到宇宙造化之源。因為「體用一源、顯微無間」

也是朱熹所同意的，這也是伊川所同意的。程伊川在《易經程氏傳》的序裡，就這麼強調的。這裡我要說，不管心學、還是理學，還是道學，都是通而為一的，在本體論、宇宙論上，是通的。他們都是可以證悟到道的。

　　牟先生之所以會作出朱熹是橫攝的靜涵靜攝系統，說朱熹是別子為宗，這樣的分判。其實，是因為他受到整個西方近現代啟蒙的影響，太強調了這個主體，這個主體本身來講它分判為知性主體和道德主體，而其實在中國人來講的話，最原初它是通而為一的。這個部分很重要，我一直是這樣講的。這裡就牽涉到一個更為根源的區別，這也就是我所主張的，我們中國傳統是「存在與價值的和合性」來思考，這與西方主流之為「存在與思維的一致性」是有很大不同的。我們在《中庸》《易傳》中國的主流傳統裡，可以發現「存在與價值的和合性」為優先，而「存在與思維的一致性」並不是第一序的。我們要說這是經由主體的對象化活動，經由具體落實之後才看到的發展。

　　這又牽涉到東西文明有關存在的理解，我們強調「存在的連續觀」，這與西方之為「存在的斷裂觀」大相逕庭。這牽涉到「天人物我人己通而為一」以及「神人物我人己分而為二」，有關「天人、物我、人己」這三個最基本的向度，我們採取的是存有的連續觀，或者叫存在的連續觀，不是存有的斷裂觀，我們不將神人、物我、人己分而為二。就西方整個大的傳統來說，神人分而為二，這是希伯來的宗教傳統，一直到後來的基督宗教傳統；物我分而為二是古希臘的科學和哲學傳統；人己分而為二是羅馬法律的傳統。咱們不是，咱們是天人、物我、人己通而為一。天人合一就其德而來說的，天人合德，所以中國的天人合一，其實就是天人合德說的，沒得好說的，因為是這麼說的。天是天，人是人，怎麼天人合一、天人合德？所以你不能說不是天人合一而是天人合德，這個說法就不準。

　　另外，像人性本善，這個本不是本質之善，而是根本之善，根本

之善就是一個道德覺性之本性而說的善，他不是一個生物學意義的本能之善，這是很清楚的。要是，你把它弄得誤解成生物學意義的本能之善。這是個誤解，因為你誤解了，你刻意一定要說這個本善不是本善而是向善，這就是你沒有真切的去理解，這是不對的。

七　林安梧、傅佩榮：「善向論」與「向善論」的一次論辯

　　記得，在二十多年前，有一次花蓮教育大學舉辦了一次道德教育國際研討會，我與傅佩榮教授都參加了這次盛會。應眾人之邀，讓我與傅佩榮教授另開了一個會外會，記得是在花蓮吉安的涵園召開的。我們當時辯論孔孟，特別是孟子，到底是向善論還是本善論？我說其實如果更確當的說，孟子的人性論應該是「善向論」，人性是有其定向的，就像水一樣，有其定向，孟子說「人性之善，如水之就下」，這是孟子用的比喻，他拿水的定向，來比喻人性也有個定向。

　　起先，告子說：孟老師，這個水就好像人性一樣，如水流一樣，決之東則東流，決之西則西流，人性是可善、可不善的。孟子說：那還用說，要是我們把它堵起來，它可以往上逆流呢！但水這麼流，這不是常道，依其常道，是有個定向，人性之善有個定向。就道德覺性來說，人之異於禽獸者幾希，那個定向說，就這個定向來說，「人之初，性本善」，就此而說，是十分分明的。這沒有什麼好爭的。就好像「天人合一」與「天人合德」沒有什麼好爭的，人性本善與人性善向沒有什麼好爭的。你一定要說「向善」，這也不是不可以，但不如用「善向」來得準確。你可以說這是您的人性理論，你不能說是孟子的。說是孟子的人性論，我認為用「善向論」才是準確的。

　　這理路是很清楚的。你居然對對這些東西不清楚，是你對於古典不熟，是你理解不夠，這是很可惜的。我們說讀書要「義精仁熟」，

這是極為重要的。學術需要公開討論，在討論的界域意，大家的學術要公平。我們可以討論牟先生對朱子的分判，別子為宗為恰當嗎？雖然他是我老師，我還是說他不恰當，就學術來說，我們都是學術公民，這當然是可以說的。傅佩榮先生是我的學長，他名滿江湖，但他對孟子的理解不確當，要提出來。當然，這還是可以討論的，討論了以後，同學以後可以繼續討論。應該繼續討論，不可忽略不談。臺灣學界有一個缺點，就是小山頭主義，我在那個山頭這麼說就好了。大家有山頭意識太強，但並沒有好好去正視問題。這是不對的。這是違反真正的學術良知與本性。這一點我要說一下。

在「存有的連續觀」和「存有的斷裂觀」底下，有很大的不同。在存有斷裂觀底下，西方所強調的，跟中國所強調的，是迥然不同的。我們強調一氣之感通，強調天人合德，強調一體之仁。我們道德學展開的方式，我們的知識學系統，我們的宗教學方式跟西方的不一樣，我常作譬喻，這個不一樣就好像吃飯用餐具的不同。我們用的是筷子，筷子是用夾的，西方是用叉子，叉子是用叉的。叉子是主體通過一個中介者強力侵入客體，控制客體，這是一個主體的對象化思考。咱們不是，咱們是主體通過中介者，連接客體，達到均衡和諧，才能舉起客體。所以他強調的是主體際性，互為主體性，他強調一氣之感通，強調天人合德，強調一體之仁，強調「我與你」（I-Thou relation）的真實關係，而不是一個「我與他」（I-it relation）的客體性的把握，這是很清楚的。

正因為這樣，我們的宗教不會是一神論的宗教。我們的宗教是一個強調總體根源的宗教，是一個「教出多元，道通為一」的宗教。如果要用西方的語彙，去問他是超越的還是內在的，這就變成既超越而內在。更接近的說，其實它強調的是一個總體的根源。我要說，在《詩經》、《書經》，我們用「上帝」這個語彙，他說的是一個至高無上的萬物始生之處。「帝」這個字在文字學的構成來說，它「象花萼

之形」，衍生成萬物始生之處。其實，當我們說上帝的時候，不免有人格神的意味，但是它不局限在人格神。因此，我們不必去爭我們是不是從原先的人格神，然後怎麼樣之後才變成了天道論，之後，又如何變成了道德論，它其實是和在一塊兒，和在一塊兒，是天人物我人己通而為一的，我們用這樣的方式來想問題。

八　儒教：覺性的、教化的、道德實踐的、一統而多元的宗教

　　「儒」當然可以是儒家、儒學，也可以是儒教，這沒有什麼好懷疑的。記得三年前吧！在北京的中國社會科學院的世界宗教研究所，他們創所五十周年，給他們作了一個講座，講「儒教釋義：儒學、儒家與儒教的異同」。我說「儒」當然可以是一個「教」，你說的宗教的條件它都有，論教義，有孝悌忠信、仁義禮智都是；論教主，我們說周公、孔子；論崇拜的對象，我們就敬天法祖；論教儀，婚喪喜慶、吉凶軍賓嘉，這都有。《論語》就說：「生，事之以禮，死，葬之以禮，祭之以禮」。論教團：凡是以士君子為己任者，不必受籙，也不必受洗，也不必登記，那是一個開放性的教團，這樣的一個教。在韓國叫儒教，在日本叫儒教，分明清楚是這樣稱呼的。但在臺灣，我們說儒家有宗教精神，但不說它是儒教。在中國大陸，我們也不說它是儒教，偶然說及，基本上還是質疑。這真得很奇怪。

　　這問題牽涉到我們對宗教一詞的界定與理解，牽涉到我所說的中國哲學研究的問題，它涉及於「方法」與「話語」的理解。「教」這個字，可以是教化之教，可以是宗教之教，中國的宗教是以教化義為主的宗教，是一個覺性為主調的心性修養之教，它不同於一個以信靠為主的宗教，這是很清楚的。「儒、道、佛」三教強調你的覺性的喚醒。我們說「佛」是大覺者，儒家強調個體的自覺，道家講致虛極、

守靜篤，一樣的也是另種「自覺」的方式。只是儒家的自覺是要進到人倫，要講人倫共同體的確立，道家是講到自然共同體的調解，而佛教是要講苦業的解脫，他們彼此有其異同。但是它基本上是「覺性的宗教」，它不是「救贖的宗教」，不是「信靠的宗教」，這就牽涉刻到我們怎麼看這個問題。

我記得比較驚訝和震撼的事情是上個世紀八十年代末，我初到臺灣清華大學（新竹）任教的時候，我當時在通識教育中心，隔壁有個社人所，叫社會人類學研究所，有一次由於我們的影印機壞了，就到隔壁去借，印上課用的資料，結果有人剛好印了，社人所印的，原來的文件，留在那裡沒有帶走，一看是「中西宗教之異同」。這分文件宣稱：中國宗教叫功利的，西方的宗教叫神聖的；中國人宗教是流俗的，西方宗教是什麼的。我心裡想這很奇怪呀！西方在賣贖罪券的時候是神聖的嗎？！它是不是西方的宗教啊？這份文件的作者是一個非常著名的宗教心理學家，華裔的，我就不說人啦！我覺得非常奇怪，如此自貶身價，說自己都不是。

說到這個地方，我又有業力要發作了。清華大學成立一個哲學研究所，居然沒有中國哲學，我說你要把它改成西洋哲學研究所那還好辦。當時，我正待在清華，我沒有進到哲學研究所，哲學所正在籌備時，我一出去老被問是否在籌備哲學所，哲學所如何如何，結果哲學所竟然與我毫無關係，因為主其事的人認定中國哲學不是哲學。我交涉多方，但因為臺灣的清華大學像是周朝，它是周天子領諸候，地方諸侯獨大，交涉沒成，它們不做中國哲學，後來，本人之後就離開清華大學，回到我大學本科的母校，也就是臺灣師範大學，這真是沒有辦法的事。這裡面有些故事，在《林安梧訪談錄》裡面留下了些痕跡。這些過往的足跡，都促使我去思考，中國哲學研究的問題與方法，我一直強調：中國哲學研究當然要與西方哲學平起平坐。我們剛到大陸去的時候，大陸很多同胞在炒匯、炒美金，我們只能帶美金去

換外匯券，許多人在黑市換人民幣，當時那些炒匯的，後來竟然都大
虧本，因為他們大概從來沒有想過，人民幣居然會成為強勢貨幣。

九　要讓中國哲學的語彙成為強勢貨幣，參與人類東西文明的對話

　　我做中國哲學研究，看到前輩如熊先生、牟先生他們，他們都立基在自己文化的主體性上。我認為中國哲學的話語也應該是強勢貨幣，然而，我就學的過程，臺灣大學哲學系很多先生則認為中國哲學話語是一個較為低等的貨幣，你只有通過西方的話語轉換，它才能進到世界的哲學話語之林裡面。甚至有人以為中國哲學不是哲學，它只是思想而已，它提不到哲學的層次。我認為這樣思考是錯誤的，同樣是人，他們能締造理論，我們當然也能締造理論。我們可以有像《文心雕龍》這麼了不起的文學理論，其理論性是極高的。當然，像《易經‧繫辭傳》所締造的哲學理論也是極高的。中國文明是有很高的理論能力的，有人誤認為中國文明沒有理論能力，這是大大的誤解。像這些都促使我去想這些問題，在實踐的過程裡面，就慢慢的真切起來。以前我其實是很認真學習西洋哲學的，我在臺大修碩士、博士，碩士修了五十幾個學分，而博士修了四十幾個學分，一大半是西洋哲學。

　　討論西洋哲學概念時，我會想到中國哲學用什麼概念去說，我一旦在課堂上說出來，大家都啞言失笑。因為，照他們來講，這根本不可能的。我當時覺得很奇怪，當然是可能的！因為他們腦袋裡面，早失去了中國哲學的語彙，也失去中國哲學作為一個概念範疇的語彙。像這樣子，你說我們的哲學如何有希望！這是我當時所問的問題。幸虧我的先生、我的老師們，牟先生、唐先生以至于上一輩的熊十力、馬一浮先生，他們基本上都是肯定中國哲學語彙是具有生命力的。這個部分是我一再而強調的，包括我還是認為文言文是是有生命力的。

　　我每一次到中研院去，就想起胡適之。有個事，真是滑稽。胡適之的墓，有趣的是：在他的墓碑，我們一般寫的是某某先生之墓，胡適之先生的墓寫的卻是「這是胡適之先生的墓」。聽說，這樣寫才對得起他作為一個白話文的推動者，我真的不知道他們學生是用什麼腦袋去想這個問題，會想成這個偉大的結果，我覺得是徒為後人的笑柄，也可能因此就變成有一種效果，這個效果就讓大家記得這個事。再說，胡適之這個名字也真的很奇怪，他原來家裡給了一個很好的名字（原名：胡嗣穈，行名：胡洪騂，字希彊），他居然就不要了。當時達爾文的進化論甚囂塵上，所謂「物競天擇，適者生存」，所以給自己取名為胡適，字適之。有趣的是，他忘了他這個名字，他這個胡適、胡適之，他這個名字用漢文解釋真是不知道往那邊去。所以胡適之三個字我說他常常是符讖，他代表整個中國哲學、中國思想、中國近現代不知道往那邊去，胡適之這名字這符讖果真應驗，這可真是一個很有趣的現象。

　　當然，這開了前賢一個小小玩笑，其實胡先生不會在意的，因為胡先生這一生所擁有的榮華富貴已經果真是「君子疾沒世而名不稱焉！」。我總以為，他是名不稱實的，我們現稍為說他一下，這是幫他消解業力。話語本身是重要的，古典的話語一定要通過現代的生活話語去體會，要通過現代的學術話語去表達。

　　我教過幾年的中學，也教過多年的通識，我深深覺得要讓真正在生活世界生活的人能夠理解哲學。哲學它是親近你的，哲學不是你掉以書袋，誰怎麼說就怎麼說，我是瞧不起現在有一個人他跟我說，他這一輩子只研究那一個人的那一個東西。那麼譬如說法國人懂法文之重要要如何如何之後也就能如何了，這一輩他也心滿意足了。我心裡想，你果真心滿意足了。就好像有的人去那裡，就像臺灣人去什麼地方要吃臺菜，他居然沒吃台菜，他就覺得他沒辦法活下去，或者有的人他一定要吃所謂的中國菜。你去那個地方當然要吃那個地方的菜，

風土人情你深入它，這不是很好嗎？

　　你為什麼要自限腳步呢？世間的學問真的有那麼困難嗎？能懂黑格爾就能懂王夫之，不是！能懂王夫之的就能懂黑格爾。你能懂唯識的，我就不相信你不能懂現代的心理哲學，沒有那麼困難嘛！他不一樣，但是他的難度比較起來，中國哲學難度還高一些。我要以這個話跟現正的一些包括作佛學的好像不懂巴利文、不懂梵文，就是不能夠作佛學的，這是不對的。印順也不懂啊！這有什麼關係，重要的是，你要懂得其中的道理。

十　「古典話語」、「現代生活話語」、「現代學術話語」的轉譯、融通很重要

　　「古典話語」與「現代生活話語」、「學術話語」怎麼融解？我記得多年前，教學生「智仁勇」是三達德，學生就問我怎麼理解？我就嘗試說「智」是清明腦袋；「仁」是柔軟的心腸；「勇」是堅定的意志，學生就理解了。但是柔軟心腸不能取代「仁」這個字，堅定的意志不能取代「勇」這個字，清明腦袋不能取代「智」這個字。但它有助於我們去理解，所以文言文是不可廢的。我常常警惕我的碩士生、博士生，你讀文章的時候，你讀論文讀到引文的時候，你要仔細把它讀過，不要跳過不讀，沒讀懂還可回到原典，真正把它讀了，讀懂了再去體會，因為文言文你要「感其意味，體其意韻，明其意義」。你要先感其意味，體其意韻，然後才能真正明其意義。

　　古典話語通過現代生活話語去接近它，通過一個現代的學術話語，學術話語它的抽象度、普遍度是比較高的；譬如學生問我什麼叫做「孝」，我說中國文明的永生的奧秘有三個字——孝、悌、慈。「孝」是對我們生命根源的一個縱貫的追溯和崇敬；「悌」是順著這生命根源而來的橫面的展開，而「慈」是順著生命根源而來的縱貫的

延伸。我想這樣去了解「孝、悌、慈」是可以的，它代表一個詮釋，但是並不能夠等同，但是我們也唯有通過這樣的方式慢慢才能夠親近它。又譬如講「道德」，「道生之，德蓄之」，道為根源，德為本性，所以「失道而後德，失德而後仁，失仁而後義，失義而後禮，禮者忠信之薄，而亂之首也」。道為根源，德為本性，仁為感通，義為法則，禮為規範，繼續延伸下去，法為限制，刑為強制，所以「道、德、仁、義、禮、法、刑」就有一個確定的理解。中國的哲學概念使用其實它是清楚分明的，它是不會混的，也不能混的。有些東西可以交融在一塊的，但是你不能夠說不清楚，它是連結在一塊兒。

　　我在臺大讀書的時候有教授西洋哲學的先生跟我們談中國哲學有很多都不清楚，西洋哲學很多很清楚，我就同他說請問叔叔、伯伯、姑丈、姨丈、舅舅這樣區分比較清楚，還是都講 uncle 比較清楚，他啞言無語，大家有種誤解，中國是不清楚的，西方是清楚的。我在師大讀書的時候，有位教育系教授告訴我「天命之謂性，率性之謂道，修道之謂教」。他說這都不清楚嘛！所以什麼命、性、道、教，這些字換來換去都可以，你們定義都不清楚，我就跟他說這是因為你都沒有理解，他很牛氣。他覺得這是因為他們對於中國哲學的語彙沒契入。他不承認自己沒契入，不清楚。他甚至跟我說「己所不欲，勿施於人」這說法是錯的。他理解是說我這個外套舊了，我已經不要了，你不要為什麼不能給別人啊？！「己所不欲，勿施於人」，你不要的東西就不要給別人嘛！這個衣服我現在不要了，就不要給別人，我說不是這個意思，是你不願別人用這個方式對待你，你不要用這個方式對待別人。記得：當時，他與我爭辯說，「己所不欲，勿施於人」寫得清清楚楚，就是我自己所不要的，就不要給別人。

十一　「話語的錯位」隱含「權力的干預」「主體性的瓦解」，須力挽狂瀾

　　這就是對文言文不深入、不理解，但是他還是可以大聲的批評你，包括現在在爭文言文、白話文的時候，有某位號稱某媽媽者，他居然可以說文言文他都沒有讀過，那些東西都不需要的，他是立法委員，不是很奇怪嗎？這就好像我在清華大學任教的時候，有某位朋友跟我說，我書房裡面沒有一本中文書，全都是原文書，我當時心裡就覺得很奇怪，我說我書房裡面大多是原文書，不過原文是中文，為什麼原文是英文呢？你看都忘掉了。

　　明明不是聖誕節，我們把十二月二十五號說成聖誕節，這不是篡竊嗎？明明是聖誕節，我們叫孔子誕辰。你看我們是多麼的謙懷，我們有孔誕節，有佛誕節，有老君誕節，你為什麼一定要把基督宗教的耶穌誕辰叫成聖誕節，你就叫它耶誕節，那不是非常公平，不就可以嗎？你把「Allah」翻譯成「安拉」，同樣的你應該把「God」翻譯成「高德」嘛！為什麼要把它翻成「上帝」呢？這以前的翻譯不妥當，其實應該回到原點嘛！音譯嘛！你把「Quran」翻譯成「古蘭經」，相對來說，也應該把「Bible」翻譯成「拜普經」嘛！這不是很合理嗎？你怎可以厚此薄彼，獨厚於基督宗教，而獨薄於伊斯蘭教呢？

　　你要是能平等的、一起看待，這麼做的話，就真對得起我們的伊斯蘭弟兄、我們的穆斯林。本來激進派準備要向東方發動恐怖攻擊，看到我們東方的中國人如此友善，可能也就罷了這想法。所以消滅禍災的一個辦法，就是趕快把 God 翻成高德，把 Bible 改翻成拜普經，我覺得得這是合理的。就整個世界來說，話語的不均衡，太嚴重了，到現在為止一直都還是這樣。一四九二年明明是哥倫布（Cristoforo Colombo）因為航海技術不夠精良，又因為颶風的關係，吹到一個不知名的地方，他以為到了印度，所以把那個地方的人叫印第安人、印

度人，後來發覺不是，但是印第安人還是叫印第安人，那個群島叫西印度群島。其實，是他闖進了人家的舊大陸，居然叫發現新大陸，這世界歷史不應該全是白種人的話語權力來寫，就世界的哲學不應該是白種人的話語權來寫嘛！應該回到一個更恰當的話語權去寫它。

十二　擺脫白種人的話語中心，立根於本土文化傳統，要求基本的話語權

其實，我們問了很多不應該問、不必問的問題。因為它是在一個白種人為中心的話語脈絡去問的，你應該在我們脈絡去溝通、去討論相關的問題。什麼是道德？「道生之，德蓄之」，「志於道，據於德」，根源謂之道，本性謂之德，順其根源，合其本性，這叫做道德。這樣說的「道德」不必談是否是自律或者是他律，這個道德不必談是否是亞里士多德的德行倫理學，而是你要好好去詮釋它，到底它是什麼。之後你談亞里士多德說的是什麼？康德說的是什麼，那彼此對照一下之後就可以展開更多的交談對話。不是因為自律就是比較高，所以不要誤認為他律就比較低，也不要誤認為自律就不夠好，德性倫理學就比較好，你應該回到「道」與「德」是什麼的問題上。「道生之，德蓄之」，順其根源，合其本性，這就是道德。你不順其根源，不合其本性，這就不道德。

什麼叫根源？什麼叫本性？這 microphone 有它的根源，成就了它的本性，順它的根源做成 microphone 和它的性格，它的功能，我現在使用 microphone 要順其根源，合其本性，就是我使用 microphone 的道德。我要是把 microphone 侵入，整個快弄濕掉了，然後用很大聲喊著，這叫不道德。做成一個紙杯、紙茶杯，它有它的根源，順其根源做成了一個器皿，這個器皿有它的性能，所以它可以用來裝多少度的咖啡或多少度的茶，你不能夠用它來裝超過了那個度數，或者用它來

裝一個可能是酸性的東西或者怎麼樣，它會因此滲透出化學的元素，而因此導出什麼化學的變化，這就是不道德。我們的道德是是放在這樣一個範疇裡面去理解，我們因此可以「致中和，天地位焉，萬物育焉！」。我要呼籲，請回到文本的脈絡仔細去理解它，好好去詮釋它。

如果沒回到文本的脈絡，就直接掉到一個西方哲學的脈絡系統裡面去說，也說得很認真，提到很多問題，但未必是洽當的。我以為當前整個哲學界的問題就處在這個狀況。最近有關「身體觀」的討論很熱，有人問我，我說是應該熱一下，因為西方整個近現代的傳統是太強調作為一個主體對外在世界的控御，嚴重的陷入「理智中心主義」的困境。正因如此，現在反過頭來，要強調身體的重要性，因此，它基本上強調的是這個問題。中國主要的問題不是這樣，我們本來就強調「身心一如」。我認為問題是否可以放在整個脈絡下，對等好好的溝通和交談，那才會更好。要不然的話，我們永遠處在一個被動的狀況下，在被動的狀況下，西方的話語系統，一個新的話語出來，我們就拿著新的話語概念範疇就放進來、植進去。我們就開啟了新的研究。不同時代、不同的研究，這研究像風一吹，通通過去了，這就只成就了一些教授，還有一些優等獎，什麼獎什麼獎。其實，這些通通是假東西。這是我所關心的。

十三　解開「格義」與「逆格義」的難題：不只「漢話胡說」，也要「胡話漢說」

這問題就牽涉到我們不只是通過西方的哲學語彙來格我們的義，我們一樣的通過我們的哲學語彙去格他們的義，而在對等相格的過程裡面，進一步的有所融通。這一步融通就是你要有真正話語平權的交談，這話語平權的交談，你在整個組織結構裡，包括你的哲學的組織結構，包括你的教育系統都應該作調整。臺灣原先是有機會重新調整

作為華人世界的楷模，但臺灣卻是自甘毀棄這些東西。我們沒有調整，以前也沒調整好，現在更嚴重了，我們教育系有幾個好好讀過《論語》；我們政治系又有幾個好好讀過《資治通鑑》，好好讀過《貞觀政要》；我們的歷史系有開《史記》的課嗎？恐怕很多是沒有。這些都是問題，這個時代有著很嚴重的問題，最嚴重的是，沒有主體性。我到大陸講學多年，常常聽到大陸朋友說臺灣是保存中國文化比較好的地方。我說不錯，臺灣因為沒有文化大革命，其他的我就不知道怎麼說？！

　　只因為沒有文化大革命，我說臺灣還不錯！不過，臺灣隨著一個資本主義化、商品化、消費化的過程裡，在現代化裡頭逐漸流失了整個可貴的中國文化，我們以前在中文系裡面一定是要求寫古文、作詩、填詞，大家有學得有模有樣的，而現在連中文系的教授都不會寫古文，連對子都不會做，中文系教授對子都不會做，這能夠成為中文系教授嗎？這是我們要懷疑的，這都是問題，但問題是我們不能不問，這些東西都是我們現在都要去思考的。

　　再者，我們討論一下「逆格義」的問題，「逆格義」也就是劉笑敢所說的「反向格義」，逆格義這個詞彙在我們鵝湖的朋友裡面有討論這樣的範疇，袁保新提過，我也提過，我也專門寫過文章。後來，因為大陸講的話語，講漢語講的會更淺白一點。所以劉笑敢先生就用了「反向格義」，其實「逆格義」就是「反向格義」，是我們先提出來的，其實誰先提出來無所謂，但這問題需要檢討。這檢討是你要好好深切進到裡面去討論，我們要問：中國哲學作為哲學的合法性何在？不是！而是中國哲學作為一個哲學它的獨特性何在？！應該是這樣問。記得很多年前，在香港中文大學開會，劉笑敢先生那時參與到這個有關中國哲學合法性的問題討論，他寫了一篇文章叫做中國哲學姜身未明？談有關中國哲學合法性的問題。我當時作為這篇文章的特約討論者，我說中國哲學姜身未明？我說是妻是姜不重要，作大了就好

了。你難道還要通過西方的人的長相來說，中國人是不是人呢？沒有這個問題嘛！這不應該是問題嘛！洋人曾經思考過澳洲土著算人嗎？因為澳洲土著很矮。

還有一些很有趣的笑話，我以前在其他場合提過。澳洲有非常獨特的動物叫袋鼠，這動物白種人從來沒看過的。白種人到了澳洲，看了袋鼠，他覺得很奇怪，於是問澳洲土著，問他這是什麼？（What is that?）白種人用的是英文，澳洲土著聽不懂英文回答說「kangaroo」，「kangaroo」是澳洲土著的話，它的意思原來是「你在說什麼？」從此之後袋鼠就蒙上不白之冤叫「你在說什麼」。像這些話語其實都應該要重新調解，我們不妨可以把「袋鼠」翻譯成英文，用然後去說袋鼠叫「bagmouse」，這聽來有些滑稽。我刻意說了這些，就是要說，這牽涉到的話語權，這個話語權很重要。我認為沒有一個平等的話語權，就很難真正深切的溝通。語言像是貨幣一樣，你沒有成就自己的貨幣區，你這個經濟就很難真正發展，哲學沒有自己的話語權就很難發展，這個部分請大家務必要好好思考這個問題。

我一直強調回到母語來思考，像我們是漢民族，用的是漢語，那就要盡量能回到漢語來思考。不只用漢語思考，而且要進一步拿漢語與其他語言交會融通來思考。舉個例子來說，當我們說思考方法的時候，我想「方法」這個詞，是由「方」與「法」構成的。「方」重在「方子」，「法」重在「法則」，方法說的是依據一客觀的法則，而落實為具體的方子。我們不能只想到 method、methodology 去思考「方法」，一定要把古漢語放進來思考。

十四　中國知識論和心性修養論密切關連，其重點不在主體如何去把握著客體，而在你整個心靈的修為狀態如何地去理解外在事物

我一直強調一定要用漢語思考。漢語之於我們，不能只是一個被

動的來配合著像西方的哲學術語來翻譯它,而是要有進一步的交談、對話、融通。像是「知識」這兩個字,你不要只想到 knowledge,你要想到:識為了別,知為定止。記得有一次臺大哲學系就在這裡開一個知識論問題的會議,我就中國傳統知識論的問題,談了「明、知、識、執」這四個字,我說「執是陷溺於欲」,「識是了別於物」,「知是定止於心」,「明是通達於道」,中國的知識論和心性修養論有密切的關連。我們的重點不在於你的主體怎麼去把握著客體,我們重點是在於你整個的心靈的修為狀態使得你去理解外在事物,這個理解過程它會出現不同程度、不同的掌握方式。

「知識」的最後進境,是要「明通達於道」。朱熹的《格物補傳》,強調「今日格一物,明日格一物,格之既久,一旦豁然貫通焉,則眾物之表裡精粗無不至,而吾心之全體大用無不明。」這不會只是一個橫攝的靜涵靜攝系統,這是我一直強調的,朱熹是一個橫攝歸縱的系統,它不會只是一個橫攝系統。這就是因為漢文明有著極為獨特的知識論傳統,它密切的與心性修養論、道德實踐論連接在一起。

要說一下思想史的公案,其實,年輕的王陽明起先「格物」格錯了,一方面因為他當時還很年輕,另外一方面教他格物的那一位朱學的先生婁諒婁一齋可能理解不足,講述太簡。王陽明他格物,他格竹子格出病來。格怎麼格它?我們認識這個世界的時候,本來你的價值意味就滲透在裡面,就此來講,才能夠格出所謂實踐之理與價值之理來這是很清楚的。你去「格」「水」,結果你格出一個 H_2O 來,當然這樣的水之成為水,是 H_2O 的水,它與「上善若水」是不會有關的;跟「源泉滾滾,沛然莫之能禦」也不會有關的;「清斯濯纓,濁斯濯足,自取之也」這也跟「水」(H_2O)是無關的;跟「山下出泉,君子以果行育德」也是無關的。但不會是,也不應該是這樣格物嘛!朱熹不會這樣的,我想這是清楚的。

我在理解中國的哲學時候,我發覺語意的契入,是很複雜的一個

過程。就他的詮釋來講，我提出了「道、意、象、構、言」這五階，「話語」往上是「結構」，結構再往上「圖象」，圖象再往上是「意向」，那最後是「道」，「道」是真理智慧之源。相應於「話語」的是「記憶」，相應於「結構」的是「掌握」，「圖象」是「想像」，「意向」是「體會」，而「道」則是「證悟」。一層一層往上升，我後來發覺到它與王弼「道、意、象、言」很接近，不過有著進一步的創新性發展。我後來又發覺到《老子道德經》的第四十二章講「道生一，一生二，二生三，三生萬物」，這章素稱難解。劉笑敢先生編纂的《老子古今》編到這一段講很難解，後來我特別寫了一篇文章談這個問題，道生一，一生二，二生三，三生萬物，因為他把那本書送給我，我就寫一篇文章酬謝他，這章是可解的。

十五　「存有三態論」（存有的根源、存有的彰顯、存有的執定）與「詮釋學的五階論」（道、意、象、構、言）相為表裡，構成「本體詮釋學」

我說「道」是根源，一是整體，二是對偶，三是對象化，而物是對象物。這裡的「道生一，一生二，二生三，三生萬物」，它剛好合乎「隱、顯、分、定、執」五層面，「道」是「隱而未顯」，「一」是「顯而未分」，「二」是「分而未定」，「三」是「定而未執」，而「物」是「執之已矣」。「隱、顯、分、定、執」，剛好可以相應的來思考這問題。這些思考更原初的是我在作熊十力先生《新唯識論》的研究，「熊十力體用哲學的詮釋與重建」，我慢慢發覺到這裡隱涵著我名之曰「存有三態論」的系統，從「存有的根源」到「存有的彰顯」，進而到「存有的執定」。存有之根源這個存有之為存有講的是天地人我萬物通而為一，這個不可分的總體根源，這就是道。這是由「境識俱泯」，「境識俱泯」隱含「境識俱顯」的那個可能，當「境識

俱顯」的時候，起先是「主客不分」，而主客不分又由於人的參贊，而使得它有一個主體的對象化的過程，所以因此才「境識分立」「以識執境」，這是一個非常複雜的過程。

我這些論述，後來我構成了「存有三態論」和「詮釋學的五階論」。我這些理論是比較站在中國哲學的立場，吸收了西方哲學和佛教哲學來作思考。當年我年輕的時候做這些事情其實常常碰到一個問題，因為基本上我也不是留洋的，雖然到過美國去做過訪問學者，臺灣基本上不是留洋的在做中國哲學，說要作哲學的創造，要建立自家的哲學品牌，很多人都認為這是不可能的，甚至會覺得好笑。但我相信這品牌可以慢慢建立起來，而現在這些事情可以討論，譬如大陸河北大學的程志華先生討論過這些問題，他指導他的學生寫我的存有三態論之研究；劉連朋先生寫有關我的詮釋學，有關「道意象構言」的詮釋學，這些其實都是可以做的。我是想跟在座的年輕朋友說我們中國哲學是要面對全世界哲學的發生，而這個發生是可能的，就好像華人貨幣是可能成為新的全世界的貨幣的一個交換，一個重要的貨幣交換。

中國哲學語言就成為新的哲學語言交談，包括中國式的思考，包括我們的民主、政治、社會、公民社會其他種種。你講人權，我們可以思考人倫的問題，人倫跟人權的觀點是怎麼樣的觀點；你講民主的問題，我們可以思考民本的問題，請問民本跟民主是怎麼樣的觀點。當你講自由的概念，可以思考儒家所強調的自覺、覺醒這個覺，它是一個什麼樣的觀點，這裡可能引發我們更多的思考。所以整個西方現代性帶來種種的流弊，也有機會重新喚醒我們自己的古典的哲學語彙，經由我們生活的經驗、生命的體驗再經由概念的反思，進到理論的建構，這過程我們就可以有更多的交往、更多的溝通，有更多的交往和更多的溝通，就有更多的可能。我一再呼籲中國哲學應該有一個新的發展。

十六　結語：「回到本身」回到古典話語，回到現代話語，回到生活經驗，回到生命體驗，從「存在的覺知」到「概念的反思」到「理論的建構」

在一九九六年當時我到臺灣的嘉義大林，與龔鵬程去辦南華大學，我們辦了哲學研究所，記得是哲學研究所的開學典禮，我登台講了《道言論》，距離現正二十一年了，大概我講學宗旨不出這八句：「道顯為象，象以定形，言以定形，言業相隨，言本無言，業乃非業，同歸於道，一本空明」。《道言論》這處理了很重要的「存在」與「話語」，還有「權力」與「利益」的論題，以及因此所衍生的業力種種諸問題。這裡有「本體論」，有「修養論」，有「實踐論」，有涉及到「語言哲學」。我用一個比較中國哲學的古典語彙這樣去說它，我的目的其實也是想喚醒大家說這些東西在我們的老子裡有講到這個問題，在我們的禪宗有談這個問題，在我們的中國哲學的古典語彙或《易經》裡面也談到這些問題，還有我們的四書五經，乃至先秦諸子都討論過這些問題，儒道佛都討論過這個問題，而這個問題它可能就是最前瞻的形而上學的問題、心性論的問題，也是實踐論的問題。

我們重新從這裡出發來想問題，而想問題時候跟前輩想的問題可能有些新的碰撞，也與著新的發展可能。當時這樣一個走法，繼續往下走。後來我思考從「兩層存有論」到「存有三態論」，就想到當代新儒學本身，好像牟先生這樣宏偉的理論，他以良知本心為核心，其實受到了西方整個近現代啟蒙的影響，當然他不侷限在現代啟蒙，但他太強調本心良知，就中國來講的話，其實是應該回到「道論」的傳統。道之為道，它不是一個西方意義的形而上實體，它講的是天人物我人己通而為一的那個總體和源頭。從這個角度來理解的話，可能很多東西必須重新展開，我們接著講，接著前輩先生所說的繼續往下說，這裡有一些新的可能。其實這是我幾十年來自己在做的一些思考，今

天藉著這個機會來談一下，我覺得中國哲學研究的問題必需有新的問題、新的話語，也必須有新的方法，但凡此種種都必須回到事物自身。問題之為問題，請回到本身，方法之為方法，請回到方法本身。

所謂「回到本身」意思是回到古典的話語，回到現代的話語，回到你生活的經驗，回到生命的體驗，再經過概念的反思，從存在的覺知到概念的反思到理論的建構，這樣不斷的交互過程裡面，重新想這個問題。就我們所知所學的東西來思考這個問題。臺灣現在面臨很多問題可以討論，這都應該上升到哲學問題來討論，譬如認同這個問題，identity 的問題，這應該要好好討論，還有很多其他問題也都可以討論。這些問題的討論，我們真的好好去契入它，把中國的哲學語彙，古典的引出來，並且通過現代的話語去詮釋它，通過現代化的學術話語嘗試去闡明它。這樣一來，我認為哲學將會有新的風姿，新的可能。

我想我會是繼續前輩先生作了一點點，往前走一點點。我希望大家能夠留意這個問題繼續討論，而不應該是因為你在那一個山門，你在那一個圈圈裡面，你就順那個圈圈的領域說了。譬如說有關朱子學的問題，我二十多年前就思考過這個問題，一直思考到現在，寫了好幾篇文章啦！橫攝歸縱的問題，知識與道德的辯證性結構的問題，你可以渾然不管它，那你也得了博士，這可以嗎？這公平嗎？你說可以當然也可以，反正你的老師也不會找我去考，所以這也是問題啦！這也是我們學界本身自我封閉的後果。

臺灣現在常處在紊亂狀態下，這正需要好好討論「話語」的問題啊！你討論什麼叫天然獨？討論嘛！討論了以後這些東西就可以深入爭議。所以什麼叫天然？什麼叫天然獨？我們前面才作了深刻的詮釋，你們可以繼續討論。哲學的好處是別人覺得非常困難而不敢去碰的問題，也可以拿到枱面上來討論，別人覺得它非常輕易，你卻能發現到它其實是蠻艱難的。譬如人之為人該當如何活著，這是亙古以來很難的問題，我們的老子告訴我們「人之所畏，吾亦畏之」，老子

認為該活就好好活吧！沒有那麼嚴重嘛！我就先說到這個地方。謝謝
大家！

問題與討論*

　　蔡耀明教授：你剛才提到「格義」和「反向格義」，但是沒有時
間去闡釋一下，我的看法重點應該在「義」，也就是在義理方面，但
是你提出格義的格，大概是不得已，就是不得已的格義，之後，又變
成逆格義或是反向格義，在不得已之外又不得已，好像就變成戲論，
相對的是不是可以把重心就放在今注義理，有個整理叫做依文解義或
者知文解義，就把重心放在進入義理甚至理解義理上面，在我來看這
是應該出於另一個方向，而這個方向比較沒有什麼考慮。

　　林安梧教授：謝謝我的老朋友蔡耀明教授，這個問題其實講的非
常到位，重點在義，無論是格義或逆格義，重點在義，這個義怎麼深
入？因為我們以前講「格義」，佛教是通過老莊的語彙去理解佛教，
像空的概念，通過道家的無去理解空這個概念，以我們作主體去理解
人家。「逆格義」是拿著西方哲學的語彙回過頭來理解我們自己，這
個理解起先都有些誤會，但沒關係，它進一步的繼續做，我認為就是
不要停，繼續做，在做的過程裡面以開放的胸襟討論，慢慢就可以進
到它的「義」。譬如說我並不認為牟先生就只是逆格義，牟先生所理
解的康德跟通過康德哲學理解中國哲學，通過中國哲學去理解康德，
或進一步要去談它的匯通的問題，其實已經不只是逆格義。但是非常
可惜的是我們在臺灣來講的話，除了是牟先生的學生或者在場的學生
以外，講康德的很多學者好像牟先生不存在的樣子，我認為這是不對

---

*　參與討論者有蔡耀明教授（臺灣大學哲學系）、黃光國教授（臺灣大學心理系）、曾
　昭旭教授（淡江大學中國文系）、蔡錦昌教授（東吳大學社會學系）。

的，這是忽視，甚至誣衊了前賢的成就。牟先生翻譯了康德的三大批判，作了很多的詮釋，這時候你應該去正視它，你可以對他有批評、有論点的時候，但是你不能忽視他。但是臺灣作西洋哲學的喜歡掛著西方哲學的語彙，喜歡掛著西方的德文版、什麼版，好像引著牟先生的是中文版，就不到位，我覺得這個思考是錯誤的，臺灣作黑格爾可能就忘記了以前賀麟他們所作的成就，當然這不是所有都是這樣，我覺得這些人很可惜。我想格義、逆格義重點在義，這個義怎麼才能夠通達，就要更多的交往和對話，更多的交往和對話不只是通過西方的哲學語彙作為一個概念範疇來理解中國哲學，我們也應該通過中國哲學所提煉出來的概念範疇去跟西方的哲學有更多的交談和對話，去思考他未來發展的可能，這點就會有很大的不同，這裡會有很多很多的工作可以作。也是說中國哲學是具有主體性的，中國哲學是具有生育能力的，中國哲學不只是作為人家來探求你對象而已，他是有生命的，在這樣互動過程裡面，我想佛教跟中國學問的溝通，跟儒跟道的溝通，能夠成就為中國的佛教，這個整個佛教的一個在地化、本土化的過程，我認為這個過程應該是很值得借鏡的，也很值得研究的，這是我個人的想法，大概是這樣。

　　黃光國教授：我順著這個問題繼續問，關於這個格義和逆格義，牟宗三有個概念，他把一個名詞叫相應理解，comprehensive understanding，什麼意思呢？意思是說對於某一個在中國哲學、西方哲學裡面很重要的核心概念，不是翻譯的問題，而是要在那個系統裡面很適當的理解他的問題，我是說有一些簡單的概念當然可以這樣翻譯，生活裡面的語言是可以的，可是假設這是一個複雜的學術系統，那不是格義的問題，你一格一定出大問題，他是要 comprehensive understanding，我舉一個例子來講，你這個演講裡面基本上我覺得 Ok，沒有問題，剛才你一開始講年輕人的問題，就是 self-identity 的問題，沒錯！可是你這裡講一個概念，我們學術語言，我是搞社會科學的，然

後搞社會科學的人到哲學界裡面來的時候，我們就碰到一個很困擾的問題，今天社會科學界裡面的理論，有那一個是跟中國文化有關聯的？幾乎是沒有的，我們年輕人就在這樣的一個文化環境裡面成長，談的東西不知不覺都是西方那一套，你不相信你去問，那一個都一樣。剛才安梧兄你說我們是有很強的語言能力——文心雕龍、史記，你還提到貞觀之治，現在還開嗎？政治系還開嗎？他們還讀嗎？為什麼不讀呢？這是大問題呀！譬如說史記，黃俊傑寫過一本很好的書，「中國歷史思維的特性」，他說這個叫 concrete universal，我們相信我們的道德倫理系統是一個 universal，問題是我們沒有辦法用一種 universal 的理論把它建構出來的，我們不會建構，所以只能用 concrete 很具體的例子來說明它，你看史記都是先講一個故事，現實的故事，講完以後來一個太史公曰，這個不是西方的理論建構方式，我們可以說這是一個很棒的方式，可是問題是說現在很多人都不唸了，這麼辦？我現在的問題就是說，今天我們發現到思考的中西匯通，對於西方的複雜的知識體系，不是一個簡單的翻譯的問題而已，它是一個相應的理解，然後消化以後，怎麼樣再建構我們自己可以跟他競爭的理論體系，而不是完全聽他的，這樣你才找到出路，這樣在做的時候，我的看法牟宗三有他的限制，安梧兄你自己也寫過他很多限制的問題，我很贊同，可是現在恐怕新儒家更需要思考的問題，怎麼在這個限制的前提之下繼續往前進，如果他不能再往前進的話，我擔心新儒家再過一段時間我們就是牧師跟牧師傳道，大家莫名其妙，這個走不出去啦！會有這樣的問題嘛！所以傅偉勳在講兩層存有論的時候，他有一個概念我覺得大家可以思考哦！他說為什麼只有兩層存有論，西方他們很多系統，發展出來很多知識系統，他肯定一心開多門呀！不一定一心開兩門呀！我覺得這個概念是對的，因為這是一個開放的心胸呀！我們必須要能對各種不同的西方的複雜的知識體系有相應的理解，然後你要能夠有能力建構出理論去跟他競爭，我覺得這才是關鍵，謝謝！

　　林安梧：黃光國教授的提法我基本上是贊成的，但是你說到傅偉勳一心開多門，因為傅偉勳先生是沒有了解牟先生的一心開二門，所以當時我記得楊祖漢教授，包括年輕的邱黃海先生和高柏園先生寫相關的文章來跟傅偉勳先生討論，傅偉勳先生是看到了問題，他是沒有了解牟先生的一心開二門這個系統的意思，一心開二門、一心開多門還是從一心，所以我是不採取從心開，從道來說，道顯為象，象以為形，言以定形，講存有三態論，從存有之道，存有講的是天人物我人己通而為一之道，所以這個道之為道，它不是形而上的實體，道之為道他也不是一個客觀的規律，所以把道家的道理解成客觀的規律，都不準確，他講的是一個存在的律動，一陰一陽之謂道。這一部份我記得有一次我跟陳鼓應先生談到這個問題，因為他們都是把這個東西理解成規律，都不夠準確。所以一心開多門這個說法跟一心開二門的說法，你通過一心開多門去說當然也可以，但是牟先生說一心開二門他也可以說我也包容你說的一心開多門，所以這個問題是在那裡，我是覺得傅偉勳先生的提法是不準確，但是傅偉勳所說的發展的項目需是要重視。這就是說我們是要接著牟先生接著講，不是照著講，要對著講，而不是跟著講，對著講就是說你跟他要對話，不是對反，對話的過程裡面我是覺得當然也可能面臨很多困境。其實我所在的鵝湖師友對我其實都蠻寬容的，大概只有一位對我比較不寬容，他這個不寬容造成了我跟臺灣的哲學界基本上比較疏遠，包括有很多活動，像我是最早研究當代新儒學的，但是中央研究院有關當代新儒學的課題，我沒有寫過任何一篇文章，然後有人問我，你為什麼不願意參加，我就承認因為他沒有邀請我寫論文，這是因為私人恩怨的問題，這是我覺得，所以他講良知的時候我就不相信，良知後頭是有一個很複雜的過程，良知是否能自律，這個問題不是這樣問的，康德講自律是放在盧梭所說的 social contract 這個傳統來談自律，而儒家在談這個問題是在人倫的共同體裡面去說，那麼再進一步在政治社會共同體裡面去

說，所以「仁者人之安宅也，義者人之正路也，禮者人之正位也」。
如何能夠居仁由義立乎禮，這個部分是在怎麼樣去成就他，他其實可
以跟自律無關的，可以用另外一個方式來彰顯這個問題。我想這個部
分沒關係啊，有更多的討論，我想大家會有新的發展，不跟我討論是
他的限制，是他的損失，我也沒有損失，因為跟我討論的還有很多，
所以這個發展，我說現在心地比較平，因為跟我討論的愈來愈多，以
前不平的是因為你不跟我討論，我很在意嘛！後來發覺到你不跟我討
論是你有損失，我也沒有損失，現在討論這個問題的時候，心理比較
平衡。你說我是不是受外在的影響，人是一個整體的，不可能不受外
在影響，你把儒學講成修悟覺已，只剩下良知的當下如何，這本來我
就是不贊成的，本來實然跟應然的辯証關連關係，這是很真切的。最
近曾昭旭先生寫了一篇文章，他也寄給我看，我覺得很真切，本來就
是這樣想這個問題的，這是王夫之學問的可貴，兩端而一致，講心者
物之心也，物者心之物也。講心外無物這個傳統，很獨特的，這個很
可貴，那是這部份要討論，討論以後再往前進，那麼跟社會科學家要
更多討論，因為心外無物所展出來的一套社會科學的模式跟物者心之
物也、心者物之心也所成就的一套社會科學模式是很大不同，這就是
我常說我很喜歡社會科學家所寫的東西包括人類學家所寫的東西，我
有時候也跟他們講其實你們也可以跟我們有更多溝通交談，就有一些
發展可能。

　　黃光國：傅偉勳先生說的一心開多門，其實他也沒有建構出很多
理論來。所以我今天要談的問題是說詮釋學本身有它的用處，可是他
不是可以解釋所有問題，什麼意思你知道嗎？譬如注意在談這個問題
的時候，你就提到方法論，我在講西方的科學哲學，一向在談他們建
構三個東西，一個是本體論、一個知識論、一個是方法論，三個東西
擺在一起談，不能切開的，你注意我們在談的時候，很多東西都是弔
詭，譬如說安梧兒在講的時候在談到本體，然後談到方法，知識論不

見了，什麼意思你知道嗎？科學哲學在談方法論的時候有兩個東西，一個叫做知識建構的方法，另一個叫做知識檢驗的方法，他一定是這兩個方法，可是我們仔細看安梧兄在講的時候，你這裡所講的「隱、顯、分、定、執」，是心性修養的問題，他其實嚴格講起來是中國人講的工夫論，你也不能說他不好，也很好，可是我如果用對西方的科學哲學相應理解的話，他其實不應譯作方法論，我們在這邊，社會科學跟任何一個方法論裡面都不會講這三個東西，這也是我說對他的複雜性，我們要的是三樣東西，而不是論理，這一格物會出問題。

　　林安梧：這是要我們彼此更多溝通交談，這個問題我們談過幾次，你現在談這個問題，我們上一次在宜蘭大學討論這個問題，其實我最近來很注意討論這個問題，覺得有機會再談談這個問題，所以你有些東西你對我理解不足，那我對你的理解也不足，今天我們在其他的問題，我們繼續討論。

　　曾昭旭：剛才安梧提到我最近寫過一篇文章，我補充一下，我最近寫了一篇論文就是我們鵝湖辦的第十二屆當代新儒學國際會議會在十月十四到十六號在貴陽儒學堂去辦的，那我寫這篇文章大概是我有史以來寫那麼多會議論文最長的一篇，寫了一萬五千字，那我有自己覺得是我多年來寫的學術會議論文裡頭最重要的一篇，而可以說我自己的身心修養，作為中國哲學思辯的一個，可以說是一個總的成果，這個把人的道德生活是怎樣一會事，作一個全盤性的包括系統性跟辯證性的一個說明，那這個辯証性就是中間不只是思辯還有實行和體驗，整個也是靜態的，也是動態的呈現。這篇文章剛剛寫出來，今天安梧一開始就提到實然世界跟應然世界，我篇論文題目是論實然世界與應然世界的辯証相即，這個大概會議之後鵝湖將來應該會登，登出來以後請各位指教。謝謝！

　　蔡錦昌：以前跟安梧兄臺大哲學研究所的同班同學，他以前在師大國文系是跟我弟弟同班，所以後來在哲學研究所碩士班跟我同班，

比我小三歲，我現在還是搞中國哲學，我從社會系退休，我其實在師大的時候一早跟楊祖漢教授介紹我給牟先生認識，所以我是鵝湖之友，可是一直都沒有進去，為什麼呢？這邊我以下講的，牟先生當然是氣象萬千，是自信心很足，是一個中流砥柱，是中國文化的繼往開來。然後楊祖漢教授啦！林安梧教授這些年輕的，還有曾昭旭教授，上一輩的，比我高一輩的，都是繼承他，的確是功勞很大，我為什麼不進去呢？因為我也是林安梧兄說，唐牟都還是把康德、黑格爾奉為圭臬，這個是反格義，就是我啦！我就專門說他們反格義，而整天抱著康德、黑格爾是幹嘛呢？康德講的那個主、客對立，在西洋的哲學史、思想史裡面，也是多瑪斯‧阿奎那斯，才開始有這個所謂 object、subject 這種詞語，那時候開的時候還不是我們後來的樣子，你看這個西洋哲學，這麼寬大，這麼遠，為什麼一定要搞成後面這個呢？還是抱著康德呢？所以光是這個我就不要啦！又開的太小。然後後來又是應然實然，這個事情都已經卡在現代的格局裡面，開的太小了。應該開大一點，要開回去，聖多瑪斯再前面開回去，應該開回去，這樣比較好，所以我就不跟了。雖然我是社會學博士啦！我讀社會學一開始當然就是康德、黑格爾這樣開出來，這個涂爾幹是社會學的，康德的社會學詮釋，就變成涂爾幹，馬克思是社會學詮釋，但是這個就是開太小了，這個叫復興，我也不叫中國哲學，這個叫中國道術，要不就是拋棄這些翻譯詞語，什麼主體、客體！什麼都要拋棄，哲學也要拋棄，這樣比較好。

林安梧：兩位主要是發表意見，不是理論，意見對我來講還是要回應一下，我是覺得應該有更多的交談和對話，這沒關係，中國人穿著西裝是通的，西人也不一定穿西裝，就像我一樣，穿了西裝褲，也穿改良式的唐裝，戴了帽子也不是原來中國人的帽子，但是放在一塊協調就可以啦！我想可不可以是協調不協調的問題，更多的對話、交談，我想是可以的。因為佛教傳進中國的時候也是經過這樣一個格義

的過程，後來佛教力量也慢慢大了，他也回過頭來甚至理解四書。憨山理解四書，或者理解易經，理解什麼。但是那些適切不適切，有沒有相應的理解，這真的是可以討論的。這個部分是黃光國教授剛剛提到牟先生所說要相應的東西，所以這個相應與否，其實是一個年代一個年代的。我認為牟先生他那個年代相應到相當高的程度，就是以他來講，當然我們現在覺得有一個新的發展可能，這是我們做學生輩應該有的這個進一步發展的可能，而不是前輩說的就把所有的東西全部已經圈住了，這個發展我想是可以的，至於發展的好不好，那是要討論的，沒有公論的，並不是你說的就可以，你說的就算了。或者你不把這個放在裡面去討論也就算了，沒關係，天地很寬的，你不放在裡面，別的地方也去討論這個問題的，所以在座很多很年輕的，我講一些話，希望很多很年輕的朋友聽了，這個部分繼續發展是有可能的，不要太擔心，不要認為現在這個學術體制把什麼都圈死了，還好，學一點養生主的以無厚入有間，恢恢乎其于遊刃必有餘地，那就是可能的。其實很高興能夠有這樣一個，當然我希望以後有機會有更高多深層的討論。這是臺大有些地方有些限制，我還記得當學生的時候傅偉勳先生到臺灣演講，傅先生以前在臺大教書的，他就拋出了他想再回臺大教書，所以這個部分就是這樣樣子，這是一個公開討論，所以臺大現在不同，鵝湖月刊辦這個會，然後在臺大跟中國哲學會合辦，也帶著新一代的發展可能，這個所以我期待像這樣的會來了這麼多人，我也覺得很安慰，應該是比起以前還好很多。這點我回去會覺得很高興。你說林老師你太受外在影響了，內外是一體的，你不要把自己封鎖起來，我只是受內在影響，這是騙人的，不是這樣的。這是一個整體嘛！不要自欺欺人嘛！良知就一定如何！良知是會放假的，你知道嗎？所以留意一下這個問題，良知如何不放假，這是公共性的處理，所以西方所說的公共領域它如何呈現就跟他有關。所以我才去檢討「血緣性縱貫軸」所造成的限制，所以突破血緣性縱貫軸的限制。也

就政治社會共同體的確立，不是通過以人倫共同體的推論過程來確立，他有他的獨立性。一樣的，自然科學本身的獨立性，他不能只是跟心性論給合在一塊，這大概是黃光國教授他們所關心的問題，這也是我關心的問題，其實這也是牟先生他們關心的問題，所以為什麼牟先生談良知的自我坎陷，他是有道理的。但是因為是在他那套詮釋系統底下，才會有所謂良知自我的坎陷，我不在這個系統說就不必如此說，那這麼說是太曲折的，太委屈了，為什麼如此曲折委屈是因為當時徹底反傳統主義者太強，所以對應著很多問題，那問題是偏歧的，不準確的，那沒辦法！所以我們現在是到了一個新的可能，現在是到什麼樣新的可能呢？就是你的話語權是比較平衡一點，這是我們可以思考到的。真的很高興能夠回到自己的母校，這是我受教育最久的地方，我在這裡也受到過九年的教育，我任何學校都沒有受過九年教育，我在臺大受過九年的教育，今天自己回去也會覺得心還蠻安的，這個業力微微的發作，自己也了解清楚，也能放下，所以今天你沒有聽到我非常激昂慷慨的聲音，是比較充盈的，這是臺大的朋友和先生們可以驗察得到的，謝謝大家！

作者簡介

林安梧

　　臺灣臺中人。著名哲學家、宗教學家。臺灣大學第一位哲學博士。元亨書院創院院長。現任山東大學易學與中國古代哲學研究中心暨儒學高等研究院特聘教授、東華大學榮譽講座教授、本土社會科學會會士、美國傅爾布來德訪問學人。曾任清華大學教授暨通識教育中心主任、臺灣師範大學國文學系教授、慈濟大學人文社會學院院長、同濟大學中國思想與文化研究院院長、《鵝湖》主編暨社長、《思與言》主編、教育部評鑑委員。

　　師從牟宗三先生，是當代新儒學第三代中極具創造力的思想家。在牟先生「兩層存有論」基礎上提出「存有三態論」，主張融通儒道佛三教，面對廿一世紀文明的新挑戰，展開對話與交談。方法論上，以船山學、十力學為基礎，提出「道、意、象、構、言」五層詮釋的中國詮釋方法論。

　　著有《王船山人性史哲學之研究》、《存有、意識與實踐：熊十力體用哲學之詮釋與重建》、《中國近現代思想觀念史論》、《血緣性縱貫軸：解開帝制・重建儒學》、《林安梧訪談錄：後新儒家的焦思與苦索》、《儒道佛三家思想與二十一世紀人類文明》、《林安梧新儒學論文精選集》等著作三十餘部，發表論文三百餘篇。

本書簡介

　　本書定名為《道家思想與存有三態論》，旨在經由道家經典的詮釋，闡發其深刻的哲學意蘊，並關聯後新儒家的開創者林安梧所締造的「存有三態論」展開論述。

　　道家與儒家可以說是中國哲學的雙璧，是儒道佛三教的兩教。作者打破一般學者之以為「儒家是主流，道家則是支流」這樣的俗見，改而主張儒道兩教是「同源而互補」的。儒道兩教重視「生生法」，此不同於佛教的「無生法」。佛教傳進中國之後，逐漸在地化、本土化，而接受了儒道兩教的生生法，因而開啟了更為盛大的「大乘菩薩道」。三教融通，成就了古往來今、擴極六合，乃至十方法界的宏偉氣象，以及無緣大慈、同體大悲的「一體之仁」。

　　在對比哲學的詮釋之下，佛教重在「苦業的解脫」，儒家重在「生生之成全」，道家重在「自然的歸返」。三教融通之後，佛教強調的是「明心見性、佛格圓現」。這與儒家強調的「世界大同、天下為公」，道家強調的「致虛守靜、歸根復命」可以說是水乳交融的。

　　基督宗教重在「原罪的救贖」，伊斯蘭教重在「真主的順服」，兩者可歸到「信靠的宗教」一類，在宗教哲學的對比視域下，儒道佛三教可以稱之為「覺性的宗教」。廿一世紀是人類文明互鑒、哲學對話、宗教交談的世代。覺性的宗教如何與信靠的宗教，更積極的參與於其中，展開多層面、多向度、多次元的對話，讓人類文明逐漸的邁向共生、共長、共存、共榮，這是無比重要的。

　　在這進程裡，道家主張「人法地、地法天、天法道、道法自然」的思想是無比重要的。道家主張「致虛守靜，付能於所」，對於現代性之後所造成的嚴重「異化」病態，給予矯治。我們應該回歸到自然生態的環境，開啟天地人我萬物通而為一的共在思想，重新審視過

去，清晰而明澈的瞻望未來。

　　道家思想的「天下萬物生於有，有生於無」，「道生一，一生二，二生三，三生萬物」，「道生之、德畜之、物形之、勢成之」，這些思想是深刻的，它不但涉及於天道論、本性論，實踐論，他與整個歷史社會總體、生活世界密切關聯而不可分。當然，這與我所締建的「存有三態論」是相與和合的。

　　「存有三態論」不再以「心性之體」為核心，不再以「一心開二門」去建構「兩層存有論」；而是回溯到「大道本體」，天地人我萬物通而為一的不可分的總體根源，稱之為「存有的根源」，由此「存有的根源」進而「存有的彰顯」，落實到「存有的執定」，這是從「境識俱泯」轉而「境識俱顯」，進而「以識執境」；從「寂然不動」，到「感而遂通」，進而到「曲成萬物」的過程。這也是從「無名」而「名之」，成了「定名」的過程。

　　再者，「存有三態論」之於道家哲學的「道生一，一生二，二生三，三生萬物」做出了創造性的詮釋而和合為一，「道」是「隱而未顯」，「一」是「顯而未分」，「二」是「分而未定」，「三」是「定而未執」，「物」是「執之已矣」，這「隱、顯、分、定、執」的結構剛好與經典詮釋的「道、意、象、構、言」五階相應。於此，中國人文詮釋學的五階結構，經由道家的經典的詮釋，調適而上遂，完成了詮釋的存有學探源。

　　顯然地，「存有三態論」取資於儒道佛三教經典智慧，融通古今、匯通中外，對於現代性有深入反思的胡塞爾（Edmund Gustav Albrecht Husserl）、海德格爾（Martin Heidegger）、馬丁布伯（Martin Buber）、馬賽爾（Gabriel Marcel）、梅露彭迪（Maurice Merleau-Ponty）諸家哲學，更是其對比反思的鏡子。「存有三態論」於牟宗三先生的「兩層存有論」，有評議、有轉化、有創造、有發展，更往上追溯，則是熊十力的「體用哲學」，以及王船山的「乾坤並建」的人性史哲學。可

以這麼說，這部《道家思想與存有三態論》可以視作林安梧締造「存有三態論」的道家軌跡。

福建師範大學文學院百年學術論叢·第八輯 1702H03

道家思想與存有三態論

作　　者　林安梧

總 策 畫　鄭家建　李建華

發 行 人　林慶彰

總 經 理　梁錦興

總 編 輯　張晏瑞

編 輯 所　萬卷樓圖書股份有限公司

　　　　　臺北市羅斯福路二段 41 號 6 樓之 3

　　　　　電話 (02)23216565

　　　　　傳真 (02)23218698

發　　行　萬卷樓圖書股份有限公司

　　　　　臺北市羅斯福路二段 41 號 6 樓之 3

　　　　　電話 (02)23216565

　　　　　傳真 (02)23218698

　　　　　電郵 SERVICE@WANJUAN.COM.TW

香港經銷　香港聯合書刊物流有限公司

　　　　　電話 (852)21502100

　　　　　傳真 (852)23560735

ISBN 978-626-386-097-1

2024 年 6 月初版二刷

定價：新臺幣 780 元

如何購買本書：

1. 劃撥購書，請透過以下郵政劃撥帳號：

　 帳號：15624015

　 戶名：萬卷樓圖書股份有限公司

2. 轉帳購書，請透過以下帳戶

　 合作金庫銀行 古亭分行

　 戶名：萬卷樓圖書股份有限公司

　 帳號：0877717092596

3. 網路購書，請透過萬卷樓網站

　 網址 WWW.WANJUAN.COM.TW

大量購書，請直接聯繫我們，將有專人為您服務。客服：(02)23216565 分機 610

如有缺頁、破損或裝訂錯誤，請寄回更換

國家圖書館出版品預行編目資料

道家思想與存有三態論/林安梧著. -- 初版. --

臺北市 ： 萬卷樓圖書股份有限公司, 2024.06

印刷

　 面 ； 公分. -- (福建師範大學文學院百年學術論叢. 第八輯 ；1702H03)

ISBN 978-626-386-097-1(平裝)

1.CST: 道德經　2.CST: 道家　3.CST: 老莊哲學

121.3　　　　　　　113005977